Lena Leffer

Automated Suspicion Algorithms

Strafverfolgung durch Künstliche Intelligenz
am Beispiel der Geldwäsche

Nomos

Die Veröffentlichung dieses Werkes wurde ermöglicht mit Unterstützung des Forschungsprojektes „Maschinelles Lernen zur effizienten Identifikation auffälliger Finanztransaktionen“ (MaLeFiz), gefördert vom BMBF im Rahmen des Programms „Künstliche Intelligenz in der zivilen Sicherheitsforschung II“ unter Koordination des Fraunhofer-Instituts für Sichere Informationstechnologie (Förderkennzeichen: 13N16306) und des OA Fonds der Martin-Luther-Universität Halle-Wittenberg.

Die Deutsche Nationalbibliothek verzeichnet diese Publikation in der Deutschen Nationalbibliografie; detaillierte bibliografische Daten sind im Internet über http://dnb.d-nb.de abrufbar.

Zugl.: Halle-Wittenberg, Univ., Diss., 2024

1. Auflage 2025

Publiziert von
Nomos Verlagsgesellschaft mbH & Co. KG
Waldseestraße 3–5 | 76530 Baden-Baden
www.nomos.de

Gesamtherstellung:
Nomos Verlagsgesellschaft mbH & Co. KG
Waldseestraße 3–5 | 76530 Baden-Baden

ISBN (Print): 978-3-7560-2408-7
ISBN (ePDF): 978-3-7489-5283-1

DOI: https://doi.org/10.5771/9783748952831

Onlineversion
Nomos eLibrary

Meiner Familie

Vorwort

„Above all, don't fear difficult moments.
The best comes from them."
– R. Levi-Montalcini

Diese Arbeit wurde im Sommersemester 2024 als Dissertationsschrift des Fachbereiches Rechtswissenschaften der Rechts- und Wirtschaftswissenschaftlichen Fakultät der Martin-Luther-Universität Halle-Wittenberg angenommen und verteidigt. Rechtsprechung und Literatur wurden für die Druckfassung angesichts der besonderen Aktualität des Themas im Kontext der EU-KI-Verordnung bis Mitte 2024 berücksichtigt, um eine zügige Veröffentlichung zu ermöglichen.

Allen voran gilt mein Herzensdank meiner Doktormutter Jun.-Prof. Dr. *Lucia Sommerer*, LL.M. (Yale), die mich in bestmöglicher Weise wissenschaftlich gefordert und gefördert hat und diese Arbeit durch ihre inspirierende Art und Betreuung ermöglicht und enorm unterstützt hat. Ihre Begeisterung für die Forschung und ihr stetiger Blick über den juristischen Tellerrand hinaus sind äußerst ansteckend. Ich schätze mich sehr glücklich, eine solche wissenschaftliche Wegbegleiterin gefunden zu haben.

Neben meiner Doktormutter möchte ich mich zudem ganz besonders für die Unterstützung und Begleitung sowie das offene Ohr bei Prof. Dr. *Joachim Renzikowski* bedanken. Ebenso für die sehr zügige Erstellung des Zweitgutachtens.

Mein Dank gilt zudem dem CISPA Helmholtz-Zentrum für Informationssicherheit und dem Institut für Rechtsinformatik, welche den Grundstein für meine interdisziplinäre juristische Ausbildung in Saarbrücken gelegt haben.

Ich danke außerdem Prof. Dr. Dr. h. c. *Uwe Hellmann*, Prof. Dr. *Elisa Hoven*, Prof. Dr. *Michael Kubiciel* und Prof. Dr. *Christian Schröder* für die Aufnahme in die Schriftenreihe zum „Deutschen, europäischen und internationalen Wirtschaftsstrafrecht".

Darüber hinaus möchte ich mich bei den folgenden mir sehr wichtigen Menschen bedanken, weil sie mich im Entstehungsprozess dieses Werkes wesentlich begleitet und unterstützt haben:

Dr. *Michelle Weber*, LL.M. die mir seit Jahren mit ihrem freundschaftlichen Beistand und gewitzten Verstand in allen Lebenslagen zur Seite steht.

Karin Potel, ohne die mein Studium und mein Referendariat wirklich einsam gewesen wären und die ich dankbar zu meinen Freundinnen zählen darf.

Meiner wissenschaftlichen Wegbegleiterin Dr. *Johanna Hahn*, LL.M. (Harvard) für unseren fortwährenden Austausch.

Johanne Mayer, *Hendrik Mayer*, *Lena Schuhn* und Dr. *Julia Meßmer* für ihre Freundschaft und Wegbegleitung in allen Lebenslagen.

Prof. Dr. *Sebastian Gerling*, LL.M., der seit dem Beginn meines wissenschaftlichen Weges an mich geglaubt hat und ohne dessen Unterstützung insbesondere auf der Zielgeraden meiner Arbeit mir so mancher Tag schwerer gefallen wäre.

Meiner Familie für ihre bedingungslose Unterstützung und Liebe. Allen voran meiner Mutter *Sabine Lang*, ohne deren Begleitung ich so manche Entscheidung in meinem Leben nicht gewagt hätte und meinem Vater *Hans-Georg Leffer*, der mich durch die ihm eigene Art immer wieder über das Leben schmunzeln lässt. Besonders meinen Brüdern *Max Leffer* und *Philipp Leffer*: was wäre mein Leben nur ohne Euch? Meiner Oma *Sieglinde Lang* und meinem (Paten)Onkel *Dirk Lang*, die immer die Neuigkeiten zu „meinem Buch" erfahren möchten. In Gedenken an meinen Opa *Manfred Lang*, der dieses Buch mit Sicherheit stolz in Händen gehalten hätte. Euch ist diese Arbeit gewidmet.

Und an alle *Forschenden*, die wie ich aus Neugier auf den Schaffensprozess eines Buches diese Danksagung lesen: Angst zu Scheitern ist normal. Ihr werdet es trotzdem schaffen. *Always.*

Saarbrücken, im Dezember 2024 *Lena Leffer*

Abb. 1: Allegory of Arithmetic. Gregor Reisch, Margarita Philosophica, 1503[1]

1 Abbildung bereits bei *Pasquinelli*, The Eye of the Master – A Social History of Artificial Intelligence, 2023, S. 46 f.: „The simple continuous form of this fraction shows that even rational numbers cannot be calculated and expressed without the help of an algorithm"; *Chabert/Barbin/Borowczyk/Guillemot/Michel-Pajus*, A History of Algorithms – From the Pebble to the Microchip, 1999, S. 3.

Die Zeichnung aus dem 16. Jahrhundert zeigt den Siegeszug der Algoristen[2] (links) gegenüber den Abakisten, die noch das römische Rechensystem mit dem Abakus (rechts) benutzten.[3] Überwacht wird dieser Prozess von der Allegorie der Arithmetica.[4] Die Wortschöpfung „Algorithmus" stammt ursprünglich aus dem hinduistischen Rechensystem mit Papier und Stift ab.[5] Dieses Bildnis verdeutlicht wie kein anderes, dass Algorithmen als solche nichts Neues sind, sondern seit jeher genutzt wurden und letztendlich eine Schritt-für-Schritt Anleitung darstellen, um ein vordefiniertes Ergebnis zu erreichen.[6] Heute dient das Wort der Beschreibung eines Prozesses, der automatisch vollzogen wird.[7] Übertragen auf die Geldwäsche existieren in unserer Rechtsordnung auf der einen Seite repressive Regeln, die ein gewisses Verhalten unter Strafe stellen und auf der anderen Seite präventive Regeln, die zur Verhinderung und zugleich Aufdeckung dieses strafbaren Verhaltens führen sollen. Seit geraumer Zeit gibt es Bestrebungen, diese Regeln zu automatisieren – inzwischen mit Hilfe künstlicher Intelligenz. Es ist Ziel dieser Arbeit, diesen Prozess zu analysieren und rechtlich einzuhegen.

---

2 Ausschließlich zum Zweck der besseren Lesbarkeit wird auf eine geschlechterspezifische Schreibweise sowie auf eine Mehrfachbezeichnung verzichtet. Alle Personenbezeichnungen sollen dennoch als geschlechtsneutral angesehen werden.

3 *Pasquinelli*, 2023, S. 45.

4 Ebenda.

5 *Chabert/Barbin/Borowczyk/Guillemot/Michel-Pajus*, 1999, S. 1 ff.; *Pasquinelli*, 2023, S. 45 f.

6 *Chabert/Barbin/Borowczyk/Guillemot/Michel-Pajus*, 1999, S. 1.

7 Ebenda, S. 2.

Inhaltsübersicht

Inhaltsverzeichnis

Abbildungsverzeichnis

Abkürzungsverzeichnis

Abb.	Abbildung
ABl.	Amtsblatt
Abs.	Absatz
ADM-System	Algorithmic-Decision-Making-System
AEUV	Vertrag über die Arbeitsweise der Europäischen Union
a. F.	Alte Fassung
AGG	Allgemeines Gleichbehandlungsgesetz
AI	Artificial Intelligence
AML	Anti-Money-Laundering
AMLA	Anti-Money-Laundering-Authority
AO	Abgabenordnung
Art.	Artikel
Aufl.	Auflage
BaFin	Bundesanstalt für Finanzdienstleistungsaufsicht
BeckOK	Beck´scher Online Kommentar
Beschl.	Beschluss
BGBl.	Bundesgesetzblatt
BGH	Bundesgerichtshof
BIP	Bruttoinlandsprodukt
BKA	Bundeskriminalamt
BMBF	Bundesministerium für Bildung und Forschung
BMF	Bundesministerium für Finanzen
BMI	Bundesministerium des Innern und für Heimat
BSI	Bundesamt für Sicherheit in der Informationstechnik
BT-Drs.	Bundestagsdrucksache
BVerfG	Bundesverfassungsgericht
bzgl.	bezüglich
bzw.	beziehungsweise
d. h.	Das heißt

Dt.	Deutsch
EG	Erwägungsgrund
EGMR	Europäischer Gerichtshof für Menschenrechte
EMRK	Europäische Menschenrechtskonvention
endg.	Endgültig
Engl.	Englisch
EU	Europäische Union
EuGH	Europäischer Gerichtshof
EU-KI-Verordnung	Verordnung (EU) 2024/1689 des Europäischen Parlaments und des Rates vom 13. Juni 2024 zur Festlegung harmonisierter Vorschriften für künstliche Intelligenz (und zur Änderung der Verordnungen (EG) Nr. 300/2008, (EU) Nr. 167/2013, (EU) Nr. 168/2013, (EU) 2018/858, (EU) 2018/1139 und (EU) 2019/2144 sowie der Richtlinien 2014/90/EU, (EU) 2016/797 und (EU) 2020/1828 (Verordnung über künstliche Intelligenz)
FATF	Financial Action Task Force
FIU	Financial Intelligence Unit (Deutschland)
GewA	Gewerbearchiv (Zeitschrift)
GewO	Gewerbeordnung
Ggf.	Gegebenenfalls
GwG	Geldwäschegesetz
GWuR	Zeitschrift „Geldwäsche und Recht"
Hrsg.	Herausgeber
Insb.	Insbesondere
i. S. d.	Im Sinne des/der
ITZBund	Informationstechnikzentrum Bund
i. V. m.	in Verbindung mit
KI	Künstliche Intelligenz
KWG	Kreditwesengesetz
KYC	Know your Customer
lit.	littera (lateinisch: Buchstabe)
MONEYVAL	Expertenausschuss des Europarates für die Bewertung von Maßnahmen gegen Geldwäsche und Terrorismusfinanzierung
MRT	Magnetresonanztomographie
m. w. N.	mit weiteren Nachweisen

OECD	Organisation for Economic Cooperation and Development
PKS	Polizeiliche Kriminalstatistik
RL	Richtlinie
S.	Seite
sog.	sogenannt
StGB	Strafgesetzbuch
StPO	Strafprozessordnung
u. a.	unter anderem
UK	United Kingdom
UN	United Nations
UNODC	United Nations Office on Drugs and Crime
USA	United States of America
v.	vom
Var.	Variante
vgl.	Vergleiche
WpHG	Gesetz über den Wertpapierhandel
z. B.	Zum Beispiel

Kapitel I. Einführung

A. Prolog

> *„[Automated Suspicion Algorithms] assess individuals based on suspicion of criminal activity in that they engage in probabilistic predictions that rely on patterns detected in imperfect information. [They] automate the process of identifying suspicious individuals from data: they comb through data for factors that correlate to criminal activity, assess the weight of each factor and how it relates to other factors, use the results to predict criminality from new data, and continuously improve their performance over time."*
>
> – M. Rich[8]

Stellen Sie sich vor, Sie möchten eine Überweisung tätigen, Ihr Konto wurde jedoch gesperrt. Nach Rückfrage bei Ihrer Bank wird die Überweisung am übernächsten Werktag ausgeführt und die Verzögerung mit technischen Problemen erklärt. Ein halbes Jahr später erhalten Sie wegen eben dieser Überweisung die Mitteilung der Staatsanwaltschaft über die Einleitung eines Ermittlungsverfahrens gegen Sie. Denn Ihre Überweisung wurde durch eine KI als verdächtig identifiziert. Ihre Bank hat daher aufgrund verpflichtender geldwäscherechtlicher Normen bezüglich Ihrer Überweisung eine Verdachtsmeldung gegen Sie erstattet, welche automatisch und ohne genauere Überprüfung an die zuständigen Behörden weitergeleitet wurde. Mit der Überweisung wollten Sie jedoch nur Geld an Ihre Tochter senden, die derzeit ein Auslandsstudium in Südamerika absolviert. Das Zukunftsszenario der KI-gestützten Verdachtsschöpfung mittels *„Automated Suspicion Algorithms"*[9] liegt derzeit weniger fern, als wir heute vielleicht meinen:

---

8 *Rich,* University of Pennsylvania Law Review 2016, 871 (876); der Begriff der *Automated Suspicion Algorithms* wurde für diese Arbeit von dem Aufsatz von *Rich* inspiriert und auf die nationalen Begebenheiten übertragen. Soweit ersichtlich, wurde der Begriff bisher einmalig im deutschen Kontext erwähnt bei: *Golla,* NJW 2021, 667 (672).

9 Näher zur Begriffsdefinition im Kontext dieser Arbeit: Kapitel I.D.V.

B. Einleitung

> *„Die Möglichkeiten, den Umfang der Geldwäscherei zuverlässig zu schätzen, sollten nicht zu hoch bewertet werden. [...]*
> *Unsere Kenntnisse auf diesem Gebiet sind vergleichbar mit jenen des Archäologen, der mit Hilfe einiger Tonscherben, einer Speerspitze und eines Kieferreststückes die Wirtschaft einer Steinzeitsiedlung beschreiben muss."*
> – P. van Duyne[10]

Schätzungen zufolge liegt das jährliche Volumen an gewaschenem Geld nach § 261 StGB allein in Deutschland bei 70-100 Milliarden Euro.[11] Diese Summe repräsentiert zwei bis drei Prozent des jährlichen Bruttoinlandsproduktes.[12] Innerhalb der EU und weltweit liegen die Zahlen Studien zufolge sogar noch deutlich höher.[13] Die Folgen für die Gesellschaft sind gravierend – einige Forschende sprechen von der (Mit-)Zerstörung des Planeten durch diese Art der Wirtschaftskriminalität.[14] In jedem Fall bedroht das

10 *van Duyne*, in: Friedrich-Ebert-Stiftung (Hrsg.), 1993, S. 52.

11 *Bussmann,* Geldwäsche-Prävention im Markt – Funktionen, Chancen und Defizite, 2018, S. 102 ff.; *Bussmann/Veljovic,* NZWiSt 2020, 417 (418); je nach Studie gehen die Schätzungen zum Dunkelfeld der Geldwäsche zwar auseinander, bewegen sich jedoch alle im hohen Milliardenbereich.

12 Diese Prozentzahlen beruhen auf einer Rechnung anhand des Bruttoinlandsproduktes (BIP) des Jahres 2018 nach Angaben des Statistischen Bundesamtes und stimmen mit offiziellen Schätzungen überein. Danach betrug das BIP 2018 3388 Milliarden Euro, *Statistisches Bundesamt*, Bruttoinlandsprodukt 2018 für Deutschland, 15. Januar 2019, (abrufbar: https://perma.cc/8BKN-6PB4, zuletzt abgerufen: 31.08.2024), S. 5. Davon sind 70-100 Milliarden Euro gerundet zwei bis drei Prozent. Da die Schätzungen des Dunkelfeldes bereits einige Jahre alt sind und das BIP (auch durch die Inflation) in den letzten Jahren deutlich angestiegen ist, muss davon ausgegangen werden, dass die tatsächlichen Verluste inzwischen weiter angestiegen sind. 2023 betrug das deutsche BIP beispielsweise 4121 Milliarden Euro, *Statistisches Bundesamt*, Volkswirtschaftliche Gesamtrechnungen, 2024, (abrufbar: https://perma.cc/FQ6N-TUJ7, zuletzt abgerufen: 31.08.2024). Sofern man weiterhin davon ausgeht, dass sich die jährlichen Verluste durch Geldwäsche auf zwei bis drei Prozent des BIP belaufen, würde dies inzwischen einer Summe von 80-120 Milliarden Euro entsprechen.

13 MONEYVAL hat als Komitee des Europarates zur Evaluation von AML-Maßnahmen das Dunkelfeld der Geldwäsche weltweit für 2022 etwa auf 500 Milliarden bis zu einer Billion Euro geschätzt, *MONEYVAL*, Annual Report 2022, (abrufbar: https://perma.cc/G8VJ-6BB4, zuletzt abgerufen: 31.08.2024); *Zuck,* NJW 2002, 1397 (1397).

14 *Boguslavska/Grossmann*, Corruption and money laundering are destroying the planet, (abrufbar: https://perma.cc/6Y5W-RWQX, zuletzt abgerufen: 31.08.2024); *Zypries,* ZRP 2024, 28 (28).

strafrechtliche Phänomen die Integrität unseres Finanzsystems, die Funktionsfähigkeit und Rechtstreue unserer Wirtschaft und den gesellschaftlichen Zusammenhalt insgesamt.[15] Die Methoden und Erscheinungsformen der Geldwäsche sind vielfältig und werden auf Täterseite permanent weiterentwickelt und an neue Bekämpfungsmethoden angepasst.[16] Die rasante internationale Regulierungswelle[17] der letzten Jahrzehnte in der Geldwäschebekämpfung hat ausweislich des nach wie vor hoch geschätzten Dunkelfeldes bisher nicht die erhofften Präventions- und Ermittlungserfolge erzielt. Insbesondere gehen kriminologisch-empirische Forschungen vor allem von einer ungleich verteilten Aufdeckung von Geldwäschetaten aus:[18] kleinere Taten werden aufgedeckt und ermittelt, die wirklich großen Geldwäschefälle laufen aber weiterhin „unter dem Radar".

Finanzinstitute (und andere sog. Verpflichtete nach § 2 GwG) sind häufig mit der Erstellung von Geldwäscheverdachtsmeldungen bezüglich potenziell verdächtiger Transaktionen ihrer Kunden überfordert.[19] Die Verpflichtung zur Abgabe dieser Verdachtsmeldungen ergibt sich aus § 43 Abs. 1 GwG. Gleichzeitig stapeln sich bei der Financial Intelligence Unit (FIU) zum allgemeinen medialen Empören unbearbeitete Verdachtsmeldungen, viele Verdachtsmeldungen werden auch aus der Unsicherheit der Verpflichteten heraus abgegeben, wann eine Meldung überhaupt zu erstatten ist.[20]

---

15 So auch der ehemalige Präsident der FATF: *Pleyer*, Geldwäsche geht uns alle an – Digitalisierung ist im Kampf gegen Geldwäsche bedeutend, FAZ v. 30.05.2021, S. 27; *Blaeschke*, DNotZ 2022, 827 (827); *Heger*, in: Lackner/Kühl/Heger (Hrsg.), 30. Aufl. 2023, § 261 Rn. 2.

16 *Diergarten/Barreto Da Rosa*, Praxiswissen Geldwäscheprävention – Aktuelle Anforderungen und Umsetzung in der Praxis, 2. Aufl. 2021, S. 6.

17 Kapitel II.B.II.

18 *Bussmann/Veljovic*, NZWiSt 2020, 417 (418); *Geng*, in: Dünkel/Fahl/Hardtke/Harrendorf/Regge/Sowada, S. 221 ff.; *Transparency International Deutschland e.V.*, Geldwäschebekämpfung in Deutschland – Probleme, Lösungsvorschläge und Beispielfälle, 2021, (abrufbar: https://perma.cc/MQ62-7SDE, zuletzt abgerufen: 31.08.2024), Zusammenfassung.

19 *Kanning*, Kampf gegen Geldwäsche überfordert Banken, FAZ, 09.10.2019, (abrufbar: https://perma.cc/FGA7-7GGQ, zuletzt abgerufen: 31.08.2024).

20 *Lenk*, ZWH 2021, 353 (353); auch der FATF Länderbericht Deutschland äußert sich zur fehlenden Effektivität der FIU: *FATF*, Anti-money laundering and counterterrorist financing measures Germany – Mutual Evaluation Report, August 2022, (abrufbar: https://perma.cc/6QSV-R5AL, zuletzt abgerufen: 31.08.2024) u. a. S. 4, 9; aufgrund der fehlenden oder langsamen Weitergabe von Verdachtsmeldungen an die Strafverfolgungsbehörden leitete die Staatsanwaltschaft Osnabrück im Sommer 2020 sogar Ermittlungen gegen Verantwortliche der FIU ein, *Diehl/Siemens*, Ermittler gehen gegen Zoll-Spezialeinheit vor, Spiegel, 2020, (abrufbar: https://perma.cc/J

Bei den Staatsanwaltschaften schließlich kommen durch die Weiterleitung über die FIU 15,3 Prozent aller Geldwäscheverdachtsmeldungen an, lediglich 0,3 Prozent der Verdachtsmeldungen führen jedoch überhaupt zu strafrechtlichen Konsequenzen.[21]

Es überrascht daher nicht, dass die politischen und rechtlichen Bemühungen derzeit dahin gehen, die Digitalisierung zur Bekämpfung der Geldwäsche nutzen zu wollen – was bisher nach Experteneinschätzung zu wenig geschieht.[22] Ein schwieriges Problem zur Nutzung der Digitalisierung ist die rechtskonforme Auswertung von Massendaten – nicht nur im Bereich der Geldwäsche.[23] Als revolutionäres Detektionsmittel wird seit einiger Zeit die Nutzung von Künstlicher Intelligenz (KI) gehandelt. Ausgangspunkt ist die Aufdeckung von Geldwäsche-Mustern und Vortaten i. S. d. § 261 StGB mit Hilfe einer KI. Diese wird primär durch die Verpflichteten des GwG, z. B. Banken, nutzbar sein. Die Erkenntnisse sollen nachgelagert jedoch auch für die Zentralstelle zur Auswertung von Geldwäscheverdachtsmeldungen, die FIU und die Strafverfolgungsbehörden nutzbar gemacht werden.[24] Die Auswertung von Massendaten – auch „Big Data“ genannt – mittels KI soll Rückschlüsse erlauben, die durch analoge Mechanismen nicht möglich gewesen wären oder einen unverhältnismäßigen Aufwand bedeutet hätten.[25] Ausgehend von dieser Idee wurde das durch das Bundesministerium für Bildung und Forschung (BMBF) geförderte Forschungs-

E9R-V7EY, zuletzt abgerufen: 31.08.2024). Diese Ermittlungen wurden inzwischen eingestellt, da das risikobasierte Vorgehen bei der operativen Analyse der Geldwäscheverdachtsmeldungen nicht mit den Vorgaben des GwG vereinbar sei und für die Mitarbeiter der FIU daher ein unvermeidbarer Verbotsirrtum nahegelegen habe, *Staatsanwaltschaft Osnabrück*, 31.05.2023, Pressemitteilung, (abrufbar: https://perma.cc/J422-U3AH, zuletzt abgerufen: 31.08.2024); auch *El-Ghazi/Jansen* sehen in der aktuellen Arbeitsweise der FIU sogar ggf. strafrechtlich relevantes Fehlverhalten, NZWiSt 2022, 465 (472).

21 Diese Prozentzahlen stützen sich auf eine rechnerische Auswertung des FIU-Jahresberichtes 2022, wonach die Verpflichteten insgesamt ca. 340.000 Verdachtsmeldungen abgegeben haben (S. 14), die FIU davon ca. 51.700 Verdachtsmeldungen an die Staatsanwaltschaften weitergegeben hat (S. 19) und es auf Basis dieser Daten auf Seiten der Strafverfolgungsbehörden zu ca. 1.058 Urteilen oder Anklagen (S. 21) kam.

22 *Seehafer*, GWuR 2022, 74 (76).

23 *Burkhardt*, Kriminalistik 2020, 336 (337).

24 Zu den Begrifflichkeiten des Geldwäscherechts siehe unten Kapitel II.B.III.

25 *Peters*, Smarte Verdachtsgewinnung – Eine strafprozessuale und verfassungsrechtliche Untersuchung der Verdachtsgewinnung mittels Künstlicher Intelligenz, 2023, S. 21.

projekt „MaLeFiz“ gegründet.[26] Das Akronym „MaLeFiz“ steht für „Maschinelles Lernen zur effizienten Identifikation auffälliger Finanztransaktionen“. Innerhalb dieses Forschungsvorhabens wird die Forschungsidee interdisziplinär unter Mitwirkung der Autorin praktisch umgesetzt und der Demonstrator einer KI zu genau diesem Vorhaben – der Detektion von Geldwäsche – durch die Computerwissenschaftler des Fraunhofer Instituts für Sichere Informationstechnologie entwickelt. Aufgrund der starken gesetzgeberischen Verzahnung der Geldwäsche mit der Terrorismusfinanzierung werden diese Delikte heute immer in einem Atemzug genannt. Ziel dieser Arbeit ist jedoch spezifisch die Detektion von Geldwäsche durch KI.

Dabei ist der Gedanke des Einsatzes von KI zur Geldwäschebekämpfung nicht neu. Schon Ende der 1990er-Jahre – vor über 20 Jahren – äußerte sich ein UN-Bericht zu einer solchen Einsatzmöglichkeit.[27] Dieser Bericht gab jedoch bereits damals zu bedenken, dass KI nicht als „Allheilmittel“ zur Geldwäsche-Detektion gehandelt werden dürfe.[28] Auch diesen Zweifeln will die Arbeit nachgehen. Daher liegt auch ein Schwerpunkt der Ausführungen auf der Auslagerung zentraler Bestandteile der Geldwäschebekämpfung an die GwG-Verpflichteten, wie z. B. Banken, und an die FIU. Analysiert wird mithin im Schwerpunkt die Automatisierung dieser Auslagerung mit Blick auf den Einsatz von KI im Bereich des sog. Transaktionsmonitorings und die Weiterleitung von Geldwäscheverdachtsmeldungen durch einzelne Institute an die FIU. Nicht Gegenstand dieser Arbeit ist die Bewertung eines Datenaustausches zwischen verschiedenen Finanzinstituten zur gebündelten Weiterleitung von Informationen an die FIU.

Der Blick der Arbeit wird außerdem sowohl auf die Rechtsprechung des Bundesverfassungsgerichts (BVerfG) als auch des Europäischen Gerichtshofs (EuGH) der letzten Jahre gerichtet. Diese haben immer wieder aufgezeigt, in welcher Form tiefgreifende (staatliche) Grundrechtseingriffe bei der (automatisierten) Auswertung von Daten unzulässig sind. Sicher ist jedenfalls, dass das Potenzial der Verfügbarkeit und Vernetzung wachsender Datenmengen mit Hilfe von KI ungeahnte Analysemöglichkeiten eröffnet.[29]

---

26 Forschungsprojekt „Maschinelles Lernen zur effizienten Identifikation auffälliger Finanztransaktionen“ (MaLeFiz), gefördert vom BMBF im Rahmen des Programms „Künstliche Intelligenz in der zivilen Sicherheitsforschung II“ unter Koordination des Fraunhofer SIT (Förderkennzahl 13N16306).

27 *UNODC*, Financial havens, banking secrecy and money laundering, 1998, (abrufbar: https://perma.cc/6EUB-D6HM, zuletzt abgerufen: 31.08.2024), S. 25.

28 Ebenda.

29 *Seehafer*, GWuR 2022, 74 (76); *Bock/Höffler*, KriPoZ 2022, 257 (263).

Denn die Möglichkeit der Ausschöpfung von schier unermesslichen Datenbeständen stellt sowohl eine der größten Chancen als auch technischen und rechtlichen Herausforderungen für die Strafverfolgung und die Gesellschaft insgesamt dar.

C. Gang der Untersuchung

Die vorliegende Arbeit ist insgesamt in sieben Kapitel unterteilt:

Kapitel I. erläutert in einem ersten Schritt die verständnisnotwendigen Terminologien und bietet einen Problemaufriss an. Zugleich wird ein Oberbegriff für die Masse algorithmenbasierter Systeme eingeführt und eine Abgrenzung der im Rahmen dieser Arbeit beschriebenen *Automated Suspicion Algorithms* vom Predictive Policing vollzogen. Die von der Autorin entwickelten Begriffe Verdachtshöhe und Verdachtsstufe, mit denen diese Arbeit dem Leser eine Orientierungshilfe anbieten möchte, werden eingeführt. Sodann wird die Forschungsfrage dargestellt und der Forschungszuschnitt begründet.

Im Kapitel II. werden die supranationale Entwicklung der Geldwäschebekämpfung und die zahlreichen Regularien des hier als Verdachtsschöpfungssystem bezeichneten Geldwäscherechtes dargestellt. Es erfolgt eine Nachzeichnung der wichtigsten Meilensteine der internationalen und europäischen Entwicklung mit ihren Auswirkungen auf das nationale Anti-Geldwäscherecht und die Verdachtsstufen der Geldwäschebekämpfung in Deutschland. Das Kapitel schließt mit einem Ausblick auf die ausstehenden europäischen Regelungen der nächsten Jahre. Mit einer Darstellung (inter)nationaler Kritik an der Geldwäschebekämpfung, die in Empfehlungen für eine Technisierung des Geldwäschemeldesystems mündet, wird zu den computerwissenschaftlichen Aspekten im dritten Kapitel übergeleitet.

Im Kapitel III. erfolgt eine Auseinandersetzung mit den technischen Grundlagen von KI, den Möglichkeiten, die durch die verschiedenen Arten des maschinellen Lernens bestehen und den derzeit existierenden technischen Grenzen. Dazu wird der Begriff KI definiert und in die am 14.03.2024 verabschiedete Verordnung der EU zur Harmonisierung der Vorschriften zu KI[30] (EU-KI-Verordnung) eingeordnet.

30 Die Einigung wurde im Dezember 2023 erzielt, siehe *Europäische Kommission*, Kommission begrüßt politische Einigung über das Gesetz über künstliche Intelligenz, Pressemitteilung, 09.12.2023, (abrufbar: https://perma.cc/CVG3-SVSW, zuletzt abge-

Im Kapitel IV. werden die rechtlichen Grenzen des Einsatzes von KI durch Finanzinstitute erläutert, die von dieser Arbeit als erste Verdachtsstufe der Geldwäschebekämpfung eingeordnet werden. Als Grundlage dieser Verdachtsstufe erfolgt eine – für den weiteren Fortgang der Arbeit zentrale – Einordnung der Rechtsnatur der Meldepflicht nach dem GwG und einer Bestimmung der erforderlichen Verdachtshöhe für das Auslösen dieser Meldepflicht. Die Einordnung der Rechtsnatur ist unerlässlich für die in den nachfolgenden Kapiteln daraus abgeleiteten Entwicklungs-, Einsatz- und Kontrollmodalitäten, ohne die Projekte einer Geldwäsche-Detektions-KI[31] nicht in Angriff genommen werden sollten. Diese Art von KI soll zum Aufspüren von Geldwäscheverdachtsfällen in der Lage sein. Der gewählte Begriff der Verdachtshöhe veranschaulicht die Schwelle hin zu einem automatisiert generierten Alarm – einem sog. KI-Alert[32] – und die Rechtsfolgen eines solchen Alerts.

Im Kapitel V. wird dargestellt, was die in Kapitel IV. erarbeiteten rechtlichen Grenzen für die Arbeit der FIU bedeuten und die Auswirkungen des KI-Einsatzes auf Ebene der Verpflichteten für den weiteren Prozess der Geldwäsche-Verdachtskette bei der FIU werden diskutiert. Dazu erfolgt insbesondere eine kritische Betrachtung des für die Geldwäschebekämpfung seit Langem propagierten sog. risikobasierten Ansatzes aus rechtlicher und aus technischer Sicht.

Im Kapitel VI. erfolgt ein Ausblick auf die möglichen Folgen der automatisierten Vorauswertung für die Arbeit der Staatsanwaltschaften und die besondere Stellung dieser im Bereich der Geldwäschebekämpfung.

Die Arbeit schließt mit Kapitel VII., welches die Folgen der betrachteten Automatisierung mit einem Blick auf die Einordnung des „gesunden Menschenverstandes" resümiert. Zusammenfassend mit den Thesen dieser Arbeit werden die Chancen zur Verbesserung der Strafverfolgung mit den Risiken der von dieser Arbeit eingeführten Begrifflichkeit einer *„blinden automatisierten Navigation"* abgewogen.

---

rufen: 31.08.2024); Verordnung (EU) 2024/1689 des Europäischen Parlaments und des Rates vom 13. Juni 2024 zur Festlegung harmonisierter Vorschriften für künstliche Intelligenz (und zur Änderung der Verordnungen (EG) Nr. 300/2008, (EU) Nr. 167/2013, (EU) Nr. 168/2013, (EU) 2018/858, (EU) 2018/1139 und (EU) 2019/2144 sowie der Richtlinien 2014/90/EU, (EU) 2016/797 und (EU) 2020/1828 (Verordnung über künstliche Intelligenz).

31 Engl. zuweilen auch als AML-AI bezeichnet.

32 Zum Begriff Kapitel I.D.VI.

D. Terminologie

Der KI-Einsatz im Bereich des Strafrechts wird häufig in einem Sammelbecken aus den Begriffen KI-gestützte Kriminalitätsvorbeugung, Kriminalitätskontrolle oder Kriminalitätsverfolgung ohne nähere Differenzierung zum Oberbegriff des Predictive Policing zusammengefasst. Daneben treten weitere technische Grundbegriffe, die ebenfalls nicht näher eingegrenzt werden und lediglich unter dem Buzzword KI firmieren. Die klare begriffliche Trennung der verschiedenen Arten des KI-Einsatzes und die Abgrenzung von anderen Einsatzarten von Algorithmen ist wichtig, um die verschiedenen (grundrechtlichen) Eingriffsintensitäten und rechtlichen Anforderungen beurteilen zu können.

I. Algorithmus

Das Wort „Algorithmus" wird heute im Kontext des Technikeinsatzes völlig selbstverständlich benutzt. Die Eingangszeichnung vor Kapitel I. hat bereits verdeutlicht, dass Algorithmen seit vielen Jahrhunderten ursprünglich zur einfachen Beschreibung von einer Reihe von Schritt-für-Schritt Anweisungen genutzt wurden, die – mechanisch ausgeführt – zu einem bestimmten Ergebnis führen.[33] Im Laufe der Zeit wandelte sich der Begriffsinhalt dann zur automatischen Abfolge dieser Schritte (Computeralgorithmus).[34] Inzwischen wird der Begriff – fälschlicherweise – oft mit KI gleichgesetzt. Es gibt auch heute noch zahlreiche Computeralgorithmen, die keine KI sind. Der Algorithmus ist lediglich ein Grundbaustein technisch weiterentwickelter Systeme.

II. Big Data

Der Begriff „Big Data" wird insbesondere zur Umschreibung der Herausforderungen um die technologischen Möglichkeiten für die Erhebung, Sammlung, Verarbeitung, Analyse und Nutzung schnell wachsender Daten-

---

33 *Chabert/Barbin/Borowczyk/Guillemot/Michel-Pajus*, 1999, S. 1.

34 Siehe auch *Martini*, Blackbox Algorithmus – Grundfragen einer Regulierung Künstlicher Intelligenz, 2019, S. 18. Soweit diese Arbeit von Algorithmus spricht, meint sie das automatisierte Begriffsverständnis davon.

mengen herangezogen.[35] Diese Datenmengen sind zu einer Grundlage des großen Fortschritts bei der Entwicklung von KI-Systemen geworden, wobei die Datenmengen durch verschiedene Arten von maschinell-lernenden Algorithmen in hoher Geschwindigkeit ausgewertet und verarbeitet werden können.[36] Zusätzlich sind diese Datenmassen auch für das Training mit einigen Lernverfahren dieser Systeme notwendig.[37]

Teilweise fällt in einem Atemzug mit Big Data auch der Begriff des „Data Mining". Diesen hat beispielsweise das BVerfG u. a. in seinem Beschluss vom 10.11.2020 zum Antiterrordateigesetz verwendet. Das Gericht versteht darunter die komplexe Auswertung von großen Datenbeständen, um dadurch neue Erkenntnisse für Strafverfolgung, Gefahrenabwehr und nachrichtendienstliche Aufgaben zu erlangen.[38] Bei der Verwendung dieser Begrifflichkeit erfolgt mithin noch keine Unterscheidung, zu welchen späteren Zwecken (z. B. präventiv oder repressiv) die Datenauswertung durchgeführt wird. Mithin stellt das Data Mining zumindest nach dem Verständnis des BVerfG bereits eine deutlich spezifischere Auswertung von Datenbeständen dar, als mit dem Oberbegriff Big Data gemeint ist.

III. Künstliche Intelligenz (KI)

Sowohl in der Rechts- als auch in der Computerwissenschaft existiert bis heute keine allgemeingültige Definition von KI.[39] Seit 2021 versuchte die EU, sich in dem Entwurf eines „Gesetzes für Künstliche Intelligenz" auf eine Begriffsbestimmung zu einigen. Inzwischen hat sie sich in der verabschiedeten Fassung auf die bereits von der Organisation for Economic Cooperation and Development (OECD) erarbeitete Definition von KI ver-

35 *Götz*, ZD 2014, 563 (563); *Momsen*, in: Chibanguza/Kuß/Steege (Hrsg.), 2022, § 2, G., Rn. 18.

36 *Brüning*, in: Rotsch, 2021, S. 63 f.; *Bock/Höffler*, KriPoZ 2022, 257 (263).

37 *Leffer/Leicht*, in: Schweighofer/Kummer/Saarenpää/Eder/Hanke/Zanol/Schmautzer, 2022, S. 89.

38 BVerfG, Beschl. v. 10.11.2020, 1 BvR 3214/15, ZD 2021, 205, (207); *Golla*, NJW 2021, 667 (667).

39 Mit dieser Einschätzung auch: *Steinrötter/Stamenov*, in: Möslein/Omlor (Hrsg.), 2. Aufl. 2021, § 11 Rn. 2.; m. w. N. *Santos*, ZfDR 2023, 23 (25); *Lang*, Methoden des bestärkenden Lernens für die Produktionsablaufplanung, 2023, S. 42; *Rückert*, GA 2023, 361 (362).

ständigt.[40] Nach der OECD ist ein KI-System ein maschinengestütztes System, das für explizite oder implizite Ziele aus den empfangenen Eingaben ableitet, wie es Ergebnisse wie Vorhersagen, Inhalte, Empfehlungen oder Entscheidungen erzeugen kann, die physische oder virtuelle Umgebungen beeinflussen können. Verschiedene KI-Systeme unterscheiden sich in ihrem Grad an Autonomie und Anpassungsfähigkeit nach dem Einsatz.[41] Diese Definition und die existierenden Unterformen von KI werden in Kapitel III. ausführlich erläutert.

IV. Algorithmic-Decision-Making-System (ADM-System)

Als Oberbegriff für Software-Lösungen, welche algorithmenbasiert arbeiten und auf der Grundlage einer Reihe von Eingabevariablen eine einzige Aussage erzeugen, dient der Begriff des ADM-Systems.[42] Dabei kann die algorithmische Komponente einen statischen Algorithmus enthalten, der z. B. auf den Entscheidungsregeln von Experten auf dem Gebiet basiert und auf dieser Grundlage ein Ergebnis generiert.[43] Alternativ nutzt der Algorithmus Daten zum Training eines sog. Modells, mit welchem er im Anschluss arbeitet.[44] Dabei können die Entscheidungsregeln ebenfalls vorgegeben werden, müssen sie jedoch nicht.[45] Im deutschen Sprachkontext werden ADM-Systeme häufig auch als algorithmengestütztes (Entscheidungs-)System bezeichnet.[46]

---

40 Ausführlich zu einer Definition von KI und den zugehörigen Unterkategorien siehe unten Kapitel III.; *Rat der EU*, Gesetz über künstliche Intelligenz: Rat und Parlament einigen sich über weltweit erste Regelung von KI, Pressemitteilung, 09.12.2023, (abrufbar: https://perma.cc/3SPM-AL63, zuletzt abgerufen: 31.08.2024).

41 *OECD*, OECD AI Principles overview, (abrufbar: https://perma.cc/J8HA-MNWR, zuletzt abgerufen: 31.08.2024).

42 *Zweig/Wenzelburger/Krafft*, Minds and Machines 2019, 555 (559); vgl. im Kontext der Impfpriorisierung durch ADM-Systeme in der Covid-19-Pandemie *Ruschemeier*, NVwZ 2021, 750 (750 ff.).

43 Ebenda.

44 Ebenda.

45 Zu den genauen Möglichkeiten der technischen Ausgestaltung eines solchen Systems siehe Kapitel III.

46 *Sommerer*, Personenbezogenes Predictive Policing – Kriminalwissenschaftliche Untersuchung über die Automatisierung der Kriminalprognose, 2020, S. 34.

V. Predictive Policing, Automated Suspicion Algorithms, Data Mining

Innerhalb des Oberbegriffs der ADM-Systeme sind verschiedene Arten des Predictive Policing[47] von den in dieser Arbeit näher betrachteten *Automated Suspicion Algorithms*[48] zu unterscheiden. Unter Predictive Policing versteht man allein die Verwendung von algorithmengestützten Systemen zur Straftatprognose in der präventiven Polizeiarbeit, d. h. in der Gefahrenabwehr.[49] Predictive Policing wird mithin eingesetzt, um eine noch nicht eingetretene Gefahr für ein Rechtsgut abzuwenden und erfolgt zur Prognose sowie möglichst anschließender Vermeidung eines Rechtsverstoßes.[50] Demgegenüber dienen *Automated Suspicion Algorithms* der repressiven Verbrechensbekämpfung.[51] Ziel ist mithin nicht mehr der Schutz des Rechtsguts vor Beeinträchtigung, sondern die Ermöglichung der Sanktionierung der Beeinträchtigung.[52] Diese Arbeit untersucht daher, ob der Einsatz von KI zur Detektion von Geldwäsche einen solchen *Automated Suspicion Algorithm* darstellt und wie die vor allem mit einer solchen Technologie bezweckte Erhöhung des Aufdeckungsrisikos von Straftaten für die Täter rechtlich zu beurteilen ist. Mithin wird ein *Automated Suspicion Algorithm* in dieser Arbeit als automatisierte Verdachtsgewinnung mittels KI verstanden.[53]

VI. KI-Alert

Ein KI-Alert (dt.: Alarm) ist die Markierung eines Prozesses oder im Falle der Geldwäsche-Detektion einer Transaktion oder eines Geschäftsvorganges als auffällig. Das bedeutet, ein technisches System[54] markiert

47 Zur genauen Terminologie innerhalb des Predictive Policing ausführlich *Sommerer*, 2020, S. 36 ff.

48 Dieser Begriff wurde von den Autoren *Rich*, University of Pennsylvania Law Review 2016, 871 (871 ff.) und *Golla*, NJW 2021, 667 (672) inspiriert und übernommen.

49 *Sommerer*, 2020, S. 34.

50 Ebenda.

51 Die Gründe für die Zuordnung einer KI zur Detektion von Geldwäschefällen zu den *Automated Suspicion Algorithms* werden ausführlich in Kapitel IV. und V. dargestellt.

52 Teilweise werden diese Algorithmen auch als Retrospective Policing Systems bezeichnet, *Sommerer*, 2020, S. 244.

53 *Rademacher* spricht ebenfalls von „automatisierter Verdachtsgewinnung“: *Rademacher*, in: Zimmer, 2021, S. 231.

54 Zu den Ausgestaltungsmöglichkeiten siehe unten Kapitel III.

riskante Transaktionen für eine weitergehende Analyse.[55] Sowohl für den Automatisierungsgrad des KI-Alerts als auch für die anschließende weitergehende (menschliche) Analyse sind unterschiedliche Automatisierungsgrade denkbar.[56] An einen solchen Alarm schließen sich Validierungs- bzw. Untersuchungsprozesse an, die eine Bewertung in unterschiedliche Treffer-Arten ermöglichen. Dies wird im betreffenden Kontext unter dem folgenden Gliederungspunkt VII. zu false-positive Treffern dargestellt.

VII. False-positive Treffer

Besonders wichtig bei KI-Modellen ist die jeweilige Klassifizierung des Treffers und die Untersuchung der Fehlerrate des KI-Systems. Diese Fehlerrate ergibt sich maßgeblich aus dem Entwicklungsprozess des Systems.[57] Jedem technischen Modell wohnt eine solche Fehlerrate inne, denn wie der Mensch kann sich auch das technische System „irren".[58] Um zumindest ansatzweise eine Vergleichbarkeit und die Konsequenzen aus dem Einsatz eines solchen KI-Systems einzuschätzen, wird die Analyse dieser Fehlerrate so bedeutend. Es existieren zwei mögliche Fehlerarten, die technische Systeme produzieren können: „false-positive"-Treffer (dt.: falsch-positiv) und „false-negative"-Treffer (dt.: falsch-negativ).[59] Alle anderen Treffer sind folglich „right-positive" Treffer (dt.: richtig-positiv) oder „right-negative" Treffer (dt.: „richtig-negativ). Die Fehlerraten von KI-Systemen sind technisch so aneinandergekoppelt, dass false-positive Treffer nicht reduziert werden können, ohne gleichzeitig false-negative Treffer zu erhöhen.[60] Dieses technische Phänomen wird auch als „Asymmetric Cost Ratio" bezeichnet.[61] In Abb. 2: Trefferarten eines KI-Systems ist die Klassifizierung in diese vier Unterkategorien, wovon zwei Arten als Fehler des Systems einzuordnen sind, kurz dargestellt:

---

55 *Schmuck*, ZRFC 2023, 409 (409).

56 Ausführlich zu den unterschiedlichen Optionen in Kapitel III.

57 *Sommerer*, 2020, S. 50 f.; *Lehr/Ohm*, U.C. Davis Law Review 2017, 653 (691 f.); *Kang/Wu*, Journal of Experimental Criminology 2023, 919 (920).

58 *Sommerer*, 2020, S. 50 f.; *Lehr/Ohm*, U.C. Davis Law Review 2017, 653 (691 f.)

59 *Kang/Wu*, Journal of Experimental Criminology 2023, 919 (920); *Sommerer*, 2020, S. 50 f.

60 *Lehr/Ohm*, U.C. Davis Law Review 2017, 653 (691 f.); *Sommerer*, 2020, S. 50 f.; für eine visuelle Darstellung dieser technischen Koppelung siehe *Grossenbacher/Zehr*, Polizei-Software verdächtigt zwei von drei Personen falsch, SRF, 05.04.2018, (abrufbar: https://perma.cc/7ZY8-6HCS, zuletzt abgerufen: 31.08.2024).

61 *Sommerer*, 2020, S. 113 f.; *Lehr/Ohm*, U.C. Davis Law Review 2017, 653 (691 f.).

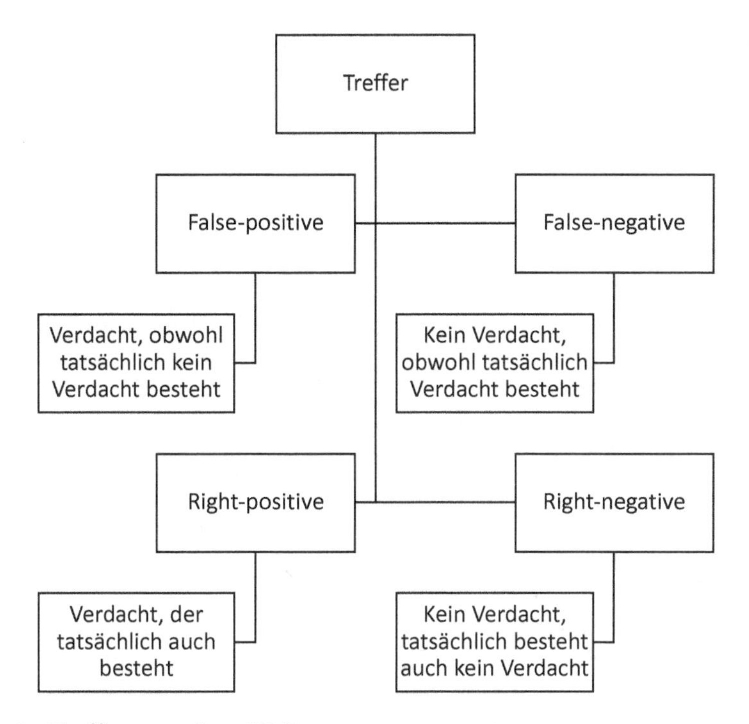

Abb. 2: Trefferarten eines KI-Systems

Nach technischer Definition liegt ein false-positive Treffer vor, wenn ein technisches Modell ein Ergebnis als richtig anzeigt, welches sich als falsch entpuppt.[62] An diesem Punkt stellt sich daher die Frage, wann in der Geldwäschebekämpfung ein KI-Alert richtig und wann falsch ist. Grundsätzlich ist es im Rahmen der Detektion von Geldwäsche durch *Automated Suspicion Algorithms* nämlich möglich, die false-positive Treffer eines KI-Systems auf zwei unterschiedliche Arten festzulegen. Die Ursache dafür liegt in den unterschiedlichen rechtlichen Verdachtsstufen der Geldwäschebekämpfung, die für eine Befassung auf der jeweiligen Ebene eine Verdachtshöhe erfordern, die sich von der nächsten Stufe unterscheidet.[63]

Die erste Möglichkeit ist somit, einen false-positive Treffer abhängig von der jeweiligen Verdachtsstufe zu definieren. Im Wesentlichen ist die erste

62 *Taulli*, Grundlagen der Künstlichen Intelligenz – Eine nichttechnische Einführung, 2022, S. 76.

63 Zu den Verdachtsstufen siehe Abb. 7: Verdachtsstufen der Geldwäschebekämpfung in Deutschland.

Verdachtsstufe die Weiterreichung eines bestimmten Verdachtes von den Banken an die FIU, § 43 Abs. 1 Nr. 1 GwG. Auf dieser Stufe würde ein false-positive Treffer bedeuten, dass ein Mitarbeitender auf der ersten Ebene der GwG-Verpflichteten (z. B. Finanzinstitute) sich nach der (menschlichen) Befassung mit einem KI-Alert bereits gegen die Abgabe einer Verdachtsmeldung an die FIU entscheidet, da der dafür erforderliche Sachverhalt nach § 43 Abs. 1 Nr. 1 GwG nicht gegeben ist.

Die zweite Verdachtsstufe ist die Weiterreichung eines bestimmten Verdachtes von der FIU an die Staatsanwaltschaft, § 32 Abs. 1 Satz 1 GwG. Hier liegt demgemäß ein false-positive Treffer vor, wenn die von der FIU im Rahmen ihrer operativen Analyse weitergehenden Untersuchungen nicht in eine Weiterleitung der Verdachtsmeldung an die dritte Ebene der Staatsanwaltschaft münden.

Als dritte und letzte Verdachtsstufe steht dann die Überprüfung der durch die FIU übermittelten Meldung durch die Staatsanwaltschaft. Hier läge dann ein false-positive Treffer vor, wenn der durch die FIU übermittelte Sachverhalt nur zu einer Einstellung und nicht zur Anklageerhebung bzw. später zu einer Verurteilung führt.

Die zweite Möglichkeit, einen false-positive Treffer zu definieren, besteht in einer Gesamtbetrachtung. Nach dieser wird die Zahl der in einem Jahr abgegebenen Verdachtsmeldungen mit der Zahl der in einem Jahr ergangenen Verurteilungen und Strafbefehle nach § 261 StGB verglichen und daraus direkt abgeleitet, wie hoch die Fehlerrate ist. Mithin ist dann jeder Fall ein false-positive Treffer, der sich im Ergebnis als nicht-geldwäscherelevant herausgestellt hat. Als nicht-geldwäscherelevant gilt ein Treffer konkret, wenn in der Realität tatsächlich keine Geldwäschetat begangen wurde oder wenn die jeweilige Institution zu dem Ergebnis kommt, dem Alarm nicht weiter nachzugehen. Diese Einordnung wird hier absolut, d. h. unabhängig von der Verdachtsstufe, auf der das Verfahren beendet wurde, vorgenommen.

Die stufenabhängige Fehlerrate und die Gesamtbetrachtung können daher jeweils eine unterschiedliche Fehlerrate aufweisen. Beide Berechnungsmöglichkeiten sind aufgrund des hohen Dunkelfeldes der Geldwäsche und den oft fehlenden Rückmeldungen sowohl durch die FIU als auch durch die Staatsanwaltschaften mit erheblichen Tücken verbunden.

In dieser Arbeit wird die stufenabhängige Definition eines false-positive Treffers gewählt. Insbesondere mit Blick auf die – in Umsetzung der EU-Geldwäsche-Richtlinien – im GwG vorgesehenen Rückmeldungspflichten ist es zielführend, den Begriff so zu wählen. Nach § 41 Abs. 2 Satz 1 GwG ist die FIU verpflichtet, den GwG-Verpflichteten eine Rückmeldung zur Relevanz der jeweiligen Verdachtsmeldung zu geben. Diese Daten sollen die GwG-Verpflichteten zur Verbesserung ihres jeweiligen Risikomanagements – also zur Verbesserung ihrer Verdachtsmeldungen – nutzen, § 41 Abs. 2 Satz 2 GwG. Ebenso müssen die Staatsanwaltschaften der FIU Rückmeldung erstatten, ob öffentliche Klage erhoben wurde und wie das Verfahren ausgegangen ist – inklusive Übermittlung aller Einstellungsentscheidungen, § 42 Abs. 1 Satz 1, 2 GwG.

Außerdem würde die Definition eines false-positive Treffers nach der Maßgabe der Gesamtbetrachtung den Eindruck erwecken, die Banken müssten zwingend sichere Fälle der Geldwäsche detektieren.[64] Dies suggeriert, dass nur eine höhere Verurteilungsrate zu einer effektiven Geldwäschebekämpfung führen könnte. Ziel muss aber die Aufdeckung der schwerwiegenden Geldwäschefälle des Dunkelfeldes sein – dies korrespondiert nicht *zwingend* mit einer höheren Verurteilungsrate.

Die stufenabhängige Definition bedeutet daher nicht unbedingt, dass an der prozentualen Zahl der false-positive Treffer eine Änderung erzielt werden muss, um die Effektivität des gesamten Systems zu erhöhen. Vielmehr ist es so, dass gerade aus false-positive Treffern Anhaltspunkte für zukünftige technische Verfeinerungen des Systems gewonnen werden können. Dies hängt mit der in diesem Abschnitt erwähnten Asymmetric-Cost-Ratio zusammen. Richtigerweise können daher aus der generellen Anzahl von false-positive Treffern nicht zwingend Rückschlüsse auf die Effektivität des Systems geschlossen werden.

64 Zu den an die Banken zu stellenden Anforderungen: Kapitel IV.C.

Die stufenabhängige Definition eines false-positive Treffers wird in der folgenden Abb. 3 dargestellt:

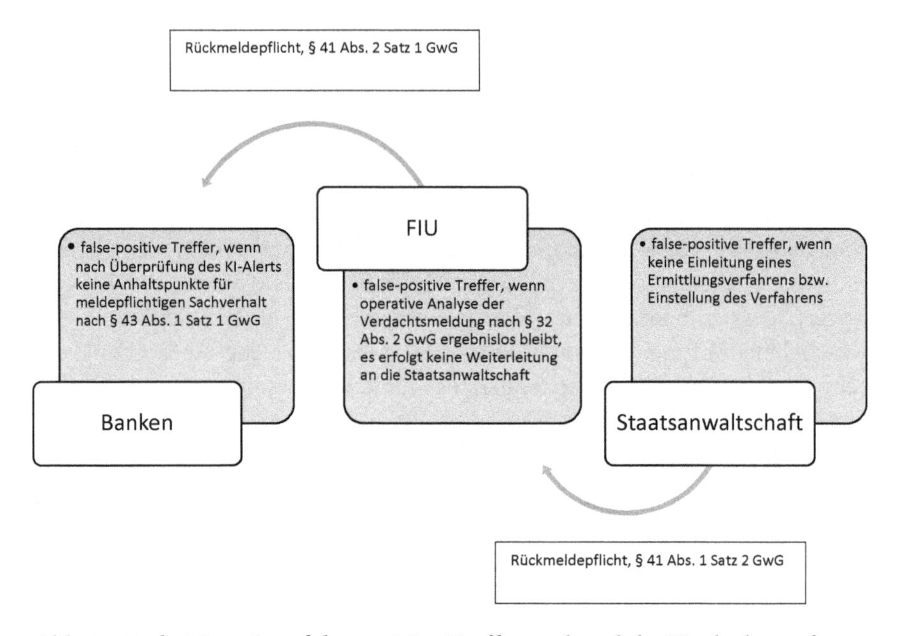

Abb. 3: Definition eines false-positive Treffers anhand der Verdachtsstufen der Geldwäschebekämpfung

Der Frage, ab wann das Verdachtsmeldesystem als effektiv eingestuft werden kann, soll in Kapitel IV. nachgegangen werden.

E. Forschungsfrage

Die Detektion von Kriminalität mittels KI ist vielgestaltig und wirft grundlegende rechtliche und technische Fragen auf. Daher muss eine Eingrenzung der Forschungsfrage erfolgen.

Die Ausführungen dieser Arbeit beschränken sich auf den Einsatz der oben definierten *Automated Suspicion Algorithms*[65] durch Finanzinstitute am Beispiel der Geldwäsche im Rahmen des sog. Transaktionsmonito-

65 Kapitel I.D.V.

rings[66] und die rechtlichen Konsequenzen der dortigen Ergebnisse für die Arbeit der FIU und der Staatsanwaltschaften. Dazu liegt der Fokus auf der Automatisierung der Verdachtsmeldungen der Finanzinstitute durch KI. Mithin erfolgt zunächst eine historische Einordnung der Geldwäsche und eine Analyse der Rechtsquellen, um daraus die Rechtsnatur der Verdachtsmeldung und die Konsequenzen der Automatisierung zu analysieren.

Dieser Forschungszuschnitt basiert auf Überlegungen zur Aktualität der Thematik (I.) sowie ihres besonderen transformativen Potenzials für die Gesellschaft (II.). Außerdem ist diese Forschung relevant für die Kriminalitätsverfolgung als Ganzes (II.) mit Blick auf die „Regulierungsflut" im Geldwäschebereich und die mit einer Automatisierung verbundenen tiefgreifenden Grundrechtseingriffe (III.). All dies führt zu einer hier in besonderem Maße bestehenden Forschungslücke (IV.).

I. Aktualität

Im aktuellen Sog des KI-Hypes und der sich ständig im Fluss befindlichen nationalen sowie internationalen Anti-Geldwäschegesetzgebung beschränken sich die Ausführungen zur Aktualität dieses Themas auf die wichtigsten Meilensteine. Die automatisierte Verarbeitung umfangreicher Datenmengen zur Gefahrenabwehr,[67] das Profiling durch die Schufa[68] und die Auswertung von Fluggastdaten[69] waren alle bereits Gegenstand weitreichender Entscheidungen sowohl des BVerfG als auch des EuGH. Auch diese Entscheidungen und die Einordnung der hiesigen Technik in den Kontext der nach dreijähriger Verhandlungsphase erst 2024 final verabschiedeten EU-KI-Verordnung[70] sind Gegenstand dieser Arbeit. Der Einsatz von *Automated Suspicion Algorithms* erfolgt bereits zu unterschiedlichen Zwecken von Finanzkriminalität. Es existieren – wie in Kapitel III. ausführlich ge-

66 Zum Begriff unten Kapitel II.B.III.1.

67 BVerfG, Urt. v. 16.02.2023, 1 BvR 1547/19, 1 BvR 2634/20, NJW 2023, 1196 (1196 ff.).

68 EuGH, Urt. v. 07.12.2023, C-634/21, BKR 2024, 70 (70 ff.).

69 EuGH, Urt. v. 21.06.2022, C-817/19, ZD 2022, 553 (553 ff.).

70 Verordnung (EU) 2024/1689 des Europäischen Parlaments und des Rates vom 13. Juni 2024 zur Festlegung harmonisierter Vorschriften für künstliche Intelligenz (und zur Änderung der Verordnungen (EG) Nr. 300/2008, (EU) Nr. 167/2013, (EU) Nr. 168/2013, (EU) 2018/858, (EU) 2018/1139 und (EU) 2019/2144 sowie der Richtlinien 2014/90/EU, (EU) 2016/797 und (EU) 2020/1828 (Verordnung über künstliche Intelligenz).

zeigt werden wird – schon heute mindestens sieben kommerzielle computergestützte Geldwäscheerkennungsprogramme, die mit dem Einsatz von KI werben.[71] Es steht zu befürchten, dass eine weitere Entwicklung solcher KI-Systeme ohne zentrale Einbeziehung von Juristen erfolgen wird, wenn nicht frühzeitig Regularien als Richtpfeiler für die weitere Entwicklung, den weiteren Einsatz und die zukünftige Kontrolle vorgegeben werden. Auch im eingangs beschriebenen Forschungsprojekt MaLeFiz wird bereits dieser Ansatz einer technikbegleitenden juristischen Einschätzung verfolgt. Dabei geht es nicht nur darum, für den jetzigen Moment die Rechtskonformität dieser Technologie sicherzustellen, sondern um eine generelle und rechtzeitige Diskussion, wie wir unser Rechtssystem zukünftig ausgestalten wollen. Sicher ist, dass der aktuelle technische Prozess und die damit verbundene Fortentwicklung des Rechtssystems nicht aufgehalten werden können und sollen, sondern juristisch mitgedacht und mitgestaltet werden müssen.

II. Transformation der Gesellschaft

Es ist unbestritten, dass die Digitalisierung die Gesellschaft transformiert hat und weiter stetig transformieren wird. KI-Systeme haben erst still und leise (etwa mit den Tools zur Analyse des Kaufverhaltens auf Amazon oder durch die Bewertung der Kreditwürdigkeit potenzieller Hauskäufer) Einzug in das tägliche Leben gefunden. Spätestens seit der umfassenden Nutzung von generativer KI[72] wie ChatGPT erlebt diese Technologie einen echten Höhenflug und beschäftigt neben allen anderen Branchen auch die Rechtsanwender. Es liegt auf der Hand, dass fortgeschrittene technische Lösungsmöglichkeiten sowohl zur Begehung von Straftaten genutzt als auch als smartes Ermittlungstool eingesetzt werden können. Mithin wird KI sowohl aufseiten der Straftatbegehung als auch aufseiten der Strafverfolgung Einfluss auf die Gesellschaft nehmen. Es ist Aufgabe dieser Arbeit, Rahmenbedingungen für den Einsatz von KI als Ermittlungstool in Gestalt eines *Automated Suspicion Algorithm* vorzunehmen.

71 Siehe unten Kapitel III.E.I.
72 Begriffserläuterung siehe Kapitel III.

III. Regulierungsflut und tiefgreifende Grundrechtseingriffe

Der politische Handlungswille, man muss nahezu von einer Regulierungsflut im Bereich der Geldwäsche sprechen, ist – wie in Kapitel II. dargelegt wird – ungebremst. Neben den zahlreichen europäischen Vorgaben, die das deutsche Recht stark beeinflussen, startet auch der nationale Gesetzgeber fortlaufend eigene Vorhaben zur Verbesserung der Geldwäschebekämpfung. Diese Vorhaben sind gerade im Bereich der Geldwäsche teilweise erstmalig auch mit rechtlichen Normen verbunden, die den Einsatz von KI zu Zwecken der Ermittlungsarbeit sogar ausdrücklich vorsehen. Naturgemäß ist die automatisierte Erhebung, Verarbeitung und Speicherung von Datenbeständen mit tiefgreifenden Grundrechtseingriffen verbunden, die es in dieser Arbeit in Kapitel IV. und V. zu analysieren und zu bewerten gilt.

IV. Forschungslücke

Zwar gibt es bereits zahlreiche Arbeiten, die sich allgemein der Geldwäsche oder einzelnen Begriffen aus dem Geldwäscherecht widmen.[73] Auch nimmt die Zahl von Arbeiten, die sich mit der Automatisierung im Bereich der Kriminalitätsprävention und -aufdeckung beschäftigen, stetig zu.[74] Die Schnittstelle beider Perspektiven ist in der deutschsprachigen juristischen Literatur jedoch bis heute noch nicht monografisch beleuchtet worden. Zu dieser Problematik existieren nur wenige Beiträge in Aufsatzform, häufig nicht von Juristen, sondern von Computerwissenschaftlern verfasst.[75] In

---

73 Siehe nur zuletzt die Monografien von *Tsakalis*, Die Verflechtung zwischen Geldwäsche und Steuerhinterziehung – Zugleich eine Darstellung der historischen Entwicklung des strafrechtlichen Geldwäschebegriffs im internationalen und europäischen Raum, 2022, insb. S. 34 ff.; *Gürkan*, Der risikoorientierte Ansatz zur Geldwäscheprävention und seine Folgen – Geldwäschegesetz und Kreditwesengesetz im Lichte von Rechtsdogmatik und Rechtsökonomie, 2019, zum risikobasierten Ansatz auf Ebene der Verpflichteten; *Wende*, Die Verdachtsmeldung als Mittel zur Bekämpfung der Geldwäsche am Beispiel der Kreditinstitute, 2024, mit Fokus auf der Verdachtsmeldung.

74 Jüngst etwa: *Peters*, 2023, allerdings anders als in dieser Arbeit vor allem auf den strafprozessualen Anfangsverdacht im Kontext der Marktmanipulation bezogen.

75 Siehe etwa *Chen/Khoa/Teoh/Nazir/Karuppiah/Lam*, Knowledge and Information Systems 2016, 245 ff.; *Lamba/Glazier/Cámara/Schmerl/Garlan/Pfeffer*, IWSPA '17: Proceedings of the 3rd ACM on International Workshop on Security And Privacy Analytics 2017, 17 ff.

der internationalen Literatur hat das Thema zwar etwas mehr Aufmerksamkeit erfahren,[76] dort fehlen jedoch Bezüge zu Besonderheiten des deutschen Rechts.

Es herrscht damit an der Schnittstelle von Geldwäsche und KI eine Forschungslücke, welche zu erhellen sich die vorliegende Arbeit zur Aufgabe gemacht hat.

76 Siehe etwa *Rich,* University of Pennsylvania Law Review 2016, 871 ff.; *Bertrand/Maxwell/Vamparys,* International Data Privacy Law 2021, 276 ff.; *Pavlidis,* Journal of Money Laundering Control 2023, 155 ff.

Kapitel II. Verdachtsschöpfung im Geldwäscherecht

> *„Vorab ist erklärungsbedürftig, warum ein Thema, das noch vor 15 Jahren auch unter Fachleuten des Finanzsektors weitgehend ein Fremdwort war, heute den Berufsalltag der Branche prägt und für ein ganzes Gebäude von Normen steht."*
>
> – M. Pieth[77]

Wie *Pieth* es bereits 2006 pointiert umschreibt, hat die Regulierung des Geldwäscherechtes eine „Karriere" beschritten wie kein anderer Rechtsbereich. Um juristische Vorgaben für einen möglichen Einsatz einer KI zur Geldwäsche-Detektion zu entwickeln, ist ein grundlegendes Begriffsverständnis (I., II.) und eine Einführung in die Ursachen (III.) und Erscheinungsformen (IV.) der Geldwäsche und die mit der Bekämpfung zusammenhängenden Rechtsquellen erforderlich. Lange Zeit wurde die Geldwäsche als bloßer Annex der Vortat behandelt und vorwiegend dann als Straftatbestand angewendet, wenn die inkriminierte Herkunft von Vermögensgegenständen offensichtlich war.[78] Durch hochprofessionell organisierte Geldwäsche und die dadurch entstehenden internationalen Reputationsverluste und Wirtschaftsschäden ist die Bekämpfung der Geldwäsche als eigenständige Kriminalität kontinuierlich in den Fokus gerückt.

A. Geldwäsche – ein schillernder Begriff

I. Begriffsherkunft

Um erfassen zu können, welche Art der Kriminalität überhaupt durch eine Geldwäsche-Detektions-KI aufgedeckt werden soll, ist es zunächst erforderlich, den Begriff der Geldwäsche zu umreißen. „Geldwäsche" ist eine

---

77 *Pieth*, in: Herzog/Mülhausen (Hrsg.), 2006, B., § 3 Rn. 1.

78 Diese Kritik wurde von der FATF bereits 2010 geäußert: *FATF*, Mutual Evaluation Report Germany, 2010, (abrufbar: https://perma.cc/N5H2-ET5G, zuletzt abgerufen: 31.08.2024), S. 64; siehe *Vogel*, ZRP 2020, 111 (111).

simple Übersetzung des englischen „money laundering".[79] Das „Waschen" der Erlöse aus Kriminalität ist so alt, wie die Kriminalität selbst.[80] Die strafrechtliche Sanktionierung dieses Vorganges hingegen begann im Vergleich zu anderen Arten von Kriminalität sehr spät, nahm jedoch sodann rasant an Fahrt auf.[81] Verwunderlich ist rückblickend, dass der weltweit erste Straftatbestand der Geldwäsche erst 1986 in den USA durch den Money Laundering Control Act eingeführt wurde.[82]

Die Wortbildung geht auf die Prohibitionsjahre in den USA (1920-1933) zurück. Zu dieser Zeit soll Al Capone bereits die Notwendigkeit der Geldwäsche als einzige Möglichkeit der Nutzung seiner illegalen Erträge erkannt haben. Diese insbesondere aus dem Drogenhandel stammenden Gelder soll er in Münzwaschsalons (engl.: „laundromats") mit legalen Einnahmen vermischt haben, um so die illegale Herkunft der schmutzigen Gelder zu verschleiern.[83] Diese Ansicht wird zuweilen als Mythos abgetan, wurde Al Capone doch bereits 1931 zu einer Gefängnisstrafe verurteilt und die ersten vollautomatischen Waschsalons erst in den 1930ern etabliert. In der Geldwäsche-Literatur hält sich diese „Origin-Story" jedoch bis heute.[84] Unabhängig von der Realität des Mythos wird der Begriff „money laundering" in der juristischen Terminologie erstmals 1982 in der Entscheidung „United States versus $ 4.255.625.39" erwähnt und setzte sich im Anschluss international durch.[85]

II. Definition und Rechtsgut

In Deutschland wurde der Straftatbestand der Geldwäsche 1992 in § 261 StGB eingeführt[86] und seitdem regelmäßig geändert. Der Straftatbestand hat heute derart viele Begehungsvarianten, dass *Bülte* sogar konstatiert, es

79 *Diergarten/Barreto Da Rosa*, 2021, S. 1.

80 *Magliveras*, Journal Business Law 1992, 161 (161); *Gazeas*, NJW 2021, 1041 (1041).

81 *Diergarten/Barreto Da Rosa*, 2021, S. 105.

82 18 U.S. Code, §§ 1956-1957; *Diergarten/Barreto Da Rosa*, 2021, S. 105.

83 Dazu unter anderem: *Mückenberger*, in: Esser/Rübenstahl/Saliger/Tsambikakis (Hrsg.), 2017, § 261 StGB Rn. 5; *Diergarten/Barreto Da Rosa*, 2021, S. 2.

84 *Diergarten/Barreto Da Rosa*, 2021, S. 2 f.

85 Zitiert nach *Tsakalis*, 2022, S. 34.

86 Durch das Gesetz zur Bekämpfung des illegalen Rauschgifthandels und anderer Erscheinungsformen der Organisierten Kriminalität (OrgKG) vom 15.07.1992, BGBl. I 1992, S. 1302.

gebe so etwas wie *die* Geldwäsche gar nicht.[87] Ein allgemeingültiger Rechtsbegriff oder eine Legaldefinition der Geldwäsche besteht außerhalb der Begehungsvarianten von § 261 StGB bis heute nicht.[88] Zur definitorischen Annäherung wird die Geldwäsche daher häufig vom allgemeinen Sprachverständnis, von ihrer Zielsetzung her oder kriminologisch umschrieben. Rein tatsächlich betrachtet kann die Geldwäsche am besten als das Tor zwischen illegalen Erlösen aus Straftaten und dem legalen Finanzkreislauf bezeichnet werden.[89] Vom Begriff der Geldwäsche ist der gesamte Prozess der Verschleierung, der Existenz und der Herkunft von illegalen Vermögenswerten umfasst, mit dem Ziel, diese als rechtmäßige Einkünfte erscheinen zu lassen.[90] Der Kern des Unrechtsgehalts der Geldwäsche ist dabei seit jeher umstritten.[91] Richtig ist, dass man sich dennoch international auf die Notwendigkeit eines Straftatbestandes bzw. einer Untersagung der Geldwäsche verständigen konnte. Vermögen an sich galt schon immer als ein strafschutzwürdiges Rechtsgut, welches mit der Existenz eines ökonomisch entwickelten Staates eng verknüpft ist und damit sowohl dem Schutz individueller als auch staatlicher Belange dient.[92] Das Rechtsgut der Geldwäsche ist die Rechtspflege einschließlich des Ermittlungsinteresses der Strafverfolgungsbehörden, sowie die mit der Vortat[93] – also der Quelle der kriminellen Profite – geschützten Rechtsgüter.[94] Nach dem Gesetzgeber dient der Tatbestand des § 261 StGB der Aufspürung von Gewinnen aus kriminellen Aktivitäten.[95] Geschütztes Rechtsgut sei daher die inländische Strafrechtspflege.[96] Durch die Verfolgung der Geldwäsche sollen

---

87 *Bülte*, NZWiSt 2017, 276 (277).

88 Siehe *Diergarten/Barreto Da Rosa*, 2021, S. 1; *Figura*, in: Herzog (Hrsg.), 5. Aufl. 2023, § 1 Rn. 10.

89 *Hassemer*, WM Sonderbeilage Nr. 3 1995, 1 (13); *Krey/Dierlamm*, JR 1992, 353 (359).

90 *Figura*, in: Herzog (Hrsg.), 5. Aufl. 2023, § 1 Rn. 11; *Ruhmannseder*, in: Heintschel-Heinegg/Kudlich (Hrsg.), 60. Edition, Stand: 01.11.2023, § 261 Rn. 4; siehe sogleich die Modellierung der Geldwäsche Abb. 4: Drei-Phasen-Modell.

91 *Pieth*, in: Herzog/Mülhausen (Hrsg.), 2006, B., § 4 Rn. 3; *Arzt*, in: Diederichsen/Dreier, 1997, S. 28; *Vogel*, ZRP 2020, 111 (112); *Hassemer*, WM Sonderbeilage Nr. 3 1995, 1 (14).

92 *Hassemer*, WM Sonderbeilage Nr. 3 1995, 1 (4); *Tsakalis*, 2022, S. 40.

93 Die Geldwäsche ist ein sog. Anschlussdelikt, *Jahn/Ebner*, JuS 2009, 597 (597).

94 *Ruhmannseder*, in: Heintschel-Heinegg/Kudlich (Hrsg.), 60. Edition, Stand: 01.11.2023, § 261 Rn. 7; BGH, Beschl. v. 06.06.2018, 2 Ars 163/18, 2 AR 106/18, NJW 2018, 2742 (2743).

95 *Neuheuser*, in: Erb/Schäfer (Hrsg.), 4. Aufl. 2021, § 261 Rn. 9.

96 BT-Drs. 12/989, 25.07.1991, S. 27; BT-Drs. 12/3533, 22.10.1992, S. 11, 13.

die Wirkungen vorausgegangener Straftaten beseitigt werden.[97] Zusätzlich wird teilweise die Auffassung vertreten, der Gesetzgeber habe auch den Wirtschafts- und Finanzkreislauf zum Schutzgut der Geldwäsche bestimmen wollen.[98] Dies wird durch andere Auffassungen allerdings mit dem Hinweis auf einen fehlenden Bezug des § 261 StGB zu den Kreditinstituten abgelehnt.[99] Die Geldwäsche konnte früher in Deutschland nur bezüglich Profiten aus bestimmten, als Katalogvortaten aufgeführten schweren Delikten begangen werden (z. B. Betäubungsmitteldelikte, gewerbsmäßig begangene Steuerhinterziehung, als Bande begangene Delikte des WpHG).[100] Seit 2021 ist die Geldwäsche in Anpassung an internationale und europäische Standards[101] nun hinsichtlich jeder Vortat, aus der „etwas" erlangt wurde, möglich (sog. „All-Crimes-Ansatz").[102] Durch die vollständige Abschaffung des Vortatenkataloges statt dessen Ergänzung ging der Gesetzgeber weit über die mindestharmonisierenden Vorgaben der Richtlinie über die strafrechtliche Bekämpfung der Geldwäsche[103] hinaus (Über-Umsetzung).[104] Geldwäsche ist ein zentrales Delikt der organisierten Kriminalität und der Wirtschaftskriminalität.[105]

III. Modellierung der Geldwäsche

Es existieren zahlreiche Modelle, die eine Umschreibung des komplexen Prozesses zwischen dem Anfallen von Vermögenswerten durch kriminelle Aktivitäten und dem Zielpunkt der Verfügbarkeit von nicht mehr bemakelten Vermögenswerten versuchen.[106] *Herzog/Achtelik* umschreiben den Vor-

97 Ebenda.
98 *Findeisen,* wistra 1997, 121 (121).
99 *Neuheuser,* in: Erb/Schäfer (Hrsg.), 4. Aufl. 2021, § 261 Rn. 11.
100 *Gazeas,* NJW 2021, 1041 (1043).
101 Umsetzung der EU-Richtlinie 2018/1673 v. 23.10.2018.
102 Mit diesem Ansatz wurde die Geldwäsche aus der Beschränkung auf ihren Ursprungskontext der organisierten Kriminalität und der Terrorismusfinanzierung herausgelöst: *Gazeas,* NJW 2021, 1041 (1043); *Ruhmannseder,* in: Heintschel-Heinegg/Kudlich (Hrsg.), 60. Edition, Stand: 01.11.2023, § 261 Rn. 3.
103 Zu dieser Richtlinie siehe Kapitel II.B.II.2.f).
104 Siehe ausführlich dazu und zur Kritik am All-Crimes-Ansatz: *El-Ghazi,* in: Herzog (Hrsg.), 5. Aufl. 2023, § 261 Rn. 13 ff.; *Schröder/Blaue,* NZWiSt 2019, 161 (161 ff.).
105 *El-Ghazi,* in: Herzog (Hrsg.), 5. Aufl. 2023, § 261 Rn. 4.
106 *Herzog/Achtelik,* in: Herzog (Hrsg.), 5. Aufl. 2023, Einleitung Rn. 5 f.; vgl. mit weiteren Nachweisen *Biberacher,* Kryptotoken und Geldwäsche – Die geldwäscherecht-

gang – thematisch zu dieser Arbeit passend – damit, dass Input und Output der Geldwäsche bekannt sind, der dazwischenliegende Prozess aber in einer Art „Blackbox"[107] stattfinde.[108] Der Input der Geldwäsche ist das „dreckige Geld" und der Output das „gewaschene Geld". Der für die Strafverfolgung interessante Part spielt sich mithin innerhalb der Blackbox ab. Die Einführung von Geldwäschemodellen dient der Analyse und Spezifizierung dieser Blackbox, um entsprechende Bekämpfungsmechanismen zu entwickeln.[109] Im Hinblick auf sämtliche Modelle kann festgehalten werden, dass es sich bei Geldwäsche um eine Art „Recycling" („aus schmutzig mach sauber") handelt.[110] International durchgesetzt hat sich das die Realität stark vereinfachende sog. Drei-Phasen-Modell, welches die Geldwäsche in die erste Phase des „Placement" (1.), die zweite Phase des „Layering" (2.) und die dritte Phase der „Integration" (3.) aufspaltet.[111] Die hiesige Darstellung beschränkt sich auf dieses Modell, da die Modellierungsversuche lediglich das Verständnis und einen Zugang für den Ablauf von Geldwäsche eröffnen, als Input-Daten für ein KI-Training jedoch zusätzlich konkrete Geldwäschefälle unabhängig von dieser abstrakten Modellierung benötigt werden.[112] Zugleich wird daher auch auf die generelle Kritik an einer Modellierung der Geldwäsche eingegangen (4.).

---

liche Verpflichtetenstellung von Kryptointermediären im europäischen sowie deutschen Recht, 2023, S. 186.

107 Generell als „Blackbox" bezeichnet wird eine Wahrheit, die der menschlichen Vernunft oder dem Verstehen nicht direkt zugänglich ist, siehe *Sommerer*, 2020, S. 194; im Rahmen von KI-Anwendungen meint insb. „Blackbox-Algorithmus", dass keine Kenntnisse mehr über die inneren Eigenschaften des Systems bestehen, *Martini*, 2019, S. 45.

108 *Herzog/Achtelik*, in: Herzog (Hrsg.), 5. Aufl. 2023, Einleitung Rn. 5.

109 *FATF*, FATF Report Professional Money Laundering, Juli 2018, (abrufbar: https://perma.cc/7PGC-DQRF zuletzt abgerufen: 31.08.2024) S. 16 ff.; *Herzog/Achtelik*, in: Herzog (Hrsg.), 5. Aufl. 2023, Einleitung Rn. 5.

110 *Herzog/Achtelik*, in: Herzog (Hrsg.), 5. Aufl. 2023, Einleitung Rn. 6.

111 Dieses Modell geht laut übereinstimmender Quellenlage wohl ursprünglich auf eine Entwicklung durch die FATF zurück: *Oswald*, Die Implementation gesetzlicher Maßnahmen zur Bekämpfung der Geldwäsche in der Bundesrepublik Deutschland, 1997, S. 10; *Diergarten/Barreto Da Rosa*, 2021, S. 3; *Herzog/Achtelik*, in: Herzog (Hrsg.), 5. Aufl. 2023, Einleitung Rn. 7.

112 Siehe dazu die Entwicklungsmodalitäten für ein KI-Training und insbesondere die Anforderungen an Datenqualität und Datenvollständigkeit in Kapitel IV.

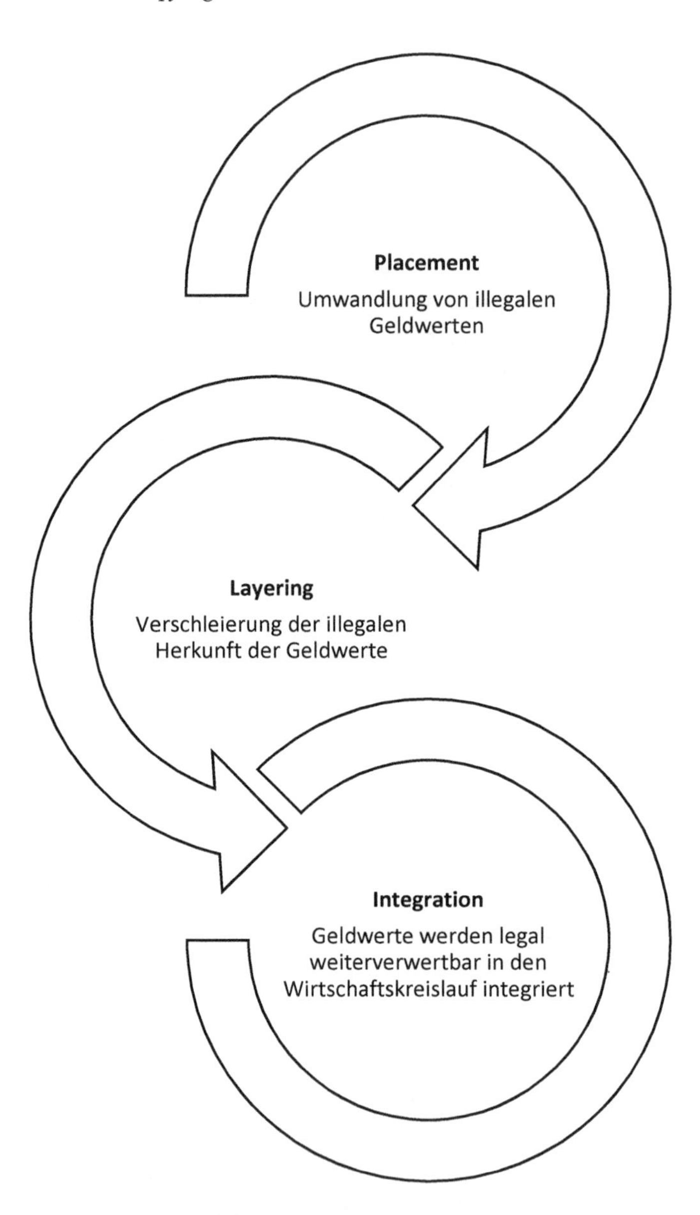

Abb. 4: Drei-Phasen-Modell

1. „Placement" – Erste Phase

Das „Placement" (dt.: Platzierung oder Unterbringung) als erste Phase der Geldwäsche diente ursprünglich vor allem als Umschreibung der physischen Umwandlung großer Bargeldmengen, die durch Vortaten angefallen sind.[113] Traditionell ging es dabei um die Umwandlung von Bargeld in Buchgeld, um das Geld so leichter transferieren zu können.[114] Zugleich ist diese Phase mit dem höchsten Entdeckungsrisiko für den Geldwäscher verbunden.[115] Richtigerweise spielt diese Phase mit der zunehmenden Digitalisierung eine immer kleinere Rolle, da Vermögenswerte vielfach von Beginn an rein digital abgebildet werden, wie beispielsweise Kryptowerte.[116] Eine der – inzwischen auch den Ermittlungsbehörden – bekanntesten und einfachsten Techniken zur Umsetzung dieser Phase ist das sog. Smurfing.[117] Hierbei werden Einzahlungen von einer Vielzahl von Tätern/Helfern gestückelt und in gestreuter Verteilung auf eine Vielzahl von Konten vorgenommen.[118]

2. „Layering" – Zweite Phase

In der zweiten Phase der Geldwäsche sollen durch das sog. „Layering" (dt.: Verteilung oder Verwirrspiel) die Spuren der illegalen Herkunft des Geldes möglichst bis zur Unkenntlichkeit verwischt werden.[119] Dazu wird auf verschiedenste Arten versucht, die Papierspur des Geldes (engl. „paper

---

113 *Hoyer/Klos*, Regelungen zur Bekämpfung der Geldwäsche und ihre Anwendung in der Praxis – Geldwäschegesetz, Gesetz zur Verbesserung der Bekämpfung der Organisierten Kriminalität, internationale Regelungen, 2. Aufl., 1998, S. 11; *Degen*, Gesetzliche Mitwirkungspflichten der Kreditwirtschaft bei der Geldwäsche- und Terrorismusbekämpfung – Eine verfassungsrechtliche Betrachtung aus Sicht der Bankkunden am Beispiel des Konten-Screenings und des Kontendatenabrufverfahrens, 2009, S. 81.

114 *Allgayer*, in: Ellenberger/Bunte (Hrsg.), 6. Aufl. 2022, § 11 Rn. 5; *Herzog/Achtelik*, in: Herzog (Hrsg.), 5. Aufl. 2023, Einleitung Rn. 8.

115 *Herzog/Achtelik*, in: Herzog (Hrsg.), 5. Aufl. 2023, Einleitung Rn. 8; *Hoyer/Klos*, 1998, S. 12.

116 *Weisser/Bliesener*, NZWiSt 2024, 41 (Fn. 15).

117 *Weisser/Bliesener*, NZWiSt 2024, 41 (Fn. 22); *Herzog/Achtelik*, in: Herzog (Hrsg.), 5. Aufl. 2023, Einleitung Rn. 8; *Degen*, 2009, S. 81.

118 *Herzog/Achtelik*, in: Herzog (Hrsg.), 5. Aufl. 2023, Einleitung Rn. 8 f.

119 *Hoyer/Klos*, 1998, S. 12 f.; *Vogt*, in: Herzog/Mülhausen (Hrsg.), 2006, A., § 2 Rn. 3; *Grzywotz*, Virtuelle Kryptowährungen und Geldwäsche, 2019, S. 83.

trail“) zwischen den einzelnen Transaktionen auszulöschen.[120] Dies bedeutet einfach gesagt, dass versucht wird, den Nachweis der Herkunft des Geldes so vollständig wie möglich zu zerstören. Daher ist im Kontext von Geldwäschebekämpfung auch immer wieder vom Erhalt dieser Papierspur die Rede, auch wenn diese durch die Digitalisierung des Zahlungsverkehrs mittlerweile eher als Herkunftsspur bezeichnet werden könnte. Um eine solche Verschleierung zu erreichen, existieren zahlreiche Vorgehensweisen, die sich national als auch international abspielen.[121]

Als Auffälligkeiten sind dabei immer wieder die Inkaufnahme von hohen Transaktionskosten oder wirtschaftlich sinnloses Verhalten zu beobachten, da für die Geldwäsche jedes „erfolgreich“ in den Finanzkreislauf integrierte Geld als „Gewinn“ verbucht werden kann und somit auch Teilverluste in Kauf genommen werden.[122]

3. „Integration“ – Dritte Phase

In der dritten und letzten Phase, der sog. „Integration“ findet die Einschleusung der inkriminierten Gelder in den legalen Finanzkreislauf statt.[123] Unter diesem Begriff werden alle Maßnahmen zusammengefasst, die die kriminell erworbenen Vermögenswerte als legal erworben erscheinen lassen sollen. Zugleich fließen diese am Schluss wieder an den Initiator zurück.[124] Als typische Beispiele für diese Einschleusung nennen *Herzog/Achtelik* den Erwerb von Geschäftsbeteiligungen, Investitionen in den Aktienmarkt oder den Kauf von Immobilien.[125]

4. Kritik an dieser und der generellen Modellierung von Geldwäsche

Am dargestellten Drei-Phasen-Modell wird häufig die künstliche Aufspaltung der Geldwäsche in Einzelschritte und die (zu) vereinfachte Darstel-

120 *Diergarten/Barreto Da Rosa*, 2021, S. 4 f.

121 Mit einer Darstellung vielfacher Beispiele von Verschleierungsmethoden: *Diergarten/Barreto Da Rosa*, 2021, S. 6 ff.

122 *Herzog/Achtelik*, in: Herzog (Hrsg.), 5. Aufl. 2023, Einleitung Rn. 10.

123 Ebenda, Rn. 11.

124 *Hoyer/Klos*, 1998, S. 13; *Herzog/Achtelik*, in: Herzog (Hrsg.), 5. Aufl. 2023, Einleitung Rn. 11.

125 *Herzog/Achtelik*, in: Herzog (Hrsg.), 5. Aufl. 2023, Einleitung Rn. 11.

lung eines komplizierten Prozesses kritisiert.[126] Richtigerweise können sich die einzelnen Phasen überlagern bzw. gleichzeitig stattfinden oder aber aufgrund der zunehmenden Digitalisierung von Vermögenswerten ggf. ganz wegfallen. Es ist leicht erkennbar, dass der Oberbegriff der Geldwäsche als Sammelbegriff für eine Vielzahl unterschiedlicher und sich wandelnder Handlungen herangezogen wird, denen dieses Modell nur einen Verständnisrahmen gibt.[127] Als gängige Methode zum ersten Erkenntnisgewinn bleibt die Darstellung dieses bzw. eines Geldwäschemodells jedoch unverzichtbar.

IV. Zwischenfazit

Nachdem das Delikt der Geldwäsche nun in seinen Grundzügen dargestellt wurde, ist im Folgenden auf die rasante internationale Entwicklung des Geldwäscherechtes einzugehen, die wie kein anderes Delikt maßgeblich von weltweiten Entwicklungen geprägt wurde. Seit Jahren hält jedoch auch die Kritik an der Etablierung eines Straftatbestandes der Geldwäsche an.

B. Internationaler „Kampf“ gegen Geldwäsche – Entwicklung einer umfassenden Regulatorik

Die Globalisierung und Digitalisierung der Wirtschaft ermöglicht eine vorher in diesem Ausmaß niemals mögliche internationale Mobilität von Geldströmen, was in Verbindung mit den offenen europäischen Grenzen zu einer erheblichen Begünstigung internationaler Begehungsformen der Geldwäsche führt.[128] Die internationale und europäische Entwicklung der Geldwäsche-Regulierung hat das deutsche Recht entscheidend geprägt bzw. teilweise erst den Anstoß zur Schaffung deutscher Regelungen gegeben. Die hier erfolgende – teils historische – Aufarbeitung beschränkt sich auf die wesentlichen Punkte, ist jedoch für das Verständnis und die Bewertung der Rechtsnatur der Geldwäscheverdachtsmeldung[129] und der rechtlichen He-

126 So etwa: *Diergarten/Barreto Da Rosa*, 2021, S. 4; *Frey/Pelz*, in: Brian/Pelz (Hrsg.), 17. Edition, Stand: 01.03.2024, Einführung zum GwG Rn. 3 f.

127 *Bülte*, NZWiSt 2017, 276 (277 f.); *Wende*, 2024, S. 177.

128 *Tsakalis*, 2022, S. 46.

129 Kapitel IV.

rausforderungen der Automatisierung der damit verbundenen Verdachtsstufen[130] essenziell.

I. Ausgangspunkte einer internationalen Entwicklung

Die heutigen nationalen Vorgaben zur Geldwäsche sind maßgeblich unter supranationalem und internationalem Einfluss entstanden.[131] Die Ausgangspunkte der internationalen Entwicklung werden im Folgenden zunächst knapp dargestellt (I.), um im Anschluss auf die daraus entstandenen nationalen und internationalen Regularien (II.) und die einzelnen Verdachtsstufen in Deutschland (III.) einzugehen.

1. U.S. Bank Secrecy Act

Der U.S. Bank Secrecy Act aus dem Jahr 1970 gilt als historischer Startpunkt der Anti-Geldwäsche-Gesetzgebung, auch wenn der Rechtsbegriff „Geldwäsche“ noch nicht eingeführt wurde.[132] Entgegen des Namens diente die Verabschiedung der Einschränkung des Bankgeheimnisses in den USA.[133] Mit diesem Legislativakt wurde international zum ersten Mal versucht, Geld illegaler Herkunft aufzuspüren und die Verschleierung dessen Ursprungs zu sanktionieren.[134]

2. Wiener Übereinkommen

Die sog. Wiener Drogenkonvention[135] vom 19.12.1988 gilt als internationaler Wegbereiter der Anti-Geldwäsche-Regulierung, zielte allerdings in erster Linie auf die Bekämpfung des internationalen Drogenhandels ab.[136] Dieses

130 Ebenda.

131 *Koslowski*, Harmonisierung der Geldwäschestrafbarkeit in der Europäischen Union – Entwicklung europäischer Vorgaben zur Strafbarkeit wegen Geldwäsche unter Berücksichtigung mitgliedstaatlicher Geldwäschetatbestände, 2016, S. 101.

132 *Levi/Reuter*, in: Tonry, 2006, S. 296; *Carl*, wistra 1991, 288 (288 f.).

133 *Levi/Reuter*, in: Tonry, 2006, S. 296; *Tsakalis*, 2022, S. 48.

134 Ebenda.

135 Übereinkommen der Vereinten Nationen gegen den unerlaubten Verkehr mit Suchtstoffen und psychotropen Stoffen vom 19. Dezember 1988.

136 *Herzog/Achtelik*, in: Herzog (Hrsg.), 5. Aufl. 2023, Einleitung Rn. 61.

Übereinkommen der Vereinten Nationen enthielt erstmals die Verpflichtung zur Verhinderung von Geldwäsche aus illegalem Drogenhandel, zur Gewinnabschöpfung der damit erzielten Erlöse und einer entsprechend abgestimmten internationalen Kooperation in diesem Bereich.[137] Eine Umschreibung des Straftatbestandes der Geldwäsche findet sich im Art. 3 des Wiener Übereinkommens mit Bezug zu spezifischen Suchtstoffen. Im Schwerpunkt werden schon dort das Umwandeln und Übertragen von Vermögensgegenständen, das Verbergen oder Verschleiern der wahren Beschaffenheit oder auch das Wissen um die illegale Herkunft von Vermögenswerten als spezifische Geldwäschehandlungen benannt.[138] Interessanterweise waren in dieser Konvention keine Verpflichtungen zur Einführung von präventiven Maßnahmen gegen Geldwäsche wie Identifizierungs- und Meldepflichten vorgesehen.[139]

3. Straßburger Konvention

Auch der Europarat hat die Gestaltung des Geldwäscherechtes frühzeitig mitgeprägt. Im Übereinkommen des Europarats vom 08.11.1990 (sog. Straßburger Konvention)[140] – welches auch von Deutschland ratifiziert worden ist – verständigten sich die Vertragsstaaten auf eine Pönalisierung von Geldwäsche.[141] Die unter Strafe zu stellenden Handlungen wurden dabei so umschrieben wie im Wiener Übereinkommen.[142] Die Strafbarkeit wegen Geldwäsche wurde hier allerdings bereits über die Drogenkriminalität hinaus erstreckt.[143]

137 Art. 3, 4, 5 und 7 Gesetz zu dem Übereinkommen der Vereinten Nationen vom 20.12.1988 gegen den unerlaubten Verkehr mit Suchtstoffen und psychotropen Stoffen (Vertragsgesetz Suchtstoffübereinkommen 1988), BGBl. 1993 II, S. 1136 ff.

138 Siehe *Tsakalis*, 2022, S. 51 ff.

139 *Koslowski*, 2016, S. 104.

140 Straßburger Übereinkommen über Geldwäsche sowie Ermittlung, Beschlagnahme und Einziehung von Erträgen aus Straftaten vom 08.11.1990.

141 Art. 6 Straßburger Konvention.

142 *Koslowski*, 2016, S. 105.

143 Ausführlich *Tsakalis*, 2022, S. 51 ff.; *Koslowski*, 2016, S. 105.

II. Internationale und europäische Entwicklung der Geldwäschebekämpfung – Rechtsquellen

> *„In contrast to most other types of crime, money laundering is notable for the diversity of its forms, participants, and settings."*
>
> – M. Levi/P. Reuter[144]

Das europäische Anti-Geldwäscherecht ist insbesondere durch die FATF-Empfehlungen und die europäischen Geldwäsche-Richtlinien geprägt, die hier zusammenfassend erläutert werden.

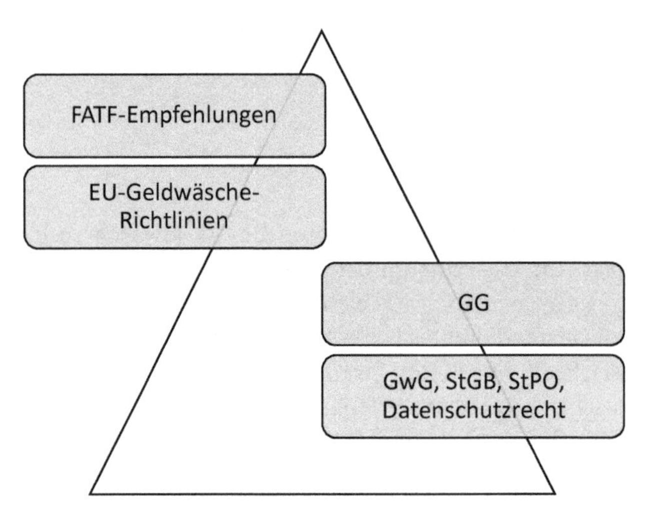

Abb. 5: Übersicht Geldwäscheregularien

Die Darstellung der internationalen und nationalen Regularien in Abb. 5 darf nicht als strenge hierarchische Normenpyramide verstanden werden, sondern ist vielmehr als Rechtsquellen-Fluss der internationalen Anti-Geldwäsche-Gesetzgebung und Einfluss-Pyramide zu lesen. Inwiefern sich die Anti-Geldwäsche-Regularien der FATF (1.) über die EU-Geldwäsche-Richtlinien (2.) bis hin zu den Umsetzungen beim nationalen Gesetzgeber (3., 4.) stetig und rasant weiterentwickeln, wird im folgenden Abschnitt dargestellt.

144 *Levi/Reuter*, in: Tonry, 2006, S. 312.

1. FATF

In der Entwicklung der weltweiten Anti-Geldwäsche-Regularien hat die FATF von Anfang an eine prägende Rolle gespielt. Die Abkürzung „FATF” steht für „Financial Action Task Force”. Dahinter verbirgt sich ein internationales zwischenstaatliches Gremium, welches 1989 von den G7-Staaten errichtet wurde und seither organisatorisch bei der OECD ansässig ist, ohne ein rechtlicher Teil dieser zu sein.[145] Der Arbeitsauftrag der FATF ist die Untersuchung von Geldwäschemethoden, die Entwicklung von Standards für die Geldwäschebekämpfung und die Unterstützung der wirksamen Umsetzung von Präventivmaßnahmen im internationalen Finanzsystem.[146]

Die FATF ist keine internationale Organisation, da sie nicht auf Basis völkerrechtlicher Vereinbarungen entstanden ist.[147] Folglich sind ihre Arbeitsergebnisse auch nicht demokratisch legitimiert und entfalten keine völkerrechtliche Verbindlichkeit – anders etwa als völkerrechtliche Verträge oder Resolutionen des UN-Sicherheitsrates.[148] Inzwischen haben sich bereits über 200 Staaten und Jurisdiktionen verpflichtet, die von der FATF formulierten 40 Empfehlungen[149] zur Einrichtung einer effektiven Geldwäsche-Abwehr umzusetzen.[150]

a) FATF-Empfehlungen

Entsprechend ihres Mandates formulierte die FATF in Zusammenarbeit mit internationalen Experten bereits 1990 40 Empfehlungen, die als grundsätzliche Richtlinie für den effektiven Umgang mit Geldwäsche zu verstehen sind.[151] Bereits in ihrer ersten Fassung enthielten diese sowohl Emp-

145 *Tsakalis*, 2022, S. 55.

146 Siehe *Grützner/Jakob*, Compliance von A-Z, 2. Aufl., 2015, F – FATF; *Paeffgen*, in: Kindhäuser/Neumann/Paeffgen/Salinger (Hrsg.), 6. Aufl. 2023, § 89c Rn. 5a.

147 *Herzog/Achtelik*, in: Herzog (Hrsg.), 5. Aufl. 2023, Einleitung Rn. 63; *Paeffgen*, in: Kindhäuser/Neumann/Paeffgen/Salinger (Hrsg.), 6. Aufl. 2023, § 89c Rn. 5a.

148 *Paeffgen*, in: Kindhäuser/Neumann/Paeffgen/Salinger (Hrsg.), 6. Aufl. 2023, § 89c Rn. 5a.

149 *FATF*, International Standards on Combating Money Laundering and the Financing of Terrorism and Proliferation: The FATF Recommendations, Stand: November 2023, (abrufbar: https://perma.cc/4CA6-RGMY, zuletzt abgerufen: 31.08.2024).

150 *Wegner*, GWuR 2022, 117 (117).

151 *FATF*, History of the FATF, (abrufbar: https://perma.cc/W52R-32TB, zuletzt abgerufen: 31.08.2024).

fehlungen, die auf die Kriminalisierung der Geldwäsche gerichtet waren als auch Handlungsratschläge für die Prävention von Geldwäsche im Finanzsektor.[152] Seither wurden die Empfehlungen mehrfach aktualisiert, Erweiterungs- und Anpassungsrunden erfolgten 1996, 2003 und 2012.[153] An den relevanten Stellen dieser Arbeit wird auf die jeweils zugehörigen FATF-Empfehlungen eingegangen.

b) Evaluation der Mitgliedstaaten

Die FATF überprüft regelmäßig in sog. Länderprüfungen (engl.: „mutual evaluations"), ob die von ihr ausgesprochenen Empfehlungen sowohl formell (engl.: „technical compliance") als auch praktisch wirksam (engl.: „effectiveness") umgesetzt werden.[154] Dieser Überwachungsmechanismus ist auch der Grund für den großen internationalen Einfluss der FATF, obwohl die Empfehlungen eigentlich nur als „soft law" ausgestaltet sind.[155] Denn zum einen müssen sich die Mitgliedsländer jährlich selbst evaluieren (engl.: „self-evaluation-procedure") und zum anderen wird in regelmäßigen Abständen eine Vor-Ort-Prüfung durch Experten durchgeführt („mutual evaluation procedure").[156] Sofern bei Länderprüfungen erhebliche Mängel (engl.: „strategic deficiencies") festgestellt werden, kann die FATF die betroffene Jurisdiktion auf die sog. „graue Liste" (engl.: „jurisdiction under increased monitoring") setzen und so zu besonderer Vorsicht im wirtschaftlichen Verkehr mit diesem Land mahnen.[157] Wenn im Anschluss die festgestellten Mängel durch das betroffene Land nicht angegangen werden, kann die FATF dieses zu einer Hochrisikojurisdiktion erklären.[158] Diese Liste wird auch als sog. „schwarze Liste" bezeichnet. Faktisch kommt die Erwähnung auf dieser schwarzen Liste einem Ausschluss dieses Landes vom internationalen Finanzverkehr gleich, weshalb dieses Evaluations-

---

152 *Tsakalis*, 2022, S. 56.

153 Ebenda, S. 57.

154 *Wegner*, GWuR 2022, 117 (117).

155 *Wende*, 2024, S. 17; *Pieth*, in: Herzog/Mülhausen (Hrsg.), 2006, § 4 Rn. 13.

156 *Wende*, 2024, S. 19; *Allgayer*, in: Ellenberger/Bunte (Hrsg.), 6. Aufl. 2022, § 11 Rn. 21; *Tsakalis*, 2022, S. 58.

157 *Wegner*, GWuR 2022, 117 (117).

158 Siehe eine jeweils aktuelle Version dieser Listen: *FATF*, "Black and grey" lists, (abrufbar: https://perma.cc/4MQM-WNEE, zuletzt abgerufen: 31.08.2024); *Wegner*, GWuR 2022, 117 (117).

system aus Sicht der FATF zu einer guten Durchsetzungsmöglichkeit der Empfehlungen führt.[159] Der große Einfluss der FATF durch diese Evaluationsrunden hat zu einer quasi-Verbindlichkeit der FATF-Empfehlungen geführt, die sich nicht in deren rechtlicher Ausgestaltung widerspiegeln.

2. Geldwäsche-Richtlinien der EU

Als nächstes wird ein Überblick über die zahlreichen EU-Geldwäsche-Richtlinien gegeben, anhand dessen die Regulierungsflut in diesem Bereich besonders deutlich wird. Diese hohe Regulierungsdichte hat zu einem Welleneffekt in der nationalen Regulierung geführt, die mit der Umsetzung der europäischen Regelungen Schritt halten muss.

a) Erste EU-Geldwäsche-Richtlinie v. 10.06.1991, RL 91/308/EWG

Die erste Geldwäsche-Richtlinie der EU[160] (damals noch Europäische Gemeinschaft) ist die erste gesetzgeberische Maßnahme auf europäischer Ebene zur Bekämpfung der Geldwäsche.[161] Ausweislich der Erwägungsgründe wird ausdrücklich die oben genannte Umschreibung von Geldwäsche des Wiener Übereinkommens aufgegriffen[162] und der Anwendungsbereich zugleich auf die Erlöse aus anderen kriminellen Tätigkeiten (nicht mehr nur Drogenstraftaten) erweitert.[163] Durch diese Ausdehnung auf der einen Seite und die Verpflichtung der Mitgliedstaaten zur Untersagung der Geldwäsche[164] auf der anderen Seite zeichnete die Richtlinie neue Wege bei

159 *Wegner*, GWuR 2022, 117 (117).

160 Richtlinie des Rates vom 10. Juni 1991 zur Verhinderung der Nutzung des Finanzsystems zum Zwecke der Geldwäsche (91/308/EWG).

161 *Tsakalis*, 2022, S. 62.

162 Erwägungsgründe, RL 91/308/EWG; siehe Kapitel II.B.I.2.

163 Erwägungsgründe, RL 91/308/EWG („*Da das Phänomen der Geldwäsche jedoch nicht nur die Erlöse aus Drogenstraftaten betrifft, sondern auch die Erlöse aus anderen kriminellen Tätigkeiten* [...] *ist es wichtig* [...] *die Wirkungen der Richtlinie* [...] *aus*[*zu*]*weiten...*").

164 Art. 2, RL 91/308/EWG („*Die Mitgliedstaaten sorgen dafür, da*[ss] *Geldwäsche im Sinne dieser Richtlinie untersagt wird.*").

der Verfolgungsstrategie gegen Geldwäsche vor.[165] Die Geldwäsche wurde nicht mehr als subsidiäre Manifestation von Kriminalität angesehen, sondern als eigenständiger korrosiver Faktor, der die Integrität und Stabilität des gemeinsamen europäischen Marktes bedrohte.[166] Der ursprüngliche Vorschlag der Fassung des Art. 2 der Richtlinie durch die Kommission[167] enthielt die direkte Verpflichtung der Mitgliedstaaten zur Schaffung eines Straftatbestandes der Geldwäsche. Statt des ursprünglichen Formulierungsvorschlages („*...als strafbar gilt...*") heißt es in Art. 2 der Endfassung der Richtlinie nur noch: „*Die Mitgliedstaaten sorgen dafür, da*[*ss*] *Geldwäsche im Sinne dieser Richtlinie untersagt wird.*" Dieser wichtige sprachliche Unterschied wird noch heute vielerorts in der Literatur nur ungenau erfasst.[168] Die initiale Formulierung der Kommission scheiterte jedoch an der – teilweise bis heute – fehlenden strafrechtlichen Kompetenz der EU und des daraus entstandenen Meinungsstreits der Mitgliedstaaten mit den Organen der EU.[169] Daher sah man in der finalen Fassung der Richtline davon ab, eine solche Verpflichtung der Mitgliedstaaten aufzunehmen. Kernbestandteile der Richtlinie waren die inhaltlichen Vorgaben für Regelungen in den Mitgliedstaaten zur Überwachung und Verpflichtung des Finanzwesens (schwerpunktmäßig die Kreditinstitute) und die Bezugnahme auf die 40 FATF-Empfehlungen.[170]

---

165 *Sotiriadis*, Die Entwicklung der Gesetzgebung über Gewinnabschöpfung und Geldwäsche – Unter Berücksichtigung der jeweiligen kriminalpolitischen Tendenzen, 2010, S. 262; *Tsakalis*, 2022, S. 62.

166 *Sotiriadis*, 2010, S. 262; *Magliveras*, Journal Business Law 1992, 161 (169); *Tsakalis*, 2022, S. 62.

167 Der ursprüngliche Vorschlag der Fassung des Art. 2 durch die Kommission lautete: „*...dass das Waschen der Erlöse aus schweren Straftaten nach ihren nationalen Vorschriften als strafbar gilt*", KOM(90) 106 endg., 23.03.1990.

168 Etwa *Diergarten/Barreto Da Rosa*, 2021, S. 108; *Herzog/Achtelik*, in: Herzog (Hrsg.), 5. Aufl. 2023, Einleitung Rn. 81; sehr genau: *Tsakalis*, 2022, S. 62 f.

169 *Sotiriadis*, 2010, S. 262; *Zöller*, in: Bergmann (Hrsg.), 6. Aufl. 2022, Europäisches Strafrecht, I., 2., erläutert zutreffend, dass die Europäische Union auch nach dem Inkrafttreten des Vertrages von Lissabon keine allgemeine Kompetenz zur Setzung supranationalen Strafrechts inne hat und daher insbesondere nicht im Wege des Erlasses einer Verordnung i. S. d. Art. 288 UA 2 AEUV unmittelbar geltendes Strafrecht erlassen kann; zu den Folgen des Urt. des BVerfG v. 30.06.2009, 2 BvE 2/08 und zum Vertrag von Lissabon siehe auch *Zimmermann*, JURA 2009, 844 (844 ff.).

170 *Diergarten/Barreto Da Rosa*, 2021, S. 108; *Degen*, 2009, S. 100.

b) Zweite EU-Geldwäsche-Richtlinie v. 04.12.2001, RL 2001/97/EG

Die zweite EU-Geldwäsche-RL[171] stand bereits im Zeichen der Terroranschläge vom 11.09.2001, wenn auch deren Folgen aufgrund des engen zeitlichen Zusammenhanges noch keinen starken Einfluss auf die finale Fassung der Richtlinie hatten, sondern eher zu einem Beschleunigungsprozess bezüglich der Verabschiedung der dritten EU-Geldwäsche-RL führten.[172] Die zweite Richtlinie diente vor allem der Ergänzung und Abänderung der ersten Richtlinie dahingehend, die Mitgliedstaaten zur Ausweitung des Vortatenkataloges der Geldwäsche weit über die Bekämpfung der Drogenstraftaten hinaus zu veranlassen.[173] Auch im Regelungsinhalt dieser Richtlinie ist weiterhin – wie in der ersten EU-Geldwäsche-RL – von einer Untersagungs- und nicht von einer Kriminalisierungspflicht der Geldwäsche die Rede.[174] Durch die zweite EU-Geldwäsche-Richtlinie erfolgte überwiegend eine Einbeziehung des Nichtfinanzsektors in den Verpflichtetenkreis der Geldwäschebekämpfung.[175]

---

171 Richtlinie 2001/97/EG des Europäischen Parlaments und des Rates vom 04.12.2001 zur Änderung der Richtlinie 91/308/EWG des Rates zur Verhinderung der Nutzung des Finanzsystems zum Zwecke der Geldwäsche.

172 *Degen*, 2009, S. 100 f.

173 *Tsakalis*, 2022, S. 71.

174 Daher heißt es in der englischen Fassung der RL in EG 11: „*It would be more appropriate and in line with the philosophy of the Action Plan to Combat Organised Crime* [...] *for the prohibition of money laundering under the Directive to be extended.*“, in der deutschen Übersetzung der RL wird nicht ganz deutlich, dass es weiterhin nur um eine Untersagungspflicht der Mitgliedstaaten ging: „*Es wäre angemessener und entspräche mehr dem Sinne des Aktionsplans der Hochrangigen Gruppe zur Bekämpfung der organisierten Kriminalität,* [...] *wenn das Geldwäscheverbot der Richtlinie ausgedehnt würde.*“; siehe auch zusammenfassend *Mitsilegas*, Money Laundering Counter-Measures in the European Union – A New Paradigm of Security Governance Versus Fundamental Legal Principles, 2003, Fn. 258; *Tsakalis*, 2022, S. 71.

175 *Herzog/Achtelik*, in: Herzog (Hrsg.), 5. Aufl. 2023, Einleitung Rn. 82.

c) Dritte EU-Geldwäsche Richtlinie v. 26.10.2005, RL 2005/60/EG

Bereits vier Jahre später wurde die dritte EU-Geldwäsche-Richtlinie[176] verabschiedet. Aus Klarstellungsgründen wurde die erste EU-Geldwäsche-Richtlinie durch diese Richtlinie aufgehoben und ersetzt.[177] Die dritte EU-Geldwäsche-Richtlinie intendierte vor allem eine Verschärfung der bereits bestehenden Sorgfaltspflichten und die Einbeziehung der Terrorismusfinanzierung in das Geldwäschebekämpfungs-Regime.[178]

Wichtigste Neuerung dieser Richtlinie war jedoch – mit Blick auf die vorangegangenen FATF-Änderungen[179] – der Paradigmenwechsel von einem regelbasierten (engl.: „rule-based-approach") zu einem risikobasierten Ansatz (engl.: „risk-based-approach") bei der Identifizierung möglicher Geldwäschefälle durch die Verpflichteten.[180] Zielsetzung dieser Änderung war die Etablierung angemessener Maßnahmen bei den Verpflichteten gemessen an dem individuell bestehenden Geldwäsche-Risiko.[181]

Durch EG 29 und Art. 21 Abs. 1 RL 2005/60/EG wurde außerdem der bereits in der FATF-Empfehlung 29 angedachte Weg fortgeführt und eine Verpflichtung der Mitgliedstaaten zur Einführung einer zentralen Meldestelle (in Deutschland: FIU) beschritten.

---

176 Richtlinie 2005/60/EG des Europäischen Parlaments und des Rates vom 26. Oktober 2005 zur Verhinderung der Nutzung des Finanzsystems zum Zwecke der Geldwäsche und der Terrorismusfinanzierung.

177 EG 45, RL 2005/60/EG: „*...sollte angesichts der erforderlichen tiefgreifenden Änderungen und aus Gründen der Klarheit aufgehoben werden...*", zudem Art. 44 RL 2005/60/EG.

178 Die seither bestehende Vernetzung der Begriffe Geldwäsche und Terrorismusfinanzierung wird bezüglich ihrer Effektivität und Sinnhaftigkeit durchaus kritisch gesehen: m. w. N. etwa *Barreto da Rosa*, in: Herzog (Hrsg.), 5. Aufl. 2023, § 43 Rn. 43 ff.; *Degen*, 2009, S. 66 ff.

179 Siehe oben Kapitel II.B.II.1.

180 EG 22, RL 2005/60/EG lautet: „*Gemäß einem risikobasierten Ansatz sollte in den Gemeinschaftsvorschriften der Grundsatz eingeführt werden, dass in bestimmten Fällen vereinfachte Sorgfaltspflichten gegenüber Kunden zugelassen werden...*", besonderes Augenmerk sollte der Formulierung „gegenüber Kunden" zugebilligt werden, da die Einführung des risikobasierten Ansatzes folglich die Verpflichteten betrifft. Dieser EG wird in Art. 8 Abs. 2 RL 2005/60/EG spezifiziert; siehe außerdem *Sotiriadis/Heimerdinger*, BKR 2009, 234 (234); *Wende*, 2024, S. 23. Auf die Besonderheiten und den Geltungsbereich dieses risikobasierten Ansatzes und die Auswirkungen eines damit verbundenen KI-Einsatzes wird im Rahmen dieser Arbeit näher in Kapitel IV. eingegangen.

181 *Allgayer*, in: Ellenberger/Bunte (Hrsg.), 6. Aufl. 2022, § 11 Rn. 31; *Wende*, 2024, S. 23.

Zuletzt wird in Art. 1 Abs. 1 RL 2005/60/EG an dem Terminus der „Untersagung der Geldwäsche" – jetzt in Kombination mit Terrorismusfinanzierung – weiterhin festgehalten.

d) Vierte EU-Geldwäsche Richtlinie v. 20.05.2015, RL 2015/849/EU

Auch mit Verabschiedung der vierten EU-Geldwäsche-Richtlinie[182] wurde nach Art. 66 die dritte EU-Geldwäsche-Richtlinie aus Übersichtlichkeits- und Klarstellungsgründen aufgehoben und ersetzt.[183] Im Wesentlichen wurden die FATF-Empfehlungen von 2012 ins europäische Recht überführt und die möglichen Sanktionen für Verpflichtete deutlich verschärft.[184] Neu war vor allem der sog. „naming and shaming"-Ansatz[185], wonach als eigenständige Sanktion die öffentliche Bekanntgabe von Verstößen von Verpflichteten eingeführt werden sollte.[186] Wie in den Richtlinien zuvor rekurriert auch die vierte EU-Geldwäsche-Richtlinie in Art. 1 Abs. 2 auf die *Untersagung* von Geldwäsche und Terrorismusfinanzierung.

e) Fünfte EU-Geldwäsche Richtlinie v. 30.05.2018, RL 2018/843/EU

Kaum nach Ablauf der Umsetzungsfrist der vierten EU-Geldwäsche-Richtlinie im Juni 2017 kam es bereits zum Erlass der fünften EU-Geldwäsche-Richtlinie.[187] Anlass für eine so zeitnahe weitere Überarbeitung des

---

182 Richtlinie (EU) 2015/849 des europäischen Parlaments und des Rates vom 20.05.2015 zur Verhinderung der Nutzung des Finanzsystems zum Zwecke der Geldwäsche und der Terrorismusfinanzierung, zur Änderung der Verordnung (EU) Nr. 648/2012 des Europäischen Parlaments und des Rates und zur Aufhebung der Richtlinie 2005/60/EG des Europäischen Parlaments und des Rates und der Richtlinie 2006/70/EG der Kommission.

183 Art. 66, RL 2015/849/EU; *Tsakalis*, 2022, S. 103.

184 *Diergarten/Barreto Da Rosa*, 2021, S. 118 f.; *Wende*, 2024, S. 23.

185 Dieser Ansatz ist im GwG in § 57 Abs. 1 verankert und inzwischen gängige Praxis im Verwaltungs- und Aufsichtsrecht. Ziel dieser Sanktion ist, dass entsprechende Unternehmen einen Reputationsverlust erleiden und über den Markt sanktioniert werden und zusätzlich andere Unternehmen abgeschreckt werden, siehe *Dieckmann,* in: Seibt/Buck-Heeb/Harnos (Hrsg.), 11. Edition, Stand: 01.04.2024, § 33 WpHG Rn. 34; *Wende/Haffke/Heinrichs*, BKR 2023, 214 (219).

186 Art. 59 Abs. 2 lit. a, Art. 60 Abs. 1 RL 2015/849/EU; *Wende*, 2024, S. 23 f.

187 Richtlinie (EU) 2018/843 des europäischen Parlaments und des Rates vom 30. Mai 2018 zur Änderung der Richtlinie (EU) 2015/849 zur Verhinderung der Nutzung des

EU-Geldwäsche-Rechtes waren die Terroranschläge in Paris und Brüssel[188] sowie die Mängel im internationalen Finanzsystem, die durch die „Panama Papers" zutage getreten sind.[189] Daher enthält die Richtlinie im Wesentlichen auch nur Änderungen und Ergänzungen der vierten EU-Geldwäsche-Richtlinie. Zutreffend wird daher – terminologisch korrekt – häufig Kritik an einer Bezeichnung als „fünfte EU-Geldwäsche-Richtlinie" geübt, da die Richtlinie im Titel auch ausdrücklich nur von einer Änderung der RL 2015/849/EU spricht.[190] Um hier ein chronologisches Verständnis der Entwicklung des europäischen Anti-Geldwäscherechtes zu erzeugen, wird entgegen der dargestellten Kritik diese Bezeichnung dennoch gewählt.[191] Im Schwerpunkt enthielt die Richtlinie Vorgaben zur stärkeren Überwachung virtueller Währungen und zur Verbesserung des Informationszuganges und -austausches der zentralen Meldestellen.[192]

f) Erste Richtlinie über die strafrechtliche Bekämpfung der Geldwäsche v. 23.10.2018, RL 2018/1673/EU

Diese erste Richtlinie über die strafrechtliche Bekämpfung der Geldwäsche[193] dient der Harmonisierung der strafrechtlichen Vorschriften der Geldwäsche auf EU-Ebene und der Verstärkung der repressiven Geldwä-

---

Finanzsystems zum Zwecke der Geldwäsche und der Terrorismusfinanzierung und zur Änderung der Richtlinien 2009/138/EG und 2013/36/EU.

188 EG 2, RL 2018/843/EU nimmt sogar ausdrücklich Bezug auf die Terroranschläge; siehe auch *Tsakalis*, 2022, S. 103.

189 *Wende*, in: Zentes/Glaab (Hrsg.), 2018, Geschichte der Geldwäschebekämpfung Rn. 25; unter den sog. „Panama Papers" versteht man den von einem internationalen Journalistennetzwerk aufgedeckten Scheinfirmenskandal, wobei in einer beispiellosen Enthüllung kriminelle Geschäfte von Politikern, Milliardären, internationalen Stars sowie Waffen- und Drogenschmugglern aufgedeckt wurden, siehe zum Hergang der Enthüllungen: *Obermayer/Obermaier/Wormer/Jaschensky*, Das sind die Panama Papers, (abrufbar: https://perma.cc/7EWL-FXDT, zuletzt abgerufen: 31.08.2024); außerdem *Papathanasiou*, JA 2017, 88 (88).

190 So *Diergarten/Barreto Da Rosa*, 2021, S. 121; *Wende* benennt die Richtlinie ebenfalls als „fünfte EU-Geldwäsche-Richtlinie", *Wende*, 2024, S. 24.

191 Siehe insbesondere EG 18 RL 2018/843/EU; *Wende*, 2024, S. 24.

192 *Diergarten/Barreto Da Rosa*, 2021, S. 121; *Herzog/Achtelik*, in: Herzog (Hrsg.), 5. Aufl. 2023, Einleitung Rn. 96.

193 Richtlinie (EU) 2018/1673 des Europäischen Parlaments und des Rates vom 23.10.2018 über die strafrechtliche Bekämpfung der Geldwäsche.

schebekämpfungsmaßnahmen der EU.[194] Aufgrund der großen Uneinigkeit der Mitgliedstaaten bezüglich einer weiteren Vereinheitlichung des Geldwäscherechtes bedurfte diese Richtlinie mehrerer gesetzgeberischer Versuche.[195] Während alle vorhergehenden Richtlinien auf Art. 114 Abs. 1 Vertrag über die Arbeitsweise der Europäischen Union (AEUV) gestützt waren, stützt sich diese Richtlinie nun erstmals bei der europäischen Geldwäschebekämpfung auf Art. 83 Abs. 1 AEUV. Damit macht die EU von ihrer (eingeschränkten) strafrechtlichen Kompetenz Gebrauch.[196] Es ist daher begrifflich missverständlich, dass diese Richtlinie in Teilen der Literatur als „sechste EU-Geldwäsche-Richtlinie" bezeichnet wird.[197] Richtigerweise handelt es sich hier nicht um eine Richtlinie i. S. d. ersten fünf EU-Geldwäsche-Richtlinien, sondern um eine inhaltliche Ergänzung dieser Richtlinien auf einer anderen Ebene mit Blick auf spezifische strafrechtliche Fragen.[198] Mithin hat die Umsetzung dieser Richtlinie in nationales Recht[199] im Schwerpunkt zu einer umfassenden Neuregelung von § 261 StGB geführt.[200]

194 *Tsakalis*, 2022, S. 107.

195 Ein erster Versuch fand demnach bereits 2018 statt, den historischen Ablauf siehe bei *Tsakalis*, 2022, S. 108.

196 Die EU besitzt keine Kompetenz, unmittelbar anwendbare Strafnormen zu erlassen. Zumindest nach Art. 83 Abs. 1 AEUV kann die EU durch Richtlinien Mindestvorschriften zur Festlegung von Straftaten und Strafen in Bereichen besonders schwerer Kriminalität mit grenzüberschreitender Dimension erlassen, siehe *Satzger*, Internationales und Europäisches Strafrecht – Strafanwendungsrecht – Europäisches Straf- und Strafverfahrensrecht – Völkerstrafrecht, 9. Aufl., 2020, § 9 Rn. 38 ff.; *Schröder/Blaue*, NZWiSt 2019, 161 (161).

197 Mit beiden Begrifflichkeiten etwa *Herzog/Achtelik*, in: Herzog (Hrsg.), 5. Aufl. 2023, Einleitung Rn. 97; *Schröder/Blaue* bezeichnen die Richtlinie daher treffend als „Richtlinie zum Geldwäschestrafrecht".

198 *Schröder/Blaue*, NZWiSt 2019, 161 (161). Die Richtlinie spricht daher im Gegensatz zu den anderen EU-Geldwäsche-Richtlinien auch nicht mehr von einer Untersagungspflicht der Geldwäsche, sondern von *„Mindestvorschriften für die Definition von Straftatbeständen und Sanktionen im Bereich der Geldwäsche"*, Art. 1 Abs. 1 RL 2018/1673/EU.

199 Die Umsetzung in nationales Recht fand mit dem Gesetz zur Verbesserung der strafrechtlichen Bekämpfung der Geldwäsche, BGBl. I 2021, S. 327 ff. statt.

200 *Diergarten/Barreto Da Rosa*, 2021, S. 127.

g) Ausblick: weitere europäische Schritte in Richtung einheitlicher Geldwäschegesetzgebung

Die europäische Regulierungswelle[201] ist indessen noch nicht verebbt. Im Mittelpunkt der derzeitigen Anti-Geldwäsche-Gesetzgebung steht die Verabschiedung des bisher größten EU-Geldwäschepaketes bestehend aus vier Legislativakten, welche die EU-Kommission am 20.07.2021 vorgeschlagen hat.[202] Diese vier Rechtsakte beinhalten die erste EU-Geldwäsche-Verordnung, die sechste EU-Geldwäsche-Richtlinie, die Verordnung zur Errichtung einer europäischen Behörde zur Bekämpfung von Geldwäsche (AMLA) sowie eine Aktualisierung der Geldtransferverordnung. Der Rat der Europäischen Union hat dieses Gesetzgebungspaket am 30.05.2024 angenommen.[203]

aa) EU-Geldwäsche-Verordnung

Ziel der EU-Geldwäsche-Verordnung[204] ist die Schaffung eines einheitlichen Rechtsrahmens für den gesamten Binnenmarkt, um die grenzüberschreitende Wirtschaftstätigkeit zu erleichtern (sog. „Level Playing Field“).[205] Die Verordnung zielt demnach auf eine Vollharmonisierung des Rechts, sodass die Staaten weder schärferes noch milderes Recht vorsehen dürfen.[206] Aufgrund dieser Harmonisierungsstufe ist in weiten Teilen mit einer Ersetzung des GwG durch die Verordnung zu rechnen.

---

201 Kapitel II.B.II.

202 Anfang 2024 haben sich der Rat der EU und das EU-Parlament weitgehend zu den noch nicht realisierten Rechtsakten des Paketes geeinigt: *Rat der EU*, Bekämpfung von Geldwäsche: Rat und Parlament erzielen Einigung über strengere Vorschriften, Pressemitteilung, 18.01.2024, (abrufbar: https://perma.cc/QCA5-DG4Q, zuletzt abgerufen: 31.08.2024).

203 *EU*, Bekämpfung von Geldwäsche: Rat nimmt Paket von Vorschriften an, 30.05.2024, (abrufbar: https://perma.cc/6YW2-46MZ, zuletzt abgerufen: 31.08.2024).

204 Verordnung (EU) 2024/1624 des Europäischen Parlaments und des Rates vom 31. Mai 2024 zur Verhinderung der Nutzung des Finanzsystems für Zwecke der Geldwäsche oder der Terrorismusfinanzierung; Gemeinsamer Standpunkt des Rates der EU v. 05.12.2022, 2021/0239 (COD); Position des EU-Parlamentes v. 14.04.2023, C9-0339/2021.

205 *Bauerfeind/Hille*, GWR 2024, 33 (34).

206 Ebenda.

Als Rechtsgrundlage für die Verordnung nennt der Verordnungsentwurf Art. 114 AEUV.

bb) Sechste EU-Geldwäsche-Richtlinie

Die Harmonisierung durch die EU-Geldwäsche-Verordnung verringert automatisch den durch die Richtlinie zu regelnden bzw. verbleibenden Anteil der EU und den restlichen Handlungsspielraum der Mitgliedstaaten entsprechend.[207] Demnach dient diese Richtlinie vor allem der Herstellung von Kohärenz mit den vorausgegangenen EU-Geldwäsche-Richtlinien.[208] Auch diese Richtlinie wurde nach der Beschlussfassung im Mai 2024 inzwischen im Amtsblatt der EU veröffentlicht.[209]

cc) Verordnung zur Errichtung einer europäischen Behörde zur Bekämpfung von Geldwäsche

Die Verordnung zur Errichtung einer gemeinsamen europäischen Behörde zur Bekämpfung von Geldwäsche (AMLA) ist ebenfalls Teil des Legislativpaketes.[210] Um den Sitz der AMLA hatten sich zahlreiche EU-Mitgliedstaaten beworben.[211] Das „Rennen" machte im Februar 2024 Frankfurt am

207 *Bauerfeind/Hille*, GWR 2024, 33 (35).

208 Vorschlag für eine Richtlinie des Europäischen Parlaments und des Rates über die von den Mitgliedstaaten einzurichtenden Mechanismen zur Verhinderung der Nutzung des Finanzsystems zum Zwecke der Geldwäsche und der Terrorismusfinanzierung und zur Aufhebung der Richtlinie (EU) 2015/849 vom 20.07.2021, COM(2021) 423 final.

209 Richtlinie (EU) 2024/1640 des Europäischen Parlaments und des Rates vom 31. Mai 2024 über die von den Mitgliedstaaten einzurichtenden Mechanismen zur Verhinderung der Nutzung des Finanzsystems für Zwecke der Geldwäsche oder der Terrorismusfinanzierung, zur Änderung der Richtlinie (EU) 2019/1937 und zur Änderung und Aufhebung der Richtlinie (EU) 2015/849.

210 Vorschlag für eine Verordnung des Europäischen Parlamentes und des Rates zur Errichtung der Behörde zur Bekämpfung der Geldwäsche und Terrorismusfinanzierung und zur Änderung der Verordnungen (EU) Nr. 1093/2010, (EU) Nr. 1094/2010 und (EU) Nr. 1095/2010 vom 20.07.2021.

211 *BMF*, Deutschland bewirbt sich um Sitz neuer Anti-Geldwäschebehörde AMLA, (abrufbar: https://perma.cc/P8QK-BBPZ, zuletzt abgerufen: 31.08.2024).

Main.[212] Es ist geplant, der AMLA die direkte Beaufsichtigung von Finanzunternehmen zu übertragen, deren jeweilige grenzüberschreitende Tätigkeit ein besonderes Geldwäscherisiko beinhaltet.[213] Zur Umsetzung ihrer Befugnisse soll die AMLA zur Verhängung von Geldbußen für vorsätzliche oder fahrlässige Verstöße gegen sanktionsbewehrte Pflichten befugt sein.[214]

dd) Aktualisierung der Geldtransferverordnung

Die aktualisierte EU-Kryptotransfer-Verordnung ist als einziger Teil des Paketes bereits am 09.06.2023 im Amtsblatt der EU veröffentlicht worden, räumt den Mitgliedstaaten allerdings eine Übergangsfrist hinsichtlich ihrer unmittelbaren Geltung bis zum 31.12.2024 ein.[215]

3. Nationale Rechtsquellen

Diese auf europäischer Ebene soeben dargestellte Regulierungsflut findet ihr Spiegelbild auch auf nationaler Ebene.

a) Grundgesetz

Zunächst gilt es festzuhalten: Die Vorgaben für das deutsche Geldwäscherecht werden, wie jedes staatliche Handeln, durch das Grundgesetz reglementiert und beschränkt.[216] Mit Blick auf die Geldwäsche ist deren Bekämpfung zum einen mit dem eingriffsintensiven Strafrecht verbun-

---

212 *BMF*, Erfolg für den europäischen Finanzplatz Frankfurt am Main: Deutschland gewinnt das Rennen um den Sitz der zukünftigen EU-Behörde zur Geldwäschebekämpfung (AMLA), (abrufbar: https://perma.cc/N6VG-BZX8, zuletzt abgerufen: 31.08.2024).

213 *Neumann*, NZWiSt 2021, 449 (449).

214 *Neumann*, NZWiSt 2021, 449 (449); *Leffer/Sommerer*, 2024, in: Wörner/Wilhelmi/Glöckner/Breuer/Behrendt, S. 115.

215 Verordnung (EU) 2023/1114 des Europäischen Parlaments und des Rates vom 31.05.2023 über Märkte für Kryptowerte und zur Änderung der Verordnungen (EU) Nr. 1093/2010 und (EU) Nr. 1095/2010 sowie der Richtlinien 2013/36/EU und (EU) 2019/1937.

216 Inwiefern sich dies bei den einzelnen Verdachtsstufen auswirkt bzw. auswirken könnte, ist Gegenstand von Kapitel IV. und V.

den, zum anderen greift der Gesetzgeber durch ein umfassendes Überwachungssystem erheblich in die Grundrechte der einzelnen Bürger ein.[217] Bei den internationalen Bemühungen zur Fassung Großkrimineller und von Terroristen verliert man schnell aus den Augen, dass durch die Geldwäschebekämpfung in zentrale Grundrechte eines liberalen Staates eingegriffen wird, sodass dies mit den Prämissen und Zielen der Geldwäschebekämpfung kritisch gerechtfertigt werden muss.[218] Bei einer Automatisierung der Geldwäschebekämpfung ist hier etwa regelmäßig das Recht auf informationelle Selbstbestimmung[219] nach Art. 2 Abs. 1 i. V. m. Art. 1 Abs. 1 GG tangiert.[220]

b) Deutsches Geldwäscherecht

Das deutsche Geldwäscherecht weist eine starke Verzahnung präventiver und repressiver Komponenten auf. Neben der repressiven Strafnorm des § 261 StGB existiert mit dem Geldwäschegesetz (GwG) ein ganzes eigenes Gesetz, das sich ausschließlich der Geldwäschebekämpfung widmet und präventive wie repressive Elemente enthält.[221]

aa) Geldwäschegesetz

Das noch junge deutsche GwG (eingeführt im Jahr 1993) wurde innerhalb kürzester Zeit bereits etliche Male angepasst und verändert.[222] Die folgende Tabelle soll einen knappen Überblick zu den Änderungsmeilensteinen geben. Zugleich wird darauf hingewiesen, wie sich der Wortlaut der Meldepflicht eines Geldwäscheverdachts für die Verpflichteten (z. B. Banken)

---

217 Siehe etwa *Schindler,* NZWiSt 2020, 457 (459); *Vogel/Lassalle,* Eucrim 2023, 384 (385).

218 *Schindler*, NZWiSt 2020, 457 (462); *Bülte*, NZWiSt 2017, 276 (277 f.).

219 Hier ist zu beachten, dass nach dem BVerfG bereits ein rechtfertigungsbedürftiger Grundrechtseingriff bei unabsehbarer Datenverwendung vorliegt: BVerfG, Urt. v. 15.12.1983, 1 BvR 209, 269, 362, 420, 440, 484/83, BVerfGE 65, 1 (40); außerdem *Bülte*, NZWiSt 2017, 276 (281).

220 Ausführlich zur Vereinbarkeit der Verdachtsmeldepflicht mit Grundrechten: Kapitel IV.C.IV.

221 Mit einem Einordnungsversuch: *Wende*, 2024, S. 31 ff.; *Götz,* NZWiSt 2023, 127 (130).

222 So auch *Wende,* in: Zentes/Glaab (Hrsg.), 2018, Geschichte der Geldwäschebekämpfung Rn. 27.

i. S. d. § 43 GwG im Laufe der Jahre verändert hat, da dies Auswirkungen auf die in Kapitel IV. erfolgende Bewertung der Rechtsnatur dieser Meldungen und die dann besprochenen Anforderungen an deren Automatisierung hat.

Jahr	**Wesentliche Gesetze zu Anpassungen des GwG, insbesondere zur Entwicklung der Geldwäscheverdachtsmeldepflicht (Überblick)**[223]
1993	Einführung des GwG[224] als eigenständiges Sondergesetz und keine Integration in bestehende Aufsichtsgesetze wie das KWG[225] Umsetzung der ersten EU-Geldwäsche-Richtlinie (91/308/EWG) Wortlaut: „Anzeige von Verdachtsfällen durch Institute", § 11 GwG a. F. (amtliche Überschrift) Meldung erfolgte nach § 11 Abs. 1 GwG a. F. direkt an die zuständigen Strafverfolgungsbehörden
2002	Weitreichende Ergänzungen, insbesondere Vorschriften zur Bekämpfung des internationalen Terrorismus[226] Umsetzung der zweiten EU-Geldwäsche-Richtlinie (2001/97/EG) Schaffung der FIU in Angliederung beim BKA nach § 5 GwG a. F. Wortlaut: „Anzeige von Verdachtsfällen", § 11 GwG a. F. (amtliche Überschrift) Meldung erfolgte nun nach § 11 Abs. 1 GwG a. F. direkt an die zuständigen Strafverfolgungsbehörden und in Kopie an die damals noch beim BKA ansässige FIU
2008	Vollständige Neufassung des GwG[227] in Umsetzung der dritten EU-Geldwäsche-Richtlinie (2005/60/EG) Wortlaut: „Anzeige von Verdachtsfällen", § 11 GwG a. F. (amtliche Überschrift)

223 Der Fokus dieser Darstellung liegt auf der historischen Entwicklung der geldwäscherechtlichen Meldeverpflichtung. Eine ausformulierte Übersicht zu sämtlichen Anpassungen des GwG inklusive redaktioneller Änderungen findet sich etwa bei *Wende,* in: Zentes/Glaab (Hrsg.), 2018, Geschichte der Geldwäschebekämpfung, Rn. 27 ff. oder bei *Fischer,* Strafgesetzbuch mit Nebengesetzen, 71. Aufl., 2024, § 261 Rn. 1 ff.

224 Einführung des GwG durch das Gesetz über das Aufspüren von Gewinnen aus schweren Straftaten (Geldwäschegesetz – GwG), BGBl. I 1993, S. 1770 ff.

225 *Wende,* in: Zentes/Glaab (Hrsg.), 2018, Geschichte der Geldwäschebekämpfung Rn. 29.

226 Gesetz zur Verbesserung der Bekämpfung der Geldwäsche und der Bekämpfung der Finanzierung des Terrorismus (Geldwäschebekämpfungsgesetz), BGBl. I 2002, S. 3105 ff.; Begründung siehe u. a. BT-Drs. 14/8739, 08.04.2002, S. 1, 10.

227 Gesetz zur Ergänzung der Bekämpfung der Geldwäsche und der Terrorismusfinanzierung (Geldwäschebekämpfungsergänzungsgesetz – GwBekErgG), BGBl. I 2008, S. 1690 ff.

Jahr	Wesentliche Gesetze zu Anpassungen des GwG, insbesondere zur Entwicklung der Geldwäscheverdachtsmeldepflicht (Überblick)
2011	Änderungen aufgrund der Kritik an den deutschen Geldwäscheregularien im FATF Deutschland-Bericht 2010[228] Wortlaut: „Meldung von Verdachtsfällen", § 11 GwG a. F. Außerdem Ersetzung des Wortes „Anzeigeverhalten" in § 11 Abs. 8 GwG a. F. durch das Wort „Meldeverhalten" § 11 Abs. 8 GwG a. F. 2011[229] Mit diesem Gesetz wurden außerdem die FIU und die Strafverfolgungsbehörden als gleichberechtigte „Erstanlaufstelle" für die Entgegennahme der Meldungen bestimmt[230]
2017	Neuorganisation der FIU und Verlagerung vom BKA in den Zuständigkeitsbereich des Zolls in Umsetzung der vierten EU-Geldwäsche-Richtlinie[231] Die Meldeverpflichtung wird von § 11 GwG a. F. nach § 43 GwG verlagert, der Gesetzgeber spricht inhaltlich selbst von rein „redaktionellen Anpassungen"[232] Die Meldung ist nun ausweislich § 43 Abs. 1 GwG nur noch an die FIU zu erstatten
Ausblick	Anti-Geldwäsche-Gesetzgebungspaket aus Juli 2021 mit vier Rechtsakten, angenommen vom Rat der EU im Mai 2024 – EU-Geldwäsche-Verordnung mit einheitlichen präventiven Vorgaben – Sechste EU-Geldwäsche-Richtlinie – AMLA-Verordnung – Krypto-Transfer-Verordnung[233] Insbesondere EU-Geldwäsche-VO wird voraussichtlich zu weitgehender Überformung des GwG führen

Abb. 6: Wichtigste Reformen des GwG und Ausblick

Es dient nicht der Zielsetzung dieser Arbeit, jede historische Änderung des GwG analytisch aufzuarbeiten. Die Darstellung der historischen Ent-

228 Auf die Kritik wird hier auch ausdrücklich in der Begründung verwiesen: BT-Drs. 17/6804, 17.08.2011, S. 1; die Umsetzung erfolgte dann im Gesetz zur Optimierung der Geldwäscheprävention, BGBl. I 2011, S. 2959 ff.

229 BT-Drs. 17/6804, 17.08.2011, S. 12.

230 BT-Drs. 17/6804, 17.08.2011, S. 35; siehe auch *Wende*, in: Zentes/Glaab (Hrsg.), 2018, Geschichte der Geldwäschebekämpfung, Rn. 37.

231 Gesetz zur Umsetzung der Vierten EU-Geldwäsche-Richtlinie, zur Ausführung der EU-Geldtransferverordnung und zur Neuorganisation der Zentralstelle für Finanztransaktionsuntersuchungen, BGBl. I 2017, S. 1822 ff.

232 BT-Drs. 18/11555, S. 156.

233 Siehe ausführlich Kapitel II.B.II.2.

wicklung mit Schwerpunkt auf den Meldepflichten eines Geldwäscheverdachts dient der Bewertung ihrer Rechtsnatur und den damit verbundenen Anforderungen an eine Automatisierung des Meldewesens bzw. dessen Verdachtsstufen. In Kapitel IV. erfolgt darauf aufbauend eine Analyse der Ausgestaltung eines rechtskonformen Einsatzes von KI-Anwendungen. Zu den Zielen des GwG zählte von Anfang an die Bekämpfung der Geldwäsche und der Ausbau der Möglichkeit der Vermögensabschöpfung, um die Weiterverwendung der Straftatgewinne zu unterbinden.[234] Hierzu enthält das Gesetz sowohl präventive als auch repressive Ansätze.[235]

Der tabellarische Überblick verdeutlicht, welchen dauerhaften Schwankungen das Geldwäscherecht unterworfen ist und in den nächsten Jahren insbesondere durch das Geldwäschebekämpfungspaket der EU auch noch unterworfen sein wird.[236] Durch dessen Verabschiedung ist auf lange Sicht mit einer kompletten Überformung des nationalen Geldwäscherechts und einer Ersetzung des deutschen GwG durch die europäischen Vorgaben aufgrund des Rechtscharakters der Verordnung nach Art. 288 Abs. 2 AEUV zu rechnen.

bb) § 261 StGB

„§ 261 zählt zu den wohl unübersichtlichsten und schwierigsten Tatbeständen, die das deutsche Strafgesetzbuch zu bieten hat."
– F. Ruhmannseder[237]

Die Strafnorm des § 261 StGB ist – trotz ihrer „Jugend" – die am meisten geänderte Vorschrift des StGB.[238] Sie ist ein Anschlussdelikt, dem eine rechtswidrige Tat i. S. d. § 11 Abs. 1 Nr. 5 StGB vorausgehen muss, aus welcher die Gegenstände der Geldwäsche stammen.[239] Die Regelung zielt auf eine

234 *Diergarten/Barreto Da Rosa*, 2021, S. 109; *Bussmann/Veljovic*, NZWiSt 2020, 417 (425); *Gazeas*, NJW 2021, 1041 (1044).

235 *Diergarten/Barreto Da Rosa*, 2021, S. 110; zur schwierigen Vereinbarkeit der unterschiedlichen Stoßrichtungen außerdem *Degen*, 2009, S. 148 ff.

236 Ausführlich siehe oben Kapitel II.B.II.2.g).

237 *Ruhmannseder*, in: Heintschel-Heinegg/Kudlich (Hrsg.), 60. Edition, Stand: 01.11.2023, Vor § 261.

238 *Gazeas* bescheinigt der Vorschrift beeindruckende 32 Änderungen in 29 Jahren, *Gazeas*, NJW 2021, 1041, Fn. 1; *Travers*, StV 2022, Heft 11, I; *Fischer*, 2024, § 261, Rn. 1.

239 *Ruhmannseder*, in: Heintschel-Heinegg/Kudlich (Hrsg.), 60. Edition, Stand: 01.11.2023, Vor § 261.

umfassende Isolierung auch anderer Straftäter mit ihren kriminellen Erträgen.[240] Die letzte Anpassung des § 261 StGB im Rahmen der Umsetzung der ersten Richtlinie zur strafrechtlichen Bekämpfung der Geldwäsche ging deutlich über die europarechtlichen Vorgaben hinaus.[241] Die Regelung in ihrer jetzigen Fassung ist maßgeblich das Ergebnis dieser letzten Reform, welche die größte Änderung seit Einführung des Straftatbestandes darstellte.[242] Die Norm in ihrer heutigen Fassung hat ganze zehn Tatbestandsvarianten: in § 261 Abs. 1 StGB das Verbergen (Nr. 1), das Umtauschen, Übertragen, Verbringen (Nr. 2), das sich oder einem Dritten Verschaffen (Nr. 3), das Verwahren, Verwenden (Nr. 4) und in § 261 Abs. 2 StGB das Verheimlichen oder Verschleiern von relevanten Tatsachen.

Grundlegendes Merkmal des Geldwäschestraftatbestandes war vor dieser letzten Reform die abschließende Aufzählung tauglicher Geldwäschevortaten im Katalog des § 261 Abs. 1 Satz 2 StGB a. F.[243] Mit der Umsetzung der Strafrechtsrichtlinie ging der deutsche Gesetzgeber weit über die Vorgaben des EU-Gesetzgebers hinaus und schaffte den Vortatenkatalog des § 261 StGB gänzlich ab.[244] Dieser Wechsel zum All-Crimes-Ansatz sollte vor allem die Anwendungspraxis des Straftatbestandes insofern verbessern, dass nun keine Zuordnung des Geldwäscheobjektes zu einer Katalogtat mehr erforderlich ist.[245] Nun soll jede vorsätzliche und fahrlässige Straftat geldwäschetauglich sein.[246] Durch diese Ausweitung der Strafbarkeit ist der

240 *El-Ghazi,* in: Herzog (Hrsg.), 5. Aufl. 2023, § 261 StGB Rn. 5.

241 *Travers/Michaelis,* NZWiSt 2021, 125 (125).

242 *Gazeas,* NJW 2021, 1041 (1041); *Ruhmannseder,* in: Heintschel-Heinegg/Kudlich (Hrsg.), 60. Edition, Stand: 01.11.2023, Vor § 261.

243 Diese Neujustierung des § 261 StGB wurde vielfach kritisiert: *Jahn* äußerte sich etwa sehr deutlich dahingehend, dass der All-Crimes-Ansatz europarechtlich nicht veranlasst, verfassungsrechtlich bedenklich und kriminologisch nicht naheliegend sei, *Jahn,* Schriftliche Stellungnahme für die öffentliche Anhörung im Rechtsausschuss des Deutschen Bundestages zu dem Entwurf eines Gesetzes zur Verbesserung der strafrechtlichen Bekämpfung der Geldwäsche – BT-Drucks. 19/24180, 09.12.2022, (abrufbar: https://perma.cc/4HUX-DFXE, zuletzt abgerufen: 31.08.2024); außerdem *Gazeas,* NJW 2021, 1041 (1044); *Travers/Michaelis,* NZWiSt 2021, 125 (126 f.).

244 *Schröder/Blaue,* NZWiSt 2019, 161 (161); *El-Ghazi,* in: Herzog (Hrsg.), 5. Aufl. 2023, § 261 StGB Rn. 13 f.

245 *El-Ghazi,* in: Herzog (Hrsg.), 5. Aufl. 2023, § 261 StGB Rn. 13 f.; BT-Drs. 19/24180, 09.11.2020, S. 29.

246 M. w. N. zur Kritik an dieser Umsetzung: *El-Ghazi,* in: Herzog (Hrsg.), 5. Aufl. 2023, § 261 StGB Rn. 14, 21 ff.

Geldwäschestraftatbestand zum Alltagsdelikt mutiert.[247] Die unterschiedlichen Verhaltensweisen des § 261 StGB wurden durch den Gesetzgeber nicht einmal näher umrissen.[248] Dies hat zu einer weiteren Kriminalisierung von „Kleinkriminalität“, einer weiteren Belastung der ohnehin knappen Justizressourcen und einer weiteren Explosion der Geldwäscheverdachtsmeldungen an die FIU geführt.[249]

cc) Nationales und europäisches Datenschutzrecht

Außerhalb der Umsetzung der EU-Geldwäsche-Richtlinien in das nationale Recht spielen zahlreiche andere (europäische) Rechtsakte in die Anwendung des Anti-Geldwäscherechtes mit hinein. Bei der Verarbeitung personenbezogener Daten sind die Vorschriften der Datenschutzgrundverordnung (DSGVO) – insbesondere Art. 5, 6, 9 DSGVO – und des Bundesdatenschutzgesetzes (BDSG) auch im Rahmen der Erfüllung der Pflichten aus dem Geldwäscherecht zu beachten. Zusätzlich kann es je nach Verdachtsstufe auf die Vorschriften zur Umsetzung der sog. JI-Richtlinie[250] im BDSG ankommen (§§ 45-47 BDSG). Oft wird dem Datenschutzrecht kritisch vorgeworfen, es beinhalte für Kriminelle durch den Schutz perso-

247 Um nur einige wenige zu nennen: *Jahn*, Schriftliche Stellungnahme für die öffentliche Anhörung im Rechtsausschuss des Deutschen Bundestages zu dem Entwurf eines Gesetzes zur Verbesserung der strafrechtlichen Bekämpfung der Geldwäsche – BT-Drucks. 19/24180, 09.12.2022, (abrufbar: https://perma.cc/4HUX-DFXE, zuletzt abgerufen: 31.08.2024), S. 16; *Gazeas*, NJW 2021, 1041 (1043); *El-Ghazi*, in: Herzog (Hrsg.), 5. Aufl. 2023, § 261 StGB Rn. 21; diese Ausweitung wurde insbesondere aus verfassungsrechtlicher Sicht harsch kritisiert.

248 *El-Ghazi*, in: Herzog (Hrsg.), 5. Aufl. 2023, § 261 StGB Rn. 21.

249 *El-Ghazi*, in: Herzog (Hrsg.), 5. Aufl. 2023, § 261 StGB Rn. 25; *Gazeas*, NJW 2021, 1041 (1046); *Jahn*, Schriftliche Stellungnahme für die öffentliche Anhörung im Rechtsausschuss des Deutschen Bundestages zu dem Entwurf eines Gesetzes zur Verbesserung der strafrechtlichen Bekämpfung der Geldwäsche – BT-Drucks. 19/24180, 09.12.2022, (abrufbar: https://perma.cc/4HUX-DFXE, zuletzt abgerufen: 31.08.2024), S. 13 ff.

250 Richtlinie (EU) 2016/680 des Europäischen Parlaments und des Rates vom 27.04.2016 zum Schutz natürlicher Personen bei der Verarbeitung personenbezogener Daten durch die zuständigen Behörden zum Zwecke der Verhütung, Ermittlung, Aufdeckung oder Verfolgung von Straftaten oder der Strafvollstreckung sowie zum freien Datenverkehr und zur Aufhebung des Rahmenbeschlusses 2008/977/JI des Rates.

nenbezogener Daten automatisch auch einen Tatenschutz.[251] Vor diesem Hintergrund wird auf die jeweils einschlägigen datenschutzrechtlichen Vorschriften kritisch auf Ebene der jeweiligen Verdachtsstufe gesondert eingegangen.

III. Geldwäsche-Verdachtsstufen in Deutschland

Im Folgenden wird zunächst der Status quo der Geldwäschebekämpfung in Deutschland einschließlich seiner unterschiedlichen Verdachtsstufen zusammengefasst, um die im Laufe der Arbeit erörterten möglichen Einsatzorte und Einsatzzeitpunkte eines *Automated Suspicion Algorithms* in Form einer KI-Lösung zur Geldwäsche-Detektion nachvollziehen zu können.

Die Geldwäschebekämpfung in Deutschland ist derzeit dreistufig aufgebaut – allerdings wird in naher Zukunft mit der europäischen Anti-Geldwäsche-Behörde eine vierte (europäische) Stufe hinzutreten. Diese Stufen sollen im Folgenden näher dargestellt werden mit Blick auf erstens die Verpflichteten (1.), zweitens die FIU (2.) und drittens die Strafverfolgungsbehörden (3.). Der Absatz schließt mit einem Ausblick auf die europäische Agentur zur Geldwäschebekämpfung (4.).

251 Auf dieses Wortspiel ging *Simitis* schon 1997 kritisch ein: *Simitis,* NJW 1997, 1902 (1902); *Stück,* CCZ 2020, 77 (77 ff.).

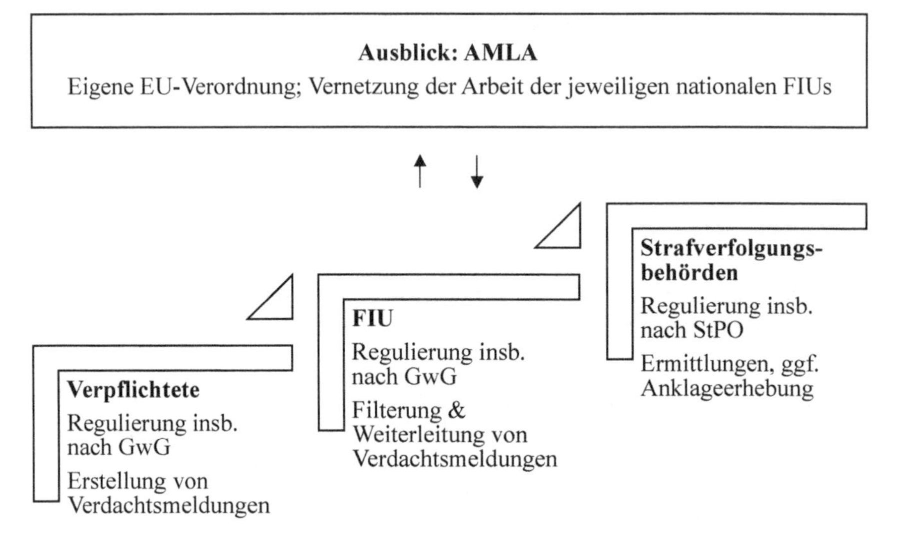

Abb. 7: Verdachtsstufen der Geldwäschebekämpfung in Deutschland[252]

1. Verpflichtete

§ 2 Abs. 1 GwG gibt vor, welche Berufsgruppen und nicht-staatlichen Akteure Adressaten der Pflichten aus dem GwG zur Bekämpfung von Geldwäsche sind. Diese werden auch als Verpflichtete bezeichnet, da sie als private Akteure Pflichten zur Bekämpfung von Geldwäsche treffen. Die Vorgaben wurden in der Vergangenheit durch die Empfehlungen der FATF[253] und die Regelungen aus zahlreichen EU-Geldwäsche Richtlinien[254] geprägt. Zu den Verpflichteten zählen u. a. Kreditinstitute i. S. d. § 1 Abs. 1 KWG (u. a. Banken), jedoch auch Finanzdienstleistungsinstitute, Wirtschaftsprüfer, Notare oder Immobilienmakler, um nur einige zu nennen.[255] Der Gesetzgeber hat

252 Siehe ähnlich *Leffer/Sommerer*, 2024, in: Wörner/Wilhelmi/Glöckner/Breuer/Behrendt, S. 110.

253 *FATF*, International Standards on Combating Money Laundering and the Financing of Terrorism and Proliferation: The FATF Recommendations, Stand: November 2023, (abrufbar: https://perma.cc/4CA6-RGMY, zuletzt abgerufen: 31.08.2024).

254 Ein Überblick zu den Regelungsinhalten der verschiedenen EU-Richtlinien zur Bekämpfung von Geldwäsche oben in Kapitel II.C.II.

255 *Bayer*, in: Brian/Pelz (Hrsg.), 17. Edition, Stand: 01.03.2024, § 2 Rn. 33 ff., 57 ff., 136 ff., 162.

sich im GwG – zumindest gegenüber den Verpflichteten[256] – für den sog. risikobasierten Ansatz nach § 3a GwG entschieden. Dies bedeutet, dass die Verpflichteten innerhalb ihrer jeweiligen Risikosphäre eigene Geldwäscherisiken ermitteln und bewerten müssen, um auf Basis dieser Bewertung Gegenmaßnahmen zu ergreifen, die für ihre individuell bestehenden Risiken angemessen sind.[257] So hat beispielsweise eine örtliche Kreissparkasse in einem kleinen Ort andere Geldwäscherisiken als eine überwiegend digital agierende große Online-Bank. Das GwG normiert – miteinander verwoben – sowohl auf Prävention als auch auf Repression gerichtete Pflichten und stellt in diesem Sinne eine „zweiseitige Münze" dar.[258] Die Verpflichteten müssen einerseits präventiv die Pflicht zum Risikomanagement nach § 4 GwG wahrnehmen, damit es gar nicht erst zu Geldwäschetaten kommt. Auf der anderen Seite steht bei gewissen Anhaltspunkten[259] repressiv die Pflicht zur Erstattung von Meldungen an die FIU nach § 43 Abs. 1 GwG (sog. Geldwäscheverdachtsmeldungen), um bereits begangene Geldwäschetaten aufzudecken.[260]

Das im GwG vorgesehene präventive Risikomanagement der Verpflichteten beinhaltet nach § 4 Abs. 1, 2 GwG eine auf den jeweiligen Geschäftsbereich zugeschnittene Risikoanalyse (§ 5 GwG) und darauf abgestimmte interne Sicherungsmaßnahmen (§ 6 GwG), wie z. B. die Bestellung eines Geldwäschebeauftragten und die laufende Unterrichtung von Mitarbeitenden bezüglich neuer Geldwäschetypologien.[261] Aus dem Risikomanagement ergeben sich je nach individuellem Risikoprofil des Verpflichteten individu-

---

256 Ob dieser risikobasierte Ansatz auch durch die FIU angewendet werden darf, ist in der Literatur umstritten, ablehnend gegenüber dem risikobasierten Ansatz: *El-Ghazi/Jansen,* NZWiSt 2022, 465 (470); befürwortend: *Bülte,* NVwZ Extra 4b 2022, 1 (2); vermittelnd: *Müller,* in: Brian/Pelz (Hrsg.), 17. Edition, Stand: 01.03.2024, § 3a Rn. 15a ff.; der ablehnenden Ansicht hat sich nun auch die Staatsanwaltschaft Osnabrück angeschlossen: *Staatsanwaltschaft Osnabrück,* 31.05.2023, Pressemitteilung, (abrufbar: https://perma.cc/J422-U3AH, zuletzt abgerufen: 31.08.2024).

257 *Müller,* in: Brian/Pelz (Hrsg.), 17. Edition, Stand: 01.03.2024, § 3a Rn. 13; *Leffer/Sommerer,* in: Wörner/Wilhelmi/Glöckner/Breuer/Behrendt, 2024, S. 111.

258 So zum Zusammenspiel zwischen GwG und § 261 StGB, *BMI,* Erläuterungen zur Geldwäsche, (abrufbar: https://perma.cc/F3AN-DC8M, zuletzt abgerufen: 31.08.2024); *Leffer/Sommerer,* in: Wörner/Wilhelmi/Glöckner/Breuer/Behrendt, 2024, S. 111.

259 Details zu den Anforderungen an diese Anhaltspunkte siehe: *Barreto da Rosa,* in: Herzog (Hrsg.), 5. Aufl. 2023, § 43 Rn. 16 ff.

260 Näher zur Einordnung der Verdachtsmeldung: Abb. 13 und dortige Ausführungen; *Leffer/Sommerer,* in: Wörner/Wilhelmi/Glöckner/Breuer/Behrendt, 2024, S. 111.

261 *Leffer/Sommerer,* in: Wörner/Wilhelmi/Glöckner/Breuer/Behrendt, 2024, S. 111.

elle Sorgfaltspflichten mit Blick auf die Überprüfung der jeweiligen Kunden.[262] Nach § 10 GwG bestehen im Grundsatz allgemeine Sorgfalts- und Identifikationspflichten für jede Kundenbeziehung. Diese werden auch als KYC-Pflichten (engl.: „know your customer") bezeichnet und beginnen bereits vor vertraglicher Fixierung der Kundenbeziehung, § 10 Abs. 1 GwG.[263] Daneben können durch das Vorliegen bestimmter Umstände – z. B. bei einer besonders komplexen und ungewöhnlichen Transaktion, § 15 Abs. 3 Nr. 3 lit. a GwG – verstärkte Sorgfaltspflichten ausgelöst werden, nach denen die Transaktion und die jeweilige Kundenbeziehung unter anderem näher zu untersuchen und die Abgabe einer Geldwäscheverdachtsmeldung nach § 43 GwG sofort zu prüfen ist, § 15 Abs. 6 Nr. 1 GwG.[264] Diese umfänglichen Pflichten zur laufenden Überwachung der gesamten Transaktionen innerhalb der Sphäre des jeweiligen Verpflichteten werden auch als sog. Transaktionsmonitoring bezeichnet.[265] Derzeit werden für das Transaktionsmonitoring überwiegend sog. *regelbasierte* IT-Systeme zur Unterstützung der Mitarbeitenden eingesetzt.[266] Gemeint sind damit IT-Systeme, die vom Menschen in der Programmierung vorgegebenen klaren Regeln folgen (z. B. Transaktionen über 100.000 Euro sind verdächtig).[267] Diese Systeme lösen bei verdächtigen Zahlungsströmen einen Alarm aus, welcher dazu führt, dass Mitarbeitende den dadurch „markierten" Vorgang näher begutachten und über die Abgabe einer Verdachtsmeldung entscheiden müssen (sog. „human in the loop" – Entscheidungs*unterstützung*[268]).

Ein meldepflichtiger Verdacht i. S. d. § 43 GwG ist nach der Rechtsprechung dann gegeben, wenn „objektiv erkennbare Anhaltspunkte dafür spre-

---

262 *Figura*, in: Herzog (Hrsg.), 5. Aufl. 2023, § 10 Rn. 38 ff.

263 *Kaetzler*, in: Möslein/Omlor (Hrsg.), 2. Aufl. 2021, Teil 1, 4. Kapitel, § 18 Rn. 142; *Leffer/Sommerer*, in: Wörner/Wilhelmi/Glöckner/Breuer/Behrendt, 2024, S. 111.

264 *Achtelik*, in: Herzog (Hrsg.), 5. Aufl. 2023, § 15 Rn. 34; *Leffer/Sommerer*, in: Wörner/Wilhelmi/Glöckner/Breuer/Behrendt, 2024, S. 111.

265 *Faust*, in: Ellenberger/Bunte (Hrsg.), 6. Aufl. 2022, § 89 Rn. 175.

266 Siehe zur Definition von regelbasierten Systemen unten: Kapitel III.C.II.; siehe auch *Nink*, Justiz und Algorithmen – Über die Schwächen menschlicher Entscheidungsfindung und die Möglichkeit neuer Technologien in der Rechtsprechung, 2021, S. 325.

267 *Heuser*, in: Chan/Ennuschat/Lee/Lin/Storr, 2022, S. 145 f.; *Leffer/Sommerer*, in: Wörner/Wilhelmi/Glöckner/Breuer/Behrendt, 2024, S. 112.

268 Entscheidungs*ersetzung* (sog. „human out of the loop") wäre es hingegen, wenn ein Alarm des Systems automatisch zur Abgabe der Verdachtsmeldung führen würde. Dies findet aktuell nicht statt. Näheres zur Begriffsbestimmung bei *Sommerer*, 2020, S. 223 ff.; siehe auch *Leffer/Sommerer*, in: Wörner/Wilhelmi/Glöckner/Breuer/Behrendt, 2024, S. 112.

chen, dass durch eine Transaktion illegale Gelder dem Zugriff der Strafverfolgungsbehörden entzogen oder die Herkunft illegaler Vermögenswerte verdeckt werden sollen und ein krimineller Hintergrund im Sinne des § 261 StGB nicht ausgeschlossen werden kann“.[269] Es sind diese „objektiv erkennbaren Anhaltspunkte“ (z. B. ungewöhnlich hohe Transaktion, Transaktion in verdächtiges Drittland, viele kleine Einzahlungen am Geldautomaten), die bisher in IT-Systeme nach unflexiblen „Wenn-dann-Beziehungen“ (regelbasiert) einprogrammiert wurden und nach denen Transaktionen aller Kunden – etwa einer Bank – fortlaufend „gerastert“ werden.[270] Durch die automatisierte Verknüpfung dieser Regeln unter Einsatz von KI verspricht man sich einen entscheidenden Effizienzgewinn bei der Geldwäschebekämpfung und die Entdeckung neuer Geldwäsche-Muster.

Erkennbar ist schon bei den hier nur im Überblick dargestellten Regelungen des GwG bezüglich der Verpflichteten, dass die zur Erfüllung der Sorgfaltspflichten zu ergreifenden Maßnahmen nur sehr oberflächlich umrissen sind und diese daher vor schwierige Abwägungsentscheidungen stellen.[271] Verstöße gegen die Sorgfaltspflichten werden je nach Schwere des Vergehens als Ordnungswidrigkeit nach § 56 GwG mit bis zu fünf Millionen Euro oder zehn Prozent des jährlichen Gesamtumsatzes geahndet.[272] Die Verdachtsmeldungen an die FIU sind daher – wenig überraschend – in ihrer Anzahl immer weiter explodiert. Waren es im Jahr 2017 noch „nur“ 60.000 Meldungen, ist dieser Wert im Jahr 2022 auf fast 340.000 jährliche Meldungen angestiegen;[273] der mit der Auswertung dieses Anstieges verbundene Aufwand scheint der FIU deutlich zu schaffen zu machen.[274]

269 BVerfG, Beschl. v. 11.03.2020, 2 BvL 5/17, NZWiSt 2020, 276 (281); siehe auch OLG Frankfurt, Beschl. v. 17.12.2012, 19 U 210/12, juris, Rn. 25.

270 *Leffer/Sommerer*, in: Wörner/Wilhelmi/Glöckner/Breuer/Behrendt, 2024, S. 112.

271 *Krais*, in: Brian/Pelz (Hrsg.), 17. Edition, Stand: 01.03.2024, § 10 Rn. 1 ff.

272 *Barreto da Rosa*, in: Herzog (Hrsg.), 5. Aufl. 2023, § 56 Rn. 111 f.

273 FIU, Jahresbericht 2022, S. 14; FIU, Jahresbericht 2017, S. 6.

274 Mit einer anschaulichen Auflistung der in der Vergangenheit zutage getretenen Versäumnisse der FIU: *Lüneborg*, NZG 2022, 825.

2. FIU

Die deutsche FIU[275] ist gemäß § 27 Abs. 1 GwG die zentrale behördliche Meldestelle zur Verhinderung, Aufdeckung und Unterstützung bei der Bekämpfung von Geldwäsche und Terrorismusfinanzierung. Sie empfängt insbesondere – neben weiteren Aufgaben – die Geldwäscheverdachtsmeldungen der Verpflichteten und nimmt eine weitergehende Analyse und Bewertung dieser vor, § 28 Abs. 1 Satz 2 Nr. 1, 2 GwG. Bis Ende 2023 beschränkte sich der Gesetzesauftrag der FIU bezüglich der Verdachtsmeldungen auf die sog. „operative Analyse".[276] Diese ist in § 1 Abs. 27, § 28 Abs. 1 Satz 2 Nr. 2, 8 GwG immer noch als Teil der Finanzanalyse durch die FIU als Kombination aus einer strategischen und einer operativen Analyse vorgesehen. Soweit die FIU einen Zusammenhang einer oder mehrerer Verdachtsmeldungen der Verpflichteten mit Geldwäsche, Terrorismusfinanzierung oder einer sonstigen Straftat feststellt, übermittelt sie diese nach § 32 Abs. 2 Satz 1 GwG weiter an die Strafverfolgungsbehörden. Der Begriff der operativen Analyse ist jedoch weder direkt in den EU-Geldwäsche-Richtlinien noch im GwG definiert.[277] Auch die FIU selbst konkretisierte den Begriff nicht näher.[278] Aus einer Zusammenschau der Gesetzesbegründung zur vierten EU-Geldwäsche-Richtlinie und des Gesetzes zur Änderung des ZIS-Ausführungsgesetzes (Geltung für den Zoll) leitete *Barreto da Rosa* überzeugend ab, dass unter dieser Analyse die Durchführung einer konkreten, einzelfallbezogenen Auswertung zur Verhinderung oder Ermittlung noch unbekannter Sachverhalte unter Nutzung der Datei- und Informationszugriffe der FIU zu verstehen sei.[279] Wichtig ist, dass die FIU

275 Im Einklang mit FATF Empfehlung Nr. 29, die mit Art. 32 Abs. 1 der vierten EU-Geldwäsche-Richtlinie in europäisches Recht überführt wurde (siehe hierzu ausführlich Kapitel II.B.III) hat nahezu jedes Land der Welt heute eine FIU; in den USA wird sie z. B. Financial Crimes Enforcement Network (FinCen) genannt, in Frankreich Intelligence Processing and Action against illicit Financial Networks Unit (TRACFIN), in Italien Financial Intelligence Unit of Italy (UIF).

276 BT-Drs. 18/11555, 17.03.2017, S. 137.

277 *Barreto da Rosa*, in: Herzog (Hrsg.), 5. Aufl. 2023, § 30 Rn. 12; *Bauckmann*, in: Weyland (Hrsg.), 11. Aufl. 2024, § 30 GwG Rn. 4; *Leffer/Sommerer*, in: Wörner/Wilhelmi/Glöckner/Breuer/Behrendt, 2024, S. 113 f.

278 *Diergarten/Barreto Da Rosa*, 2021, S. 411; *Leffer/Sommerer*, in: Wörner/Wilhelmi/Glöckner/Breuer/Behrendt, 2024, S. 113 f.

279 Zusammenfassend aus: *Barreto da Rosa*, in: Herzog (Hrsg.), 5. Aufl. 2023, § 30 Rn. 10 f.; *Diergarten/Barreto Da Rosa*, 2021, S. 411; siehe auch *Bauckmann*, in: Weyland (Hrsg.), 11. Aufl. 2024, § 30 GwG Rn. 4.

unabhängig von den durch die Verpflichteten übermittelten Informationen eine eigenständige Prüfung der Verdachtsmeldungen vornehmen muss.[280] Ihre Prüfmöglichkeiten sind jedoch beschränkt, da die FIU beispielsweise keinen Zugang zu einigen relevanten Datenbanken (wie z. B. den polizeilichen[281]) für einen Datenabgleich hat.[282] Da der Rückstand an unbearbeiteten Meldungen bei der FIU seit 2019 immer weiter angestiegen ist, stellte die Behörde – zunächst in Eigenregie – ihren Prüfungsmaßstab verstärkt risikobasiert um, d. h. im Gegensatz zur vorherigen Vorgehensweise wird nicht mehr jede einzelne Verdachtsmeldung von der FIU untersucht, sondern nur gewisse, mit besonderen Risikomerkmalen behaftete Meldungen – ähnlich also dem Maßstab, nach dem die Verpflichteten nach § 3a GwG prüfen müssen.[283] Entscheidungserhebliche Kriterien seien insbesondere die Entscheidungsreife und Komplexität von Sachverhalten.[284] Gegenüber einem solchen von der FIU selbstgewählten risikobasierten Ansatz – der vom gesetzlich verankerten risikobasierten Ansatz der Verpflichteten getrennt bewertet werden muss – bestanden jedoch ernstzunehmende Bedenken.[285] Der gewählte Ansatz könnte zu grobmaschig sein, sodass der FIU dadurch für die Weiterleitung an die Strafverfolgungsbehörden „einige dicke Fische durchs Netz gehen"[286] und sie ihre operative Analyse pflichtwidrig verkürzt.[287] Trotz der anhaltenden Kritik an diesem Ansatz wurde die

280 *El-Ghazi/Jansen*, NZWiSt 2022, 465 (466); *Barreto da Rosa*, in: Herzog (Hrsg.), 5. Aufl. 2023, § 28 Rn. 4 ff.; *Leffer/Sommerer*, in: Wörner/Wilhelmi/Glöckner/Breuer/Behrendt, 2024, S. 113 f.

281 *Barreto da Rosa*, in: Herzog (Hrsg.), 5. Aufl. 2023, Abschnitt 5, Vorbemerkungen Rn. 32.

282 *Lenk*, ZWH 2021, 353 (355); *Barreto da Rosa*, in: Herzog (Hrsg.), 5. Aufl. 2023, Abschnitt 5, Vorbemerkungen Rn. 31 f.; *Leffer/Sommerer*, in: Wörner/Wilhelmi/Glöckner/Breuer/Behrendt, 2024, S. 113 f.

283 Siehe auch BT-Drs. 20/5125, 29.12.2022, S. 3 f.

284 BT-Drs. 20/5125, 29.12.2022, S. 9.

285 *El-Ghazi/Jansen*, NZWiSt 2022, 465 (470); siehe auch *Beres*, FIU-Ermittlung „Rechtlich äußerst fraglich", tagesschau.de, 2021, (abrufbar: https://perma.cc/6DPE-9786, zuletzt abgerufen: 31.08.2024); so nun auch *Staatsanwaltschaft Osnabrück*, 31.05.2023, Pressemitteilung, (abrufbar: https://perma.cc/J422-U3AH, zuletzt abgerufen: 31.08.2024).

286 *Lenk*, ZWH 2021, 353 (356).

287 *Lenk*, ZWH 2021, 353 (357); im Ergebnis auch *Staatsanwaltschaft Osnabrück*, 31.05.2023, Pressemitteilung, (abrufbar: https://perma.cc/J422-U3AH, zuletzt abgerufen: 31.08.2024).

risikobasierte Arbeitsweise auch für die FIU Ende 2023 in § 28 Abs. 1 Satz 1 GwG gesetzlich festgeschrieben.[288]

3. Strafverfolgungsbehörden

Die Staatsanwaltschaften und in deren Auftrag auch die Polizei[289] bilden als Strafverfolgungsbehörden bei der Geldwäschebekämpfung erst die letzte Verdachtsstufe der umfangreich reglementierten Verdachtskette.[290] Nach § 32 Abs. 2 Satz 1 GwG erhalten die Strafverfolgungsbehörden von der FIU die im Rahmen der eben beschriebenen operativen Analyse angereicherten und zusammengetragenen Analyseergebnisse zu den Verdachtsmeldungen zum Zwecke der Strafverfolgung.[291] Insbesondere die Staatsanwaltschaften bewerten im Anschluss die durch die FIU übermittelten Informationen und nehmen ggf. weitere Ermittlungen mit den Befugnissen der StPO vor. Sodann erfolgt die Entscheidung über die Einstellung oder Einleitung eines Strafverfahrens. Die finale Beurteilung, ob ein strafrechtlich relevanter Anfangsverdacht nach § 152 Abs. 2 StPO besteht, obliegt derzeit den Strafverfolgungsbehörden.[292]

4. Ausblick: EU-Agentur für die Bekämpfung von Geldwäsche und Terrorismusfinanzierung (AMLA)

Das dreistufige Verdachtsgenerierungssystem wird in der Zukunft in Gestalt der AMLA eine weitere Stufe auf europäischer Ebene hinzugewinnen.[293]

Soweit die Ausgangslage des gestuften Verdachtsprüfungssystems der Geldwäschebekämpfung in Deutschland mit einem Ausblick auf die europäische Ebene. Um darzustellen, inwiefern der Einsatz von KI diesem

---

288 Gesetz zur Stärkung der risikobasierten Arbeitsweise der Zentralstelle für Finanztransaktionsuntersuchungen v. 13.11.2023, BGBl. I 2023, Nr. 311. Diese Umstellung auf den risikobasierten Ansatz wird in Kapitel V. ausführlich analysiert.

289 *Kölbel/Ibold,* in: Schneider (Hrsg.), 2. Aufl. 2024, § 161 Rn. 12; *Sackreuther,* in: Graf (Hrsg.), 50. Edition, Stand: 01.07.2024, § 161 Rn. 13.

290 *Leffer/Sommerer*, in: Wörner/Wilhelmi/Glöckner/Breuer/Behrendt, 2024, S. 113 f.

291 Ebenda.

292 BT-Drs. 18/11555, 17.03.2017, S. 144.

293 Siehe bereits oben die Beschreibung der AMLA als Teil des neuen europäischen Geldwäschepaketes: Kapitel II.B.II.2.g).

Verdachtsprüfungssystem zu einer umfassenden Effektivitätssteigerung verhelfen könnte, werden in Kapitel III. zunächst die technischen Grundlagen erläutert und diese im Anschluss in Kapitel IV. rechtlich bewertet. Zunächst erfolgt allerdings eine Auseinandersetzung mit internationaler und nationaler Kritik an der Geldwäschebekämpfung generell. Denn teilweise werden von Stimmen in der Literatur aus verschiedenen Blickwinkeln die Berechtigung eines Geldwäschestraftatbestandes insgesamt bzw. die ökonomisch zur Geldwäschebekämpfung eingesetzten Mittel infrage gestellt. Bevor eine vertiefte Auseinandersetzung mit der Automatisierung der Geldwäschebekämpfung erfolgen kann, ist daher eine Auseinandersetzung mit dieser Kritik geboten.

C. Kritik an der internationalen Geldwäschebekämpfung

Die Effektivität der seit den 1980er Jahren eingeführten Regularien zur Prävention und Bekämpfung von Geldwäsche als auch die Ausgestaltung des Meldesystems werden teilweise sehr kritisch beurteilt.[294] Sofern man - wie es in dieser Arbeit geschieht - sogar die nachgelagerte Stufe in Gestalt der Automatisierung des bestehenden Prozesses beurteilen möchte, muss man sich im ersten Schritt auch mit dieser Kritik befassen. An dieser Stelle der Arbeit erfolgt eine Auseinandersetzung mit den drei Hauptthesen, die gegen die Sinnhaftigkeit der Geldwäschebekämpfung im Ganzen vorgebracht werden: die bestehende Regulatorik zeige keine signifikanten Effekte (I.), die Geldwäschebekämpfung stehe in keiner Kosten-Nutzen-Relation (II.) und Geldwäsche sei lediglich ein Konstrukt, das den Interessen der USA und dem Vereinten Königreich diene (III.).

I. Keine Effekte der bisherigen Regulatorik

Einer der schwerwiegendsten Kritikpunkte besteht nach *Levi/Reuter* darin, dass die bestehende Regulatorik keine signifikanten Effekte auf die Verhinderung der Kriminalität habe.[295] Dabei geben die Autoren zugleich

294 *Levi/Reuter*, in: Tonry, 2006, S. 289 ff.; *van Duyne*, Crime, Law and Social Change (52) 2008, 1 (1 ff.); *Pieth*, in: Herzog/Mülhausen (Hrsg.), 2006, B, § 3 Rn. 2, 4; *Young/Woodiwiss*, Trends in Organized Crime 2021, 70 (70 ff.).

295 *Levi/Reuter*, in: Tonry, 2006, S. 289.

zu, dass die Schwierigkeit der Erforschung von Geldwäsche vor allem in ihrem konzeptionell schwer erfassbaren Charakter - zwischen separater krimineller Aktivität und Teil der Verschleierung der Vortat - liegt.[296] Die Kritik bezieht sich auch darauf, dass keine Studien dazu existieren würden, wie Straftäter ihre illegalen Einkünfte tatsächlich in verwertbares Vermögen umwandeln und ob die Anti-Geldwäsche-Gesetzgebung sich auf diesen Prozess auswirkt.[297] Dieser Kritik muss man allerdings entgegen halten, dass die Aufgabe dann darin besteht, die bestehende Regulatorik zu hinterfragen und zu verbessern. Die Tatsache, dass keine Studien zur Effektivität der bisherigen Regulatorik bestünden, ist weder ein Argument für deren Ineffektivität noch für deren Effektivität. Sämtliche großen Finanzskandale der letzten Jahre, von den Panama Papers über den Wirecard-Skandal zu CumEx bis hin zu den FinCen Files haben bewiesen, dass die Gesellschaft ein signifikantes internationales Problem mit Geldwäsche hat. Durch die Vornahme keiner Regulierung wird man diesem Problem erst recht nicht entgegentreten.

II. Fehlende Kosten-Nutzen-Relation der Geldwäschebekämpfung

Van Duyne geht in seiner Kritik an der Regulierung und Überwachung von Finanzströmen sogar so weit, von einer Erpressung (insbesondere durch die FATF) mit der Androhung von Listungen und Sanktionen der Finanzinstitute und Staaten zu sprechen, die dazu führen soll, dass die Staaten sich international an der Geldwäschebekämpfung beteiligen.[298] Er sieht die Gefahren der Geldwäsche - vor allem in der Euro-Zone - nicht als erwiesen an.[299] Besonders die Argumentation von *van Duyne*, dass die Kosten-Intensität der AML-Compliance-Systeme keinen Nutzen brächte,

296 Ebenda, S. 291 f.; diese Schwierigkeit in der Eingrenzung des Delikts wird oben (Kapitel II.A.IV) auch mit der Darstellung des Drei-Phasen-Modells und mit der nur rudimentären Aufzählung der Erscheinungsformen der Geldwäsche verdeutlicht.

297 *Levi/Reuter*, in: Tonry, 2006, S. 294.

298 Sehr metaphorisch *van Duyne*, Crime, Law and Social Change (52) 2008, 1 (1): *„Unwilling financial fishermen and game keepers have been pressured into compliance to protect the 'integrity' of the elaborate waterways by preventing criminally polluted water from slipping into the financial mainstream. Those unwilling to go along were bullied into line by threatening them with enlistment on the black list of 'Non-cooperative countries and territories'"*.

299 *van Duyne*, Crime, Law and Social Change (52) 2008, 1 (3).

ist jedoch sehr kritisch zu sehen.[300] Bei der Bekämpfung von Kriminalität geht es um Werte jenseits einer Kosten-Nutzen-Relation. Sofern man diese Argumentation auf andere Kriminalitätsbereiche erstrecken würde, kommt man sehr schnell zu einer menschenrechtsunwürdigen Gedankenführung. Die Tatsache, dass die Ausgestaltung der Anti-Geldwäsche-Regulierung verbesserungswürdig ist, kann nicht zu dem Ergebnis führen, infrage zu stellen, ob man diese Art der Kriminalität überhaupt in dieser Intensität bekämpft. Zusätzlich kommt dem Gesetzgeber auch eine gewisse Einschätzungsprärogative zu, wie er die Mittel zur Bekämpfung verschiedener Kriminalitätsformen verteilt. Im Vordergrund der Geldwäschebekämpfung muss der Schutz der Rechtsordnung und der Integrität unseres Finanzsystems stehen.[301] Denn was wäre es für ein gesellschaftliches Signal, wenn der Staat Kriminalität zulässt, weil sich deren Bekämpfung materiell nicht lohnt? Sofern der Staat an diesen Punkt der Abwägung gelangt, ist der Kampf gegen die Kriminalität bereits verloren.

III. Interessendurchsetzung durch die USA und UK

Regelmäßig wird in der rasanten Regulierung des Geldwäscherechts eine „second agenda“ insbesondere der USA gesehen, die der durch die Digitalisierung entstandenen finanziellen Mobilität und dem daraus resultierenden Untergang der nationalen Finanzmarktaufsicht mit protektionistischem Interesse Einhalt gebieten wollten.[302] Natürlicherweise ist es so, dass Staaten insbesondere bei internationalen Verträgen und Übereinkommen immer versuchen, ihre eigenen Interessen durchzusetzen. Allein die Tatsache, dass der initiale Anstoß für die Geldwäschebekämpfung von den USA und von UK ausging, ist jedoch kein Grund, diese an sich gänzlich in Frage zu stellen. Vielmehr muss jeder Staat dennoch seine eigenen Maßnahmen zur Bekämpfung von Geldwäsche auf Wirksamkeit und Effektivität hin überprüfen. Insbesondere kann mit dem alleinigen Verweis auf eine bestehende Bedrohungslage wegen Geldwäsche und Terrorismusfinanzierung nicht einfach jede gesetzliche Maßnahme gerechtfertigt werden.

---

300 Ebenda, (6).

301 Kapitel II.A.III.

302 *Pieth*, in: Herzog/Mülhausen (Hrsg.), 2006, B, § 3 Rn. 2, 4; *Young/Woodiwiss*, Trends in Organized Crime 2021, 70 (73).

IV. Zwischenfazit

Die internationale Kritik erstreckt sich im Schwerpunkt auf die Effektivität der bisherigen Regulatorik. Gerade zur Steigerung dieser Effektivität möchte die vorliegende Arbeit mit der Analyse der bestehenden Rechtslage und einer Prüfung von Automatisierungsmöglichkeiten einen Beitrag leisten.

D. Kritik an der nationalen Geldwäschebekämpfung

Die Effektivität des deutschen Verdachtsmeldewesens steht seit Jahren in der Kritik. Trotz zahlreicher Anpassungen[303] existieren derzeit kaum mehr Geldwäschefälle, die zu strafrechtlichen Konsequenzen führen, als vor der Restrukturierung der FIU und des Verdachtsmeldesystems im Jahr 2017.[304] Trotz aller Regulierungsversuche werden wie eingangs geschildert jährlich schätzungsweise nur ein Prozent[305] aller Straftaten im Zusammenhang mit Geldwäsche deutschlandweit aufgedeckt und aufgeklärt.[306] Die Weiterleitungsquoten zwischen den Verdachtsstufen[307] sind verheerend. Von den GwG-Verpflichteten an die FIU wurden 2022 knapp 340.000 Fälle weitergeleitet.[308] Von der FIU an die Staatsanwaltschaften verringerte sich diese Zahl auf 51.700 Fälle.[309] Dies entspricht 15,3 %.[310] Lediglich 1.058 Fälle führen zu strafrechtlichen Konsequenzen in Gestalt von Urteilen, Strafbefehlen, Beschlüssen und Anklageschriften – dies entspricht lediglich 0,3 %.[311]

Die nationale Geldwäschegesetzgebung und -bekämpfung wurde außerdem durch die Evaluationsrunden der FATF kritisiert und hat in Reaktion auf diese Auswertungen regelmäßig Anpassungen erfahren.[312] Auch in der

303 Kapitel II.B.II.3.b).

304 *Lenk*, ZWH 2021, 353 (356); zu den Details der Umstrukturierung: *Bülte,* NVwZ 2022, 378 (379).

305 Diese Gesamtzahl ergibt sich aus Geldwäschefällen, die neben den Verdachtsmeldungen durch anderweitige Kenntnisnahme der Strafverfolgungsbehörden aufgedeckt werden.

306 *Heuser*, in: Chan/Ennuschat/Lee/Lin/Storr, 2022, S. 138.

307 Siehe Abb. 7: Verdachtsstufen der Geldwäschebekämpfung in Deutschland.

308 FIU, Jahresbericht 2022, S. 14.

309 FIU, Jahresbericht 2022, S. 19.

310 Ebenda.

311 FIU, Jahresbericht 2022, S. 14.

312 Siehe dazu insbesondere die Tabelle zu Änderungen des GwG Abb. 6: Wichtigste Reformen des GwG und Ausblick.

letzten Runde der FATF-Bewertung hat Deutschland lediglich durchwachsen abgeschnitten.[313] Kritisiert wurde u. a., dass Deutschland die Möglichkeiten der Digitalisierung für die Geldwäschebekämpfung zu wenig nutze.[314] Im folgenden Kapitel wird daher im Schwerpunkt dargestellt, welche technischen Möglichkeiten grundsätzlich zur Ausgestaltung bestehen, um dann im Kapitel IV. zu analysieren, wie sich diese technischen Möglichkeiten rechtlich umsetzen lassen.

---

313 Siehe die Analyse des ganzen Berichtes im Überblick: *Wegner*, GWuR 2022, 117 (117 ff.).

314 *FATF*, Anti-money laundering and counter-terrorist financing measures Germany – Mutual Evaluation Report, August 2022, (abrufbar: https://perma.cc/6QSV-R5AL, zuletzt abgerufen: 31.08.2024), S. 4, 9, 15.

Kapitel III. Technologischer Hintergrund

„[...] *AI is a story we computer scientists made up to help us get funding* [...] *It was pragmatic theater. But now AI has become a fiction that has overtaken it's authors.*"
– J. Lanier[315]

A. Erfordernis einer Begriffsbestimmung für Künstliche Intelligenz

Im obigen Terminologie-Kapitel[316] wurde der Begriff KI bereits angerissen. Es gilt nun, ihn in all seinen Details und Facetten darzustellen. Ziel dieser Arbeit ist die Analyse, ob und wie KI zur Detektion von Geldwäsche und den damit zusammenhängenden Vortaten innerhalb der oben beschriebenen Stufen[317] der Geldwäschebekämpfung in Deutschland rechtskonform eingesetzt werden kann. Zur rechtlichen Bewertung ist es erforderlich, das Begriffsverständnis von KI im Rahmen dieser Arbeit festzulegen und darzulegen, inwiefern KI überhaupt einen Beitrag zur Bekämpfung von Geldwäsche leisten kann. Notwendig ist die Bestimmung aber auch, um die Euphorie bezüglich des Einsatzes einordnen zu können und diese von Science-Fiction-Szenarien abzugrenzen.

Im Grundsatz ist die Entwicklung von KI ein Teilgebiet der Informatik.[318] Die Tatsache, dass die jeweilige KI von Menschen (bisher) erst entwickelt werden muss, wird bei dem Hype um künstlich intelligentes Verhalten schnell außer Acht gelassen und wie ein vom Menschen abgekoppelter Prozess dargestellt. Im Kern handelt es sich bei KI um verschiedene Methoden, die es einem Computer ermöglichen, Aufgaben zu bearbeiten, die bei einer Lösung durch einen Menschen Intelligenz erfordern würden.[319] Dabei

315 *Lanier*, Ten Arguments for Deleting Your Social Media Accounts Right Now, 2018, S. 135.

316 Kapitel I.D.III.

317 Zu den Stufen der Geldwäschebekämpfung siehe oben Kapitel II.B.III.

318 *Kochheim*, Cybercrime und Strafrecht in der Informations- und Kommunikationstechnik, 2018, S. 96.

319 *Springer Fachmedien Wiesbaden*, Gabler Wirtschaftslexikon – K-O, 19. Aufl., 2019, S. 2074.

wird in der Terminologie gerne zwischen „starker“ und „schwacher“ oder zwischen „unechter“ und „echter“ KI unterschieden.[320] Was unter Informatikern und Computerlinguisten als „starke“ KI verstanden wird, existiert in der heutigen Praxis (noch) nicht.[321] Damit ist eine KI gemeint, welche über eine solche allgemeine Intelligenz verfügt, dass jene dem Menschen gleicht oder ihn sogar übertrifft.[322] Dies ist (noch) ein Traum oder wahlweise eine Bedrohung aus zahlreichen Science-Fiction-Filmen.

Man denke nur an die fiktive KI „J.A.R.V.I.S.“ aus den Iron Man Filmen. Ursprünglich wird J.A.R.V.I.S. dort von der Hauptfigur Tony Stark als „einfache“ Software ähnlich eines Smart Home Systems programmiert, welches ihm bei seinen täglichen Aufgaben behilflich ist. Im Laufe der Iron Man und Avengers Filme wird J.A.R.V.I.S. von Toni Stark jedoch immer weiter optimiert und verbessert. Schlussendlich ist „sie“ eine „eigene Person“, die sogar bei der Weltrettung gegen eine „bösartige“ KI zur Stelle ist. Von solchen Zukunftsszenarien „starker“ KI sind wir jedoch bisher weit entfernt. Dennoch werden in letzter Zeit immer wieder Mediengerüchte geschürt, wonach insbesondere das Entwicklerteam von ChatGPT um Sam Altman in dem Unternehmen OpenAI kurz vor einem Durchbruch bezüglich der Entwicklung einer „Superintelligenz“ stünde.[323] Verschiedene Branchenführer, wie etwa *Hinton* (Google) oder *Whittaker* (Signal), sind sogar der Auffassung, dass eine solche KI bzw. der Missbrauch der aktuellen Technologieentwicklung eine Bedrohung für die Menschheit darstellen könnte.[324]

Der vielfache Einsatz verschiedener Algorithmen – beispielsweise beim Kreditscoring oder der Betrugsbekämpfung – ist mit dem Einsatz komplexer (starker) KI-Systeme nicht vergleichbar. Die heute bereits besser

---

320 Siehe näher unten Kapitel III.C.

321 *Niederée/Nejdl*, in: Ebers/Heinze/Krügel/Steinrötter (Hrsg.), 2020, § 2 Rn. 3; *Steinrötter/Stamenov*, in: Möslein/Omlor (Hrsg.), 2. Aufl. 2021, § 11 Rn. 1.

322 *Nida-Rümelin*, in: Chibanguza/Kuß/Steege (Hrsg.), 2022, A., § 1 Rn. 22.

323 *Dpa/Dta/Jab*, Chat-GPT-Entwicklerfirma – Altman wird wieder Chef von Open AI, SZ, 22.11.2023, (abrufbar: https://perma.cc/R2PM-REEG, zuletzt abgerufen: 31.08.2024).

324 *Martin-Jung*, KI-Pionier Geoffrey Hinton warnt vor seiner eigenen Technologie, SZ, 02.05.2023, (abrufbar: https://perma.cc/E2KZ-LS49, zuletzt abgerufen: 31.08.2024); *Wolfangel*, Kritik an Google: „Sogenannte KI basiert von Natur aus auf einer Machtbeziehung“, heise online, 06.09.2022, (abrufbar: https://perma.cc/VH3K-NZAN, zuletzt abgerufen: 31.08.2024).

erforschten schwachen KI-Lösungen beschränken sich in der Regel auf konkrete Anwendungsprobleme.[325]

Dennoch wird das „Label" KI gerne schon bei jeder besseren Suchmaschine ausgewiesen.[326] Diese Tendenz zum sog. „AI-Washing" („AI" als englische Abkürzung für „Artificial Intelligence") sollte im Umgang und bei der Analyse von solchen technischen Lösungen immer im Hinterkopf behalten werden. Man versteht darunter Marketingbemühungen, die implizieren sollen, dass Marken oder Produkte eines Unternehmens KI-Technologien umfassen, auch wenn der technologische Anspruch des jeweiligen Systems vielleicht nur schwach oder gar nicht ausgeprägt ist.[327] Denn KI ist – im Prinzip bereits seit Jahrzehnten – ein schillerndes Schlagwort, das zur besseren Vermarktung von technischen Lösungen genutzt wird. Auf der einen Seite wird daher bei dem Label „KI" nicht immer auch KI verwendet. Und auf der anderen Seite können auch „einfachere" technische Lösungen – wie regelbasierte Systeme[328] – bei einer weiten Begriffsdefinition (wie beispielsweise in der EU-KI-Verordnung) von KI als solche zu verstehen sein.

Diese Darstellungsproblematik zu Marketingzwecken könnte sich durch die starken regulatorischen Anforderungen im Zuge der Regulierung durch die EU-KI-Verordnung ggf. auswachsen. Denn dann müssen die Hersteller, Betreiber und Anbieter strenge Regularien erfüllen, sobald es sich um KI i. S. d. Verordnung handelt. Dies könnte die jeweiligen Anbieter davon abhalten, mit dem Label „KI" zu werben, sofern es sich nicht auch tatsächlich um eine KI-Lösung handelt.

Mit der Massentauglichkeit von Programmen wie ChatGPT hat die Diskussion um den disruptiven Charakter von KI-Technologien erneut an Fahrt aufgenommen. Über kurze Dauer ist mit dem Einsatz von umfassenderen KI-Lösungen auch im Finanzsektor zu rechnen.[329] Im Folgenden sollen die Begriffe und technologischen Hintergründe zum besseren Verständnis der Arbeit erläutert werden. Im späteren Verlauf der rechtlichen

---

325 *Nida-Rümelin,* in: Chibanguza/Kuß/Steege (Hrsg.), 2022, A., § 1, Rn. 27; *Babucke/Kroner,* NZWiSt 2024, 174 (174).

326 *Steinrötter/Stamenov,* in: Möslein/Omlor (Hrsg.), 2. Aufl. 2021, § 11 Rn. 1.

327 *Wigmore,* Definition AI Washing, (abrufbar: https://perma.cc/8D96-7FCS, zuletzt abgerufen: 31.08.2024); dazu und zu einer möglichen strafrechtlichen Relevanz von AI Washing: *Babucke/Kroner,* NZWiSt 2024, 174 (175).

328 Zur Begriffserläuterung siehe unten Kapitel III.C.III.

329 Mit dieser Einschätzung auch: *Steinrötter/Stamenov,* in: Möslein/Omlor (Hrsg.), 2. Aufl. 2021, § 11, Rn. 2.

Ausführungen der Arbeit wird darauf hingewiesen, auf welche technische Ausformung von „KI" sich die Erläuterungen beziehen.

B. Definition Künstlicher Intelligenz

Die genaue Definition von KI ist sowohl in der Rechts- als auch in der Computerwissenschaft umstritten.[330] Eine allgemein anerkannte Definition existiert daher nicht.[331] Da die technischen Entwicklungen jedoch schnell voranschreiten und auch mit zahlreichen Missbrauchsgefahren verbunden sind, hat sich die EU bereits frühzeitig für eine Regulierung von KI im europäischen Raum entschieden. Der Gesetzgebungsprozess dauerte jedoch drei Jahre an und die Verordnung wurde letztlich am 13.03.2024 vom EU-Parlament mehrheitlich verabschiedet und inzwischen im Amtsblatt der EU veröffentlicht.[332] Zuvor hat beispielsweise auch die BaFin versucht, auf die Begriffsdefinition von KI – insbesondere für den Finanzbereich – Einfluss zu nehmen.

I. Bundesanstalt für Finanzdienstleistungsaufsicht (BaFin)

Der BaFin obliegt die gesamte deutsche Bankenaufsicht. Da im Bereich der Finanzinstitute zunehmend von verschieden weit technisch fortgeschrittenen Lösungen Gebrauch gemacht wird, hat die BaFin bereits 2021 in ihren „Prinzipien für den Einsatz von Algorithmen in Entscheidungsprozessen"[333] eine erste vage[334] Definition von KI festgelegt: KI sei die Kombination von Big Data, Rechenressourcen sowie maschinellem Lernen. Maschinelles Lernen meine dabei die Fähigkeit eines Computersystems, mittels Verwendung von Algorithmen zu lernen, aus einer bestimmten

330 M. w. N. *Santos*, ZfDR 2023, 23 (25); *Lang*, 2023, S. 42.

331 *Geminn*, ZD 2021, 354 (355); *Dreisigacker/Hornung/Ritter-Döring*, RDi 2021, 580 (581).

332 *dpa/cho/LTO-Redaktion*, EU-Parlament gibt grünes Licht für weltweit erstes KI-Gesetz, LTO, 13.03.2024, (abrufbar: https://perma.cc/7P5W-JTKV, zuletzt abgerufen: 31.08.2024).

333 *BaFin*, Big Data und künstliche Intelligenz: Prinzipien für den Einsatz von Algorithmen in Entscheidungsprozessen, 2021, (abrufbar: https://perma.cc/U6P4-NRTC, zuletzt abgerufen: 31.08.2024), S. 3.

334 *Steinrötter/Stamenov*, in: Möslein/Omlor (Hrsg.), 2. Aufl. 2021, Teil 1, 3. Kapitel, § 11 Rn. 8.

Datenkonstellation (Input) ein bestimmtes Ergebnis (Output) zu generieren.[335] Dabei werde das System durch eine große Anzahl von Datensätzen fortlaufend trainiert.[336] An dieser Definition kann man insbesondere deren Unbestimmtheit kritisieren; es bleibt unklar, in welchem – auch technischen – Zusammenhang Big Data, maschinelles Lernen und Rechenressourcen überhaupt stehen.

II. EU-KI-Verordnung

Der erste Entwurf einer europäischen Verordnung über Künstliche Intelligenz (hier: Entwurf-EU-KI-Verordnung) – auch bezeichnet als AI Act – wurde am 21.04.2021 von der EU-Kommission vorgelegt.[337] Die EU ist bestrebt, mit dieser Verordnung eine Vorreiterrolle einzunehmen und weltweit erstmals einen gesetzlichen Rahmen für die Entwicklung und Nutzung von KI zu schaffen.[338] Von Beginn an wurde der Entwurf dieser Verordnung von der EU in der Kurzfassung als „Gesetz über Künstliche Intelligenz" bezeichnet. Diese Bezeichnung ist jedoch missverständlich – es handelt sich um eine Verordnung mit unmittelbarer Geltung in den Mitgliedstaaten nach Art. 288 Abs. 2 AEUV. Dennoch handelt es sich um das erste „KI-Gesetz" weltweit, also die erste in Gesetzesform gegossene Regulierung von KI.[339]

In ihrer ersten Entwurfsfassung aus dem Jahr 2021 verstand die Verordnung unter KI eine Software, die mit einer oder mehreren der in Anhang I des Verordnungsentwurfes aufgeführten Techniken und Konzepte (u. a.

---

335 *BaFin*, Big Data trifft auf künstliche Intelligenz – Herausforderungen und Implikationen für Aufsicht und Regulierung von Finanzdienstleistungen, 15.06.2018, (abrufbar: https://perma.cc/QP2L-CZKN, zuletzt abgerufen: 31.08.2024), S. 24 f.

336 *BaFin*, Big Data und künstliche Intelligenz: Prinzipien für den Einsatz von Algorithmen in Entscheidungsprozessen, 2021, (abrufbar: https://perma.cc/U6P4-NRTC, zuletzt abgerufen: 31.08.2024), S. 3.

337 Vorschlag für eine Verordnung des Europäischen Parlaments und des Rates zur Festlegung harmonisierter Vorschriften für Künstliche Intelligenz (Gesetz über Künstliche Intelligenz) und zur Änderung bestimmter Rechtsakte der Union, COM(2021) 206 final v. 21.04.2021.

338 *Vorreiter*, Europäische KI-Verordnung – Ein Gesetz mit Pioniercharakter, 14.06.2023, (abrufbar: https://perma.cc/V63Y-7LDR, zuletzt abgerufen: 31.08.2024).

339 *dpa/cho/LTO-Redaktion*, EU-Parlament gibt grünes Licht für weltweit erstes KI-Gesetz, LTO, 13.03.2024, (abrufbar: https://perma.cc/7P5W-JTKV, zuletzt abgerufen: 31.08.2024).

maschinelles Lernen) entwickelt worden ist und die daraufhin mit Blick auf eine Reihe von menschlich vorgegebenen Zielen bestimmte Ausgaben (Inhalte, Vorhersagen, Empfehlungen oder Entscheidungen) generiert, Art. 3 Nr. 1 Entwurf-EU-KI-Verordnung.[340] Diese Definition war noch auffällig weit und erfasste bei näherer Betrachtung potenziell jede Art von Computerprogramm.[341]

Nach zahlreicher Kritik an dem Verordnungsentwurf konnte man innerhalb der EU im Dezember 2023 einen Kompromiss zwischen den Positionen von EU-Parlament, EU-Kommission und Rat der EU finden. Der zwischenzeitlich aktuellste Stand des Gesetzesentwurfes sickerte bereits im Januar 2024 an die Öffentlichkeit durch und wurde im März 2024 vom EU-Parlament gebilligt.[342] Die erzielte Einigung erstreckt sich für die Definition von KI auf die Übernahme der KI-Definition der OECD.[343] Danach ist ein KI-System ein maschinengestütztes System, das für explizite oder implizite Ziele aus den empfangenen Eingaben ableitet, wie es Ergebnisse wie Vorhersagen, Inhalte, Empfehlungen oder Entscheidungen erzeugen kann, die physische oder virtuelle Umgebungen beeinflussen können, Art. 3 Nr. 1 EU-KI-Verordnung. Verschiedene KI-Systeme unterscheiden sich in ihrem Grad an Autonomie und Anpassungsfähigkeit nach dem Einsatz.[344] Die Besonderheit dieser Definition liegt daher in ihrer Technikneutralität.

Die vorliegende Arbeit orientiert sich im Folgenden an diesem Begriffsverständnis. Nach der nun finalen Verabschiedung der EU-KI-Verordnung wird dieses Begriffsverständnis von KI seit dem Inkrafttreten der Verordnung am 01.08.2024 in der gesamten EU nach Art. 288 Abs. 2 AEUV maßgeblich sein.

Das Ziel der Entwicklung einer solchen KI ist seit geraumer Zeit gleich: KI soll Maschinen zur „intelligenten" Lösung von Aufgaben befähigen.[345]

---

340 *Santos*, ZfDR 2023, 23 (25 f.).

341 *Bomhard/Merkle*, RDi 2021, 276 (277); *Frisch/Kohpeiß*, ZD-aktuell 2023, 01318.

342 *dpa/cho/LTO-Redaktion*, EU-Parlament gibt grünes Licht für weltweit erstes KI-Gesetz, LTO, 13.03.2024, (abrufbar: https://perma.cc/7P5W-JTKV, zuletzt abgerufen: 31.08.2024).

343 *Rat der EU*, Gesetz über künstliche Intelligenz: Rat und Parlament einigen sich über weltweit erste Regelung von KI, Pressemitteilung, 09.12.2023, (abrufbar: https://perma.cc/3SPM-AL63, zuletzt abgerufen: 31.08.2024).

344 *OECD*, OECD AI Principles overview, (abrufbar: https://perma.cc/J8HA-MNWR, zuletzt abgerufen: 31.08.2024).

345 *Fraunhofer Gesellschaft*, Maschinelles Lernen: Eine Analyse zu Kompetenzen, Forschung und Anwendung, (abrufbar: https://perma.cc/AE3E-PRZV, zuletzt abgerufen: 31.08.2024).

Dabei sind auch nach der aktuellen Definition sowohl der technische Weg zu dieser Lösung als auch das Verständnis von Intelligenz nicht vordefiniert.[346]

C. Schichten Künstlicher Intelligenz

In diesem Kapitel wird mit der nötigen Tiefe, aber in der gegebenen Knappheit erläutert, welche Lernverfahren und innerhalb dieser, welche Lernarten von KI existieren. Diese Unterteilung ist technisch derzeit zwar ständig im Wandel befindlich, für das Verständnis dieser Arbeit dennoch zentral. Denn um ein KI-System zu trainieren, stehen unterschiedliche technische Mittel zur Verfügung, die sich in Transparenz, Genauigkeit und Überprüfbarkeit maßgeblich unterscheiden. Um die Erlernung von Geldwäsche-Mustern zu ermöglichen und deren Zustandekommen nachvollziehen zu können, ist daher auch die technische Unterscheidung geboten.

Um das oben geschilderte Ziel – „intelligente" Lösung von Aufgaben durch Technik – zu erreichen, sind bei der Nutzung von KI unterschiedliche Herangehensweisen möglich. Die wichtigste Unterkategorie von KI bildet das bereits erwähnte maschinelle Lernen.[347] Es zielt auf die Generierung von Wissen aus Erfahrung ab, indem Algorithmen aus einer großen Menge an Trainingsdaten (z. B. bei einem Bilderkennungsalgorithmus eine große Anzahl von Bildern) komplexe Muster und Modelle entwickeln.[348] Nachdem ein solches maschinell lernendes Modell „trainiert" wurde, können ihm neue – zuvor unbekannte – Daten zur Identifikation, Einordnung oder Bewertung gezeigt werden (z. B. ein neues Foto, dessen Inhalt benannt werden soll).[349] Diese Art des Lernens ermöglicht – auch im Finanzsektor und im Bereich der Geldwäsche – die Erstellung von automatisierten

---

346 Ebenda.

347 *SAP*, Maschinelles Lernen und KI: Wo liegt der Unterschied?, (abrufbar: https://perma.cc/L4N5-72ET, zuletzt abgerufen: 31.08.2024).

348 *Andrae*, bank und markt 2019, 73 (73); *SAP*, Maschinelles Lernen und KI: Wo liegt der Unterschied?, (abrufbar: https://perma.cc/L4N5-72ET, zuletzt abgerufen: 31.08.2024); *Leffer/Sommerer*, in: Wörner/Wilhelmi/Glöckner/Breuer/Behrendt, 2024, S. 117.

349 Am Beispiel eines Modells maschinellen Lernens zur Detektion von „auffälligem" Verhalten als Detektion potenzieller Geldwäsche-Fälle: *Alexandre/Balsa*, Expert Systems With Applications 2023, 1 (1 f.); generell: *SAP*, Maschinelles Lernen und KI: Wo liegt der Unterschied?, (abrufbar: https://perma.cc/L4N5-72ET, zuletzt abgerufen: 31.08.2024).

Ergebnissen aus Datensammlungen durch die Erkennung von erlernten Mustern.[350] Maschinelles Lernen lässt sich dabei wiederum in zahlreiche Unterkategorien unterteilen. Diese verschiedenen Modelle maschinellen Lernens kommen jeweils auf unterschiedliche Art und Weise an das gleiche Ziel – Erstellung automatisierter Ergebnisse aus erlernten Mustern.

Man könnte an dieser Stelle argumentieren, dass der technische Weg zum Ziel für die rechtlichen Erwägungen irrelevant ist. Dieses Argument ist für die Bekämpfung einiger Kriminalitätsbereiche auch tragend, allerdings nicht für die Detektion von Geldwäsche. Die Ursache dafür liegt in dem Ziel, mithilfe der KI auch unbekannte Geldwäsche-Muster zu detektieren. Je nachdem, welche Art von KI dazu verwendet wird, ist das Ergebnis leicht oder sehr schwer nachvollziehbar bzw. begründbar oder nicht begründbar. Anders gelagert ist dies z. B. bei einer KI zur Gesichtserkennung. Egal, welche technologische Ausgestaltung einer solchen KI zugrunde liegt, der Mensch kann auf den ersten Blick feststellen, ob das von dem System erkannte Muster (Gesicht) dem gesuchten Muster (z. B. Fahndungsfoto) entspricht oder nicht.

Bei der Erkennung neuer Geldwäsche-Muster wird dem Menschen hingegen eine Lösung bzw. ein Ergebnis präsentiert, welches ihm ggf. noch unbekannt ist und deshalb erst in den rechtlichen Kontext eingeordnet werden muss.

Innerhalb der nächsten Unterpunkte werden daher kurz die relevantesten Unterschiede zwischen den maschinellen Lernverfahren dargestellt. Diese verschiedenen Modelle maschinellen Lernens kommen jeweils auf unterschiedliche Art und Weise an das gleiche Ziel – Erstellung automatisierter Ergebnisse aus erlernten Mustern. Es ist außerdem Ziel dieses Kapitels, für den juristischen Bereich ein gut verständliches und gebündeltes Grundwissen aufzuarbeiten, welches für die zukünftige Bewertung des KI-Einsatzes im juristischen (Strafrechts-)Kontext dienen kann.

350 Ebenda.

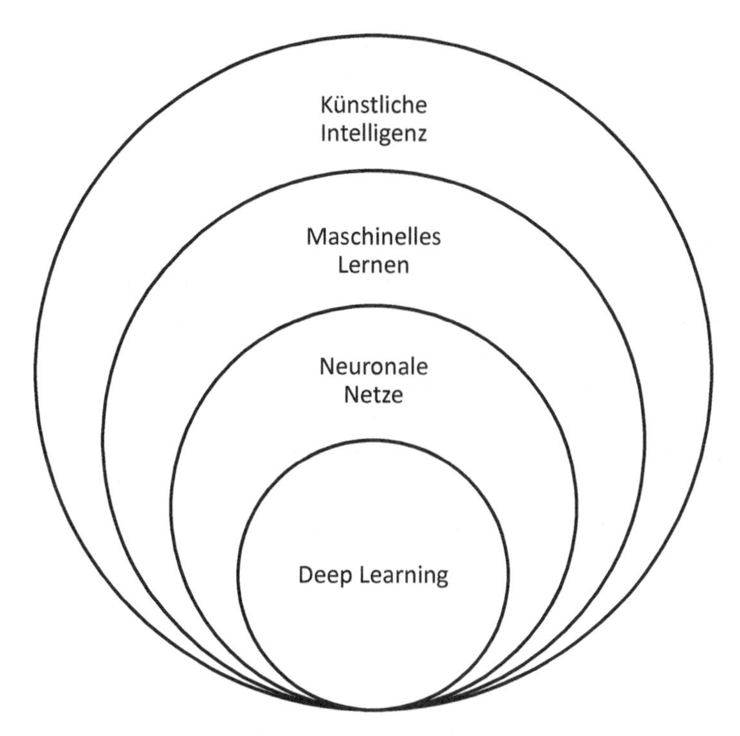

Abb. 8: Teilmengen von KI[351]

Als Ausgangspunkt einer Begriffsfindung von KI wird wie oben unter I. beschrieben häufig zwischen starker und schwacher KI unterschieden.[352] Eine – bis heute wohl nicht existente – starke KI soll (später) mindestens dieselben intellektuellen Fähigkeiten besitzen wie ein Mensch.[353] Diese Art der KI wird wahlweise auch als echte KI bezeichnet.[354] Hingegen handelt es sich bei der schwachen – und bereits in der Wissenschaft und der

351 Darstellung nach: *SAP*, Maschinelles Lernen und KI: Wo liegt der Unterschied?, (abrufbar: https://perma.cc/L4N5-72ET, zuletzt abgerufen: 31.08.2024).

352 Siehe außerdem oben ein fiktives Beispiel einer solchen starken KI: Kapitel III.A.; außerdem *Russell/Norvig*, Künstliche Intelligenz: ein moderner Ansatz, 4. Aufl., 2023, S. 1020; *Krempl*, Autonome künstliche Intelligenzen: „Echte KI braucht Kreativität im Computer", heise online, 29.05.2019, (abrufbar: https://perma.cc/J43S-XJXN, zuletzt abgerufen: 31.08.2024).

353 *Niederée/Nejdl*, in: Ebers/Heinze/Krügel/Steinrötter (Hrsg.), 2020, § 2 Rn. 2.

354 *Krempl*, Autonome künstliche Intelligenzen: „Echte KI braucht Kreativität im Computer", heise online, 29.05.2019, (abrufbar: https://perma.cc/J43S-XJXN, zuletzt abgerufen: 31.08.2024).

Wirtschaft eingesetzten – KI um Systeme, die für bestimmte vordefinierte Anwendungsfelder menschliches intelligentes Verhalten nachahmen.[355]

I. Algorithmus

Algorithmen sind – wie bereits in Kapitel I. bzw. dem Eingangsbildnis angesprochen – das Herzstück jedes technischen Systems. Im Ergebnis sind sie Schritt-für-Schritt-Anleitungen, um ein (mathematisches) Problem strukturiert zu lösen.[356] Ein Algorithmus zerlegt dazu Aufgaben in einzelne Teilschritte und gibt Handlungsanweisungen, wie diese zu bewältigen sind.[357] *Martini* nennt als anschauliche Beispiele für die häufigsten Aufgaben eines Algorithmus die Suche in Datenmengen und die Sortierung von Daten.[358] Logisch darstellbare Probleme können so nach einem eindeutig festgelegten Verfahren anhand einer programmierten Abfolge von Schritten gelöst werden.[359]

II. Daten

Sowohl im strafrechtlichen (vgl. § 202a Abs. 2 StGB) als auch im informationstechnischen Begriffsverständnis steht der Oberbegriff der Daten für maschinenlesbare und -verarbeitbare Informationen.[360] Solche Daten bilden außerdem das Gerüst für das Training, die Testphase und die spätere Verwendung von KI-Systemen. Dabei wird begrifflich häufig weiter zwischen Trainingsdaten (1.) und Inputdaten (2.) unterschieden.

---

355 *Niederée/Nejdl*, in: Ebers/Heinze/Krügel/Steinrötter (Hrsg.), 2020, § 2 Rn. 3.

356 *Güting/Dieker*, Datenstrukturen und Algorithmen, 4. Aufl., 2018, S. 33 f.; *Zweig/Krafft*, in: Mohabbat Kar/Thapa/Parycek, 2018, S. 207; *Martini*, 2019, S. 17.

357 *Martini*, 2019, S. 18.

358 Ebenda, S. 18, Fn. 76.

359 *Martini*, 2019, S. 18 m. w. N.; *Ernst*, JZ 2017, 1026 (1026); *Kastl*, GRUR 2015, 136 (136).

360 So auch *Brodowski*, Verdeckte technische Überwachungsmaßnahmen im Polizei- und Strafverfahrensrecht, 2016, S. 366.

1. Trainingsdaten

Trainingsdaten sind nach Art. 3 Nr. 29 EU-KI-Verordnung Daten, die zum Trainieren eines KI-Systems verwendet werden, wobei dessen lernbare Parameter angepasst werden. Egal, welches maschinelle Lernverfahren durch einen Computerwissenschaftler angewendet wird, ihnen allen ist gemein, dass sie eine erhebliche Menge an Trainingsdaten benötigen.[361] Den Trainingsdaten nachgelagert sind die in Art. 3 Nr. 30 EU-KI-Verordnung näher bestimmten Validierungsdaten. Diese dienen der Bewertung des trainierten KI-Systems und zum Abstimmen seiner nicht lernbaren Parameter und seines Lernprozesses, um eine Unter- oder Überanpassung des Systems zu vermeiden.

2. Eingabedaten

Auch für die Eingabedaten (engl.: Inputdaten) hat die EU-KI-Verordnung eine europaweit verbindliche Begriffsdefinition vorgegeben. Nach Art. 3 Nr. 33 EU-KI-Verordnung sind Eingabedaten die in ein KI-System eingespeisten oder von diesem direkt erfassten Daten, auf deren Grundlage das System sein Ergebnis hervorbringt. Diese Eingabedaten können „gelabelt" oder „ungelabelt" sein. Daher unterscheidet die Verordnung auch zwischen den „eingespeisten" und den von dem System „direkt erfassten" Daten. Sofern man von gelabelten Eingabedaten spricht, sind den Entwicklern die spezifischen Eigenschaften der Daten bereits beim Training eines KI-Modells bekannt.[362] Dies ist insbesondere beim überwachten Lernen der Fall. Man kann sich dies als eine Art Etikettierung vorstellen (beispielsweise ein eingegebenes Datum ist ein Verkehrsschild und das System soll auf das Erkennen genau dieser Verkehrsschilder trainiert werden). Demgegenüber sind bei ungelabelten Eingabedaten die genauen Eigenschaften nicht bekannt oder zumindest nicht maschinenlesbar annotiert, sodass es Aufgabe des KI-Modelles ist, Muster oder Ähnlichkeiten in den Eingabedaten zu

361 Zu den maschinellen Lernverfahren unten Kapitel III.C.IV.

362 M. w. N *Mysegades*, Software als Beweiswerkzeug – Gerichtliche Sachverhaltsfeststellung mittels nicht nachvollziehbarer Software in Gegenwart und Zukunft, 2022, S. 21; wie man damit potenzielle Geldwäsche-Transaktionen innerhalb der Blockchain ausfindig machen könnte: *Koenen*, Auswertung von Blockchain-Inhalten zu Strafverfolgungszwecken, 2023, S. 292 ff.

finden.[363] Dies ist in der Regel beim unüberwachten maschinellen Lernen der Fall.

III. Regelbasierte Systeme

Lange Zeit galten regelbasierte Systeme als Stand der Technik. Diese Technologie ist uns inzwischen so geläufig, dass sie kaum mehr als Form von KI wahrgenommen wird.[364] Dennoch gelten selbst diese regelbasierten Lösungen bei sehr weiter Begriffsdefinition von KI schon als (teilweise) automatisiert. Denn sie folgen vordefinierten Wenn-Dann-Beziehungen einer vorgegebenen Entscheidungslogik und einem festgelegten statistischen Schwellenwert, wobei die Entscheidungen nur automatisiert vollzogen werden.[365] Regelbasiert bedeutet im technischen Kontext, dass der Programmierer vorgibt, welche Ergebnisse aus vorbestimmten Datenkonstellationen wie abzuleiten sind.[366] Dies bedeutet, dass bei dieser Ausgestaltung für jede Eintrittsoption („wenn") das Ergebnis („dann") von vornherein (menschlich) programmiert wird. Nachteilig daran ist, dass diese Lösungen sehr ineffizient und teuer sind, da sie ständig aktuell gehalten werden müssen und somit auch sehr viel Personal binden.

IV. Maschinelles Lernen

Das im Deutschen als maschinelles Lernen (engl.: machine learning) bezeichnete Verfahren stellt eine der derzeit wichtigsten Unterkategorien von KI dar.[367] Beim maschinellen Lernen werden – in der Regel mehrere – Lernalgorithmen dazu verwendet, aus Beispielen ein komplexes Modell

363 *Mysegades*, 2022, S. 21; *Taulli*, 2022, S. 81.

364 *Sommerer*, 2020, S. 59 f.; *Feldkamp/Kappler/Poretschkin/Schmitz/Weiss*, ZfDR 2024, 60 (64).

365 *Nink*, 2021, S. 325; *Feldkamp/Kappler/Poretschkin/Schmitz/Weiss*, ZfDR 2024, 60 (64); *Leffer/Sommerer*, in: Wörner/Wilhelmi/Glöckner/Breuer/Behrendt, 2024, S. 117.

366 *BaFin*, Big Data und künstliche Intelligenz: Prinzipien für den Einsatz von Algorithmen in Entscheidungsprozessen, 2021, (abrufbar: https://perma.cc/U6P4-NRTC, zuletzt abgerufen: 31.08.2024).

367 *Fraunhofer Gesellschaft*, Maschinelles Lernen: Eine Analyse zu Kompetenzen, Forschung und Anwendung, (abrufbar: https://perma.cc/AE3E-PRZV, zuletzt abgerufen: 31.08.2024), S. 5.

zu entwickeln.[368] Das Ziel ist dabei die Generierung von Wissen aus Erfahrung.[369] Als anschaulichen Vergleich in Hintergrundgesprächen mit der Autorin verglich ein Computerwissenschaftler des Fraunhofer SIT innerhalb des MaLeFiz-Projektes das regelbasierte Lernen mit dem „Kochen", während das maschinelle Lernen eher dem „Gärtnern" gleiche. Denn „Gärtnern" erfolge erfahrungsbasiert (z. B. letztes Jahr sind die Kartoffeln unter diesen Bedingungen gewachsen, also werden sie dies unter den gleichen Voraussetzungen dieses Jahr wieder tun), während „Kochen" in der Regel (regelbasiert) streng nach Rezept und den dort geschilderten Regeln erfolge (erst die Butter schmelzen, dann die Zwiebeln anbraten).

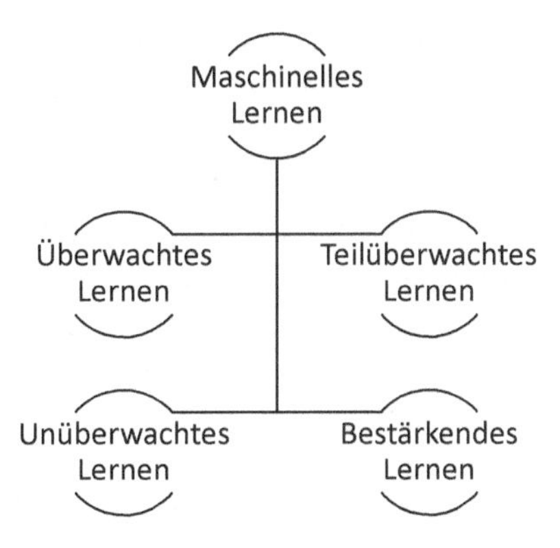

Abb. 9: Lernarten des maschinellen Lernens

Beim maschinellen Lernen kommt es entscheidend auf das Training des Modells an. Dabei wird in unterschiedliche Arten des Lernens unterschieden, welche für die spätere Erklärbarkeit und Transparenz der Ergebnisfindung die entscheidende Rolle spielen.

368 *Fraunhofer Gesellschaft*, Maschinelles Lernen: Eine Analyse zu Kompetenzen, Forschung und Anwendung, (abrufbar: https://perma.cc/AE3E-PRZV, zuletzt abgerufen: 31.08.2024), S. 8; *Feldkamp/Kappler/Poretschkin/Schmitz/Weiss*, ZfDR 2024, 60 (64).

369 *Heuser*, in: Chan/Ennuschat/Lee/Lin/Storr, 2022, S. 140; *Fraunhofer Gesellschaft*, Maschinelles Lernen: Eine Analyse zu Kompetenzen, Forschung und Anwendung, (abrufbar: https://perma.cc/AE3E-PRZV, zuletzt abgerufen: 31.08.2024), S. 8.

1. Überwachtes Lernen

Die erste Unterkategorie des maschinellen Lernens bildet das überwachte Lernen (engl.: „supervised learning"). Ein solches Modell lernt dann überwacht, wenn neben den Eingabedaten auch die Daten der Zielvariablen bereitstehen – mithin Referenzwerte für „richtige" Entscheidungen existieren.[370]

a) (Lernende) Entscheidungsbäume

Lernende Entscheidungsbäume sind eine ältere Möglichkeit des Einsatzes von KI, die ebenfalls zur Erlernung und Vorhersage von Mustern dient.[371] Bei diesem maschinellen Lernverfahren werden Bäume als Datenstruktur genutzt, um Muster zu erlernen und vorherzusagen.[372] Die Weiterentwicklung der Entscheidungsbäume ist als sog. Random Forests bekannt.[373] Dabei sind Entscheidungsbäume im Vergleich zu anderen maschinellen Lernverfahren für ihre bessere Transparenz und die Erklärbarkeit der Ergebnisfindung bekannt.[374] Durch die Kombination von Entscheidungswegen wird eine komplizierte Entscheidungsfindung ermöglicht.

Ein berühmtes Beispiel für die Verwendung eines einfachen Entscheidungsbaumes ist die Vorhersage des Überlebens von Passagieren der Titanic anhand von Alter, Geschlecht und Mitreisenden:

370 *Knuth*, Informatik Spektrum 2021, 364 (365).
371 *Wischmeyer*, AöR 2018, 1 (14 f.); *Knuth*, Informatik Spektrum 2021, 364 (364).
372 *Knuth*, Informatik Spektrum 2021, 364 (364); *Sommerer*, 2020, S. 68 f.
373 *Knuth*, Informatik Spektrum 2021, 364 (364).
374 *Knuth*, Informatik Spektrum 2021, 364 (365); *Sommerer*, 2020, S. 68 f.

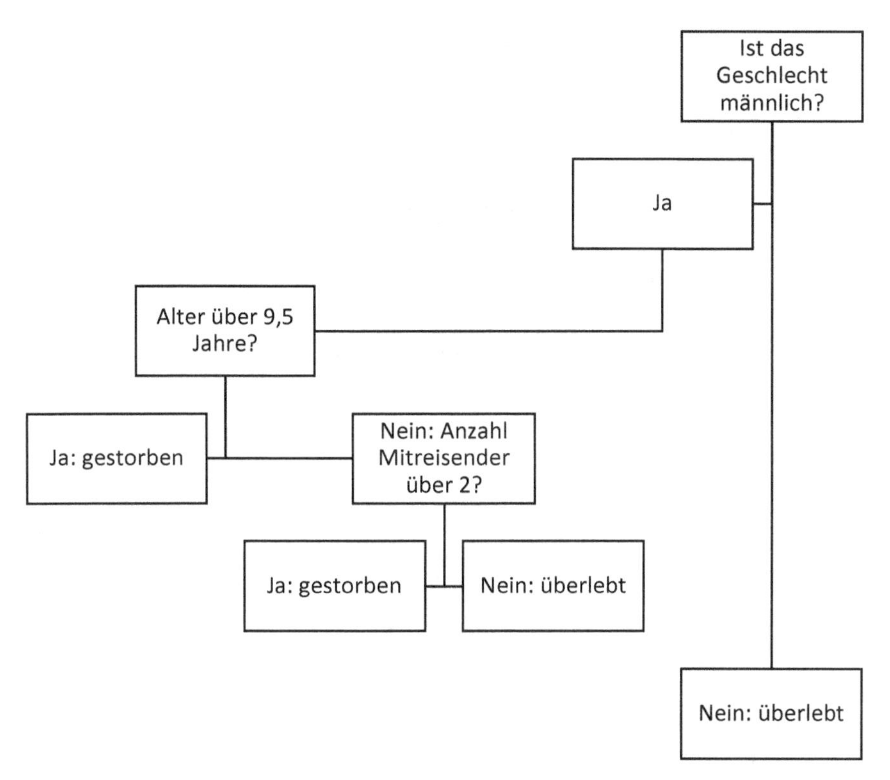

Abb. 10: Einfacher Entscheidungsbaum[375]

b) Prognose (Regression)

Die (lineare) Regression wird gerne zur Vorhersage von Ergebnissen auf der Grundlage von Dateneingaben genutzt.[376] Denn das Training dieses Verfahrens beruht auf der Beziehung zwischen bestimmten Variablen.[377] Das Besondere an dieser Art des maschinellen Lernens ist, dass viele Va-

375 Abbildung orientiert an *Taulli*, 2022, S. 69.

376 *Taulli*, 2022, S. 66; *Glaser*, Künstliche Intelligenz im Bankenumfeld – Technologien und Unternehmenskultur für zukunftsfähige Geschäftsmodelle und Prozesse, 2024, S. 17.

377 *Taulli*, 2022, S. 66.

riablen einer Fragestellung zueinander in ein Verhältnis gesetzt werden können.[378]

Mit der Regression kann man zum Beispiel anhand der Komponenten Vortagesverbrauch, Vortagestemperatur, Saison und Werktag automatisierte Prognosen von Wärmeverbräuchen erstellen.[379] Daher wird die Regression bereits häufig zur Betrugserkennung genutzt. Dies geschieht durch die Identifizierung von Abweichungen vom „Regelverhalten“ eines bestimmten Kunden. Nutzt ein 70-jähriger Kunde beispielsweise seine Kreditkarte in der Regel für lokale Einkäufe und Tankstellenbesuche, liegt bei Verwendung des Zahlungsmittels im Ausland für den Kauf exotischer Artikel an einen anderen Namen ein Betrugsfall nahe.[380]

2. Unüberwachtes Lernen

Für das Training unüberwachten maschinellen Lernens (engl.: unsupervised learning) erfolgt lediglich eine Vorgabe von Startpunkt und Ziel, es wird jedoch kein Weg dorthin vorgegeben.

a) Clusteranalyse

Die Clusteranalyse (engl.: Clustering) stellt eine Form des unüberwachten maschinellen Lernens dar.[381] Das Training erfolgt dabei häufig auf Daten mit einer bekannten Klassifizierung.[382] Dies bedeutet, dass die Inputdaten für das KI-Training über ein Label verfügen. Beim Clustering werden lediglich die Inputdaten vorgegeben und anhand der Vorgabe (Label) von Merkmalen dieser Daten und der Aufteilung des Datenbestandes in sog. Cluster unterteilt.[383] Dadurch werden durch die Detektion von Unüblichem/Neuen

378 *Glaser*, 2024, S. 15.

379 *Dziubany/Schneider/Schmeink/Dartmann/Gollmer/Naumann*, in: Czarnecki/Brockmann/Sultanow/Koschmider/Selzer, S. 137.

380 Spezifische Beispiele siehe *Glaser*, 2024, S. 51.

381 *Zweig/Wenzelburger/Krafft*, Minds and Machines 2019, 555 (560); *Koenen*, 2023, Fn. 274.

382 *Zweig/Wenzelburger/Krafft*, Minds and Machines 2019, 555 (560); *Taulli*, 2022, S. 59.

383 *Brühl*, CFS Working Paper Series, No. 617 2019, 1 (6).

(außerhalb der Cluster) verborgene Muster und Strukturen im Datenbestand erkannt.[384]

Die Clusteranalyse wurde beispielsweise bereits zur Erkennung verdächtiger Aktivitätssequenzen in Software eingesetzt.[385] Zur Anomalie-Detektion[386] ist es eine beliebte Technik, Punkte (Vorgänge) als verdächtig zu markieren, die zu keinem Cluster – also keiner bekannten Gruppe – gehören.[387] Dazu bildet man etwa bei einer KI zur Detektion von Geldwäsche aus einer großen und unübersichtlichen Menge von Transaktionsdaten verschiedene Muster oder Kategorien. Dies kann – vereinfacht – etwa die Gruppe „Gehalt" oder „Miete" sein. Wichtig ist bei den gebildeten Gruppen, dass die Elemente innerhalb einer Gruppe möglichst ähnlich und im Vergleich zu anderen Gruppen möglichst unterschiedlich sind.[388] Übertragen auf die Detektion von Geldwäsche bedeutet dies, dass die Gruppen sehr spezifisch gebildet werden müssen, da insbesondere beim Transaktionsmonitoring die Gruppe „Transaktionen" in viel spezifischere Gruppen aufgeteilt werden muss, wenn man die Clusteranalyse als Methode des maschinellen Lernens nutzen möchte.

b) Künstliche neuronale Netze

Künstliche neuronale Netze werden bereits seit den 1950er Jahren erforscht und stellen in ihrer Konzeption einen Nachbau des menschlichen Gehirns dar.[389] Die künstlichen Neuronen werden als Knoten bezeichnet und arbeiten parallel in mehreren „Knotenschichten". Diese Verstärkung führt zu verbesserten Lernkompetenzen. Wichtig ist, dass künstliche neuronale Netze so trainiert werden, dass sie auch dann Lösungsstrategien entwickeln können, wenn diese bei der Entwicklung noch nicht bekannt waren.[390]

---

384 *Taulli*, 2022, S. 59 ff.; *Brühl*, CFS Working Paper Series, No. 617 2019, 1 (6).

385 *Lamba/Glazier/Cámara/Schmerl/Garlan/Pfeffer*, IWSPA '17: Proceedings of the 3rd ACM on International Workshop on Security And Privacy Analytics 2017, 17 (17 ff.).

386 Die Anomalie-Detektion als eine Option zum Einsatz von KI im Rahmen der Geldwäschebekämpfung siehe unten Kapitel III.E.II.1.

387 *Lamba/Glazier/Cámara/Schmerl/Garlan/Pfeffer*, IWSPA '17: Proceedings of the 3rd ACM on International Workshop on Security And Privacy Analytics 2017, 17 (18).

388 *Glaser*, 2024, S. 16.

389 *Burkhardt*, Kriminalistik 2020, 336 (336).

390 *Kompetenzzentrum Öffentliche IT*, Neuronale Netze, (abrufbar: https://perma.cc/9U5H-5RBS, zuletzt abgerufen: 31.08.2024).

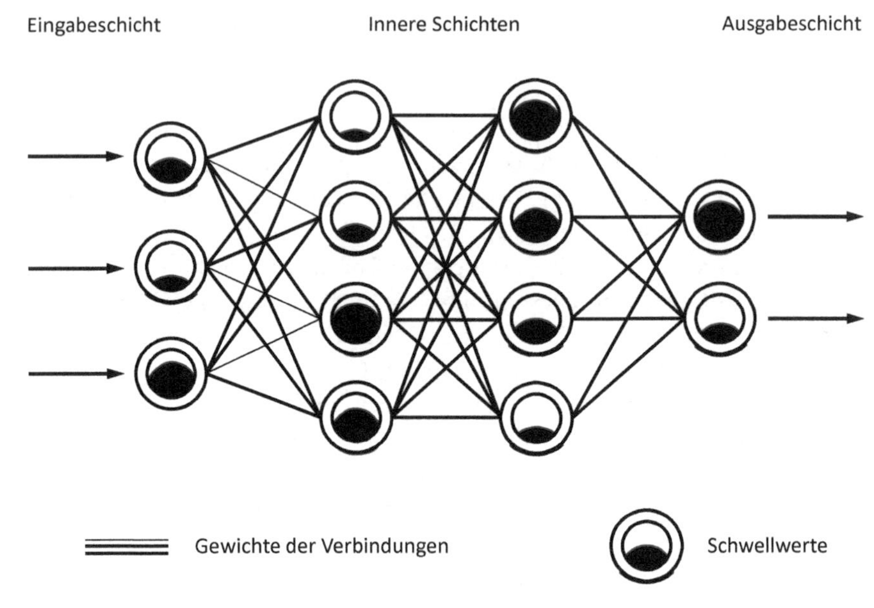

Abb. 11: Grundstruktur eines künstlichen neuronalen Netzes[391]

An dieser Abb. 11 erkennt man besonders gut, wie künstliche neuronale Netze aufgebaut sind. Die äußeren Schichten und die inneren Schichten sind miteinander verbunden, bei den Kreisen handelt es sich um die einzelnen künstlichen Neuronen. Die inneren Schichten können theoretisch beliebig viele sein. Bei der Eingabeschicht handelt es sich um die zu analysierenden Daten, die in das System eingegeben werden.[392] Wenn ein vordefinierter Schwellenwert überschritten wird, sendet ein Neuron an ein anderes, wobei die Verbindungen zwischen den Neuronen unterschiedlich gewichtet werden können.[393] Sofern die Daten der Eingabeschicht gelabelt werden, kann auch das neuronale Netz überwacht trainiert werden. Dann

391 Quelle dieser Abbildung: *Kompetenzzentrum Öffentliche IT*, Neuronale Netze, (abrufbar: https://perma.cc/9U5H-5RBS, zuletzt abgerufen: 31.08.2024).

392 Ebenda.

393 Die äußeren Schichten und die inneren Schichten sind miteinander verbunden, bei den Kreisen handelt es sich um die einzelnen künstlichen Neuronen.

besteht jedoch immer noch bezüglich der inneren Schichten eine große Intransparenz, die auch als Blackbox bezeichnet wird.[394]

Künstliche neuronale Netze werden insbesondere in der Bilderkennung verwendet.

3. Teilüberwachtes Lernen

Das teilüberwachte Lernen (engl.: semi-supervised learning) verbindet Elemente des überwachten und des unüberwachten Lernens.[395] Dabei wird in der Regel mit einem relativ kleinen Datensatz überwacht ein Klassifikationssystem „vortrainiert" und im Anschluss auf Basis neuer, ungelabelter Daten weitertrainiert.[396] Ein Beispiel für das teilüberwachte Lernen ist die Interpretation von Magnetresonanztomographie-Aufnahmen (MRT) durch einen Algorithmus. Ein Teil der MRTs kann zu Trainingszwecken zunächst gelabelt werden und im Anschluss kann das vortrainierte System auf ungelabelte MRTs zum weiteren Training eingesetzt werden.[397]

4. Bestärkendes Lernen

Das bestärkende Lernen (engl.: Reinforcement Learning) hat einen psychologiewissenschaftlichen Ursprung (Verhaltenspsychologie), sodass bei dieser Lernart die korrekten informationstechnischen Terminologien von den oben genannten abweichen.[398] Die wissenschaftlichen Terminologien sollen der Vollständigkeit halber hier nur in Klammern zusätzlich genannt werden. Ziel des bestärkenden Lernens ist das Training eines Modells (Agent), welches mit seiner Umgebung interagiert.[399] Im Gegensatz zum überwachten Lernen werden bei dieser Art des maschinellen Lernens vonseiten der Programmierer keine erwarteten Ausgaben vorgegeben.[400] Allerdings wird auch nicht gänzlich auf Trainingslabels – wie beim unüberwachten Lernen – verzichtet. Stattdessen arbeitet das bestärkende Lernen

394 *Sommerer*, 2020, S. 350.
395 *Taulli*, 2022, S. 62.
396 *Al-Behadili/Wöhler/Grumpe*, Automatisierungstechnik 2014, 732 (733).
397 *Taulli*, 2022, S. 62.
398 *Sutton/Barto*, Reinforcement Learning: An Introduction, 2. Aufl., 2018, S. 13.
399 *Sutton/Barto*, 2018, S. 13; *Lang*, 2023, S. 46.
400 *Lang*, 2023, S. 46.

mit einer sog. Belohnungsfunktion.[401] Durch diese Funktion werden die Aktionen des Modells mit positiven (Belohnung) oder negativen (Bestrafung) Werten bewertet. Das Ziel des Modells ist es, über die Trainingszeit die Belohnungswerte zu maximieren und die Bestrafungswerte zu minimieren.[402] Der Lernerfolg des Modells besteht sodann in der Prognose einer bestmöglichen Aktion für einen gegebenen Zustand.[403]

Diese Art des maschinellen Lernens hat sich in jüngerer Zeit vor allem dann als Lösung angeboten, wenn es zu viele denkbare Zustände gibt, um jede Möglichkeit zu berechnen.[404]

Eine solche Technik wurde beispielsweise zum Training einer KI im Go-Spiel genutzt, welche dann professionelle Spieler besiegte.[405] Im Transaktionsmonitoring existieren bereits Programme, bei der mit Hilfe von Programmen des bestärkenden Lernens bei der Personenüberprüfung etwa politisch exponierte Personen i. S. d. § 1 Abs. 12 GwG herausgefiltert werden sollen.[406]

V. Zusammenfassung

Dieser Abschnitt hat gezeigt, wie viele unterschiedliche Ausgestaltungen allein innerhalb des maschinellen Lernens als derzeit gängigste Form von KI möglich sind. Insbesondere die verschiedenen Terminologien können verwirrend und irreführend sein. Dieser rote Faden soll den Leser durch die rechtlichen Anforderungen an den KI-Einsatz zur Detektion von Geldwäsche führen. Wie im Folgenden dargelegt wird, sind auch den heutigen technischen Lösungen jedoch Grenzen gesetzt.

---

401 Ebenda.

402 Ebenda.

403 *Sutton/Barto*, 2018, S. 13; *Lang*, 2023, S. 46.

404 *Schmoeller da Roza*, Machine Learning – Sicheres Reinforcement Learning, Magazin des Fraunhofer-Instituts für Kognitive Systeme, 12.09.2023, (abrufbar: https://perma.cc/H39Y-EYHW, zuletzt abgerufen: 31.08.2024).

405 *Borowiec*, AlphaGo seals 4-1 victory over Go grandmaster Lee Sedol, The Guardian, 15.03.2016, (abrufbar: https://perma.cc/7TL6-PLZM, zuletzt abgerufen: 31.08.2024).

406 *Hengartner*, in: D'Onofrio/Meier (Hrsg.), 2021, S. 90 ff.

D. Tatsächliche Grenzen technischer „Lösungen“

Bei der Bezeichnung und Umschreibung des revolutionären Charakters des Einsatzes von KI im Finanzwesen und dort insbesondere zur Bekämpfung von Geldwäsche wird an Superlativen nicht gespart. Die „Marketing-Ideologie“ von KI vermittelt uns dabei das Gefühl, wir könnten die Oberhand über die Bekämpfung solcher Arten der Wirtschaftskriminalität - vielleicht sogar über Kriminalität im Allgemeinen - gewinnen, mit dieser Technologie die Welt besser verstehen, womöglich sogar beherrschen.[407] Diese unermesslichen Erwartungen sollen bereits an dieser Stelle der Arbeit in ein angemessenes Verhältnis gerückt werden, indem KI als menschliches Werkzeug eingeordnet wird und die technischen Grenzen solcher Modelle aufgezeigt werden, bevor im Verlauf der Arbeit auf die rechtlichen Grenzen[408] eingegangen wird.

I. Grenzen der Programmierung

Die „Entscheidungsfindung“ durch eine KI findet ihre Grenze bzw. Determinante dort, wo die Programmierung aufhört.[409] Dies gilt allerdings vornehmlich für das oben beschriebene überwachte maschinelle Lernen, bei dem die Entscheidungskriterien vorgegeben werden. Demgegenüber können beim unüberwachten Lernen durchaus eigene Entscheidungsstrukturen entwickelt werden, die dann jedoch sehr stark von den Trainingsdaten abhängen und wiederum dort ihre Grenze finden. Im Vergleich dazu ist eine menschliche Entscheidung mit Sicherheit weniger determiniert, kann jedoch auf die Umstände des Einzelfalles besser reagieren und von dem vorgegebenen Korsett abweichen. KI fehlt - im Vergleich zum Menschen - die Fähigkeit zur Intuition und zur Selbstreflexion.[410]

407 *Sommerer*, 2020, S. 100; *Creemers/Guagnin*, KrimJ 2014, 138 (139 f.).
408 Kapitel IV. und V.
409 *Sommerer*, 2020, S. 101; *Ernst*, JZ 2017, 1026 (1027 f.).
410 *Ernst*, JZ 2017, 1026 (1028); *Nink*, 2021, S. 31.

II. Mangelnde Neutralität der Programmierer

Algorithmen sind das Produkt ihrer menschlichen Programmierer. Daher besteht die Gefahr, dass menschliche Vorurteile und Annahmen im Algorithmus fortgeschrieben werden. Denn die Entwickler müssen in allen Stadien der oben beschriebenen unterschiedlichen Lernverfahren Entscheidungen bezüglich des Designs des Systems treffen, welche ihre individuellen Vorlieben wiedergeben.[411] Diese Entscheidungen erstrecken sich von der Datenauswahl für das Training der KI, über die Festlegung der Inputdaten und des gewünschten Outputs, der Überwachung des Lernprozesses als auch der Fehleranpassung des Systems.[412]

III. Korrelation versus Kausalität

Die Feststellung von gesicherten Kausalzusammenhängen ist bereits für den Menschen schwierig[413] – man denke nur an die klassischen Lehrbuch-Fälle der alternativen und kumulativen Kausalität bei der gleichzeitigen Vergiftung eines Menschen durch zwei voneinander unabhängig agierende Personen. KI-Systeme sind – zumindest noch nicht – in der Lage, Kausalzusammenhänge zu erfassen, sodass sie stattdessen mit Korrelationen arbeiten.[414] Tauchen verschiedene Eigenschaften vielfach miteinander auf, korrelieren sie miteinander.[415] Durch diese Korrelation ist allerdings kein Beleg dafür möglich, dass die eine Eigenschaft die andere bedingt – mithin, dass ein Kausalzusammenhang zwischen den Eigenschaften bestünde. Es kann sich auch nur um eine sog. Scheinkorrelation handeln.[416] Zu teils auch lustigen dieser Scheinkorrelationen existieren im Internet inzwischen ganze Blogs. So korreliert beispielsweise die jährliche Zahl der Personen, die nach einem Sturz aus einem Fischerboot ertranken, mit der jährlichen Zahl an Hochzeiten in Kentucky.[417] Eine Einzelfallbetrachtung durch KI

411 Instruktiv: *Sommerer*, 2020, S. 105 ff.
412 Ebenda. Auf diese Gefahren wird bei der Festlegung der Entwicklungsmodalitäten noch genauer einzugehen sein.
413 *Hoffmann-Riem*, 2022, S. 84.
414 *Ernst*, JZ 2017, 1026 (1028); *Sommerer*, 2020, S. 50.
415 *Ernst*, JZ 2017, 1026 (1028); *Rückert*, GA 2023, 361 (365).
416 *Sommerer*, 2020, S. 103.
417 *Vigen*, Spurious correlations, tylervigen.com, (abrufbar: https://perma.cc/G9ZE-XB5A, zuletzt abgerufen: 31.08.2024).

folgt mithin anderen Kriterien als eine Einzelfallbetrachtung durch einen Menschen.[418]

Wie *Gless/Wohlers* zutreffend statuieren, besteht ein unbestrittenes und ungelöstes Problem von KI – zumindest, wenn sie unüberwacht maschinell trainiert wurde – in der fehlenden Unterscheidungsmöglichkeit zwischen einer Korrelation von Kausalursachen und einer Diskriminierung durch Pauschalisierung.[419]

IV. Keine Grenzenlosigkeit durch Technik

Durch die Option zur Technisierung menschlicher Arbeit wird oft die überzogene Erwartung geweckt, dadurch sämtliche Probleme des Ausgangsprozesses simpel lösen zu können. Schnell werden Träume von menschlicher Ersetzung erschaffen. Dieser Abschnitt hat verdeutlicht, dass die Automatisierung jedoch auch zu neuen Problemen führen oder alte Probleme verfestigen kann. Die Verlockungen des technischen Fortschrittes haben dazu geführt, dass einige KI-Systeme bereits im „Kampf" gegen Finanzkriminalität eingesetzt werden. Darauf ist unter dem folgenden Punkt E. näher einzugehen.

E. Beitrag von KI als Waffe im „Kampf" gegen Finanzkriminalität

Für diese Arbeit ist essenziell, welchen Beitrag eine KI insbesondere im „Kampf" gegen Geldwäsche zu leisten vermag – vor allem im Vergleich zu derzeit eingesetzten nicht-technischen und technischen Mitteln.

Die Schlagworte „Big Data und Künstliche Intelligenz für die Finanzwirtschaft" werden derzeit als umfassende Lösung für die überbordenden Aufgaben der GwG-Verpflichteten „angepriesen"[420] : Im Bereich der Geldwäsche-Strafverfolgung könnte der Einsatz des oben beschriebenen maschinellen Lernens die Erkennung von Verdachtsfällen revolutionieren.[421] Das erklärte Ziel ist eine automatisierte Verkettung der Verdachtsstufen

418 *Ernst*, JZ 2017, 1026 (1028).

419 *Gless/Wohlers*, in: Böse/Schumann/Toepel, 2019, S. 154.

420 Siehe u. a. *Schulz*, in: Gola/Heckmann (Hrsg.), 3. Aufl. 2022, Art. 6 DSGVO Rn. 153 f.; *Dreisigacker/Hornung/Ritter-Döring*, RDi 2021, 580 (580); *Dieckmann*, in: Chibanguza/Kuß/Steege (Hrsg.), 2022, § 5, I., Rn. 37 f.

421 *Bertrand/Maxwell/Vamparys*, International Data Privacy Law 2021, 276 (276).

der Geldwäschebekämpfung.[422] Derzeit werden im Bereich des Transaktionsmonitorings[423] vor allem die zuvor beschriebenen regelbasierten Systeme zur Detektion von Geldwäsche eingesetzt. Diese Systeme erzeugen jedoch false-positive Treffer[424] von bis zu 95-99 Prozent, wobei weniger als ein Prozent tatsächliche Geldwäschefälle durch diese technischen Systeme entdeckt werden.[425] Diese Quote führt zu dem einhelligen Fazit, dass herkömmliche Methoden einer effektiven Geldwäschebekämpfung bislang gescheitert sind. Auch die europäische und nationale Regulierungswelle[426] der letzten Jahre erfolgte in diesem Bewusstsein.[427] Es existieren derzeit kaum mehr Fälle, die zu strafrechtlichen Konsequenzen führen, als vor der Restrukturierung der FIU und des Verdachtsmeldesystems im Jahr 2017, durch die eigentlich die Effizienz des Prozesses erhöht werden sollte.[428] Trotz aller Bemühungen der letzten Jahre werden somit in Deutschland jährlich insgesamt nur geschätzt ein Prozent[429] aller Straftaten im Zusammenhang mit Geldwäsche aufgedeckt und aufgeklärt und das vermutete Dunkelfeld ist weiterhin exorbitant groß.[430] Dieser Umstand wurde kürzlich auch von der FATF (erneut) moniert.[431] Zusätzlich werden im Bereich der Wirtschafts- und Steuerstraftaten – wozu auch die Geldwäsche zählt – die Begehungsweisen durch die Täter fortlaufend angepasst und verändert,

422 Mit dieser Begriffsschöpfung: *Leffer/Sommerer*, in: Wörner/Wilhelmi/Glöckner/Breuer/Behrendt, 2024, S. 110 ff.

423 Zum Begriff oben Kapitel II.B.III.1.

424 Zur hier verwendeten Einordnung eines Treffers als false-positive: Abb. 3.

425 Diese Quote bescheinigt *Schmuck* den bisherigen regelbasierten Systemen, wobei er sich hier auf eine Gesamtbetrachtung zu beziehen scheint *Schmuck*, ZRFC 2023, 55 (55 f.); zur generellen Einordnung von Fehlerraten siehe Kapitel I.D.VII.

426 Kapitel II.B.II.

427 So findet sich beispielsweise hier eine Zusammenfassung der aktuellen politischen Agenda der Geldwäschebekämpfung: *BMF*, Voller Einsatz gegen Finanzkriminalität, 11.10.2023, (abrufbar: https://perma.cc/ELE6-67YG, zuletzt abgerufen: 31.08.2024).

428 *Lenk*, ZWH 2021, 353 (356); zu den Details der Umstrukturierung: *Bülte*, NVwZ 2022, 378 (379); *Leffer/Sommerer*, in: Wörner/Wilhelmi/Glöckner/Breuer/Behrendt, 2024, S. 120 f.

429 Diese Gesamtzahl ergibt sich aus Geldwäschefällen, die neben den Verdachtsmeldungen durch anderweitige Kenntnisnahme der Strafverfolgungsbehörden aufgedeckt werden.

430 *Heuser*, in: Chan/Ennuschat/Lee/Lin/Storr, 2022, S. 138.

431 *FATF*, Anti-money laundering and counter-terrorist financing measures Germany – Mutual Evaluation Report, August 2022, (abrufbar: https://perma.cc/6QSV-R5AL, zuletzt abgerufen: 31.08.2024) u. a. S. 3 ff.; *Wegner*, GWuR 2022, 117 (117).

um einer staatlichen Entdeckung zu entgehen.[432] Die uneffektive und unzureichende Bekämpfung macht die Geldwäsche für Täter in Deutschland noch attraktiver.[433] Banken (und andere Verpflichtete) sind häufig mit der Erstellung von Geldwäscheverdachtsmeldungen bezüglich potenziell verdächtiger Transaktionen ihrer Kunden überfordert.[434] Die Verpflichtung zur Abgabe dieser Verdachtsmeldungen ergibt sich aus § 43 Abs. 1 GwG. Gleichzeitig stapeln sich bei der FIU zum allgemeinen medialen Empören unbearbeitete Verdachtsmeldungen. Bei zahlreichen Verpflichteten scheint zugleich unklar zu sein, bei Vorliegen welcher Kriterien eine Verdachtsmeldung abzugeben ist.[435] Bei den Staatsanwaltschaften schließlich kommen durch die Weiterleitung über die FIU 15,3 Prozent aller Geldwäscheverdachtsmeldungen an, lediglich 0,3 Prozent der Verdachtsmeldungen führen jedoch überhaupt zu strafrechtlichen Konsequenzen.[436]

---

432 *Baesens/Vlasselaer/Verbeke*, Fraud Analytics Using Descriptive, Predictive, and Social Network Techniques – A Guide to Data Science for Fraud Detection, 2015, S. 19; *Peters*, 2023, S. 22.

433 *Heuser*, in: Chan/Ennuschat/Lee/Lin/Storr, 2022, S. 138 mit weiteren Verweisen in Fn. 4; so auch *Berner*, Geldwäsche-Prävention: Cloud & Künstliche Intelligenz ist die einzige Chance, IT-Finanzmagazin.de, 2019, (abrufbar: https://perma.cc/5K4S-UVHM, zuletzt abgerufen: 31.08.2024); auch *Bussmann/Veljovic*, NZWiSt 2020, 417 (425) bescheinigen Deutschland weiterhin das Testat „Geldwäscheparadies“.

434 *Kanning*, Kampf gegen Geldwäsche überfordert Banken, FAZ, 09.10.2019, (abrufbar: https://perma.cc/FGA7-7GGQ, zuletzt abgerufen: 31.08.2024).

435 *Lenk*, ZWH 2021, 353 (353); auch der FATF Länderbericht Deutschland äußert sich zur fehlenden Effektivität der FIU: *FATF*, Anti-money laundering and counterterrorist financing measures Germany – Mutual Evaluation Report, August 2022, (abrufbar: https://perma.cc/6QSV-R5AL, zuletzt abgerufen: 31.08.2024) u. a. S. 4, 9; aufgrund der fehlenden oder langsamen Weitergabe von Verdachtsmeldungen an die Strafverfolgungsbehörden leitete die Staatsanwaltschaft Osnabrück im Sommer 2020 sogar Ermittlungen gegen Verantwortliche der FIU ein, *Diehl/Siemens*, Ermittler gehen gegen Zoll-Spezialeinheit vor, Spiegel, 2020, (abrufbar: https://perma.cc/JE9R-V7EY, zuletzt abgerufen: 31.08.2024). Diese Ermittlungen wurden inzwischen eingestellt, da das risikobasierte Vorgehen bei der operativen Analyse der Geldwäscheverdachtsmeldungen nicht mit den Vorgaben des GwG vereinbar sei und für die Mitarbeiter der FIU daher ein unvermeidbarer Verbotsirrtum nahegelegen habe, *Staatsanwaltschaft Osnabrück*, 31.05.2023, Pressemitteilung, (abrufbar: https://perma.cc/J422-U3AH, zuletzt abgerufen: 31.08.2024); auch *El-Ghazi/Jansen* sehen in der aktuellen Arbeitsweise der FIU sogar ggf. strafrechtlich relevantes Fehlverhalten, NZWiSt 2022, 465 (472).

436 Diese Prozentzahlen stützen sich auf eine rechnerische Auswertung des FIU-Jahresberichtes 2022, wonach die Verpflichteten insgesamt ca. 340.000 Verdachtsmeldungen abgegeben haben (S. 14), die FIU davon ca. 51.700 Verdachtsmeldungen an die Staatsanwaltschaften weitergeben hat (S. 19) und es auf Basis dieser Daten auf Seiten der Strafverfolgungsbehörden zu ca. 1.058 Urteilen oder Anklagen (S. 21) kam.

Der entscheidende Vorteil, den man sich von weiterentwickelten KI-Systemen im Gegensatz zu den „herkömmlichen“ regelbasierten Systemen im Bereich der Geldwäsche-Detektion erhofft, ist dabei, dass die KI auf dem Menschen bisher nicht bekannte Geldwäsche-Indikatoren stößt und vor allem zu einer Effektivitätssteigerung führt. Dies schließt die Hoffnung einer Reduzierung der großen Zahl – wie bereits erwähnt bis zu 99 Prozent – von „falsch positiven“ Geldwäscheverdachtsmeldungen ein.[437]

Durch den selbstlernenden Charakter fortgeschrittener KI-Systeme – die auf maschinellem Lernen basieren – soll sich nun alles ändern. Nach der Idealvorstellung soll es dadurch möglich sein, neue Geldwäschetypologien zu erkennen und Detektionsprogramme fortlaufend anzupassen.[438] Gemeinsam mit den bisher weitgehend ungenutzten riesigen Datenbeständen („Big Data“[439]) stellt dies den „Nährboden“ für die Diskussion des Einsatzes von KI-Lösungen dar.[440]

Spezialisierte Anbieter werben insbesondere für Banken bereits mit KI-Lösungen. Unter dem nachfolgenden Punkt wird beispielhaft auf einige Praxislösungen eingegangen, die schon heute im Finanzsektor verwendet werden.

I. Praxisbeispiele von KI-Lösungen im Finanzsektor

Im Finanzsektor und im Bereich der behördlichen Arbeit werden bereits verschiedene KI-Lösungen zur Erfüllung von Compliance-Vorgaben, zur Betrugsprävention und auch zur Detektion von Geldwäsche eingesetzt. Der folgende Überblick soll das weitere Entwicklungspotential für die Praxis veranschaulichen.

---

437 *Heuser*, in: Chan/Ennuschat/Lee/Lin/Storr, 2022, S. 146; *Leffer/Sommerer*, in: Wörner/Wilhelmi/Glöckner/Breuer/Behrendt, 2024, S. 116 f.

438 Ebenda.

439 Erläuterung des Begriffes siehe oben Kapitel I.D.II.

440 *Dreisigacker/Hornung/Ritter-Döring*, RDi 2021, 580 (580).

1. Hawk AI

Das deutsche Unternehmen „Hawk AI“[441] bietet Banken, FinTechs und weiteren Finanzdienstleistern eine eigene Software zur Bekämpfung von Geldwäsche an.[442] Die nach eigenen Angaben verwendete KI soll Verdachtsfälle schneller aufdecken und präzisier und frühzeitiger erkennen, wobei Unternehmen eine Steigerung der Effizienz um 70 % versprochen wird.[443] Bei der verwendeten Lösung handelt es sich wohl um ein Zusammenspiel aus einem regelbasierten System und Komponenten maschinellen Lernens.[444] Es sei auch ein Ziel, durch die Erkennungsmuster der KI Transaktionen von vorneherein zu verhindern.[445]

2. Vespia

Das estnische Startup „Vespia“[446] fokussiert sich überwiegend auf die Erleichterung der Erfüllung von Compliance-Vorgaben für Unternehmen durch eine KI-gestützte Verbesserung der KYC-Prozesse.[447] Durch die Verknüpfung von 4000 AML-Datenbanken und den Handelsregistern von über 300 Jurisdiktionen sei die Kundenlegitimation und gleichzeitige Erfüllung von Compliance-Vorgaben innerhalb von 30 Sekunden möglich.[448]

---

441 Unternehmenswebseite: https://perma.cc/VCF7-J9YG (zuletzt abgerufen: 31.08.2024).

442 *Schwarz*, Münchner Fintech Hawk AI sammelt weitere Millionen ein – und steigert die Bewertung um 120 Prozent, Handelsblatt, 26.01.2023, (abrufbar: https://perma.cc/WRZ7-SXUR, zuletzt abgerufen: 31.08.2024).

443 Ebenda.

444 *Tannheimer*, VR Payment setzt auf Hawk AI, um Finanzkriminalität mit KI zu bekämpfen, IT-Finanzmagazin.de, 15.03.2023, (abrufbar: https://perma.cc/LB7U-SX28, zuletzt abgerufen: 31.08.2024).

445 *Schwarz*, Münchner Fintech Hawk AI sammelt weitere Millionen ein – und steigert die Bewertung um 120 Prozent, Handelsblatt, 26.01.2023, (abrufbar: https://perma.cc/WRZ7-SXUR, zuletzt abgerufen: 31.08.2024).

446 Unternehmenswebseite: https://perma.cc/3U44-44X5 (zuletzt abgerufen: 31.08.2024).

447 *Oyetunde*, „Digital identity passports for companies?“ Vespia’s flaming RegTech revolution, e-Estonia, 22.06.2022, (abrufbar: https://perma.cc/AH9E-5KEL, zuletzt abgerufen: 31.08.2024); siehe zum KYC-Begriff: Kapitel II.B.III.1.

448 Ebenda.

3. Mostly AI

Das österreichische Startup „Mostly AI“[449] generiert synthetische Daten zum Training von KI für die Banken- und Versicherungsbranche.[450] Synthetische Daten stammen nicht aus einer echten Datenquelle, sondern werden künstlich erzeugt.[451] Dadurch soll das häufige Problem umgangen werden, dass Daten zum Training einer KI nicht in ausreichender Menge oder Qualität vorhanden sind – z. B. aus datenschutzrechtlichen Gründen.

4. FIU Analytics

Seit 2020 vollzieht die FIU die Auswertung und Analyse der Verdachtsmeldungen nach eigenen Angaben in weiten Teilen automatisiert.[452] Dazu werde ein als „KI“ bezeichnetes System namens „FIU Analytics“ eingesetzt.[453] Die Verdachtsmeldungen würden automatisiert mit bestimmten Datenquellen/-beständen abgeglichen und anhand festgelegter Risikoschwerpunkte teilautomatisiert vorgefiltert.[454] Meldungen, die im Rahmen dieser Vorfilterung keinen Alarm des Systems auslösen, verblieben in einem sog. Informationspool und würden kontinuierlich mit neu eingehenden Informationen abgeglichen.[455] Inwiefern es sich bei FIU Analytics tatsächlich um eine KI-Lösung handelt, ist allerdings unklar. Denn im letzten FATF-Bericht wird die Software eher als eine Art Probesoftware bzw. Feldversuch bezeichnet.[456] Das Programm wird mit fortlaufender Beratung der PwC Strategy& (Germany) GmbH über den IT-Dienstleister der Bundesverwaltung – das

---

449 Unternehmenswebseite: https://perma.cc/2A6Y-7T6V (zuletzt abgerufen: 31.08.2024).

450 *Danzer*, Synthetische Daten: Ein Schatz für die Finanzbranche, Der Standard, 18.05.2022, (abrufbar: https://perma.cc/2HPB-VPFX, zuletzt abgerufen: 31.08.2024).

451 Ebenda.

452 Relativ neu wieder hier: BT-Drs. 20/5125, 29.12.2022, S. 12.

453 BT-Drs. 20/5125, 29.12.2022, S. 12; *Leffer/Sommerer*, in: Wörner/Wilhelmi/Glöckner/Breuer/Behrendt, 2024, S. 120 f.

454 Ebenda.

455 *Barreto da Rosa*, in: Herzog (Hrsg.), 5. Aufl. 2023, Abschnitt 5, Vorbemerkungen, Rn. 25.

456 *FATF*, Anti-money laundering and counter-terrorist financing measures Germany – Mutual Evaluation Report, August 2022, (abrufbar: https://perma.cc/6QSV-R5AL, zuletzt abgerufen: 31.08.2024), S. 67.

Informationstechnikzentrum Bund (ITZBund) – betrieben.[457] Außerdem wird FIU Analytics von einem weiteren externen Unternehmen umgesetzt, welches seiner öffentlichen Nennung widersprochen hat.[458]

5. X-PIDER

„X-PIDER" ist ein Webcrawler des Bundeszentralamtes für Steuern, welcher von der entory AG entwickelt und vertrieben wurde.[459] Das Unternehmen entory AG gehörte zur Deutschen Börse und wurde 2005 von der Softlab GmbH übernommen.[460] Gesellschafter der Softlab GmbH ist wiederum zu 100 % die BMW AG, wodurch die Anwendung sich in der Hand von Privaten befindet.[461] Die IT-Lösung X-PIDER scannt bereits seit 2003 Webseiten auf der Suche nach Personen, welche gewerblich Handel betreiben, dafür jedoch keine Steuern zahlen.[462]

6. Anti-Money Laundering AI (Google)

Auch Google bietet eine eigene Anti-Money Laundering AI für ein KI-gestütztes Transaktionsmonitoring.[463] Nach Angaben von Google wird dazu auf Basis der eigenen Daten von Finanzinstituten ein Modell trainiert, das auf maschinellem Lernen beruht. Eine der weltweit größten Banken – die HSBC – nutzt dieses von Google angebotene System bereits.[464]

---

457 BT-Drs. 20/6467, 18.04.2023, S. 6.

458 Ebenda.

459 BT-Drs. 19/30278, 03.06.2021, S. 6; *Wenzel*, Schwarzhändler aufgepasst – Wieviel Prozent der Verkäufer bei eBay Schwarzgeld verdienen, Deutschlandfunk, 10.01.2004, (abrufbar: https://perma.cc/93CZ-NMZQ, zuletzt abgerufen: 31.08.2024).

460 *Deutsche Börse*, Deutsche Börse AG veräußert entory an Softlab – Transaktion soll im Herbst abgeschlossen sein, Gruppe Deutsche Börse, 05.07.2005, (abrufbar: https://perma.cc/XQ62-RGAB, zuletzt abgerufen: 31.08.2024).

461 Ebenda.

462 *Ziegler*, X-PIDER sucht im Netz weiter nach „steuerlich verdächtigen Personen", heise online, 08.02.2008, (abrufbar: https://perma.cc/U4JX-FMJ7, zuletzt abgerufen: 31.08.2024).

463 Unternehmenswebseite: https://perma.cc/QP5S-VDJH (zuletzt abgerufen: 31.08.2024).

464 *May*, Fighting money launderers with artificial intelligence at HSBC, Google Cloud, 30.11.2023, (abrufbar: https://perma.cc/Q4LG-V54U, zuletzt abgerufen: 31.08.2024).

7. Palantir Foundry

Auch das Unternehmen Palantir bietet mit „Palantir Foundry" eine Lösung zur automatisierten Geldwäschebekämpfung an. Mit „Palantir Gotham" entwickelte das Unternehmen bereits eine Software zum personenbezogenen Predictive Policing.[465] Der Einsatz von Palantir Gotham und die dazu entsprechend erlassenen Gesetze in Hamburg und Hessen wurden vom BVerfG für verfassungswidrig erklärt.[466] Die Datenplattform von Palantir Foundry wurde wohl ursprünglich für den Gesundheitssektor programmiert,[467] wird auf der Webseite von Palantir allerdings für das automatisierte Transaktionsmonitoring und den Einsatz bei der FIU beworben.[468] Palantir Foundry verspricht ebenfalls eine auf maschinellem Lernen basierte Lösung mit netzwerkbasierten Risikomodellen.

8. Zusammenschau

Dieser kurze Überblick über den bereits heute stattfindenden Einsatz von KI-Lösungen im Finanzsektor und im behördlichen Bereich verdeutlicht, dass die Entwicklung schon ohne tiefergehende juristische Begleitung in diese Richtung schreitet. Diese Systeme sind heute bereits weitgehend ohne rechtliche Regulierung im Einsatz. Dabei ist oft unklar, welche Technik und welche Art maschinellen Lernens überhaupt zum Einsatz kommt.

Es ist Aufgabe dieser Arbeit, aufzuzeigen, ob und wenn ja welche regulatorischen und gesetzgeberischen Schritte für einen rechtssicheren und verfassungskonformen Einsatz solcher Lösungen noch notwendig sind.

II. Generelle Entwicklungsoptionen für den Einsatz von KI im Transaktionsmonitoring

Für den Einsatz von KI im Transaktionsmonitoring der Banken ergeben sich verschiedene rein tatsächliche Entwicklungsoptionen, die zu einer

465 Siehe mit einer Beschreibung des Einsatzes: *Sommerer*, 2020, S. 90 ff.

466 BVerfG, Urt. v. 16.02.2023 – 1 BvR 1547/19, 1 BvR 2634/20, NJW 2023, 1196 (1196 ff.).

467 *Stock*, Datenanalyse-Unternehmen Palantir wirft ein Auge auf Gesundheitswesen in Europa, heise online, 12.05.2023, (abrufbar: https://perma.cc/ABW5-56JH, zuletzt abgerufen: 31.08.2024).

468 Unternehmenswebseite: https://perma.cc/QT2C-X76B (zuletzt abgerufen: 31.08.2024).

unterschiedlichen rechtlichen Bewertung führen könnten. An dieser Stelle werden die unterschiedlichen Optionen nur nach ihren tatsächlichen Ausgestaltungen dargestellt und im Rahmen der rechtlichen Bewertung eingeordnet.

1. Option 1: Anomalie-Detektion

Die erste Option für den Einsatz von KI zu Detektionszwecken ist die generelle Erhöhung der Fallzahlen (Beifang) durch Anomalie-Detektion. Innerhalb dieser Arbeit handelt es sich bei Anomalien um Auffälligkeiten in Daten.[469] Bei der Variante der Anomalie-Detektion gibt eine KI einen Alert aus, wenn bestimmte Transaktionen vom Regelfall abweichen. Diese Art des Modelleinsatzes bedeutet eine zusätzliche Informationsannotation und ist die am häufigsten genannte Option für die weitergehende Automatisierung des Transaktionsmonitorings.

2. Option 2: Priorisierung von Fällen

Eine weitere Option ist die Priorisierung bzw. die Sortierung von Fällen, die bereits durch das vorhandene regelbasierte System als auffällig markiert wurden. Das würde dazu führen, dass die Mitarbeitenden sich die durch die KI priorisierten Fälle zuerst anschauen würden.

3. Option 3: Reduzierung von Alerts eines regelbasierten Systems

Die dritte Option besteht in der Reduzierung von vorhandenen Alerts des regelbasierten Systems. Die KI könnte mithin dazu genutzt werden, „offensichtliche" false-positives noch vor einer Befassung durch den zuständigen Mitarbeitenden auszusortieren.

---

469 *Knuth*, Informatik Spektrum 2021, 364 (367).

4. Option 4: Kombination verschiedener KI-Systeme

Als vierte Option könnten KI-Systeme verschiedener maschineller Lernarten[470] miteinander kombiniert werden bzw. nebeneinander eingesetzt werden, um die Treffergenauigkeit des Alarms bezüglich auffälliger Transaktionen zu erhöhen.

5. Zwischenfazit

Die rechtliche Bewertung der hier genannten technischen Optionen könnte sich insbesondere bezüglich der jeweiligen Eingriffsintensität unterscheiden. Außerdem wird offenbar, dass für eine Realisierung der verschiedenen Ergebnisse ggf. mehrere KI-Anwendungen benötigt werden, die mit Hilfe anderer Datensätze bzw. sogar unterschiedlicher maschineller Lernverfahren trainiert werden müssten. Dies verdeutlichen auch die Praxisbeispiele, bei denen KI-Lösungen für jeweils eigene Zwecke angeboten werden. Es ist daher zu kurz gedacht, in KI ein Allheilmittel zur Revolutionierung des Meldewesens zu sehen. Stattdessen müssen die technischen Gegebenheiten weiter aufgespalten und genau analysiert werden.

---

470 Zu den unterschiedlichen maschinellen Lernarten siehe oben Kapitel III.C.IV.

Kapitel IV. Rechtliche Grenzen des Einsatzes von KI durch Finanzinstitute – Erste Verdachtsstufe

> *„Die Herausforderung liegt* [...] *nicht in der Aufklärung, sondern in der Entdeckung der Straftaten.“*
>
> – A. Peters[471]

A. Einführung – Erste Verdachtsstufe

Der Einsatz von KI wird auf Ebene der Kreditinstitute für die gesamte Prozessoptimierung der zahlreichen Vorgaben für die Verpflichteten aus dem GwG von Firmen beworben[472] und diskutiert – etwa zur Vereinfachung des KYC-Prozesses[473] oder zur Überprüfung, ob es sich bei zukünftigen Kunden um politisch exponierte Personen nach § 1 Abs. 12 GwG handeln könnte. Im Rahmen der Geldwäschebekämpfung ist der Einsatz von KI insbesondere zur Erstellung und/oder Unterstützung der Verpflichteten bei der Abgabe von Verdachtsmeldungen nach § 43 Abs. 1 GwG interessant. Die Inhaltsgewinnung für diese Verdachtsmeldepflicht wird in dieser Arbeit als erste Verdachtsstufe bezeichnet. Die Prävention und Verfolgung von Geldwäsche bietet nämlich im Gegensatz zu vielen anderen Kriminalitätsbereichen verschiedene Einsatzorte und (rechtliche) Einsatzzeitpunkte für die Anwendung einer KI an. Außerdem ist es möglich, dass auf den verschiedenen Verdachtsstufen unterschiedliche rechtliche Anforderungen durch eine KI erfüllt werden müssen, was den Einsatz verschiedener KI-Systeme notwendig machen kann.

Ausgangspunkt der Geldwäschebekämpfung ist immer der Datenfluss bei den nach dem GwG Verpflichteten, die hier entsprechend dem Fokus der Arbeit als Erstes betrachtet werden. Der Staat ist auf diese Informationen angewiesen, da die illegalen Geldströme ansonsten ohne eine Option der Kenntniserlangung an ihm vorbeitransferiert werden. Die Verpflichteten sind somit die erste mögliche Einsatzstelle einer KI zur Aufspürung

471 *Peters*, 2023, S. 27.
472 Zur praktischen Darstellung bereits eingesetzter Systeme siehe oben: Kapitel III.E.I.
473 Zum Begriff: Kapitel II.B.III.1.

von Geldwäsche. § 2 Abs. 1 GwG legt fest, wer Verpflichtete im Sinne dieses Gesetzes sind, soweit sie in Ausübung ihres Gewerbes oder ihres Berufes handeln. Im Anschluss statuiert das GwG Sorgfaltspflichten der Verpflichteten gegenüber deren Kunden (§§ 10 bis 17 GwG), die Verpflichtung zur Errichtung eines Transparenzregisters nach § 18 GwG und die damit verbundenen Pflichten (§§ 18 bis 26a GwG); außerdem die Anforderungen an die GwG-Verpflichteten im Zusammenhang mit der Meldung von Sachverhalten (§§ 43 bis 49 GwG). Diese Verdachtsmeldepflicht nach § 43 GwG bestimmt, dass beim „Hindeuten" auf Tatsachen, die eine Transaktion verdächtig machen, im Zusammenhang mit Geldwäsche oder Terrorismusfinanzierung zu stehen, ein Verpflichteter zur Meldung dieses Sachverhalts an die FIU verpflichtet ist. *Barreto da Rosa* bezeichnet diese Meldeverpflichtung als „Brennpunkt" der Geldwäschebekämpfung.[474]

Der Umstand, dass Meldepflichten wie jene des § 43 GwG überhaupt existieren, ergibt sich aus der Einstufung zahlreicher Korruptions- und Wirtschaftsdelikte als sog. „Kontrolldelikte".[475] Solche Kontrolldelikte sind durch strukturelle Besonderheiten gekennzeichnet, die die staatliche Aufklärung in diesen Kriminalitätsfeldern erheblich erschweren und oft zu einem großen Dunkelfeld in diesen Bereichen führen.[476] Die erste strukturelle Besonderheit ergibt sich aus dem häufig überindividuellen Charakter des Rechtsguts der Kontrolldelikte, wodurch zumeist kein konkretisiertes Opfer existiert, welchem der Schaden zugeordnet werden kann.[477] Aus kriminologischer Sicht werden diese Art von Delikten als sog. „victimless crime" bezeichnet – Delikte, die selbst keine unmittelbar greifbare Opfergruppe haben.[478] Das führt zu einem kaum ausgeprägten Anzeigeverhalten von Personen, die tatsächliche Kenntnisse über die Begehung solcher Straftaten erlangen.[479] Zudem werden auf Unternehmensseite häufig Reputationsschäden und auf Beschäftigtenseite die Konsequenzen einer Stellung als

---

474 *Barreto da Rosa,* in: Herzog (Hrsg.), 5. Aufl. 2023, Vorbemerkungen zu Abschnitt 6 Rn. 2.

475 *Lindemann,* ZRP 2006, 127 (127).

476 *Hachmann,* Verdachtsmeldepflichten im Strafprozess – Zu den Grenzen der Einbeziehung Privater in das Vorfeld strafprozessualer Ermittlungen, 2024, S. 204 mit einer genaueren Einordnung in Fn. 721; *Lindemann,* ZRP 2006, 127 (127).

477 Ebenda.

478 *Gürkan,* 2019, S. 170; *Hassemer,* WM Sonderbeilage Nr. 3 1995, 1 (20); *Hachmann,* 2024, S. 203 f.; *Bussmann,* 2018, S. 2; *Findeisen,* wistra 1997, 121 (122).

479 *Lindemann,* ZRP 2006, 127 (127).

„whistle-blower" gefürchtet.[480] Dies gilt auch für die Geldwäsche.[481] Bei dieser Art von Delikten fehlt es den Strafverfolgungsbehörden regelmäßig schon an den erforderlichen tatsächlichen Anhaltspunkten, um das Bestehen des strafprozessualen Anfangsverdachtes nach § 152 Abs. 2 StPO prüfen zu können.[482] Dies macht es in besonderer Weise notwendig, dass der Staat auf andere Art von dieser Kriminalitätsbegehung Verdacht schöpfen kann. Die Erkenntnis dieser Umstände veranlasste den Gesetzgeber zu einem Paradigmenwechsel in der Strafverfolgung im Bereich der Geldwäschebekämpfung.[483] Das GwG in seiner heutigen Fassung steht nach zahlreichen Reformen[484] für die umfassende Einbindung und Verpflichtung nicht-staatlicher Stellen zur Kriminalitätsbekämpfung und -prävention.[485] Denn die Verdachtsschöpfung[486] durch die Verpflichteten ist Dreh- und Angelpunkt der Geldwäscheprävention. Dies ist der oben geschilderten staatlichen Erkenntnis geschuldet, dass im Bereich der Geldwäsche- und Terrorismusbekämpfung die Einbeziehung von Privaten in besonderer Weise notwendig ist, um eine effektive Strafverfolgung überhaupt erst zu ermöglichen.[487] Bis dato ist jedoch kaum geklärt, welche rechtlichen Konsequenzen sich für das gesamte (Straf-)Verfahren aus dieser weitreichenden Einbindung Privater ergeben. Diese Frage verschärft sich zusätzlich, wenn Finanzinstitute als Subjekte des Privatrechts – teilweise bereits heute durch Privatunternehmen angeboten und eingesetzt – zukünftig KI zur automatisierten Durchsuchung ihrer Datenbestände nach verdächtigen Transaktionen einsetzen und diese – gegebenenfalls in einem weiteren Schritt ebenfalls automatisiert – an die FIU zur Prüfung weiterleiten. Erschwerend tritt hinzu, dass das geldwäscherechtliche Meldesystem ohnehin bereits vielfach als misslungen kritisiert wird[488] – zu einem Zeitpunkt, an dem von KI-Einsatz noch keine Rede war.[489]

---

480 *Hübenthal*, Selbstbelastungsfreiheit und Internal Investigations, 2024, S. 18; *Lindemann*, ZRP 2006, 127 (127).

481 *Diergarten/Barreto Da Rosa*, 2021, S. 55; *Lindemann*, ZRP 2006, 127 (127).

482 *Hachmann*, 2024, S. 29; *Peters*, 2023, S. 22 ff.

483 *Bussmann*, 2018, S. 2; siehe etwa zu den jüngsten gesetzlichen Entwicklungen *Gercke/Jahn/Paul*, StV 2021, 330 (330 ff.).

484 Siehe Abb. 6: Wichtigste Reformen des GwG und Ausblick.

485 *Diergarten/Barreto Da Rosa*, 2021, Vorwort; *Vogel/Lassalle*, Eucrim 2023, 384 (385).

486 *Diergarten/Barreto Da Rosa*, 2021, Vorwort.

487 *Lenk*, ZWH 2021, 353 (354).

488 Siehe Kapitel II.B.III.

489 Siehe etwa *Lenk*, ZWH 2021, 353 (353); *Raue/Roegele*, ZRP 2019, 196 (199); *Barreto da Rosa*, in: Herzog (Hrsg.), 5. Aufl. 2023, Vor Abschnitt 6 Rn. 16 ff.

In diesem Kapitel erfolgt daher vor der Analyse der Rahmenbedingung für einen KI-Einsatz bei der Abgabe von Verdachtsmeldungen durch die Verpflichteten (D.) eine Erläuterung zur Begriffswahl der Verdachtsstufen (B.) und eine Darstellung und Bewertung der derzeitigen rechtlichen Ausgangssituation (C.).

Diese Ausgangssituation (C.) ist komplex. In einem ersten Schritt wird dazu der tatsächliche Ablauf einer Verdachtsmeldung nach § 43 GwG dargestellt (I.). In einem zweiten Schritt gilt es zu untersuchen, welche Verdachtshöhe für die Abgabe einer Verdachtsmeldung vorliegen muss (II.). Aus den Feststellungen dazu wird in einem dritten Schritt abgeleitet, in welcher rechtlichen Eigenschaft die Verpflichteten diese Meldepflicht wahrnehmen (III.). Dies führt in einem vierten Schritt zur Analyse, ob die staatliche Übertragung dieser Eigenschaft an die Verpflichteten zulässig ist und innerhalb welches verfassungsrechtlichen Rahmens sich der Gesetzgeber hier bewegt (IV.). Diese vier Schritte sind der erste große Themenblock dieses Kapitels (C.).

Im zweiten großen Themenblock (D.) können dann aus den rechtlichen Grundbausteinen der ersten Verdachtsstufe (Abgabe der Verdachtsmeldung) der Geldwäschebekämpfung die rechtlichen und technischen Anforderungen an die Automatisierung bzw. die automatisierte Unterstützung innerhalb dieses Systems untersucht werden.

Die Darstellung erfolgt wie in der gesamten Arbeit zur besseren Übersichtlichkeit und Nachvollziehbarkeit am Beispiel der Banken als GwG-Verpflichtete nach dem GwG.

B. Begriffswahl der „Verdachtsstufen“

In Abb. 7 wurden die von dieser Arbeit als „Verdachtsstufen“ bezeichneten Ebenen der Geldwäschebekämpfung bereits schematisch dargestellt.[490] Diese Begriffsschöpfung soll verdeutlichen, dass auf den – derzeit drei – Stufen der Geldwäschebekämpfung nach heutiger Rechtslage eine un-

490 Diese Begriffswahl ist inspiriert und übertragen von der differenzierten Darstellung von *Fischer/Maul* zur Einordnung von tatprovozierendem Verhalten als polizeiliche Ermittlungsmaßnahme. Dort wird zwischen einem Lockspitzel-Einsatz bei Vorliegen eines Anfangsverdachtes und ohne Vorliegen eines Anfangsverdachtes (Tatprovokation) unterschieden, *Fischer/Maul*, NStZ 1992, 7 (10 f.); durch den Einsatz einer KI auf Ebene der Verpflichteten soll durch die Banken zwar keine Tat provoziert werden, dennoch ergeben sich ähnliche systematische Fragen, denen im Folgenden noch nachgegangen werden muss.

terschiedliche Verdachtshöhe erreicht werden muss, um ein (allgemein gesprochen) Tätigwerden des jeweiligen Akteurs zu veranlassen.

Eine KI könnte zukünftig zur automatisierten Verkettung dieser Verdachtsstufen und -höhen beitragen und sozusagen als Automatisierungsinstrument zwischen den Stufen eingesetzt werden. Um zu prüfen, ob und unter welchen rechtlichen und technischen Voraussetzungen dies zulässig ist, müssen die Verdachtsstufen in diesem und den beiden folgenden Kapiteln systematisch eingeordnet werden.

C. Meldepflicht nach § 43 GwG

Im Rahmen dieser Arbeit geht es im Schwerpunkt um die Detektion von Geldwäschefällen mittels KI innerhalb der Finanzinstitute und den damit verbundenen rechtlichen Konsequenzen. Dreh- und Angelpunkt einer dahingehenden Automatisierung ist die Detektion von tatsächlichen Anhaltspunkten für potenzielle Geldwäschefälle bei den Banken und deren Meldung nach § 43 GwG an die FIU – auf Basis der mit Hilfe der KI „gefundenen" Informationen. Der Gesetzgeber bedient sich solcher sanktionsbewehrten Anzeige- und Meldepflichten in immer mehr Bereichen.[491] Privatrechtssubjekte werden dadurch veranlasst, staatlichen Behörden zu geplanten oder bereits ausgeführten Straftaten Dritter Mitteilungen zu machen.[492] Private sind grundsätzlich nicht verpflichtet, Straftaten zu melden.[493] Bisher existiert lediglich in § 138 StGB eine Ausnahme von diesem Grundsatz, nach dem eine Anzeigepflicht beschränkt auf besonders schwe-

491 *Lenk*, JR 2020, 103 (103); vgl. auch die Monografie von *Hachmann*, 2024, S. 35 ff. mit einem Vergleich der Meldepflichten aus § 43 Abs. 1 GwG, § 23 Abs. 1 Satz 1 WpHG und Art. 16 Abs. 1 UA 2, Abs. 2 MAR.

492 *Lenk*, JR 2020, 103 (103); eindrucksvoll und vorausschauend *Herzog/Christmann* bereits 2003: „*...nunmehr [sind] Befugnisse und Verpflichtungen zu einem Maßnahmenpaket verschnürt worden, das zur Verflüssigung der Abgrenzung von repressiver Strafverfolgung und Prävention, von Polizei, Geheimdiensten und Finanzdienstleistungsaufsicht, zur weiteren Inanspruchnahme Privater für öffentliche Sicherheitsinteressen und zu einer kaum mehr überschaubaren Vielfalt von möglichen Zugriffen auf personenbezogene Daten im Finanzdienstleistungssektor führen wird...*", *Herzog/Christmann*, WM 2003, 6 (8).

493 *Bussmann*, 2018, S. 79 ff.; *Hohmann*, in: Erb/Schäfer (Hrsg.), 4. Aufl. 2021, § 138 Rn. 1.

re zukünftige Straftaten besteht.[494] Die Verpflichtung Privater zur Übernahme staatlicher Aufgaben bedarf daher einer strengen Überprüfung, da es sich um eine Vorverlagerung und Auslagerung von Strafverfolgung handeln könnte.

Daher ist die nun vorzunehmende Einordnung der Geldwäscheverdachtsmeldepflicht zwingend erforderlich. Aus dieser Zuordnung der Meldepflicht nach § 43 GwG zu einer (straf-)rechtlichen Kategorie ergeben sich Konsequenzen für den Handlungsspielraum der Banken und für das gesamte weitere Verfahren der Geldwäschebekämpfung bei FIU und Strafverfolgungsbehörden, wie gleich noch zu zeigen sein wird. Um festzustellen, welche Verdachtshöhe und welcher Informationsgehalt dazu von einem *Automated Suspicion Algorithm* auf der jeweiligen Stufe der Verdachtsgewinnung „ermittelt" werden muss, ist eine nähere Analyse von § 43 GwG erforderlich.

Zunächst ist daher zu betrachten, welche tatsächlichen Rahmenbedingungen derzeit durch die Banken bei der Meldeverpflichtung zu beachten sind und welchen Inhalt solche Verdachtsmeldungen regelmäßig haben (I.).

Daran anknüpfend wird abstrakt ermittelt, welchem Zweck die Verpflichtung nach § 43 GwG aus staatlicher Sicht dient und welche Rechtsnatur der Meldepflicht damit begründet wird (II.).

Abschließend ist zu analysieren, welches Rechtskonzeptes der Staat sich bei der Privatisierung der Pflichten im GwG gegenüber den Banken bedient hat (III.) und ob und unter welchen Voraussetzungen diese Eigenschaftsbegründung verfassungsrechtlich zulässig ist (IV.). Denn bereits der Status quo der Verdachtsmeldepflicht ist gänzlich ohne zusätzliche Automatisierungs-Mechanismen tatsächlich und rechtlich problematisch.

Die umfassende Einordnung dieses Status quo dient daher der späteren Bewertung,[495] welche Regeln bei dem Einsatz von *Automated Suspicion Algorithms* zu beachten sind. Aus den unterschiedlichen Weichenstellungen in diesem wichtigen Abschnitt ergeben sich im weiteren Verlauf der Arbeit rechtliche Konsequenzen für den Einsatz von KI.

---

494 *Bussmann*, 2018, S. 79 ff.; *Lenk*, JR 2020, 103 (103); *Hohmann*, in: Erb/Schäfer (Hrsg.), 4. Aufl. 2021, § 138 Rn. 1.

495 Kapitel IV.D.

I. Tatsächliche Rahmenbedingungen der Meldung nach § 43 GwG

1. Risikobasierter Prüfungsmaßstab der GwG-Verpflichteten

Es ist für diese Arbeit eine zufällige begriffliche Fügung, dass sowohl die Geldwäschebekämpfung als auch die Ausrichtung neuer Technologien zwischen einer regelbasierten Regulierung und einer risikobasierten Regulierung schwanken.[496] Generell unterscheidet sich der risikobasierte Ansatz (engl.: „risk-based approach“) vom regelbasierten Ansatz (engl.: „rule-based approach“) hauptsächlich darin, dass keine für alle Beteiligten und Situationen festen Regeln vom Gesetzgeber vorgegeben werden.[497] Ausgehend von den FATF-Empfehlungen wurde der risikobasierte Ansatz für die Verpflichteten der Geldwäschebekämpfung bereits in der dritten EU-Geldwäsche-Richtlinie verankert.[498] Überraschenderweise wurde der risikobasierte Ansatz wörtlich erst 2019 mit § 3a GwG in das deutsche Recht aufgenommen.[499] Nach § 3a Abs. 1 Satz 1 GwG folgt die Verhinderung und Bekämpfung von Geldwäsche und Terrorismusfinanzierung nach den Anforderungen dieses Gesetzes einem risikobasierten Ansatz.[500] Letztlich bedeutet dies für die Verpflichteten, dass sie das Geldwäscherisiko ihres jeweils eigenen Bereiches zu beurteilen haben und gemessen daran Maßnahmen zur Prävention und Bekämpfung von Geldwäsche ergreifen müssen.[501] Dieser Ansatz spiegelt sich insbesondere in den Vorschriften zum Risikomanagement und zur Risikoanalyse nach §§ 4 Abs. 1, 2 i. V. m.

---

496 Zum Einsatz regelbasierter technischer Systeme siehe oben: Kapitel III.E; sowohl für das Datenschutzrecht als auch für die EU-KI-Verordnung ist ebenfalls die Anwendung eines risikobasierten Ansatzes implementiert, siehe *Spoerr*, in: Wolff/Brink/Ungern-Sternberg (Hrsg.), 47. Edition, Stand: 01.05.2022, Syst. J. Datenschutz im Finanzwesen, Rn. 147.

497 *Heuser*, in: Chan/Ennuschat/Lee/Lin/Storr, 2022, S. 141 f.

498 Siehe insbesondere Art. 8 Abs. 2 Satz 1 RL 2005/60/EG („*Die dieser Richtlinie unterliegenden Institute und Personen wenden alle in Absatz 1 genannten Sorgfaltspflichten gegenüber Kunden an, können dabei aber den Umfang dieser Maßnahmen auf risikoorientierter Grundlage je nach Art des Kunden, der Geschäftsbeziehung, des Produkts oder der Transaktion bestimmen.*“).

499 *Achtelik*, in: Herzog (Hrsg.), 5. Aufl. 2023, § 3a Rn. 1, 3; *Koch*, in: Weyland (Hrsg.), 11. Aufl. 2024, § 3a GwG Rn. 1.

500 Die Einführung von § 3a GwG entfachte eine weitreichende Diskussion, ob der risikobasierte Ansatz auch auf die Arbeitsweise der FIU Anwendung finden darf und soll. Darauf wird in Kapitel V. einzugehen sein.

501 *Heuser*, in: Chan/Ennuschat/Lee/Lin/Storr, 2022, S. 141 f.; *BMF*, Erste Nationale Risikoanalyse – Bekämpfung von Geldwäsche und Terrorismusfinanzie-

§ 5 GwG, den vorgeschriebenen internen Sicherungsmaßnahmen nach § 6 GwG oder den gruppenweiten Risikoanalysen nach § 10 Abs. 2 GwG wider. Die Einhaltung eines angemessenen risikobasierten Ansatzes wird durch die zuständige Aufsichtsbehörde nach §§ 50, 51 GwG kontrolliert. Für Kreditinstitute und Banken ist die BaFin zuständig, § 50 Nr. 1 lit. a, b GwG. Die Krux an einem solchen risikobasierten Ansatz ist, dass dieser die Konkretisierung von Eingriffen in das Recht auf informationelle Selbstbestimmung in Teilen von dem Gesetzgeber auf Private verlagert,[502] zum anderen aber auch zu einer verhältnismäßigen Begrenzung des gesetzlich vorgeschriebenen Eingriffes durch Private führen kann.[503] Im Wesentlichen beziehen sich die risikobasierten Beurteilungs- und Ermessensspielräume der Verpflichteten auf deren Risikomanagement, die Erfüllung von Sorgfaltspflichten in Bezug auf deren Kunden und die hier näher betrachteten Verdachtsmeldungen.[504]

2. Ablauf einer Geldwäscheverdachtsmeldung nach § 43 GwG

Als zentrale Vorschrift enthält § 43 GwG drei Meldetatbestände. Der wichtigste Meldetatbestand für diese Arbeit befindet sich in § 43 Abs. 1 Nr. 1 GwG: danach sind die Verpflichteten dann zur Meldung verpflichtet, wenn Tatsachen vorliegen, die darauf hindeuten, dass ein Vermögensgegenstand, der mit einer Geschäftsbeziehung, einem Maklergeschäft oder einer Transaktion in Zusammenhang steht, aus einer strafbaren Handlung stammt, die eine Vortat der Geldwäsche darstellen könnte.

Außerdem liegt eine Meldeverpflichtung auch dann vor, wenn Tatsachen vorliegen, die darauf hindeuten, dass ein Geschäftsvorfall, eine Transaktion oder ein Vermögensgegenstand im Zusammenhang mit Terrorismusfinan-

---

rung, 2018/2019, (abrufbar: https://perma.cc/BNU6-DAQR, zuletzt abgerufen: 31.08.2024), S. 17.

502 *Gürkan*, 2019, S. 95 ff.; *Spoerr*, in: Wolff/Brink/Ungern-Sternberg (Hrsg.), 47. Edition, Stand: 01.05.2022, Syst. J. Datenschutz im Finanzwesen, Rn. 147.

503 *Europäischer Datenschutzbeauftragter*, Stellungnahme 5/2020 zum Aktionsplan der Europäischen Kommission für eine umfassende Politik der Union zur Verhinderung von Geldwäsche und Terrorismusfinanzierung, 23.07.2020, (abrufbar: https://perma.cc/54BJ-HYY5, zuletzt abgerufen: 31.08.2024), S. 10 f.; *Spoerr*, in: Wolff/Brink/Ungern-Sternberg (Hrsg.), 47. Edition, Stand: 01.05.2022, Syst. J. Datenschutz im Finanzwesen, Rn. 147.

504 *Achtelik*, in: Herzog (Hrsg.), 5. Aufl. 2023, § 3a Rn. 3; *BMF*, Erste Nationale Risikoanalyse – Bekämpfung von Geldwäsche und Terrorismusfinanzierung, 2018/2019, (abrufbar: https://perma.cc/BNU6-DAQR, zuletzt abgerufen: 31.08.2024), S. 17.

zierung steht (§ 43 Abs. 1 Nr. 2 GwG) und zuletzt, wenn Tatsachen vorliegen, die darauf hindeuten, dass der Vertragspartner seine Pflicht nach § 11 Abs. 6 Satz 3 GwG, gegenüber dem Verpflichteten offenzulegen, ob er die Geschäftsbeziehung oder Transaktion für einen wirtschaftlich Berechtigten begründen, fortsetzen oder durchführen will, nicht erfüllt hat (§ 43 Abs. 1 Nr. 3 GwG).

Da der erste Meldetatbestand des § 43 Abs. 1 Nr. 1 GwG zentral die Geldwäschebekämpfung betrifft, fokussieren sich die folgenden Ausführungen auf die Verdachtsmeldung nach dieser Nummer.

a) Vermögensgegenstand

Ein Vermögensgegenstand i. S. d. § 43 GwG kann laut *Barreto da Rosa* jedes Objekt sein, welches unmittelbar oder mittelbar aus einer strafbaren Handlung herrührt.[505] Nach der Legaldefinition für das GwG nach § 1 Abs. 7 GwG zählen dazu jeder Vermögenswert, ob körperlich oder nichtkörperlich, beweglich oder unbeweglich, materiell oder immateriell (§ 1 Abs. 7 Nr. 1 GwG), sowie Rechtstitel und Urkunden in jeder Form, einschließlich der elektronischen und digitalen Form, die das Eigentumsrecht oder sonstige Rechte an Vermögenswerten nach Nummer 1 verbriefen (§ 1 Abs. 7 Nr. 2 GwG). Das bedeutet ein sehr weites Begriffsverständnis, wozu insbesondere bewegliche und unbewegliche Sachen, Forderungen und andere Vermögensrechte, Immobilien, Edelsteine, Wertpapiere, Unternehmensbeteiligungen und andere Wertgegenstände gehören.[506] Sämtliche Gegenstände, die Objekt der Geldwäsche nach § 261 StGB sein können, sind gem. § 261 Abs. 10 StGB einziehungsfähig.

b) Geschäftsbeziehung, Maklergeschäft oder Transaktion

Nach § 1 Abs. 4 GwG ist eine Geschäftsbeziehung jede Beziehung, die unmittelbar in Verbindung mit den gewerblichen oder beruflichen Aktivitäten der Verpflichteten steht und bei der beim Zustandekommen des Kontakts davon ausgegangen wird, dass sie von gewisser Dauer sein wird. Nach der

505 *Barreto da Rosa,* in: Herzog (Hrsg.), 5. Aufl. 2023, § 43 Rn. 33.

506 *Bauckmann,* in: Weyland (Hrsg.), 11. Aufl. 2024, § 1 GwG Rn. 23; *Barreto da Rosa,* in: Herzog (Hrsg.), 5. Aufl. 2023, § 43 Rn. 33.

BaFin kann auch die Anbahnung einer Geschäftsbeziehung bereits als Gegenstand dieser Vorschrift aufgefasst werden.[507] Da ein Maklergeschäft in Gestalt des Immobilienmaklergeschäftes oder des Versicherungsmaklergeschäftes auf eine Geschäftsbeziehung oder eine Transaktion bezogen sind, diesen jedoch nicht unterfallen, wurde der Begriff aus Klarstellungsgründen in § 43 Abs. 1 Nr. 1 GwG aufgenommen.[508] Zuletzt ist eine Transaktion nach § 1 Abs. 5 Satz 1 GwG eine oder, soweit zwischen ihnen eine Verbindung zu bestehen scheint, mehrere Handlungen, die eine Geldbewegung oder eine sonstige Vermögensverschiebung bezweckt oder bezwecken oder bewirkt oder bewirken. Zukünftig könnte es auch zu den Aufgaben einer KI gehören, solche Verbindungen zwischen einzelnen Transaktionen aufzudecken. Ausweislich des Wortlautes umfasst der Begriff der Transaktion auch versuchte, bevorstehende, laufende oder bereits abgeschlossene Transaktionen.[509] Bereits 2018 forderte das BVerfG in einem Nichtannahmebeschluss eine nähere Konturierung des Begriffs der Transaktion durch die Fachgerichte, da dessen Unbestimmtheit gerügt worden war.[510] Die Ausführungen des BVerfG bezogen sich insbesondere auf eine Konkretisierung, in welchen Fällen zwischen mehreren Handlungen eine Verbindung bestehen soll.[511]

c) Aus einer strafbaren Handlung stammt, die eine Vortat der Geldwäsche darstellen könnte

Geldwäsche i. S. d. GwG ist – dem Sinn und Zweck des GwG entsprechend – nach § 1 Abs. 1 GwG eine Straftat nach § 261 StGB. Trotz zahlreicher Umbenennungen haben sich die Anforderungen für die Verpflichteten, die sich direkt aus § 43 Abs. 1 Nr. 1 GwG in Bezug auf die Geldwäscheerkennung ergeben, nicht geändert.[512] Was allerdings zu einer nachhaltigen

---

507 *BaFin*, Auslegungs- und Anwendungshinweise zum Geldwäschegesetz, Stand: Oktober 2021, (abrufbar: https://perma.cc/R5M9-G3C4, zuletzt abgerufen: 31.08.2024), S. 72.

508 *Barreto da Rosa*, in: Herzog (Hrsg.), 5. Aufl. 2023, § 43 Rn. 36.

509 Ebenda, § 43 Rn. 37.

510 BVerfG, Beschl. v. 19.11.2018, 1 BvR 1335/18, NVwZ 2019, 302 (303); *Barreto da Rosa*, in: Herzog (Hrsg.), 5. Aufl. 2023, § 43 Rn. 37.

511 BVerfG, Beschl. v. 19.11.2018, 1 BvR 1335/18, NVwZ 2019, 302 (303).

512 Siehe ausführlich die Wortlautentwicklung in Abb. 6: Wichtigste Reformen des GwG und Ausblick.

Erweiterung des „Detektions-Portfolios“ geführt hat, ist die Einführung des All-Crimes-Ansatzes im Jahr 2021.[513] Dies führte im Ergebnis dazu, dass inzwischen alle Straftaten geeignete Vortaten der Geldwäsche darstellen und letztlich der Bezug zu einer Geldwäschehandlung gänzlich entfallen ist.[514] Insbesondere bei der Abwägung der an die Verpflichteten zu stellenden Anforderungen mit den Erwartungen des Gesetzgebers muss dies Berücksichtigung finden.[515]

d) Tatsachen deuten darauf hin

Am schwierigsten ist die Bestimmung für die Verpflichteten, wann Tatsachen auf die oben beschriebenen Tatbestandsmerkmale (a bis c) der die Meldepflicht auslösenden Umstände hindeuten. Leider enthalten weder das GwG noch die bisherigen Gesetzesbegründungen für die Verpflichteten einen Katalog von Umständen, die in jedem Fall auf einen Zusammenhang mit Geldwäsche hindeuten.[516] Dies wird überwiegend – auch vonseiten des Gesetzgebers – damit begründet, dass ein solcher Katalog aufgrund der zahlreichen Erscheinungsformen der Geldwäsche zu umfänglich und zudem schnell veraltet wäre, sodass eine abschließende Aufzählung nicht möglich wäre.[517] Immerhin die FIU veröffentlicht in einem nur für die GwG-Verpflichteten und bestimmte Behörden zugänglichen Portal Hinweise und Typologie-Papiere, wann typischerweise Verdachtsmomente vorliegen können.[518] Solche Verdachtsmomente können aus unterschiedlichen Situationen entstehen, etwa bereits aus dem ersten Kundenkontakt (z. B.

513 Der All-Crimes-Ansatz wurde in (überschießender) Umsetzung der Geldwäschestrafrechtsrichtlinie mit dem Gesetz zur Verbesserung der strafrechtlichen Bekämpfung der Geldwäsche (BGBl. I 2021, S. 327 ff.) eingeführt, siehe oben ausführlich unter: Kapitel II.B.II.3.b).

514 *Gazeas*, NJW 2021, 1041 (1042 f.); *Barreto da Rosa*, in: Herzog (Hrsg.), 5. Aufl. 2023, § 43 Rn. 32a.

515 *Hauler/Höffler/Reisch*, wistra 2023, 265 (267); *Barreto da Rosa*, in: Herzog (Hrsg.), 5. Aufl. 2023, § 43 Rn. 32a.

516 *Diergarten/Barreto Da Rosa*, 2021, S. 311; *Barreto da Rosa*, in: Herzog (Hrsg.), 5. Aufl. 2023, § 43 Rn. 39.

517 BT-Drs. 12/2704, 29.05.1992, S. 15; *Diergarten/Barreto Da Rosa*, 2021, S. 311 f.

518 *Wende*, 2024, S. 58 Fn. 282, S. 59 Fn. 284; zugänglich ist dieses Portal nur nach erfolgreicher Registrierung bei goAML: *Steuerberaterkammer Düsseldorf*, Geldwäscheprävention – Erleichterte Abrufmöglichkeit der Typologiepapiere der FIU durch Verpflichtete, 12.07.2023, (abrufbar: https://perma.cc/9GKY-GQTU, zuletzt abgerufen: 31.08.2024).

Weigerung der Vorlage von Ausweisdokumenten), dem generellen Kundenverhalten (z. B. Kontoaktivitäten passen nicht zur bekannten wirtschaftlichen Lebenssituation des Kunden), einer auffälligen Einzeltransaktion (z. B. ungewöhnlich hohe Bareinzahlungen mit anschließendem Transfer ins Ausland) oder einem auffälligen Gesamtbild von Transaktionen (z. B. auffälliges unwirtschaftliches Verhalten des Kunden).[519] Die Bewertung aufgetretener Verdachtsmomente obliegt dem nach § 7 Abs. 1 GwG zu bestellenden Geldwäschebeauftragten.[520] Wichtig ist, dass in diese Bewertung sämtliche aus der Geschäftsbeziehung bekannten Informationen einfließen müssen.[521] Wie sich die zusammenschauende Bewertung dieser Faktoren in der Praxis darstellt, wurde in Abb. 12 zusammengefasst. An dieser Stelle ist dennoch festzustellen, dass auch eine nicht-abschließende Aufzählung von Risikofaktoren zumindest als hilfreiche Orientierungslinie für die Verpflichteten dienen könnte. Ein Drittel der Verpflichteten sind ausweislich einer Studie *Bussmanns* unsicher, ab wann sich für sie aus den „Tatsachen, die darauf hindeuten" eine Verdachtshöhe ergibt, die sie zur Meldung verpflichtet.[522] Diese Fragestellung führt zu dem seit Einführung der Meldepflicht zentralen Streitpunkt, welche Anforderungen an den Verdachtsgrad der Meldepflicht nach § 43 GwG zu stellen sind. Der Streitstand ist im folgenden Abschnitt zu analysieren und einzuordnen.

---

519 Vgl. auch *BaFin*, Auslegungs- und Anwendungshinweise zum Geldwäschegesetz, Stand: Oktober 2021, (abrufbar: https://perma.cc/R5M9-G3C4, zuletzt abgerufen: 31.08.2024), S. 73 f.; *Wende*, 2024, S. 58 ff.

520 *Wende*, 2024, S. 62; *BaFin*, Auslegungs- und Anwendungshinweise zum Geldwäschegesetz, Stand: Oktober 2021, (abrufbar: https://perma.cc/R5M9-G3C4, zuletzt abgerufen: 31.08.2024), S. 19.

521 *Wende*, 2024, S. 62; *BaFin*, Auslegungs- und Anwendungshinweise zum Geldwäschegesetz, Stand: Oktober 2021, (abrufbar: https://perma.cc/R5M9-G3C4, zuletzt abgerufen: 31.08.2024), S. 73.

522 *Bussmann*, 2018, S. 79; siehe auch *Barreto da Rosa*, in: Herzog (Hrsg.), 5. Aufl. 2023, § 43 Rn. 16 ff.

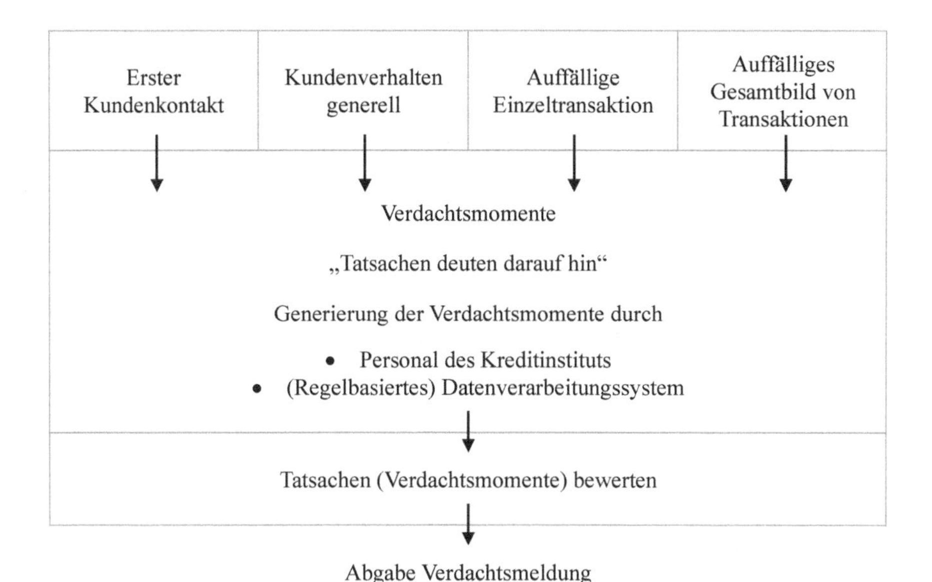

Abb. 12: Praktischer Ablauf der Abgabe einer Verdachtsmeldung[523]

II. Verdachtshöhe der Meldepflicht nach § 43 GwG

Wie im vorigen Abschnitt beschrieben, ist ausgehend von dem Bestehen der Meldeverpflichtung seit Einführung des GwG Streit um den Zweck der Verdachtsmeldung und deren Rechtsnatur entstanden. Dies resultiert aus der unklaren Umreißung der Umstände bzw. Beschreibung der Risikofaktoren, bei deren Vorliegen eine Verdachtsmeldung nach § 43 Abs. 1 Nr. 1 GwG durch die Verpflichteten abzugeben ist. Der Zweck der Verdachtsmeldung und deren Rechtsnatur sind dabei untrennbar miteinander verknüpft und wirken sich maßgeblich auf die für die Abgabe der Meldung erforderliche Verdachtshöhe aus. Der Begriff „Verdachtshöhe“ meint in dieser Arbeit die Schwelle, die zum Bestehen einer Meldepflicht nach § 43 Abs. 1 Nr. 1 GwG erreicht sein muss. Diese Einordnung ist erforderlich, da die Tatsachen und Umstände zur Begründung der Verdachtshöhe zukünftig mit Hilfe von *Automated Suspicion Algorithms* automatisiert ermittelt werden könnten. Ausgehend von der mit der Norm verfolgten Zweckrichtung erfolgt

523 Orientiert an einer Zusammenschau von Grafiken bei *Wende*, 2024, S. 59, 61, 63.

zunächst eine Erörterung, ob die Meldepflicht dem Gefahrenabwehrrecht oder dem Strafverfolgungsrecht im weiteren Sinne zuzuordnen ist (1.). Aus diesen Feststellungen wird die Rechtsnatur der Meldepflicht abgeleitet, die zwingend mit der näher zu umschreibenden Verdachtshöhe für eine Meldung verzahnt ist (2.).

1. Repression versus Prävention

Anerkanntermaßen verfolgt das GwG zugleich präventive und repressive Zwecke.[524] Diese Verzahnung hat ihren Ursprung in der früh gereiften internationalen Erkenntnis, dass die Geldwäsche sich weder allein mit repressiven noch allein mit präventiven Mitteln vermeiden und bekämpfen lässt.[525] An sich ist dies ein in den Kriminalwissenschaften altbewährtes Konzept – eine Balance zwischen Prävention und Repression von Straftaten zu finden. An dieser Stelle der Arbeit erfolgt allerdings keine Einordnung des Gesamtzweckes des GwG, sondern eine umfassende Analyse des mit der Verdachtsmeldepflicht nach § 43 GwG verfolgten Zweckes und dessen Einbettung in das Gesamtgefüge der Geldwäscheprävention und -bekämpfung. Da die oben beschriebene Verdachtsschöpfung durch die Verpflichteten für die Verdachtsmeldepflicht mit Hilfe von *Automated Suspicion Algorithms* automatisiert werden könnte, ist im ersten Schritt eine rechtliche Bewertung des Status quo vorzunehmen, um die Anforderungen an einen KI-Einsatz zur Detektion von Geldwäsche näher bestimmen zu können. Denn daraus ergeben sich zum einen die Anforderungen an eine Automatisierung der Sachverhaltsgewinnung für die Verdachtsmeldung, zum anderen folgen daraus Konsequenzen für die zweite und dritte Verdachtsstufe der Geldwäschebekämpfung.[526] Im folgenden Abschnitt wird daher zunächst der europarechtliche Hintergrund bzw. Initiierung der Meldepflicht (a) dargestellt. Anschließend wird der Grundsatz der Trennung zwischen repressivem und präventivem polizeilichem Handeln erörtert (b), die zugehörige Rechtsprechung des BVerfG analysiert (c) und auf die geldwäscherechtliche Meldepflicht der Verpflichteten übertragen (d). Die Ausführungen schließen mit einer auslegenden Stellungnahme zu dieser Einordnungsproblematik (e).

---

524 Statt vieler siehe etwa *Bussmann*, 2018, S. 17; *Wende*, 2024, S. 34 f.; *Degen*, 2009, S. 116 f.

525 *Findeisen*, wistra 1997, 121 (124); *Herzog/Christmann*, WM 2003, 6 (8).

526 Siehe Abb. 7: Verdachtsstufen der Geldwäschebekämpfung in Deutschland.

a) Europarechtlicher Hintergrund

Um eine Einordnung der Zweckrichtung der Meldeverpflichtung vorzunehmen, sind die mit der Schaffung der Meldepflicht durch den europäischen Gesetzgeber verfolgten Ziele zu untersuchen. Die Einführung der Meldepflicht im nationalen Recht wurde durch die erste EU-Geldwäsche-Richtlinie – namentlich Art. 6, 7 RL 91/308/EWG – initiiert.[527] Danach müssen die Kredit- und Finanzinstitute die zuständigen Behörden von sich aus über alle Tatsachen, die ein Indiz für Geldwäsche sein könnten, unterrichten, Art. 6 RL 91/308/EWG. Wesentlich ist allerdings auch, dass der EU-Gesetzgeber bereits an dieser Stelle vorsah, dass die den Behörden mitgeteilten Informationen nur zur Bekämpfung der Geldwäsche genutzt werden dürfen, Art. 6 RL 91/308/EWG.

Zugleich sei darauf hingewiesen, dass die erste EU-Geldwäsche-Richtlinie bereits in den Erwägungsgründen festhielt, dass die Geldwäsche vor allem mit strafrechtlichen Mitteln zu bekämpfen sei. Außerdem müsse die Informationsweitergabe der Kredit- und Finanzinstitute an die Behörden ohne die Kenntnis der jeweiligen Bankkunden erfolgen, Art. 8 RL 91/308/EWG. Mangels Gesetzgebungskompetenz ordnete der EU-Gesetzgeber die Meldepflicht nicht klar dem Strafrecht zu. Die konkrete Ausgestaltung des Meldeverfahrens blieb allerdings den Mitgliedstaaten überlassen.[528]

b) Grundsatz: Trennung zwischen repressivem und präventivem polizeilichem Handeln

Es ist daher zu untersuchen, ob die europarechtlich veranlasste Umsetzung der Meldeverpflichtung im nationalen Recht präventiv oder repressiv geprägt ist. Diese Unterscheidung ist erforderlich, auch wenn die Ausübung der Verdachtsmeldepflicht und die damit einhergehenden Datensammlungen und -verarbeitungen auf Privatrechtssubjekte wie Finanzinstitute (vgl. Verpflichtete nach § 2 GwG) übertragen wurden. Denn in dieser Verpflichtung ist zumindest eine punktuelle Zuweisung hoheitlicher Aufgaben hin

527 Kapitel II.B.II.2.a).

528 *Wende*, 2024, S. 256; *Tsakalis*, 2022, S. 290 ff.

zu den Verpflichteten des GwG zu sehen.[529] Sowohl Gefahrenabwehr als auch Strafverfolgung sind traditionell staatliche Aufgaben.[530] Um die Zulässigkeit der Übertragung von Ausschnitten solcher hoheitlichen Tätigkeiten auf Private zu beurteilen,[531] muss zuvor eine Zuordnung des hoheitlichen Inhalts dieser Aufgaben zu einem der Bereiche erfolgen. Zur Abgrenzung von präventivem und repressivem Handeln wird hier auf die für die Abgrenzung von polizeilichem Handeln entwickelten Grundsätze zurückgegriffen. Wie *Kniesel* es zutreffend ausdrückt, hat die Vermischung von Prävention und Repression Tradition.[532] Dieser Umstand scheint vor allem in den letzten Jahren eklatant vor dem Hintergrund eines allumfassenden Sicherheitsrechtes vielfach aufzutreten.[533] Diese Trennung von repressivem und präventivem hoheitlichen Handeln ist jedoch keinesfalls nur von wissenschaftlichem Interesse. Die traditionelle Unterscheidung im deutschen Rechtssystem zwischen präventiver und repressiver Rechtssetzung und -ausübung dient der Wahrung grundsätzlicher rechtsstaatlicher Prinzipien: die Trennung ist bereits in der Kompetenzordnung des GG abgebildet und dort verklammert mit dem Bundesstaats-, dem Demokratie- und dem Rechtsstaatsprinzip, Art. 20 Abs. 1, 3 GG.[534] Denn es ist eine Entscheidung der deutschen Verfassung, die Strafverfolgung und die Gefahrenabwehr trotz ihrer inhaltlichen Nähe zueinander zu trennen und unterschiedlich zu behandeln.[535] Die Trennung dieser rechtlichen Bereiche hat außerdem Einfluss auf den für die Betroffenen von Maßnahmen einschlägigen Rechtsweg, die behördliche Zuständigkeit und die Auslösung weitergehender rechtlicher Pflichten bei der Entgegennahme von Meldungen durch Behör-

529 *Degen*, 2009, S. 122; in welcher Eigenschaft die Banken diese hoheitliche Aufgabe wahrnehmen, wird sogleich unter Kapitel IV.C.III zu erörtern sein; eindrucksvoll zusammenfassend *Hachmann*, 2024, S. 311.

530 *Hachmann*, 2024, S. 260 ff.; *Degen*, 2009, S. 123; *Dahm/Hamacher*, wistra 1995, 206 (214).

531 Dazu sogleich unter Kapitel IV.C.IV.

532 *Kniesel*, Kriminalitätsbekämpfung durch Polizeirecht – Verhinderung und Verhütung von Straftaten, 2022, S. 153 f.

533 *Peters*, 2023, S. 39; *Mitsch*, NJW 2015, 209 (211) m. w. N.; *Momsen/Rennert*, KriPoZ 2020, 160 (171).

534 Ausführlich zu den unterschiedlichen Gesetzgebungskompetenzen für präventive und repressive Rechtssetzung *Kniesel*, 2022, S. 154 ff.

535 BVerfG, Beschl. v. 18.12.2018, 1 BvR 142/15, NJW 2019, 827 (832); für eine Neuordnung dieser Trennung aufgrund zunehmender Vermischung: *Brodowski*, 2016, S. 551 ff.

den.[536] Dies gilt auch dann, wenn die initiale Erhebung und Weitergabe von Daten aufgrund staatlicher Veranlassung durch Private erfolgt. Vielmehr ist hier sogar eine besonders kritische Auseinandersetzung geboten, da die Auslagerung solcher Aufgaben den Betroffenen wichtige grundrechtlich geschützte Abwehrrechte verkürzt bzw. deren Geltendmachung erschweren kann. Um die Zulässigkeit der automatisierten Weiterverarbeitung und -verwendung der Daten zu beurteilen, ist der ursprüngliche Erhebungszweck zu analysieren.

c) Rechtsprechung zur Trennung von Prävention und Repression

Für die Abgrenzung zwischen präventivem und repressivem Handeln hat das BVerfG in zahlreichen Entscheidungen Leitplanken entwickelt.

Gegenstand repressiver Maßnahmen ist die Ermittlung und Verfolgung von Straftaten, welche in Reaktion auf den Verdacht der Beteiligung einer Person an einer geschehenen oder unmittelbar bevorstehenden strafbaren Handlung vorgenommen wird.[537] Erfasst werden davon insbesondere Maßnahmen, die dadurch veranlasst wurden, dass tatsächliche Anhaltspunkte für den Verdacht bestehen, dass bestimmte strafbare Handlungen geplant sind, begangen werden oder begangen worden sind.[538]

Es ist zu beachten, dass auch die sog. Strafverfolgungsvorsorge bereits zum Bereich repressiver Tätigkeiten zählt. Dazu gehören solche Maßnahmen, welche die Ahndung von Straftaten ermöglichen oder erleichtern sollen, selbst jene, die erst in Zukunft erwartet werden.[539]

---

536 *Peters*, 2023, S. 39, 127; mit einer anschaulichen Beschreibung der unterschiedlichen Kompetenzauswirkungen der Ausgestaltung der FIU: *Meyer/Hachmann,* ZStW 2022, 391 (392 ff.).

537 BVerfG, Beschl. v. 18.12.2018, 1 BvR 142/15, NJW 2019, 827 (831); LVerfF MV, Urt. v. 21.10.1999, LVerfG 2/98, BeckRS 1999, 22910.

538 LVerfF MV, Urt. v. 21.10.1999, LVerfG 2/98, BeckRS 1999, 22910.

539 BVerfG, Beschl. v. 14.12.2000, 2 BvR 1741/99, NJW 2001, 879 (880); BVerfG, Beschl. v. 18.12.2018, 1 BvR 142/15, NJW 2019, 827 (831); *Zerbes* jedoch bezeichnet dies als neues Rechtsgebiet der „Verfolgungsvorsorge", welches weder stringent dem Gefahrenabwehrrecht noch dem Strafprozessrecht zuzuordnen sei: *Zerbes*, Spitzeln, Spähen, Spionieren – Sprengung strafprozessualer Grenzen durch geheime Zugriffe auf Kommunikation, 2010, S. 285 ff.; treffend *Graulich,* NVwZ 2014, 685 (686): „... *geschieht in zeitlicher Hinsicht präventiv, betrifft aber gegenständlich das repressiv ausgerichtete Strafverfahren; es handelt sich um Maßnahmen der Speicherung von repressiven Informationen in Dateien bzw. ihre Aufbewahrung in Akten. Die Daten werden zu dem Zweck der Verfolgung einer in der Zukunft möglicherweise verwirk-*

Die Gefahrenabwehr bzw. generell präventive gesetzgeberische Zwecksetzungen sind auf die Beseitigung und Verhinderung von Gefahren und Störungen der öffentlichen Sicherheit und Ordnung gerichtet.[540] In solchen Fällen erfolgt nicht repressiv-personenbezogen eine Verfolgung von Straftätern, sondern präventiv-objektiv der Schutz der Integrität der Rechtsordnung und der durch sie geschützten Rechtsgüter.[541] Dazu gehört eben auch die Verhinderung von Straftaten.[542] Diese Begriffsabgrenzung zwischen präventiver und repressiver Polizeiarbeit ist hier auf die Geldwäsche-Detektion durch (private) Verpflichtete zu übertragen. Dazu ist ein Transfer dahingehend erforderlich, ob die Verpflichteten die Informationen für eine Meldung nach § 43 Abs. 1 Nr. 1 GwG – verkürzt – im Schwerpunkt zur Verhinderung oder zur Verfolgung von Straftaten verarbeiten und an die FIU weiterleiten.

Grundsätzlich liegen präventive und repressive Tätigkeiten nah beieinander, was die Abgrenzung im Einzelfall so schwierig macht.[543] Dies ist auch der Grund, warum die Existenz sog. doppelfunktionaler Maßnahmen anerkannt ist. Im „Normalfall" sind dies Maßnahmen der Polizei, die sowohl der Strafverfolgung als auch der Gefahrenabwehr dienen.[544] Solche Maßnahmen dienen objektiv und subjektiv durch den Ausführenden sowohl der Strafverfolgung als auch der Gefahrenabwehr – mithin sowohl der Strafverfolgungsvorsorge als auch der Gefahrenvorsorge.[545] Eine solche doppelfunktionale Maßnahme ist allerdings nur möglich, wenn sich für die Vornahme derselben Handlung sowohl eine präventive Rechtsgrundlage (etwa im Polizeirecht) und eine repressive Rechtsgrundlage (etwa in der StPO) findet.[546] Bei doppelfunktionalen Maßnahmen ist daher der Schwerpunkt

---

lichten konkreten Straftat und damit letztlich nur zur Verwertung in einem künftigen Strafverfahren, also zur Strafverfolgung, erhoben."

540 BVerfG, Beschl. v. 18.12.2018, 1 BvR 142/15, NJW 2019, 827 (831); zur Herleitung des Begriffes der Gefahrenabwehr: *Zerbes*, 2010, S. 249 ff.

541 BVerfG, Beschl. v. 18.12.2018, 1 BvR 142/15, NJW 2019, 827 (831).

542 BVerfG, Urt. v. 14.07.1999, 1 BvR 2226/94, 1 BvR 2420/95, 1 BvR 2437/95, NJW 2000, 55 (66 f.); BVerfG, Beschl. v. 18.12.2018, 1 BvR 142/15, NJW 2019, 827 (831 f.).

543 BVerfG, Beschl. v. 18.12.2018, 1 BvR 142/15, NJW 2019, 827 (832).

544 *Schenke*, NJW 2011, 2838 (2838).

545 BVerfG, Beschl. v. 18.12.2018, 1 BvR 142/15, NJW 2019, 827 (832); kritisch: *Zerbes*, 2010, S. 284.

546 *Pöltl/Ruder*, in: Eiding/Hofmann-Hoeppel (Hrsg.), 3. Aufl. 2022, § 62 Rn. 8; *Danne*, JuS 2018, 434 (435); *Schenke*, NJW 2011, 2838 (2841); *Graulich*, NVwZ 2014, 685 (690).

des mit der Maßnahme verfolgten Zweckes maßgeblich.[547] Abzugrenzen von „echten" doppelfunktionalen Maßnahmen sind jedoch solche, die nur deswegen auch präventiven Charakter besitzen, weil durch die eigentlich repressive Maßnahme ein unselbstständiger Nebeneffekt erzielt wird.[548] Dies kann beispielsweise der Fall sein, wenn der Betroffene durch seine Festnahme an der weiteren Ausführung der Tat gehindert wird.[549] Wenn jedoch wie bei der Meldeverpflichtung nach § 43 Abs. 1 Nr. 1 GwG von vorneherein lediglich eine einzige Rechtsgrundlage vorhanden ist, muss diese nach ihrer Zweckrichtung repressiv oder präventiv eingeordnet werden. Auf dieselbe Rechtsgrundlage können nicht zugleich präventive und repressive Maßnahmen gestützt werden.[550]

d) Anwendung dieses Rechtskonzeptes auf die geldwäscherechtliche Meldepflicht: Einordnung als repressiv

Nach dem Gesetzgeber soll durch geeignete Präventionsmaßnahmen die Einschleusung von Strafgewinnen in den legalen Geldkreislauf verhindert oder mindestens erschwert werden.[551] Die Verdachtsmeldepflicht greift jedoch dann, wenn Tatsachen darauf hindeuten, dass ein Vermögensgegenstand, der mit einer Geschäftsbeziehung, einem Maklergeschäft oder einer Transaktion im Zusammenhang steht, aus einer strafbaren Handlung stammt, die eine Vortat der Geldwäsche darstellen könnte, § 43 Abs. 1 Nr. 1 GwG.

Allein aus einem zeitlichen Gesichtspunkt heraus kann man daher argumentieren, dass die Verdachtsmeldepflicht erst erstarkt, wenn andere Präventionsverpflichtungen aus dem GwG versagt haben. Dies betrifft in zeitlicher Perspektive mindestens die Verdachtsmeldungen aufgrund nachträglicher Feststellungen.[552] Diese betreffen bereits durchgeführte Trans-

---

547 BVerfG, Beschl. v. 18.12.2018, 1 BvR 142/15, NJW 2019, 827 (832); *Schenke*, NJW 2011, 2838 (2841).

548 BGH, Urt. v. 26.04.2017, 2 StR 247/16, NJW 2017, 3173 (3175); *Zöller/Ihwas,* NVwZ 2014, 408 (411).

549 BGH, Urt. v. 26.04.2017, 2 StR 247/16, NJW 2017, 3173 (3175).

550 Wohl differenzierend nach dem Zeitpunkt der Verdachtsmeldung a. A. *Lenk,* WM 2020, 115 (117).

551 BT-Drs. 12/2704, 29.05.1992, S. 1, 19; BT-Drs. 17/10745, 24.09.2012, S. 1.

552 *Lenk,* WM 2020, 115 (117); generell zur nachträglichen Meldeverpflichtung: *Stegmann/Meuer,* in: Bürkle (Hrsg.), 3. Aufl. 2020, Rn. 294; *Tsakalis*, 2022, S. 293 ff.

aktionen, bei denen der Verpflichtete im Nachhinein im Rahmen einer eigenen oder von Aufsichts- oder Strafverfolgungsbehörden initiierten Recherche, beispielsweise zu anderen Transaktionen oder anderen Kunden, Kenntnis von Tatsachen i. S. d. § 43 Abs. 1 Nr. 1 GwG erlangt.[553] Das bedeutet, der Verpflichtete realisiert erst nachträglich, dass eine bereits durchgeführte Transaktion Verdachtsmomente enthielt, die ihn zur Abgabe einer Verdachtsmeldung veranlassen. Auch in diesen Fällen ist eine Meldepflicht ausdrücklich vorgesehen.[554] Die Transaktionen, auf die sich die Meldung bezieht, sind dann bereits ausgeführt. Eine nachträgliche Meldung dient ausschließlich repressiven Zwecken.[555]

Die Meldeverpflichtung ist nach hier vertretener Auffassung allerdings auch insgesamt als repressive Verpflichtung einzuordnen. Dies wird aus den folgenden Gründen auch für (eventuell kurzfristig angehaltene) Transaktionen vertreten.

Neuheuser geht sogar so weit, den innerhalb des GwG verwendeten Präventionsbegriff als rein technische Prävention bezogen auf die internen Kontroll- und Sicherungssysteme der Kreditinstitute zu beziehen.[556] Die Begriffsverwendung innerhalb des GwG könne daher nicht zur Abgrenzung von repressivem und präventivem Handeln herangezogen werden.[557] Dies überzeugt auch vor dem Hintergrund der Argumentation von *Böse,* der klar zwischen der von staatlicher Seite veranlassten Informationsverarbeitung durch Private zur Geldwäschebekämpfung in Gestalt der strafprozessualen Anzeigepflicht und der präventiven Funktion der internen Sicherungssysteme und Kontrollen zur Verhinderung der Geldwäsche als Pflichten zur Eigenüberwachung trennt.[558]

---

553 *BaFin*, Auslegungs- und Anwendungshinweise zum Geldwäschegesetz, Stand: Oktober 2021, (abrufbar: https://perma.cc/R5M9-G3C4, zuletzt abgerufen: 31.08.2024), S. 72.

554 *BaFin*, Auslegungs- und Anwendungshinweise zum Geldwäschegesetz, Stand: Oktober 2021, (abrufbar: https://perma.cc/R5M9-G3C4, zuletzt abgerufen: 31.08.2024), S. 72; *Lenk*, WM 2020, 115 (117).

555 *Lenk*, WM 2020, 115 (117); *Tsakalis* schlussfolgert daraus, dass die Meldepflicht daher eher auf eine Aufdeckung und Verfolgung der Vortaten der Geldwäsche statt auf die Verhinderung der Geldwäsche gerichtet sei: *Tsakalis*, 2022, S. 292.

556 *Neuheuser*, NZWiSt 2015, 241 (243); *Findeisen*, wistra 1997, 121 (124).

557 *Neuheuser*, NZWiSt 2015, 241 (243).

558 *Böse*, Wirtschaftsaufsicht und Strafverfolgung – Die verfahrensübergreifende Verwendung von Informationen und die Grund- und Verfahrensrechte des Einzelnen, 2005, S. 236 f.

Durch die Verbindung zwischen § 261 StGB mit den Normen des GwG, dem inzwischen in § 261 StGB verankerten All-Crimes-Ansatz und die eigene Meldeschwelle von § 43 Abs. 1 Nr. 1 GwG ist die Zuhilfenahme Privater inzwischen weder auf *geplante* Verbrechen (vgl. § 138 StGB i. V. m. § 12 Abs. 1 StGB) beschränkt, noch müssen die Verpflichteten einen behördlichen Anfangsverdacht nach § 152 Abs. 2 StPO prüfen.[559] Vielmehr liegt die Verdachtsmeldepflicht irgendwo dazwischen. Dies ergibt sich auch aus dem starken Vortatbezug des § 43 Abs. 1 Nr. 1 GwG. Denn die jeweilige Vortat der Geldwäsche i. S. d. § 261 StGB ist zum Zeitpunkt der Abgabe der Verdachtsmeldung in jedem Fall bereits beendet. *Degen* ordnete die Meldeverpflichtung deshalb bereits 2006 als repressiv ein, mit Verweis darauf, dass diese Einordnung trotz einer damalig fehlenden Bußgeldbewehrung der Meldepflichten anzunehmen sei.[560] Seine Argumentation wird mit Blick auf die mittlerweile geltenden Bußgeldtatbestände (vgl. § 56 Abs. 1 Nr. 69 GwG) bei Verstößen gegen die Meldepflicht und die sogar drohende Teilnahmestrafbarkeit für Bankmitarbeitende nur noch überzeugender.[561] In einer bundesweiten Studie kam auch *Bussmann* 2018 zu dem Ergebnis, dass durch das Institut der Verdachtsmeldung die strafrechtliche Verfolgung der Geldwäsche maßgeblich gefördert werden soll.[562] Dies macht er zusätzlich daran fest, dass die Motivation der Verpflichteten zur Abgabe der Meldungen durch die Bußgeldandrohung und die Gefahren eigener strafrechtlicher Verfolgung ebenfalls repressiv erfolge.[563] Besonders bedeutend ist, dass die Meldepflicht zusätzlich auf die bereits abgeschlossenen – und somit nicht mehr präventionsfähigen – Vortaten der Geldwäsche abzielt.[564] Sofern für die Bankmitarbeitenden ersichtlich verdächtige Tatsachen vorliegen, wird sich der jeweils Anweisende einer Transaktion bezüglich einer etwaigen Strafbarkeit wegen Geldwäsche bereits mindestens im Versuchsstadium befinden. Die Schwelle zum unmittelbaren Ansetzen nach § 261 Abs. 3, § 22 StGB wird bei angewiesenen verdächtigen Transaktionen etc. regelmäßig überschritten sein.

559 *Degen*, 2009, S. 119 f. m. w. N.

560 Kritisch zu einer solchen Bußgeldbewehrung *Degen*, 2009, S. 121 f., 126; die damalige Bundesregierung lehnte eine Bußgeldbewehrung der Meldepflicht mit Verweis auf den Bestimmtheitsgrundsatz ausdrücklich ab: BT.-Drs. 12/2747, 04.06.1992, S. 5.

561 *Degen*, 2009, S. 121 f.; *Neuheuser*, NZWiSt 2015, 241 (242 f.); *Fülbier*, in: Fülbier/Aepfelbach/Langweg (Hrsg.), 2006, § 11 Rn. 49.

562 *Bussmann*, 2018, S. 17.

563 Ebenda, S. 169 f.

564 *Degen*, 2009, S. 121.

Ein weiteres Argument für eine repressive Ausrichtung der Meldeverpflichtung ist die Tatsache, dass die Verpflichteten dazu angehalten sind, nach Abgabe der Meldung eine Geschäftsbeziehung mit dem betroffenen Kunden nicht ohne Rücksprache mit der FIU abzubrechen, um die Ermittlungen nicht zu beeinträchtigen.[565] Diese Handlungsvorgabe für die Verpflichteten ist klar repressiv. Bevor der betroffene Kunde seinerseits Verdacht schöpfen kann, dass gegen ihn womöglich ermittelt wird, soll die Kundenbeziehung durch den Verpflichteten aufrechterhalten werden. Damit wird klar keine Geldwäsche verhindert – was der Fall wäre, würde die Kundenbeziehung abgebrochen und die betroffene Transaktion nicht ausgeführt – sondern es wird die Aufrechterhaltung der Kundenbeziehung zur Ermöglichung weiterer Ermittlungen bevorzugt.

Dieser Punkt setzt sich in der Verpflichtung zum Anhalten der verdächtigen Transaktion fort. Nach § 46 Abs. 1 darf eine Transaktion, wegen der eine Meldung nach § 43 Abs. 1 GwG erfolgt ist, frühestens durchgeführt werden, wenn dem Verpflichteten die Zustimmung der FIU oder der Staatsanwaltschaft zur Durchführung übermittelt wurde (Nr. 1) oder der dritte Werktag nach dem Abgangstag der Meldung verstrichen ist, ohne dass die Durchführung der Transaktion durch die FIU oder die Staatsanwaltschaft untersagt worden ist (Nr. 2). Diesem präventiven Anhalten der Transaktion sind zugunsten der Strafverfolgung allerdings Grenzen gesetzt.[566] Bereits die zweite EU-Geldwäsche-Richtlinie sieht hierzu vor, dass das allgemeine Verbot der Durchführung verdächtiger Transaktionen nicht gelte, falls dadurch die Verfolgung der Nutznießer einer mutmaßlichen Geldwäsche behindert werden könnte, EG 30, Art. 24 Abs. 2 RL 2005/60/EG. Diesen Vorrang der Repression vor der Prävention hat der Gesetzgeber in § 46 Abs. 2 GwG umgesetzt.

Dieser von einigen Literaturstimmen als repressiv eingestuften Einordnung hat sich in einer Entscheidung im Januar 2024 auch das LG Frankfurt angeschlossen.[567] Es stellt zielsicher und schmucklos in einem Satz die (für den Gesetzgeber ungeschönte) Wahrheit fest: die Banken handelten bei Verdachtsmeldungen nach dem GwG als Privatrechtssubjekt, dessen

565 *Barreto da Rosa*, in: Herzog (Hrsg.), 5. Aufl. 2023, § 43 Rn. 15b.

566 Siehe auch *Kulhanek*, in: Bockemühl/Heintschel-Heinegg (Hrsg.), Aktualisierungslieferung Nr. 126 März 2024, § 152 Rn. 14

567 Initial *Degen*, 2009, S. 119 ff.; *Barreto da Rosa,* in: Herzog (Hrsg.), 5. Aufl. 2023, § 43 Rn. 8; *Neuheuser*, NZWiSt 2015, 241 (243); *Böse*, 2005, S. 236 f. („strafprozessuale Anzeigepflicht").

sich der Staat zur Geldwäschebekämpfung bediene, indem er ihnen zum Zwecke der Strafverfolgung die Meldepflicht des § 43 GwG auferlege.[568]

e) Zusammenfassende Stellungnahme

Sowohl dem europäischen als auch dem nationalen Gesetzgeber ging es bereits mit Einführung der Meldeverpflichtung aus dem GwG darum, den Informationszugang und Erfahrungsschatz der Verpflichteten – hier der Banken – für die strafrechtliche Verfolgung von Geldwäsche zu nutzen.[569] An dieser Einschätzung ändert sich auch nichts, wenn die Sorgfalts- und Sicherungspflichten der Finanzinstitute teilweise dafür sorgen, dass Kriminelle gar nicht erst versuchen, über diese Wege ihre illegalen Erträge im legalen Finanzkreislauf zu platzieren und zu verschleiern; wobei man auch in diesem Aspekt bei sehr strenger Auslegung zumindest einen Funken (strafrechtlicher) Generalprävention erkennen kann. Wie gezeigt ist die Abgrenzung im Einzelfall immer schwierig, jedoch unter rechtsstaatlichen Gesichtspunkten zwingend notwendig. Auch vor dem Hintergrund der Sicht eines Bankkunden macht es keinen Unterschied, ob ein Bankmitarbeiter oder eine Ermittlungsbehörde im Verdachtsfall den staatlichen Ermittlungsapparat in Gang setzt.[570]

Insbesondere ändert sich an dieser Einschätzung nichts, wenn man die Ansicht des Gesetzgebers und weiter Teile der Literatur zugrunde legt, dass die Meldeverpflichtung bereits unterhalb der Schwelle des strafprozessualen Anfangsverdachtes nach § 152 Abs. 2 StPO bestehe. Um eine Argumentationslinie des BVerwG aufzugreifen, ist für eine generelle Unterscheidung präventiver und repressiver Maßnahmen eine einheitliche Betrachtung vorzunehmen.[571] Insbesondere könne dann an einem repressiven Tätigwerden kein vernünftiger Zweifel bestehen, wenn Sachverhalte an die Staatsanwaltschaft weitergeleitet würden.[572] Nach Änderung der Rechtslage werden die Verdachtsmeldungen inzwischen nur noch über die FIU an die Staatsan-

568 LG Frankfurt a. M., Beschl. v. 22.01.2024 – 2-01T 26/23, BeckRS 2024, 803 Rn. 25.
569 *Degen*, 2009, S. 123.
570 Ebenda.
571 BVerwG, Urt. v. 03.12.1974, I C 11/73, NJW 1975, 893 (895); OVG Lüneburg, Beschl. v. 08.11.2013 – 11 OB 263/13, NVwZ-RR 2014, 327 (327).
572 BVerwG, Urt. v. 03.12.1974, I C 11/73, NJW 1975, 893 (895); OVG Lüneburg, Beschl. v. 08.11.2013 – 11 OB 263/13, NVwZ-RR 2014, 327 (327).

waltschaft weitergeleitet.[573] Dies kann jedoch an der Einstufung als repressive Meldung ebenfalls nichts ändern. Denn ausweislich des Gesetzgebers dient die Filterung bei der FIU nur dazu, die „werthaltigen" Meldungen zur Entlastung der Staatsanwaltschaft vorzufiltern.[574] Selbst auf von der FIU zunächst „aussortierte" Meldungen darf die Staatsanwaltschaft zu Ermittlungszwecken erneut zurückgreifen.[575] Nach ihrem Gesamteindruck sind Verdachtsmeldungen – der initiale Wortlaut mit Einführung des GwG lautete sogar „Anzeige von Verdachtsfällen"[576] – darauf gerichtet, strafbare Handlungen näher zu erforschen oder sonst zu verfolgen.[577] Ein Schwerpunkt auf präventivem Handeln darf deshalb nicht angenommen werden, nur weil damit möglicherweise zeitgleich zukünftigen Verletzungen der öffentlichen Sicherheit vorgebeugt wurde.[578]

Die Meldepflicht stellt sich daher als Einbeziehung Privater in ein repressives Vorgehen dar, insbesondere um kriminelle Organisationsstrukturen zu enttarnen und „Täter auf frischer Tat zu ertappen".[579]

2. Rechtsnatur und Verdachtshöhe

Vereinzelt wird die Ansicht vertreten, mit der Analyse des Zweckes der Verdachtsmeldung – repressiv oder präventiv – sei dem Streit um die Einordnung der Verdachtsmeldepflicht genüge getan.[580] Vielmehr ist aber aus

---

573 In der ursprünglichen Fassung des GwG von 1992 wurden die Verdachtsmeldungen zunächst direkt an die Staatsanwaltschaft weitergeleitet, BT-Drs. 12/2704, 29.05.1992, S. 17; zwischenzeitlich erfolgte eine gleichzeitige Meldung an die Staatsanwaltschaft und an die FIU, BT-Drs. 17/6804, 17.08.2011, S. 12, 35; inzwischen sollen Meldungen nach § 43 GwG nur noch an die FIU gemeldet werden, BT-Drs. 18/11928, 12.04.2017, S. 29 f.

574 BT-Drs. 18/11928, 12.04.2017, S. 29 f.; BT-Drs. 18/11555, 17.03.2017, S. 142.

575 BT-Drs. 18/11928, 12.04.2017, S. 26.

576 Vgl. § 11 GwG a. F. (1993).

577 BVerwG, Urt. v. 03.12.1974, I C 11/73, NJW 1975, 893 (895); OVG Lüneburg, Beschl. v. 08.11.2013 – 11 OB 263/13, NVwZ-RR 2014, 327 (327).

578 BVerwG, Urt. v. 03.12.1974, I C 11/73, NJW 1975, 893 (895); OVG Lüneburg, Beschl. v. 08.11.2013 – 11 OB 263/13, NVwZ-RR 2014, 327 (327).

579 *Degen*, 2009, S. 121; siehe auch *Hassemer*, WM Sonderbeilage Nr. 3 1995, 1 (28 f.); *Erb*, in: Becker/Erb/Esser/Graalmann-Scheerer/Hilger/Ignor (Hrsg.), 27. Aufl. 2018, Vor § 158 Rn. 14; *Barreto da Rosa*, in: Herzog (Hrsg.), 5. Aufl. 2023, § 43 Rn. 8; *Lenk*, JR 2020, 103 (105).

580 So etwa *Hachmann*, 2024, S. 80 ff.; *Mülhausen*, in: Herzog/Mülhausen (Hrsg.), 2006, § 42 Rn. 47; anders auch *Degen*, 2009, S. 124, dort insbesondere Fn. 589.

der Zweckrichtung der Meldung deren Rechtsnatur abzuleiten, welche mit der notwendigen Verdachtshöhe für die Abgabe der Meldung in engem Zusammenhang steht.[581] Diese Einordnung hat Einfluss auf die Bewertung der Verfassungsmäßigkeit der Meldepflicht,[582] die Anforderungen an einen KI-Einsatz durch die Verpflichteten[583] und die Arbeitsweise der FIU.[584] Seit Einführung des GwG wurde die Rechtsnatur der Verdachtsmeldung und der damit verbundene Verdachtsgrad (Verdachtshöhe), der durch die Verpflichteten zu prüfen sei, kontrovers diskutiert.[585] Ursprung dieses Streites sind vor allem auch die praktischen Probleme, die sich bei der Abgabe der Verdachtsmeldung den Verpflichteten stellen (a). Die heutige Fassung des § 43 GwG hat deshalb auch einige (kosmetische) Änderungen erfahren (b). Es werden drei Ansichten vertreten (siehe Abb. 13: Ansätze für die Bestimmung der Rechtsnatur der Verdachtsmeldepflicht), die nach der allgemeinen Herleitung (a bis b) dargestellt werden. Durch den Gesetzgeber wird die Meldepflicht nach § 43 Abs. 1 Nr. 1 GwG heute als gewerberechtliche Meldung eingestuft (c) – diese Einstufung wurde nicht unerheblich durch die FATF beeinflusst. Eine zweite Ansicht stuft die Verdachtsmeldung als Verpflichtung sui generis ein (d). Zuletzt wird vertreten, dass es sich dabei um Strafanzeigen handelt (e). Zu dem Meinungsstreit ist Stellung zu nehmen und zu untersuchen, ob eine Neuordnung dieser Diskussion angebracht ist (e).

581 *Degen*, 2009, S. 124.
582 Kapitel IV.C.IV.
583 Kapitel IV.D.
584 Kapitel V.A.I.
585 Dazu sogleich unter 2.).

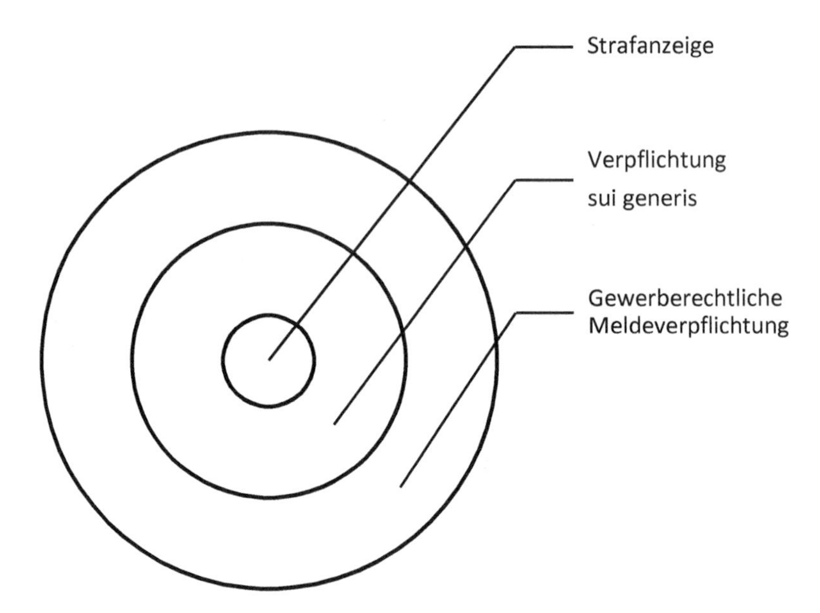

Abb. 13: Ansätze für die Bestimmung der Rechtsnatur der Verdachtsmeldepflicht

a) Praktische Probleme der Wahrnehmung der Verdachtshöhe durch die Verpflichteten

Bussmann kam in einer Studie zu dem Ergebnis, dass rund einem Drittel der Verpflichteten nicht bekannt sei, dass die Schwelle für einen meldepflichtigen Verdacht (hier: erste Verdachtsstufe) sehr niedrig liege und für die Abgabe der Meldung bloße Anhaltspunkte ausreichen.[586] Zusätzlich bestünden Unsicherheiten darüber, an wen die Verdachtsmeldung zu richten sei.[587] Grundvoraussetzung für eine effektive Aufdeckung von Geldwäscheverdachtsfällen bei den Verpflichteten ist deren Schulung und Aufklärung über konkrete Kriterien und Anhaltspunkte, die einen Verdacht

586 *Bussmann*, 2018, S. 79; siehe auch *Barreto da Rosa*, in: Herzog (Hrsg.), 5. Aufl. 2023, § 43 Rn. 16 ff.

587 *Bussmann*, 2018, S. 79. Dies hängt mit der vielfachen Änderung des Empfängers der Abgabe der Verdachtsmeldung zusammen. Zunächst war die Meldung nur an die Staatsanwaltschaft zu erstatten, dann an die Staatsanwaltschaft und die FIU und schließlich nach derzeitiger Rechtslage im Regelfall nur noch an die FIU, vgl. Abb. 6: Wichtigste Reformen des GwG und Ausblick.

auf Geldwäsche begründen können.[588] Ähnliche Schwierigkeiten traten auch in den innerhalb von MaLeFiz geführten Experteninterviews mit Verpflichteten zutage, wonach Bankangestellte teilweise davon ausgehen, sie wären zur Verdachtsabklärung beispielsweise durch OSINT-Recherchen verpflichtet. Häufig fehle es an ausreichenden Informationen, welche Verdachtskriterien zur Begründung einer Meldeverpflichtung ausreichen.[589] Das bloße Vertrauen der Strafverfolgungsbehörden und des Gesetzgebers, durch die Sanktionsandrohung gegenüber den Verpflichteten ausreichende Informationen über mögliche Geldwäschetaten zu erhalten, erscheint vom Grunde her verfehlt.[590] Denn im Gegensatz zu „klassischen" Straftaten wie Totschlag oder einem Diebstahl ist die Geldwäsche schwer wahrnehmbar und nicht leicht zu prüfen.[591] Dies rechtfertigt es zwar im Grundsatz, die Verdachtshöhe zur Meldung von Sachverhalten niedrig anzusetzen, da ansonsten die Gefahr besteht, dass dem Gesetzgeber wichtige Anhaltspunkte bzw. Informationen zur Aufdeckung von Geldwäsche entgehen. Die Verpflichteten mit der praktischen Bestimmung dieser Verdachtshöhe nahezu gänzlich alleine zu lassen, ist jedoch rechtsstaatlich erheblich bedenklich. Im folgenden Abschnitt ist daher im Zusammenhang mit der Rechtsnatur der Verdachtsmeldung eine Analyse der zur Abgabe erforderlichen Verdachtshöhe vorzunehmen. Daraus sollen Schlüsse für eine bessere praktische Handhabbarkeit des § 43 Abs. 1 Nr. 1 GwG gezogen werden.

b) Historische (Wortlaut-)Entwicklung der Norm

Über die Bestimmung der für die Abgabe der Verdachtsmeldung erforderlichen Verdachtshöhe besteht im Prinzip seit Einführung des GwG 1993 Streit.[592] Auch die bisherigen gesetzgeberischen Klarstellungsversuche hinsichtlich der rechtsdogmatischen Einordnung der Norm haben keine Klärung herbeigeführt.[593] Vor allem die fortwährenden Versuche einer

588 *Bussmann*, 2018, S. 39.

589 *Bussmann*, 2018, S. 80.

590 Ebenda, S. 40.

591 *Bussmann*, 2018, S. 40; zur Einordnung des § 261 StGB siehe oben Kapitel II.B.II.3.b).

592 Kurz zur historischen Streitentwicklung: *Barreto da Rosa*, in: Herzog (Hrsg.), 5. Aufl. 2023, § 43 Rn. 16; eine Schilderung des Ausgangstreits bei *Rudolph*, Antizipierte Strafverfolgung, 2005, S. 181 f.

593 *Rudolph*, 2005, S. 182; *Hachmann*, 2024, S. 80.

pauschalen Abgrenzung zur Strafanzeige nach § 158 Abs. 1 StPO sind irritierend. Die simple Aussage, es handele sich nicht um Strafanzeigen, beantwortet zumindest nicht die Ausgangsfrage, worum es sich denn stattdessen handeln (soll).[594] In § 11 GwG a. F. zum Zeitpunkt der Einführung des GwG im Jahr 1993 lautete die amtliche Überschrift der Norm „Anzeige von Verdachtsfällen durch Institute". Zum damaligen Zeitpunkt existierten die zentralen Meldestellen in Gestalt der heutigen FIUs noch nicht, sodass die Verdachtsfälle direkt gegenüber den Strafverfolgungsbehörden anzuzeigen waren, § 11 Abs. 1 GwG a. F. (1993). Bereits in dieser Fassung des Gesetzes waren die Banken dazu verpflichtet, die der Anzeige gegenständliche Transaktion anzuhalten, bis sie die Zustimmung der Staatsanwaltschaft erhielten oder der auf die Abgabe der Anzeige folgende Tag verstrichen war, § 11 Abs. 1 Satz 2 GwG a. F.

Im Jahr 2008 wurde das GwG zum ersten Mal durch das Geldwäschebekämpfungsergänzungsgesetz[595] grundlegend angepasst. Die Meldepflicht blieb dennoch in § 11 Abs. 1 GwG a. F. (2008) verankert, die amtliche Überschrift lautete nun immer noch „Anzeige von Verdachtsfällen".

Der Gesetzgeber führte dazu aus, dass die Stillhaltefrist den zuständigen Strafverfolgungsbehörden die Gelegenheit zur Prüfung geben solle, ob sie aufgrund der gemeldeten Tatsachen ausreichende Anhaltspunkte für die Einleitung eines Ermittlungsverfahrens nach der StPO sehen.[596] In der Folgezeit wurde die Verpflichtung in ihrer damaligen Fassung nach § 11 Abs. 1 GwG a. F. von Stimmen in der Literatur dahingehend ausgelegt, dass durch die Verpflichteten vor der Abgabe der Anzeige eines Verdachtsfalles zu prüfen sei, ob ein strafprozessualer Anfangsverdacht i. S. d. § 152 Abs. 2 StPO vorliege.[597] Ein solcher Anfangsverdacht ist gegeben, wenn tatsächliche Anhaltspunkte vorliegen, die nach kriminalistischer Erfahrung eine Beteiligung an einer Straftat als möglich erscheinen lassen.[598]

---

594 So auch *Hachmann*, 2024, S. 81, wobei allerdings nach hier vertretener Auffassung auch die nachgelagerte Frage relevant ist, ob es sich bei den Verdachtsmeldungen um Strafanzeigen i. S. d. § 158 Abs. 1 StPO handelt, da sich dies insbesondere auf die Arbeitsweise der FIU auswirkt (siehe Kapitel V.).

595 Gesetz zur Ergänzung der Bekämpfung der Geldwäsche und der Terrorismusfinanzierung (Geldwäschebekämpfungsergänzungsgesetz – GwBekErgG), 13.08.2008, BGBl. 2008 Teil I, S. 1690 ff.

596 BT-Drs. 12/2704, 29.05.1992, S. 18

597 *Herzog*, WM 1996, 1753 (1753 ff.); *Degen*, 2009, S. 124 ff.

598 Siehe etwa *Diemer*, in: Barthe/Gericke (Hrsg.), 9. Aufl. 2023, § 152 Rn. 7; BGH, Urt. v. 21.04.1988, III ZR 255/86, NJW 1989, 96 (97).

aa) Einflussnahme durch die FATF

Einen großen Einschnitt in die weitere historische Entwicklung des Umgangs mit der Meldeverpflichtung in Deutschland verursachte der FATF-Deutschlandbericht 2010. Die FATF kritisierte im Schwerpunkt am deutschen Geldwäscheverdachtsmeldewesen, dass Deutschland gemessen an seiner Größe und der Entwicklung seines Finanzsystems ungewöhnlich wenige Verdachtsmeldungen generiere.[599] Aus der zu niedrigen Zahl an Verdachtsmeldungen schlussfolgerte die FATF, dass die Verdachtshöhe für die Abgabe von Meldungen in Deutschland dann wohl zu hoch angesetzt sei.[600] Daher mahnte die FATF an, es seien durch die GwG-Verpflichteten insbesondere keine umfangreichen Nachforschungen über ihre Bankkunden anzustellen, bevor eine Meldung abgegeben werde.[601]

Diese Mahnungen griff der Gesetzgeber ohne weitere sachliche Auseinandersetzung oder Reflektion bezüglich des deutschen Rechtssystems auf. Dies führte noch im Jahr 2011 zu einer Gesetzesänderung, mit der nach dem Gesetzgeber Unklarheiten im Zusammenhang mit der Verdachtsschwelle für Meldungen beseitigt werden sollten.[602] Zugleich wurde der Begriff der „Anzeigepflicht“ im Gesetz durch den Begriff der „Meldepflicht“ ersetzt. Auffällig ist auch hier, dass lediglich eine Umbenennung der Verpflichtung erfolgte, dies aber nichts an dem Inhalt der Verpflichtung änderte.

bb) Kritik an der FATF

Die Anpassungen des Gesetzgebers auf die Monita der FATF hin wurden in der Literatur durchaus kritisch aufgefasst. *Höche/Rößler* etwa merkten an, dass Teile der Empfehlungen der FATF ihrerseits einer kritischen wissen-

599 *FATF*, Mutual Evaluation Report Germany, 2010, (abrufbar: https://perma.cc/N5H2-ET5G, zuletzt abgerufen: 31.08.2024), Rn. 714, 716.

600 *FATF*, Mutual Evaluation Report Germany, 2010, (abrufbar: https://perma.cc/N5H2-ET5G, zuletzt abgerufen: 31.08.2024), Rn. 712: „*…there are serious doubts about the basis upon which institutions are being required to report…*“.

601 *FATF*, Mutual Evaluation Report Germany, 2010, (abrufbar: https://perma.cc/N5H2-ET5G, zuletzt abgerufen: 31.08.2024), Rn. 718: „*…Rather, the underlying issue appears to be the belief that institutions must undertake extensive investigations of the transactions, the related customer, and the likely predicate offenses before submitting an STR.*“

602 BT-Drs. 17/6804, 17.08.2011, S. 35.

schaftlich-empirischen Überprüfung unterzogen werden müssten.[603] Die Analyse der FATF sei vor allem dahingehend kritisch zu sehen, „dass es mehr Meldungen geben müsse, weil es mehr Meldungen geben müsse".[604] Diese Kritik ist nachdrücklich zu unterstützen, merkte die FATF gleich im Anschluss an ihre Kritik am deutschen Meldewesen in dem Deutschlandbericht an, dass die Verdachtsmeldungen in Deutschland (bis 2010) besonders qualitativ hochwertig seien.[605] Auch *Bülte* kritisierte die Einschätzungen des FATF-Deutschlandberichtes 2010 als „unplausibel und rechtsstaatlich bedenklich".[606] Die Kritik von *Weißer* an der FATF geht sogar so weit, dass die Befürchtung bestehe, der Gesetzgeber gewichte seine Pflichten gegenüber der FATF stärker als seine eigene legislatorische Verantwortlichkeit für den Inhalt der angepassten Normen – aus Angst vor dem hohen internationalen „Durchsetzungsdruck" der FATF-Empfehlungen.[607]

cc) Weitere Entwicklung

Trotz weiterer Veränderungen des GwG in der Folgezeit und der Verschiebung der Meldeverpflichtung in § 43 GwG entspricht die jetzige Norm im Grundsatz § 11 Abs. 1 GwG in der Fassung vor dem 26.06.2017 und wurde im Übrigen nur redaktionell angepasst.[608] Eine Ausdehnung des Anwendungsbereiches erfolgte eher mittelbar über die Ausweitung von § 261 StGB.[609] Ob die häufige Umbenennung der Verdachtsmeldepflicht inklusive ihrer systematischen (örtlichen) Verschiebung innerhalb des GwG ohne die inhaltlichen Anforderungen der Verpflichtung anzupassen oder näher

---

603 *Höche/Rößler*, WM 2012, 1505 (1505); ebenfalls kritisch *Weißer*, ZStW 2017, 961 (961, 965 ff.) wonach durch eine „Expertokratie" Entscheidungen von Experten vorgegeben werden, die demokratisch legitimierten Organen und Institutionen vorbehalten seien. Diese demokratische Legitimation ist gerade bei der FATF problematisch, siehe Kapitel II.B.II.1.

604 *Höche/Rößler*, WM 2012, 1505 (1509).

605 *FATF*, Mutual Evaluation Report Germany, 2010, (abrufbar: https://perma.cc/N5H2-ET5G, zuletzt abgerufen: 31.08.2024), Rn. 719: „*...While this process undoubtedly leads to very high quality STRs and the authorities correctly point to the very high number of investigations that results from the STR submissions relative to other countries...*".

606 *Bülte*, NZWiSt 2017, 276 (285); generell kritisch ebenfalls *Weißer*, ZStW 2017, 961 (965 ff.).

607 *Weißer*, ZStW 2017, 961 (977).

608 *Barreto da Rosa*, in: Herzog (Hrsg.), 5. Aufl. 2023, § 43 Rn. 14.

609 Siehe oben Kapitel II.B.II.3.b).

zu konkretisieren zu einer größeren Klarheit über die Verdachtshöhe bei den Verpflichteten beigetragen hat, darf bezweifelt werden. Auf Basis dieser Entwicklung haben sich im Wesentlichen drei verschiedene Ansätze herausgebildet, die die Rechtsnatur des § 43 Abs. 1 Nr. 1 GwG in Verbindung mit der Verdachtshöhe der Meldepflicht zu erfassen versuchen.

c) Gewerberechtliche Meldeverpflichtung

Soweit ersichtlich, vertrat *Findeisen* als Erster im Jahr 1997 die Auffassung, dass es sich bei den Pflichten des GwG um ein „gewerberechtliches Maßnahmenbündel" handele.[610] Diese Ansicht hat sich der Gesetzgeber dahingehend zu eigen gemacht, dass es sich bei der Verdachtsmeldepflicht nach dem GwG um eine präventive gewerberechtliche Meldeverpflichtung handele.[611] Dies kann schon insofern kritisch gesehen werden, als sich die Ausführungen von *Findeisen* im Schwerpunkt auf § 14 Abs. 2 GwG a. F. und die Anforderungen an die internen Sicherungsmaßnahmen der Kreditinstitute bezogen.[612] Die Verdachtsmeldepflicht nach § 43 Abs. 1 Nr. 1 GwG ist jedoch nach hiesiger Auffassung schon keine interne Sicherungsmaßnahme, soll diese das Innenverhältnis der Bank doch gerade nach außen zur FIU (bzw. früher zur Staatsanwaltschaft) verlassen.

An sich ist auch unklar, was der Gesetzgeber mit einer „gewerberechtlichen Meldeverpflichtung" überhaupt meint. Den Begriff der „gewerberechtlichen Anzeige" etwa kennt nur § 14 GewO. Die Norm regelt die Anzeigepflicht der Aufnahme eines Gewerbes, § 14 Abs. 1 GewO. Dies soll der staatlichen Gewerbeaufsicht die wirksame Überwachung der Gewerbeausübung ermöglichen.[613] Da keine generelle Genehmigungspflicht für Gewerbe existiert, dient diese gewerbliche Anzeigepflicht als Grundlage für eine staatliche (behördliche) Prüfung, ob die gesetzlichen Voraussetzungen für die Fortführung des Gewerbes vorliegen.[614] Hier zeigen sich schon erste Schwächen der Argumentation: die Verdachtsmeldepflicht dient nicht der Überwachung der Banken oder der sonstigen Verpflichteten – vor allem, da

---

610 *Findeisen*, wistra 1997, 121 (122).

611 BT-Drs. 18/11928, 12.04.2017, S. 26; BT-Drs. 20/5191, 13.01.2023, S. 7.

612 *Findeisen*, wistra 1997, 121 (121 f.).

613 *Dürr*, GewArch 2006, 107 (107); *Winkler*, in: Ennuschat/Wank/Winkler (Hrsg.), 9. Aufl. 2020, § 14 Rn. 2.

614 *Winkler*, in: Ennuschat/Wank/Winkler (Hrsg.), 9. Aufl. 2020, § 14 Rn. 2; OVG Münster, Urt. v. 20.12.2011, 4 A 812/09, BeckRs 2012, 45509.

auch nicht alle Verpflichteten nach § 2 Abs. 1 GwG überhaupt ein Gewerbe betreiben, sondern beispielsweise auch freie Berufe oder Aufsichtsbehörden nach § 44 GwG erfasst sind.[615] Vielmehr soll die Verpflichtung zur Meldung nach § 43 Abs. 1 Nr. 1 GwG gar nicht der Überwachung der Verpflichteten, sondern der Aufdeckung des Dunkelfeldes der Geldwäsche durch die staatliche Veranlassung der Verpflichteten der Überwachung ihrer eigenen Innenverhältnisse dienen.

Die Auffassung, es handele sich um eine gewerbliche Meldepflicht, wird mit der präventiven Ausrichtung der Verdachtsmeldung begründet, durch die verhindert werden solle, dass die Banken bzw. Kreditinstitute für die Geldwäsche ausgenutzt werden.[616] Das erscheint in Bezug auf die Verdachtsmeldung wie oben bereits ausführlich zur Abgrenzung zwischen präventiver und repressiver Zweckrichtung ausgeführt wurde, nicht überzeugend.[617]

Denn die Verpflichtung der Banken zur Verdachtsmeldung versperrt Straftätern nicht das Ausnutzen von Banken zu Geldwäschezwecken – dies versucht man eher über die Sorgfaltspflichten vor Aufnahme der Kundenbeziehung zu lösen –, vielmehr soll eine Aufdeckung einer begonnenen oder abgeschlossenen Ausnutzung durch die Abgabe der Meldung und eine Befassung durch die FIU bzw. die Strafverfolgungsbehörden ermöglicht werden.[618] Vor allem ist jedoch die gesetzgeberische Methode zweifelhaft, eine solche Einordnung ohne nähere Argumentation mit einem schlichten Verweis auf eine gefestigte Rechtsprechung zu vertreten. Soweit ersichtlich, ist nicht eine einzige Gerichtsentscheidung bekannt, in der vertreten wird, dass es sich bei der Verdachtsmeldepflicht um eine rein gewerberechtliche Meldung handele.[619]

Diese Einschätzung widerspricht der hier vertretenen Auffassung der repressiven Zwecksetzung der Meldepflicht. Allerdings passt die heutige Argumentation des Gesetzgebers auch nicht zur historischen Zweckrich-

---

615 *Barreto da Rosa*, in: Herzog (Hrsg.), 5. Aufl. 2023, § 43 Rn. 7; so auch *Rudolph*, 2005, S. 181 f.

616 BT-Drs. 12/2704, 29.05.1992, S. 19.

617 Siehe Kapitel Kapitel IV.C.II.1.

618 *Rudolph*, 2005, S. 181 f.; a. A. *Wende*, 2024, S. 114.

619 So auch *Barreto da Rosa*, in: Herzog (Hrsg.), 5. Aufl. 2023, § 43 Rn. 7; *Hachmann*, 2024, S. 81, siehe dort auch Fn. 230; eher im Gegenteil hat das LG Frankfurt kürzlich vertreten, dass eine solche Verpflichtung zur Abgabe von Meldungen rechtmäßig nur zu repressiven Zwecken erfolgen könne: LG Frankfurt, Beschl. v. 22.01.2024, 2-01 T 26/23, BeckRS 2024, 803.

tung der Einführung der Meldepflicht. Dort betonte der Gesetzgeber, dass die Ermittlungen einer Straftat durch die Verdachtsmeldungen schnellstmöglich aufgenommen werden sollen.[620] Selbst wenn man die Argumentation aufgreift, dass die Aufdeckung begangener Straftaten durch die Meldepflicht auch der Verhinderung zukünftiger Straftaten mit Gefahren für Leib und Leben zugute komme[621], hat dies eher generalpräventiven Charakter durch die Strafverfolgung. Insbesondere verkennt diese Ansicht die weitreichenden möglichen Folgen einer Verdachtsmeldung für die Betroffenen und die dadurch eröffneten Möglichkeiten für die Strafverfolgung.[622]

Durch den Versuch der Einkleidung in gewerberechtliche Begrifflichkeiten versucht der Gesetzgeber, dem Institut der Verdachtsmeldung präventiven Atem einzuhauchen – denn auch das Gewerberecht ist spezielles Gefahrenabwehrrecht.[623] Im Gegensatz zum Geldwäscherecht zeichnet sich das Gewerberecht allerdings durch ein Zweipersonenverhältnis zwischen dem Staat und dem Gewerbetreibenden aus. Das Geldwäscherecht ist jedoch durch die Dreiecksbeziehung geprägt, in der die Verpflichteten von staatlicher Seite zur Überwachung ihrer Kunden in Anspruch genommen werden. Mit Sicherheit ist die durch den Gesetzgeber bevorzugte Einordnung als bloße gewerberechtliche Meldeverpflichtung auch der bequemere Weg. Diese Annahme untermauert die gewählte (etikettierte) Ausrichtung der FIU als rein administrative Behörde und vereinfacht die Begründung der Nichtgeltung des Legalitätsprinzips für die FIU.[624] Man kann sich so mit immer neuen farblichen Anstrichen des Meldewesens begnügen, statt eine Kernsanierung vorzunehmen. Eine solche Sanierung wäre jedoch indes angebracht.[625]

620 BT-Drs. 12/2704, 29.05.1992, S. 18; siehe auch *Wende*, 2024, S. 93; *Rudolph*, 2005, S. 181 f.

621 *Wende*, 2024, S. 93; näher dazu auch *Findeisen*, wistra 1997, 121 (123 f.); *Rudolph*, 2005, S. 181 f.

622 *Degen*, 2009, S. 123; *Böse*, 2005, S. 236 ff.; *Fülbier*, in: Fülbier/Aepfelbach/Langweg (Hrsg.), 2006, § 14 Rn. 141 ebenfalls mit Verweis auf den historischen Kontext des § 43 GwG; *Rudolph*, 2005, S. 181 f.

623 *Wormit*, JuS 2017, 641 (641); BVerwG, Beschl. v. 16.02.1995, 1 B 205/93, NVwZ 1995, 473 (474).

624 BT-Drs. 20/5191, 13.01.2023, S. 7; *Barreto da Rosa*, in: Herzog (Hrsg.), 5. Aufl. 2023, § 43 Rn. 8.

625 Näher zu Empfehlungen für eine Neuausrichtung der FIU: Kapitel V.A.I.

d) Verpflichtung sui generis

Zur „Rettung" der gesetzgeberischen Einordnung wird von einigen Stimmen in der Literatur die Auffassung vertreten, es handele sich bei der Meldepflicht nach § 43 Abs. 1 Nr. 1 GwG um eine Verpflichtung sui generis, die den Belangen der Verbrechensbekämpfung diene.[626] Diesen Auffassungen ist es gemein, dass sie alle den Zweck des § 43 Abs. 1 Nr. 1 GwG im Schwerpunkt in der Strafverfolgung verorten – was auch hier vertreten wird. Dennoch kann die weitere Einordnung als „Verpflichtung eigener Art, die primär den Belangen der Verbrechensbekämpfung dient"[627] nach hier vertretener Auffassung nicht überzeugen. Sie wird insbesondere der erforderlichen klaren Linie für die Einhaltung rechtsstaatlicher Standards nicht gerecht. Ein Rechtsinstitut kann zudem nur dann „eigener Art" sein, wenn es unter keinem anderen Rechtsinstitut erfasst werden kann. Das bloße „Labeling" einer rechtlichen Kategorie als eine Verpflichtung eigener Art/sui generis, obwohl die Voraussetzungen überzeugend unter ein bereits vorhandenes und normiertes Rechtsinstitut subsumiert werden können, ist nicht überzeugend. Dass die Subsumtion unter die vorhandene Kategorie der Strafanzeige nach § 158 Abs. 1 StPO sehr wohl möglich und sogar wünschenswert ist, wird im nächsten Unterpunkt erörtert.

e) Meldepflicht versus Strafanzeige?

> *„Die gleichzeitige Erstattung einer Verdachtsmeldung und einer (inhaltlich identischen) Strafanzeige macht keinen Sinn, da hier lediglich zwei unterschiedlichen Behörden der gleiche Sachverhalt gemeldet wird."*
>
> – S. Barreto da Rosa[628]

Es mutet fast schon komisch an, dass beinahe jede Quelle die Präsentation des Streitstandes zur Rechtsnatur der Verdachtsmeldung mit dem Satz einleitet, es handele sich bei Meldungen nach § 43 Abs. 1 Nr. 1 GwG nicht um

---

626 *Barreto da Rosa,* in: Herzog (Hrsg.), 5. Aufl. 2023, § 43 Rn. 8; *Lenk,* JR 2020, 103 (105); *Neuheuser,* NZWiSt 2015, 241 (243); *Diergarten/Barreto Da Rosa,* 2021, S. 283.

627 *Barreto da Rosa,* in: Herzog (Hrsg.), 5. Aufl. 2023, § 43 Rn. 8.

628 *Barreto da Rosa,* in: Herzog (Hrsg.), 5. Aufl. 2023, § 43 Rn. 9.

Strafanzeigen nach § 158 Abs. 1 StPO.[629] Teilweise wird die Diskussion um die Einordnung der Meldepflicht als Strafanzeige sogar als überholt angesehen.[630] Entgegen dem juristischen Konzept der Auslegung wird das Ergebnis dem geneigten Leser – entsprechend der Vorgabe des Gesetzgebers – in der Manier der Begründung eines psychologischen Ankereffektes auf dem Silbertablett präsentiert. Aber ist die Auslegung dieser Frage tatsächlich so einfach? Dies soll im folgenden Abschnitt ergründet werden.

Das diesem Abschnitt vorstehende Zitat verdeutlicht in besonderer Art und Weise die Schwierigkeiten bei der Bestimmung der Rechtsnatur der Verdachtsmeldung. Die Meldepflicht der GwG-Verpflichteten wurde wie oben gezeigt[631] historisch bereits vielfach ihrem Wortlaut und ihrer Systematik nach angepasst.[632] Die Argumentationen gegen die Einordung der Verdachtsmeldepflicht als Strafanzeige nach § 158 Abs. 1 StPO gleichen einer „Kampfaustragung" von Meldepflicht versus Strafanzeige in einem Boxring. Zum Einstieg in die Diskussion werden daher die Voraussetzungen der beiden „Institute" vergleichend tabellarisch dargestellt, um sodann eine Einordnung vorzunehmen.

	Strafanzeige	**Meldepflicht**
Norm	§ 158 StPO	§ 43 GwG
Definition	Wissensmitteilung eines Sachverhaltes mit der Anregung zu prüfen, ob ein Ermittlungsverfahren einzuleiten ist[633]	Ziel ist es, die Ermittlung von Strafverfolgungsbehörden anzustoßen, in welchen dann das Vorliegen eines Anfangsverdachtes überprüft wird[634]

629 Siehe etwa *Barreto da Rosa*, in: Herzog (Hrsg.), 5. Aufl. 2023, § 43 Rn. 5; *Diergarten/Barreto Da Rosa*, 2021, S. 284; *Wende*, 2024, S. 93; BT-Drs. 17/6804, 17.08.2011, S. 21.

630 *Diergarten/Barreto Da Rosa*, 2021, S. 284.

631 Gliederungspunkt b) dieses Abschnittes.

632 Siehe außerdem die historische Entwicklung des GwG mit Blick auf die Meldeverpflichtung oben Abb. 6: Wichtigste Reformen des GwG und Ausblick.

633 *Zöller*, in: Gercke/Temming/Zöller (Hrsg.), 7. Aufl. 2023, § 158 Rn. 2; *Köhler*, in: Meyer-Goßner/Schmitt (Hrsg.), 66. Aufl. 2023, § 158 Rn. 1, 2; *Rudolph*, 2005, S. 190.

634 BVerfG, Beschl. v. 31.01.2020, 2 BvR 2992/14, NJW 2020, 1351 (1353); *Biberacher*, 2023, S. 160.

	Strafanzeige	**Meldepflicht**
Verdachtshöhe	Jede Verdachtshöhe oder Verdachtsform[635]	Keine detaillierte rechtliche Subsumtion des Sachverhaltes[636]
Gesetzliche Verpflichtung	Gesetzesvorbehalt Nur bei gesetzlicher Anordnung kann es eine Pflicht zur Erstattung von Strafanzeigen geben[637]	Gesetzliche Verpflichtung in § 43 Abs. 1 GwG
Inhalt	Der mitgeteilte Sachverhalt sollte allein oder in Kombination mit bereits vorliegenden Erkenntnissen dazu geeignet sein, die Prüfung eines strafprozessualen Anfangsverdachtes zu begründen[638]	Bestehen eines meldepflichtigen Sachverhaltes, wenn objektiv erkennbare Anhaltspunkte dafürsprechen, dass durch eine Transaktion illegale Gelder dem Zugriff der Strafverfolgungsbehörden entzogen oder die Herkunft illegaler Vermögenswerte verdeckt werden soll und ein krimineller Hintergrund i. S. d. § 261 StGB nicht ausgeschlossen werden kann[639]
Form	Formlos schriftlich oder mündlich, § 158 Abs. 1 Satz 1 StPO	Elektronisch, § 45 Abs. 1 Satz 1 GwG, ggf. postalisch § 45 Abs. 2 GwG
Zeitpunkt	Keine Vorgabe	Unverzüglich, § 43 Abs. 1 Satz 1 GwG
Gesetzlich vorgesehene Empfänger	Staatsanwaltschaft, Behörden und Beamte des Polizeidienstes, Amtsgerichte, § 158 Abs. 1 Satz 1 StPO	Zentralstelle für Finanztransaktionsuntersuchungen, § 43 Abs. 1 Satz 1 GwG; zusätzliche Erstattung einer Strafanzeige steht ausdrücklich offen, § 43 Abs. 1 Satz 2 GwG. Dann Empfänger nach § 158 Abs. 1 Satz 1 StPO

635 In diesem Kontext ist vielmehr durch die Strafverfolgungsbehörde zu prüfen, ob sich ein Anfangsverdacht i. S. d. § 152 Abs. 2 StPO ergibt, *Kölbel/Ibold,* in: Schneider (Hrsg.), 2. Aufl. 2024, § 158 Rn. 1; *Albrecht,* in: Wolter/Deiters (Hrsg.), 6. Aufl. 2024, § 158 Rn. 2, 10; *Hachmann*, 2024, S. 90.

636 BT-Drs. 17/6804, 17.08.2011, S. 21.

637 *Kölbel/Ibold*, in: Schneider (Hrsg.), 2. Aufl. 2024, § 158 Rn. 17.

638 *Zöller,* in: Gercke/Temming/Zöller (Hrsg.), 7. Aufl. 2023, § 158 Rn. 4; *Weingarten,* in: Barthe/Gericke (Hrsg.), 9. Aufl. 2023, § 158 Rn. 15; *Goers,* in: Graf (Hrsg.), 50. Edition, Stand: 01.07.2024, § 158 Rn. 6.

639 BVerfG, Beschl. v. 31.01.2020, 2 BvR 2992/14, NJW 2020, 1351 (1353); *Hachmann*, 2024, S. 91.

	Strafanzeige	**Meldepflicht**
Haftung	Haftungsfreistellung gilt im Bereich der Geldwäsche auch für Strafanzeigen, § 48 Abs. 1 GwG Generell: § 164 StGB (wider besseres Wissen)	Haftungsfreistellung für fehlerhafte Meldung nach § 48 Abs. 1 GwG, außer die Meldung ist vorsätzlich oder grob fahrlässig unwahr erstattet worden, § 56 Abs. 1 Nr. 69 GwG

Abb. 14: Vergleich Strafanzeige und Meldepflicht

Diese systematische Darstellung zeigt: es existieren zwei nennenswerte Unterschiede zwischen der Strafanzeige nach § 158 Abs. 1 StPO und der Meldepflicht nach § 43 Abs. 1 Nr. 1 GwG. Der erste Unterschied besteht in der zu wahrenden Form. Während die Strafanzeige formlos erstattet werden kann, muss die Meldung nach dem GwG grundsätzlich elektronisch abgegeben werden.[640] Der zweite Unterschied ist schon marginaler und besteht in den teils unterschiedlichen Empfangsbehörden. Nach § 158 Abs. 1 StPO kann die Strafanzeige bei der Staatsanwaltschaft, den Behörden und Beamten des Polizeidienstes und den Amtsgerichten erstattet werden. Der Sachverhalt nach § 43 Abs. 1 Nr. 1 GwG ist bei der Zentralstelle für Finanztransaktionsuntersuchungen (FIU) zu melden, wobei eine Meldung (desselben!) Sachverhaltes in Gestalt einer Strafanzeige nach § 43 Abs. 1 Satz 2 GwG auch bei der Staatsanwaltschaft möglich ist. Der Gesetzgeber verweist zusätzlich auf den abweichenden Verdachtsgrad zwischen den beiden „Anzeigen".[641] Wie die Argumentation im Einzelnen gegen eine Einordnung als Strafanzeige aussieht und ob diese überzeugen kann, wird im folgenden Abschnitt analysiert.

aa) Gängige Argumentation gegen eine Einordnung als Strafanzeige

Intuitiv liegt eine Einordnung der Verdachtsmeldungen als Verpflichtung Privater zur Strafanzeige nach § 158 Abs. 1 StPO bei Anzeichen von strafbarem Verhalten einer nach § 43 Abs. 1 GwG bestimmten Kategorie nach der obigen Tabelle nahe. Gegen diese Einordnung „sträubt" sich seit der

640 Siehe auch *Barreto da Rosa,* in: Herzog (Hrsg.), 5. Aufl. 2023, § 43 Rn. 5.

641 BT-Drs. 17/6804, 17.08.2011, S. 35; kritisch zurecht: *Barreto da Rosa,* in: Herzog (Hrsg.), 5. Aufl. 2023, § 43 Rn. 5; *Höche/Rößler*, WM 2012, 1505 (1509).

Kritik durch die FATF[642] der Gesetzgeber.[643] Dieser statuiert zunächst proklamatisch, bei Meldungen nach § 43 GwG handele es sich nicht um Strafanzeigen nach § 158 Abs. 1 StPO.[644] Zu dieser Klarstellung sah der Gesetzgeber sich im Rahmen der (erneuten) Umbenennung der Verdachtsanzeigen in Verdachtsmeldungen genötigt. Mit der Umbenennung der Meldeverpflichtung sei insbesondere keine inhaltliche Änderung, sondern lediglich eine Klarstellung in Bezug auf die Verdachtsschwelle gegeben.[645] Denn die Verdachtsschwelle sei in der Praxis generell zu hoch angesetzt worden, da im Gegensatz zur Strafanzeige der nach dem GwG Verpflichtete nicht die Vorstellung zu haben brauche, dass eine Straftat begangen wird oder begangen wurde.[646] Es handele sich bei den die Meldepflicht auslösenden Fällen um gesetzlich typisierte[647] Verdachtssituationen, die eine eigene Schlussfolgerung oder gar rechtliche Subsumtion des Verpflichteten nicht erforderten.[648]

In dieser Argumentation wird der nach hiesiger Auffassung vertretene Kardinalfehler der Deutung der Verpflichtung nach § 43 GwG deutlich, den auch die obige tabellarische Darstellung plastisch vor Augen führt. Denn auch bei der Strafanzeige nach § 158 Abs. 1 StPO meldet der Bürger auffällige Sachverhalte, die ihm zur Kenntnis gelangt sind und in seinen Augen einer näheren (staatlichen) Abklärung oder Aufklärung bedürfen.[649] Eben dies (sollen) die Verpflichteten nach dem GwG tun – gerade nach der Vorstellung des Gesetzgebers.[650] Es besteht insbesondere keine Ermittlungspflicht, sondern eine Verpflichtung zur Mitteilung auffälliger Sachverhalte, die typischerweise auf eine Begehung von Geldwäsche hindeuten können.[651] Auch der „Durchschnittsbürger" ist nicht zur rechtlichen Subsumtion von Sachverhalten angehalten. Die Tatsache, dass auffällige bzw. nach § 43 GwG meldepflichtige Sachverhalte bezüglich einer möglichen Geldwäsche nach § 261 StGB wie „normales Alltagsverhalten" wirken kön-

642 Kapitel IV.C.II.2.b)aa).

643 BT-Drs. 17/6804, 17.08.2011, S. 35.

644 Ebenda, S. 21.

645 Ebenda.

646 Ebenda.

647 Inwiefern die Verdachtssituationen für die Verpflichteten erkenntlich typisiert sind, darf ebenfalls kritisch gesehen werden.

648 BT-Drs. 17/6804, 17.08.2011, S. 21.

649 *Goers*, in: Graf (Hrsg.), 50. Edition, Stand: 01.07.2024, § 158 Rn. 1; BayObLG, Beschl. v. 21.05.1985, RReg. 1 St 73/85, NJW 1986, 441 (442).

650 BT-Drs. 17/6804, 17.08.2011, S. 35.

651 Ebenda.

nen, ist dem Delikt wegen der mit ihm verbundenen Verschleierungstaktiken immanent.[652]

Besonders augenfällig wird die Übereinstimmung zwischen Strafanzeige und Verdachtsmeldung in den Standardkommentierungen zur StPO. Dort wird als Beispiel für eine staatliche Verpflichtung von Privaten zur Abgabe von Strafanzeigen nach § 158 Abs. 1 StPO regelmäßig auf § 43 GwG bzw. in den älteren Fassungen auf § 11 GwG a. F. verwiesen.[653] Diese intuitive Deutung der GwG-Verpflichtung als Pflicht zur Abgabe von Strafanzeigen verdeutlicht eindrücklich, dass der Gesetzgeber mit der zwanghaften Abkehr von einer Deutung der Verpflichtung als Strafanzeige lediglich mehr Verwirrung bei den Verpflichteten hervorruft, als er damit für Klarheit sorgt.

Vielmehr lässt die Auffassung des Gesetzgebers, die in vielen Literaturquellen als wörtliche Argumentationsstütze aufgegriffen wird, folgende Fehleinschätzung zutage treten: der Gesetzgeber geht davon aus, eine Verpflichtung der GwG-Verpflichteten zu Strafanzeigen nach § 158 Abs. 1 StPO durch die Meldepflicht würde diese zur Prüfung eines Anfangsverdachtes nach § 152 Abs. 2 StPO „verdammen".[654] Das ist jedoch nach hier vertretener Auffassung nicht richtig. Denn dann würde – egal zu welcher Straftat – jede abgegebene Strafanzeige die Staatsanwaltschaft zum Einschreiten „zwingen", da die Abgabe der Strafanzeige automatisch einen Anfangsverdacht begründen würde. Dies ist jedoch gerade nicht der Fall. Vielmehr trifft die jeweilige Strafverfolgungsbehörde die Pflicht zur Prüfung, ob das Vorliegen eines Anfangsverdachtes nach § 152 Abs. 2 StPO bejaht werden kann.[655] Richtig ist, dass Strafanzeigen regelmäßig zur Bejahung eines solchen Anfangsverdachtes führen – etwa wenn eine Leiche mit offensichtlichen Gewalteinwirkungen vorgefunden wird. Dennoch ist diese Annahme kein Automatismus – gerade nicht bei einem Delikt wie der Geldwäsche. Denn

---

652 Vergleiche diesbezüglich den Schritt des „Layering": Abb. 4: Drei-Phasen-Modell.

653 *Kölbel/Ibold*, in: Schneider (Hrsg.), 2. Aufl. 2024, § 158 Rn. 20, siehe dort insbesondere Fn. 47; *Weingarten* klassifiziert die GwG-Meldepflichten als „(mittelbare) Anzeigepflichten", in: Barthe/Gericke (Hrsg.), 9. Aufl. 2023, § 158 Rn. 25; *Schmitt*, in: Meyer-Goßner/Schmitt (Hrsg.), 66. Aufl. 2023, § 158 Rn. 6a.

654 BT-Drs. 17/6804, 17.08.2011, S. 35.

655 *Weingarten*, in: Barthe/Gericke (Hrsg.), 9. Aufl. 2023, § 160 Rn. 11; *Noltensmeier-von Osten*, in: Bockemühl/Heintschel-Heinegg (Hrsg.), Aktualisierungslieferung Nr. 126, März 2024, § 160 Rn. 8; *Rudolph* geht zeitlich ebenfalls von einer Ansiedlung vor dem Anfangsverdacht, aber einer repressiven Ausgestaltung zu Zwecken der Strafverfolgung aus: *Rudolph*, 2005, S. 181 f.

diese Schlussfolgerung würde zu dem zweifelhaften Ergebnis führen, dass jeder Bürger die Strafverfolgungsbehörden mit einer Strafanzeige zum Einschreiten zwingen und weitergehende staatliche Ermittlungsbefugnisse – insbesondere der StPO – ohne eine zwischengeschaltete staatliche Prüfung veranlassen könnte. Dies ist jedoch mit rechtsstaatlichen Grundsätzen nicht vereinbar. Zwar mag es auch dem Begriff des strafprozessualen Anfangsverdachtes an Konturschärfe fehlen, diesem ist dennoch ein Beurteilungsspielraum der Strafverfolgungsbehörden immanent.[656]

bb) Anlass für eine Neuordnung dieser Argumentation: Stellungnahme

Die nachfolgende Abb. 15 zeigt die Entwicklung der Geldwäsche im Hellfeld von 2005 bis 2022 anhand verschiedener statistischer Erhebungen (PKS Geldwäscheverdachtsfälle, Erledigungen Staatsanwaltschaft, Erledigungen Gerichte, Geldwäscheverdachtsmeldungen an die FIU). Insbesondere die Entwicklung der Verdachtsmeldungen an die FIU seit dem Jahr 2010 (gelbe Linie Abb. 15) zeigt deutlich, dass sich nach der Kommunikation der „niedrigeren“ Verdachtsschwelle durch den Gesetzgeber nach der Kritik durch die FATF diese Meldungen deutlich gesteigert haben. Die Verurteilungsrelevanz wegen Geldwäsche nach § 261 StGB ist demgegenüber weiterhin erschreckend niedrig. Ein am Projekt MaLeFiz mitwirkender Staatsanwalt äußerte, dass auch seit den Reformen ab dem Jahr 2010 kaum mehr Ermittlungsverfahren wegen Geldwäsche auf seinem Schreibtisch landen würden als vorher. Dies deckt sich zumindest in Teilen mit einer Tabelle des Bundestages, wonach Verfahren wegen Geldwäsche überwiegend noch im Ermittlungsverfahren eingestellt werden.[657]

656 BGH, Urt. v. 21.04.1988, III ZR 255/86, NJW 1989, 96 (97); exemplarisch am Beispiel des Falles „Edathy“: *Hoven*, NStZ 2014, 361 (361 ff.).

657 Vgl. für die Jahre 2010-2016 auch Tabelle in BT-Drs. 19/3818, 15.08.2018, S. 17.

	2005	2006	2007	2008	2009	2010	2011	2012	2013	2014	2015	2016	2017	2018	2019	2020	2021	2022
PKS Geldwäscheverdachtsfälle	2.023	2.997	3.923	2.582	4.566	6.764	8.569	7.673	8.134	8.138	9.641	11.541	10.015	8.652	9.764	8.942	14.785	22.614
Erledigungen Staatsanwaltschaft	6.692	9.929	13.593	10.478	11.218	20.387	25.592	22.345	24.624	31.637	39.386	45.504	41.049	37.584	40.612	37.773	57.128	96.468
Erledigungen Amtsgerichte	181	189	412	425	329	452	587	631	588	553	555	620	640	649	723	888	1.213	1.632
FIU Geldwäscheverdachtsmeldungen	8.241	10.051	9.080	7.349	9.756	11.712	13.544	15.496	20.716	25.980	32.008	45.597	59.845	77.252	114.914	144.005	298.507	337.186

Abb. 15: Entwicklung der Geldwäsche im Hellfeld[658]

Die Diskussion um die Einordnung der Rechtsnatur der Verdachtsmeldung als Strafanzeige i. S. d. § 158 Abs. 1 StPO ist nicht als überholt anzusehen. Sie ist vielmehr aktueller denn je. Die derzeitige Ausgestaltung des Meldesystems scheint gescheitert. Die FIU „ertrinkt“ nahezu in Verdachtsmeldungen – ausweislich eines anonymen Interviews mit einem FIU-Mitarbeiter innerhalb einer Reportage aus dem Jahr 2023 werden Meldungen massenhaft nicht einmal überprüft und seien somit für die „Tonne“.[659] Die latente Kommunikation des Gesetzgebers und der BaFin, dass die Schwelle für die Abgabe der Verdachtsmeldung so niedrig sei, hat seit den dahingehenden Empfehlungen durch die FATF zwar zu einer Explosion der Verdachtsmeldungen geführt, jedoch ohne signifikante Einflüsse auf die weiteren Geldwäsche-Statistiken zu entfalten. Nach *Bussmann/Veljovic* sind die Verdachtsmeldungen derzeit aufgrund ihres sehr lückenhaften Informationsgehalts in der Regel kaum für die Verwertung in einem Verfahren wegen Geldwäsche zu gebrauchen.[660] Dies ändert jedoch nichts an dem repressiven Charakter der Meldepflicht und der Einstufung als Strafanzeige nach § 158 Abs. 1 StPO. Denn insbesondere kann es sich auch bei einer Strafanzeige um eine bloße Anregung zur Prüfung handeln, ob ein Ermittlungsverfahren einzuleiten ist.[661] Entgegen der Ansicht des Gesetzgebers besteht daher im Kern kein Unterschied zwischen der Verdachtshöhe für eine Strafanzeige und für eine Verdachtsmeldung. Denn auch querulatorische oder anonyme Strafanzeigen sind als solche zu qualifizieren – unabhängig von ihrem Gehalt – und lösen eine Prüfungspflicht der Strafverfolgungsbehörden aus.[662] Zudem generieren Verdachtsmeldungen derzeit häufig durch ihre inhaltliche Bündelung einen Anfangsverdacht i. S. d. § 152 Abs. 2 StPO.[663] Es wird insgesamt durch die Verdachtsmeldepflicht keine Geldwäschevermeidung praktiziert, sondern man ist repressiv auf Straftatensuche

---

658 Grafik basierend auf Daten der FIU-Jahresberichte 2016 und 2022, der PKS 2021 des BKA und ergänzt durch die Destatis Genesis Datenbank und die Datenbank der Statistischen Bibliothek.

659 *Klaus/Strompen/Vieltorf*, Das Geldwäsche-Desaster – Was läuft schief beim Kampf gegen Geldwäsche?, ZDF, 16.05.2023, (abrufbar: https://perma.cc/V9PB-UVAR, zuletzt abgerufen: 31.08.2024), Min. 5.09.

660 *Bussmann/Veljovic*, NZWiSt 2020, 417 (420).

661 *Goers*, in: Graf (Hrsg.), 50. Edition, Stand: 01.07.2024, § 158 Rn. 1; BayObLG, Beschl. v. 21.05.1985, RReg. 1 St 73/85, NJW 1986, 441 (442); *Rudolph*, 2005, S. 190.

662 *Weingarten*, in: Barthe/Gericke (Hrsg.), 9. Aufl. 2023, § 158 Rn. 6 f.; *Rudolph*, 2005, S. 190.

663 *Bussmann/Veljovic*, NZWiSt 2020, 417 (420).

im Zusammenhang mit Geldwäsche und deren Vortaten durch die Suche nach Auffälligkeiten im gesamten Transaktionsmonitoring.

Zudem werden die Verdachtsmeldungen auch für Ermittlungsverfahren wegen anderer Straftaten verwendet[664] und viele Ermittlungsverfahren werden wegen des Verdachts, der durch Geldwäscheverdachtsmeldungen nach § 43 GwG entsteht, ausgelöst.[665] Daher eröffnen die Verdachtsmeldungen häufig den Eingriffsbereich für weitergehende strafprozessuale Eingriffsermächtigungen.[666]

Der Unterschied in der Form von Strafanzeigen nach § 158 Abs. 1 StPO und § 43 Abs. 1 Nr. 1 GwG vermag eine Differenzierung zwischen diesen Meldungen nicht zu begründen. Die Verdachtsmeldungen werden auf ihrem Weg von den Verpflichteten über die FIU hin zu den Staatsanwaltschaften schon derart angereichert, dass sie die richterliche Überzeugung nach § 437 Satz 1 StPO stärken können und sollen.[667] Auch dies ist den Strafanzeigen und den daran anschließenden Ermittlungen bei Bejahung eines Anfangsverdachtes immanent. Die Zwischenschaltung der FIU als Empfangsbehörde dient lediglich der (sinnvollen) Vorfilterung der Verdachtsmeldungen, um die Staatsanwaltschaften mit den stetig ansteigenden Meldungen nicht zu überlasten. Dass die Ausgestaltung der FIU als „rein administrativ präventive“ Behörde dabei eine fehlerhafte und rechtsmissbräuchliche Ausgestaltung ist, wird in Kapitel V. erörtert.[668]

Ein letztes Argument gegen eine Einordnung als Strafanzeige ist häufig, dass bei den Verpflichteten bei Abgabe einer Meldung keine Gewissheit bezüglich einer Strafbarkeit wegen Geldwäsche bestehen müsse.[669] Auch dies ist falsch, denn die Beurteilung dieser prozessualen Wahrheit ist eine dem Strafverfahren als Erkenntnisverfahren grundlegende Aufgabe.[670]

Als Ergebnis dieses Abschnittes ist daher festzuhalten, dass es nicht Strafanzeige versus Meldepflicht, sondern Strafanzeige gleich Meldepflicht heißen muss.

---

664 *Bussmann/Veljovic*, NZWiSt 2020, 417 (421); *Bülte*, GWuR 2021, 8 (10).

665 *Reichling*, wistra 2023, 188 (188).

666 *Bussmann/Veljovic*, NZWiSt 2020, 417 (421); *Bülte*, GWuR 2021, 8 (10); zur Kritik hieran Kapitel IV.C.

667 *Bussmann/Veljovic*, NZWiSt 2020, 417 (424).

668 Treffend zur besonders schwierigen Rolle der FIUS *Meyer*, in: Engelhart/Kudlich/Vogel, 2022, S. 1203: *„FIUs tear at traditional legal boundaries between public, private, and criminal law as well as between national and international law.“*

669 BT-Drs. 18/11555, 17.03.2017, S. 156.

670 *Theile*, NStZ 2012, 666 (666); *Hachmann*, 2024, S. 235 ff.

f) Zusammenfassung

Auch aus Klarstellungsgründen ist die geldwäscherechtliche Verdachtsmeldepflicht nach § 43 Abs. 1 Nr. 1 GwG nach hier vertretener Auffassung als repressive Verpflichtung zur Abgabe von Strafanzeigen i. S. d. § 158 Abs. 1 StPO einzustufen. Im folgenden Abschnitt ist daher zuletzt zu untersuchen, ob diese Verpflichtung bereits als Teil des Strafverfahrens zu qualifizieren ist (3.). Diese Prüfung leitet dazu über, in welcher rechtlichen Eigenschaft insbesondere die Banken diese Verpflichtung wahrnehmen (III.) und welche verfassungsrechtlichen Grenzen für diese Verpflichtung identifiziert werden können (IV.).

3. Verdachtsmeldepflicht als Teil des Strafverfahrens?

Der Begriff des Strafverfahrens umfasst das gesamte förmliche Verfahren, um eine Entscheidung über das Vorliegen strafbarer Taten und die damit ggf. verbundene Strafe zu treffen.[671] Der Gang des Strafverfahrens als Erkenntnisverfahren besteht aus dem Ermittlungsverfahren (§§ 158 ff. StPO), dem Zwischenverfahren (§§ 199 ff. StPO), dem Hauptverfahren einschließlich des Rechtsmittelverfahrens (§§ 213 ff. StPO) und dem Vollstreckungsverfahren (§§ 449 ff. StPO).[672] Das Ermittlungsverfahren markiert den Beginn des Strafverfahrens.[673] Dieses dient der Klärung der Frage, ob zureichende tatsächliche Anhaltspunkte für die Begehung einer Straftat vorliegen, welche die Weiterführung des Strafverfahrens (etwa in Gestalt einer Anklage oder eines Antrages auf Erlass eines Strafbefehls) sinnvoll erscheinen lassen oder ob beispielsweise eine Einstellung des Verfahrens nach §§ 153 ff. StPO oder nach § 170 Abs. 2 StPO geboten erscheint.[674]

---

671 *Schubert/Klein*, Das Politiklexikon – Strafverfahren, Bundeszentrale für politische Bildung, 2020, (abrufbar: https://perma.cc/MQM8-ZEUP, zuletzt abgerufen: 31.08.2024); *Böse*, 2005, S. 10 ff., 14.

672 *Schmitt-Leonardy/Klarmann*, JuS 2022, 210 (213); *Schmitt*, in: Meyer-Goßner/Schmitt (Hrsg.), 66. Aufl. 2023, Einleitung Rn. 58, 59.

673 *Schmitt*, in: Meyer-Goßner/Schmitt (Hrsg.), 66. Aufl. 2023, Einleitung Rn. 58 ff.; *Kölbel/Ibold*, in: Schneider (Hrsg.), 2. Aufl. 2024, § 160 Rn. 3 f.

674 *Erb*, in: Becker/Erb/Esser/Graalmann-Scheerer/Hilger/Ignor (Hrsg.), 27. Aufl. 2018, § 160 Rn. 13; *Kölbel/Ibold*, in: Schneider (Hrsg.), 2. Aufl. 2024, § 160 Rn. 3 f.

a) Einleitung des Ermittlungsverfahrens

Sobald die Staatsanwaltschaft durch eine Anzeige oder auf anderem Wege von dem Verdacht einer Straftat Kenntnis erhält, hat sie zu ihrer Entschließung darüber, ob die öffentliche Klage zu erheben ist, den Sachverhalt zu erforschen, § 160 Abs. 1 StPO. Richtigerweise ist diese Pflicht insbesondere zur Entgegennahme einer Strafanzeige nach § 158 Abs. 1 StPO nicht gleichbedeutend mit der Pflicht zur Aufnahme von Ermittlungen.[675] Denn die Bejahung eines Anfangsverdachtes ist gerade das Ergebnis strafverfolgungsbehördlicher Prüfung.[676] Die Geldwäscheverdachtsmeldungen wurden nach hier vertretener Ansicht als Strafanzeigen i. S. d. § 158 Abs. 1 StPO qualifiziert.[677] Strafanzeigen sind als tatsächliche Sachverhaltsmitteilungen dem Strafverfahren in der Regel vorgelagert und sollen vielmehr die Strafverfolgungsbehörden zur Prüfung der Einleitung eines Strafverfahrens veranlassen.[678] Eine Pflicht zur Erstattung von Strafanzeigen durch Private, wie sie das Geldwäscherecht in Gestalt der Meldungen vorsieht, ist dem deutschen Recht allerdings neu.[679] Im Regelfall besteht keine Verpflichtung von Privatpersonen, bereits begangene Straftaten zu melden.[680] Einzig in Fällen des § 138 StGB besteht die Pflicht, besonders schwere, zukünftige Straftaten zu melden.[681] Dieser Abschnitt untersucht daher, ob die Verdachtsmeldepflicht nach § 43 Abs. 1 Nr. 1 GwG aufgrund ihres besonderen Verpflichtungscharakters bereits als Teil des Strafverfahrens zu qualifizieren ist.

---

675 *Weingarten,* in: Barthe/Gericke (Hrsg.), 9. Aufl. 2023, § 160 Rn. 11; *Noltensmeier-von Osten*, in: Bockemühl/Heintschel-Heinegg (Hrsg.), Aktualisierungslieferung Nr. 126, März 2024, § 160 Rn. 8; *Sackreuther,* in: Graf (Hrsg.), 50. Edition, Stand: 01.07.2024, § 160 Rn. 4; *Rudolph*, 2005, S. 190.

676 *Weingarten,* in: Barthe/Gericke (Hrsg.), 9. Aufl. 2023, § 160 Rn. 11; *Noltensmeier-von Osten*, in: Bockemühl/Heintschel-Heinegg (Hrsg.), Aktualisierungslieferung Nr. 126, März 2024, § 160 Rn. 8; *Rudolph*, 2005, S. 190.

677 Siehe Kapitel IV.C.II.2.

678 *Weingarten,* in: Barthe/Gericke (Hrsg.), 9. Aufl. 2023, § 158 Rn. 3; *Goers,* in: Graf (Hrsg.), 50. Edition, Stand: 01.07.2024, § 158 Rn. 6f.; *Rudolph*, 2005, S. 190 f.

679 Vielmehr kannte das deutsche Recht vor der Einführung diverser Meldepflichten nur die präventive Pflicht zur Anzeige geplanter Straftaten nach § 138 StGB. Siehe *Weingarten,* in: Barthe/Gericke (Hrsg.), 9. Aufl. 2023, § 158 Rn. 25; *Köhler* sieht § 43 GwG (dort noch mit Verweis auf §§ 11, 14 GwG a. F.) ausdrücklich als Ausnahme von der ansonsten nicht bestehenden Pflicht zur Erstattung von Strafanzeigen durch Privatpersonen an, in: Meyer-Goßner/Schmitt (Hrsg.), 66. Aufl. 2023, § 158 Rn. 6a.

680 *Bussmann*, 2018, S. 79 ff.; *Sternberg-Lieben,* in: Schönke/Schröder (Hrsg.), 30. Aufl. 2019, § 138 Rn. 1.

681 *Lenk*, JR 2020, 103 (103 ff.); *Hohmann,* in: Erb/Schäfer (Hrsg.), 4. Aufl. 2021, § 138 Rn. 1.

b) Maßnahmen im Vorfeld des Ermittlungsverfahrens

Es stellt sich somit die Frage, ob die Verpflichtung Privater zur Abgabe von Strafanzeigen als Teil des Strafverfahrens zu qualifizieren ist, obwohl sich diese repressive Verdachtsgewinnung im Vorfeld des Ermittlungsverfahrens abspielt. Fallgruppen, in denen die Strafverfolgungsbehörden vor der Bejahung eines Anfangsverdachtes i. S. d. § 152 Abs. 2 StPO tätig werden, bezeichnet *Rudolph* als antizipierte Strafverfolgung.[682] Grundsätzlich ist die Ausgestaltung des Verdachtsmeldewesens dem Ermittlungsverfahren von der Herangehensweise her ähnlich, allerdings ist „Ziel" des Geldwäscheverdachtsverfahrens die Feststellung, ob die Meldeschwelle nach § 43 Abs. 1 Nr. 1 GwG erreicht ist und des Ermittlungsverfahrens, ob öffentliche Klage zu erheben ist, § 160 Abs. 1 StPO.[683] Ein weiterer Unterschied besteht hier zudem darin, dass nicht die Strafverfolgungsbehörden, sondern Private in Gestalt der GwG-Verpflichteten tätig werden. Zur Beurteilung von Vorfeldmaßnahmen vor dem Bestehen eines Anfangsverdachtes nach § 152 Abs. 2 StPO durch die Strafverfolgungsbehörden haben sich Fallgruppen gebildet, die nicht in der StPO geregelt sind.[684] Dies sind die Vorermittlungen (aa) und die Vorfeldermittlungen (bb). Diese werden im folgenden Abschnitt dargestellt und in der anschließenden Stellungnahme (c) auf ihre Übertragbarkeit auf die Geldwäscheverdachtsmeldung nach § 43 Abs. 1 Nr. 1 GwG überprüft.

aa) Vorermittlungen

Zur Klärung, ob auf Basis bereits bestehender tatsächlicher Anhaltspunkte eines Sachverhaltes die Einleitung eines Ermittlungsverfahrens angezeigt ist, können durch die Staatsanwaltschaft Vorermittlungen angestellt werden.[685] Diese dienen der Verdichtung und Generierung von Verdachtsmomenten unterhalb des Anfangsverdachtes und der Abklärung der Einleitung

682 *Rudolph*, 2005, S. 12.

683 *Hachmann*, 2024, S. 235; *Barreto da Rosa*, in: Herzog (Hrsg.), 5. Aufl. 2023, § 43 Rn. 19.

684 *Schmitt-Leonardy/Klarmann*, JuS 2022, 210 (213).

685 *Beukelmann*, in: Graf (Hrsg.), 50. Edition, Stand: 01.07.2024, § 152 Rn. 6; BGH, Beschl. v. 19.08.2020, 6 BGs 95/20, BeckRS 2020, 49708, Rn. 4.

eines förmlichen Ermittlungsverfahrens.[686] Solche Vorermittlungen sind ebenfalls nicht als Teil des Ermittlungsverfahrens anzusehen.[687]

Da die Banken insbesondere nach Maßgabe des Gesetzgebers keine eigenen Ermittlungen dergestalt vornehmen sollen, dass sie das „Hindeuten von Tatsachen“ nach § 43 Abs. 1 Nr. 1 GwG näher verifizieren, scheidet eine Vergleichbarkeit mit den Vorermittlungen aus.[688] Die Banken sollen „im Zweifel“, aber nicht „ins Blaue hinein“ melden.[689] Statt einer näheren Verifizierung des Verdachtes durch die Verpflichteten hat der Gesetzgeber sich für die Unverzüglichkeit der Meldung entschieden, § 43 Abs. 1 GwG.

bb) Vorfeldermittlungen

Die Vorfeldermittlungen, die ohne Anhaltspunkte für jeglichen Verdacht durch Strafverfolgungsbehörden gegen bestimmte Personen oder Gruppen gerichtet werden, um befürchteten Straftaten vorzubeugen, sind nach überwiegender Auffassung unzulässig.[690] Denn sie knüpfen nicht an einen Verdacht oder wenigstens an eine verdachtsähnliche Lage an.[691] Sie sind aufgrund der Begriffsähnlichkeit von den soeben unter aa) beschriebenen Vorermittlungen abzugrenzen.

Dieses Verbot von Vorfeldermittlungen darf nicht durch den Einsatz Privater durch die Strafverfolgungsbehörden umgangen werden.[692] Damit sind jedoch vor allem Fälle gemeint, in denen Private ohne ausdrückliche Rechtsgrundlage nach staatlicher Veranlassung Nachforschungen für ein Strafverfahren vornehmen.[693] Bei der geldwäscherechtlichen Verdachtsmel-

---

686 *Hachmann*, 2024, S. 241; *Rudolph*, 2005, S. 190 f.

687 *Beukelmann*, in: Graf (Hrsg.), 50. Edition, Stand: 01.07.2024, § 152 Rn. 6; BGH, Beschl. v. 19.08.2020, 6 BGs 95/20, BeckRS 2020, 49708, Rn. 4.

688 *BaFin*, Auslegungs- und Anwendungshinweise zum Geldwäschegesetz, Stand: Oktober 2021, (abrufbar: https://perma.cc/R5M9-G3C4, zuletzt abgerufen: 31.08.2024), S. 49, 74; siehe auch *Wende*, 2024, S. 112 f.

689 *Diergarten/Barreto Da Rosa*, 2021, S. 286; kritisch ebenfalls *Hauler/Höffler/Reisch*, wistra 2023, 265 (267 f.); BT-Drs. 17/6804, 17.08.2011, S. 35 f.

690 *Diemer*, in: Barthe/Gericke (Hrsg.), 9. Aufl. 2023, § 152 Rn. 10; *Schmitt*, in: Meyer-Goßner/Schmitt (Hrsg.), 66. Aufl. 2023, § 152 Rn. 4b; *Beukelmann*, in: Graf (Hrsg.), 50. Edition, Stand: 01.07.2024, § 152 Rn. 6.1; m. w. N. *Erb*, in: Becker/Erb/Esser/Graalmann-Scheerer/Hilger/Ignor (Hrsg.), 27. Aufl. 2018, Vor § 158 Rn. 14.

691 *Kölbel/Ibold*, in: Schneider (Hrsg.), 2. Aufl. 2024, § 158 Rn. 14.

692 *Schmitt*, in: Meyer-Goßner/Schmitt (Hrsg.), 66. Aufl. 2023, § 152 Rn. 4b.

693 *Schmitt*, in: Meyer-Goßner/Schmitt (Hrsg.), 66. Aufl. 2023, § 152 Rn. 4b; *Brunhöber*, GA 2010, 571 (571).

dung geht es nach hier vertretener Auffassung zudem um die Aufdeckung bereits abgeschlossener oder noch andauernder Straftaten, auf die die Verpflichteten – allerdings durch gezielte Suche – aufmerksam werden.[694] Sofern keine Verdachtsmomente vorliegen, sind die GwG-Verpflichteten jedoch gerade nicht zu Initiativermittlungen[695] verpflichtet.[696] Vielmehr sollen sie nur die bereits bei sich vorhandenen Informationen zur Überprüfung auf Verdachtsmomente nutzen. Dies ist nach wie vor das erklärte Ziel des Gesetzgebers, der den Informationsvorschuss der Verpflichteten zur Geldwäschebekämpfung nutzen will.[697]

c) Stellungnahme

An sich kategorisieren die soeben knapp beschriebenen Fallgruppen nur staatliches Handeln von Strafverfolgungsbehörden im Vorfeld eines strafprozessualen Anfangsverdachtes nach § 152 Abs. 2 StPO. Da vorliegend jedoch Private auf staatliche Veranlassung hin im Vorfeld des Anfangsverdachtes tätig werden, kann insgesamt keine Zuordnung zu einer der Kategorien überzeugen.[698] Ein Rückgriff auf diese ungeschriebenen Fallgruppen ist insofern auch nicht erforderlich, da die Voraussetzungen der Verdachtsmeldepflicht gerade rechtlich festgeschrieben sind.[699] Die Verdachtsmeldepflicht ist somit nicht Teil des *förmlichen* Strafverfahrens. Die Frage ist aber, ob die Verdachtsmeldepflicht nach § 43 Abs. 1 Nr. 1 GwG dennoch der Strafverfolgung zuzurechnen ist. Die repressive Ausrichtung der Meldepflicht wurde bereits festgestellt.[700] Sie dient als erstes Glied in der Kette der Ver-

694 *Hachmann*, 2024, S. 247; *Erb,* in: Becker/Erb/Esser/Graalmann-Scheerer/Hilger/Ignor (Hrsg.), 27. Aufl. 2018, Vor § 158 Rn. 14.

695 Der Begriff der Initiativermittlungen wird teilweise als eigene Fallgruppe der Ermittlungen vor einem Anfangsverdacht gewertet (*Hachmann*, 2024, S. 244), teilweise wie hier synonym mit den Vorfeldermittlungen verwendet: *Kölbel/Ibold*, in: Schneider (Hrsg.), 2. Aufl. 2024, § 160 Rn. 13.

696 *Herzog/Hoch,* WM 2007, 1997 (1999); *Sommer,* MittBayNot 2019, 226 (228).

697 BT-Drs. 17/6804, 17.08.2011, S. 31.

698 Mit einem ausführlichen Zuordnungsversuch und eben jenem Ergebnis: *Hachmann*, 2024, S. 235 ff.

699 Eine andere sogleich unter Gliederungspunkt IV. zu klärende Frage ist, ob diese gesetzliche Festschreibung auch verfassungsgemäß ist.

700 Siehe Kapitel IV.C.II.1.

dachtsgewinnung für die Geldwäschebekämpfung.[701] Durch die Sammlung erster Anhaltspunkte und die Meldung bei Erreichen der Verdachtsschwelle des § 43 GwG soll damit insbesondere die FIU in die Lage versetzt werden, die weitere Verfolgung einer im Raum stehenden Geldwäsche abzuwägen.[702] Dennoch erfolgt die gesetzliche Verpflichtung zur laufenden Überwachung der Kunden durch die Verpflichteten zunächst nur aufgrund des vermuteten Dunkelfeldes. In zeitlicher Hinsicht liegt noch kein Verdacht vor, dennoch ist die Zweckrichtung der Maßnahme repressiv.[703] Dies dient der inzwischen verfestigt durch den Gesetzgeber verfolgten Zielrichtung, nicht bloß Einzeltäter auf spezifische Verdachtsmomente hin, sondern „Kriminalität als solche" (hier: Geldwäsche) zu bekämpfen.[704] Diese Maßnahmen haben dennoch aufgrund bewusster kriminalpolitischer Entscheidungen – siehe nur die Regulierungswelle[705] der Geldwäsche – zum Zweck, eine gezielte Verdachtsgewinnung zu betreiben.[706] Die Verdachtsgewinnung bei den GwG-Verpflichteten ist damit zwar nicht dem förmlichen Teil des Strafverfahrens im Sinne der Strafprozessordnung zuzurechnen, ist jedoch Teil der Strafverfolgung.[707]

4. Zusammenfassung

Nach hier vertretener Ansicht dient die Meldepflicht nach § 43 Abs. 1 Nr. 1 GwG im Schwerpunkt repressiven Zwecken und erfolgt in einem dem Strafverfahren vorgelagerten Bereich, in dem die formale Verdachtsschwelle für die Verpflichteten sehr niedrig anzusetzen ist. Gerade deshalb sind die

701 *Hachmann*, 2024, S. 250; *Leffer/Sommerer*, in: Wörner/Wilhelmi/Glöckner/Breuer/Behrendt, 2024, S. 110 ff.

702 *Hachmann*, 2024, S. 246; wie sich dies rechtlich auf die Stellung der FIU auswirken müsste, ist Gegenstand von Kapitel V.

703 *Hachmann*, 2024, S. 247.

704 Mit initialen Feststellungen dazu: *Weßlau*, Vorfeldermittlungen – Probleme der Legalisierung „vorbeugender Verbrechensbekämpfung" aus strafprozessrechtlicher Sicht, 1989, S. 335.

705 Kapitel II.B.II.

706 Ebenda.

707 *Weßlau*, 1989, S. 335 bezeichnet diese Art der Verdachtsgewinnung (wenn auch durch die Polizei) als „antizipierte Strafverfolgung". Sofern Private diese Tätigkeit aufgrund staatlicher Veranlassung wahrnehmen, kann für die rechtliche Zweckbestimmung kein anderes Ergebnis gelten; ähnlich auch *Hachmann*, 2024, S. 248; siehe auch *Bussmann*, 2018, S. 79.

Meldungen als Strafanzeigen i. S. d. § 158 Abs. 1 StPO zu qualifizieren, die die FIU als empfangende Behörde zur weiteren Prüfung des Sachverhaltes veranlassen sollen.[708]

Im folgenden Abschnitt ist zu analysieren, in welcher Eigenschaft die Banken die staatliche Verpflichtung zur Abgabe von Strafanzeigen übernehmen (III.). Daran schließt sich die Frage an, ob die derzeitige Ausgestaltung des § 43 Abs. 1 Nr. 1 GwG verfassungsrechtlich zulässig ist (IV.).

III. Beleihung, Verwaltungshilfe oder Indienstnahme Privater

Die nach § 2 Abs. 1 GwG Verpflichteten sind Privatrechtssubjekte, welche zu umfassenden Analyse- (§§ 4 ff. GwG), Identifizierungs- (§§ 11 ff. GwG), Aufbewahrungs-, Aufzeichnungs-, Prüfungs-, Sorgfalts- (§§ 10 ff. GwG) und Meldepflichten (§§ 43 ff. GwG) gesetzlich verpflichtet werden, um staatlich verfolgte Ziele – namentlich die Geldwäscheprävention und -bekämpfung – zu erreichen.[709] Generell kann man den Oberbegriff der Privatisierung als Verlagerung staatlicher Aufgaben aus dem staatlichen in den privaten Bereich umschreiben.[710]

Demzufolge ist an dieser Stelle zu untersuchen, wie die Übertragung und Wahrnehmung dieser Pflichten – mit Fokus auf der Meldepflicht nach § 43 GwG – durch die Finanzinstitute rechtlich einzuordnen ist. Danach entscheidet sich im Ergebnis, ob das Rechtsverhältnis zwischen den Verpflichteten und deren Kunden betreffend der Abgabe der Verdachtsmeldung dem öffentlichen Recht oder dem Privatrecht zuzuordnen ist.[711] Diese Einordnung wirkt sich ebenfalls auf die rechtlichen Anforderungen an den KI-Einsatz aus.[712] Die Verpflichtung Privater zur Erfüllung staatlicher Aufgaben ist nicht neu – sie erfolgt regelmäßig etwa im Bereich des Steuer-

---

708 Welcher Prüfungsmaßstab dabei sinnvollerweise durch die FIU anzusetzen ist: Kapitel V.A.I.

709 *Dahm/Hamacher*, wistra 1995, 206 (213); *Leffer/Sommerer*, in: Wörner/Wilhelmi/Glöckner/Breuer/Behrendt, 2024, S. 111 ff.

710 *Rochemont*, Privatisierung und private Trägerschaft im Justiz- und Maßregelvollzug – Eine verfassungsrechtliche Überprüfung der Privatisierungsmodelle in Deutschland, 2024, S. 28; *Stober*, NJW 2008, 2301 (2302).

711 *Schurowski*, Der automatische Austausch von Finanzkonteninformationen in Steuersachen – Eine einfachgesetzliche, verfassungsrechtliche und europarechtliche Untersuchung, 2020, S. 88; *Rudolph*, 2005, S. 182.

712 Kapitel IV.D.

rechts[713] oder bei der Inanspruchnahme privater Sicherheitsdienstleister.[714] Nach dem generellen Verständnis der Auslagerung staatlicher Tätigkeiten auf Private können nur Verwaltungskompetenzen, nicht jedoch Rechtsetzung, Regierung oder Rechtsprechung übertragen werden.[715] Die Meldeverpflichtung des GwG ähnelt im Kern am ehesten der Rechtspflege,[716] ist jedoch keine Rechtsprechung, Regierungs- oder Rechtsetzungstätigkeit.[717]

Bei der Verpflichtung von Privaten zur Erfüllung staatlicher Aufgaben wird regelmäßig zwischen einer Beleihung des Privaten (1.), der Verwaltungshilfe (2.) und der sog. „Indienstnahme Privater" (3.) unterschieden.

1. Beleihung

Bei einer Beleihung von Privaten gelten diese als Verwaltungsbehörden im funktionalen Sinne.[718] Darunter versteht man die selbstständige Wahrnehmung einer staatlichen Aufgabe durch ein mit öffentlicher Gewalt ausgestattetes Privatrechtssubjekt.[719] Charakteristisch für die Beleihung ist das Auftreten nach außen als selbstständiger Hoheitsträger, wobei die übertragenen Entscheidungen in eigener Kompetenz getroffen werden und sowohl für den Betroffenen als auch für die Verwaltung bindend sind.[720] Dies führt dazu, dass zwischen dem Beliehenen und den deren Handlungen betreffenden Dritten ein Subordinationsverhältnis entsteht.[721] Als Handlungsformen darf der Beliehene sich daher beispielsweise eines Verwaltungsaktes i. S. d. § 35 Satz 1 VwVfG oder eines Realaktes bedienen.[722] Eine rechtliche

713 *Schurowski*, 2020, S. 87.

714 *Stober*, NJW 2008, 2301 (2302) nennt als Beispiel insbesondere § 34a Abs. 1 GewO.

715 *Dahm/Hamacher*, wistra 1995, 206 (213) m. w. N.; *Wolff/Bachof/Stober/Kluth*, Verwaltungsrecht II, 8. Aufl., 2023, S. 667.

716 Die Meldepflicht nach § 43 Abs. 1 Nr. 1 GwG wurde im Kern als repressive Verpflichtung zur Abgabe von Strafanzeigen eingestuft, siehe oben Kapitel IV.C.II.2.

717 *Dahm/Hamacher*, wistra 1995, 206 (213) weisen zutreffend darauf hin, dass die Ausübung von Rechtspflege durch Private grds. möglich ist.

718 *Heintzen*, in: Veröffentlichungen der Vereinigung der Deutschen Staatsrechtslehrer, 2003, S. 224 f. m. w. N.; *Detterbeck*, Allgemeines Verwaltungsrecht mit Verwaltungsprozessrecht, 22. Aufl., 2024, S. 44; *Wolff/Bachof/Stober/Kluth*, 2023, S. 660.

719 *Dahm/Hamacher*, wistra 1995, 206 (213); *Steiner*, JuS 1969, 69 (70); *Wende*, 2024, S. 81.

720 *Dahm/Hamacher*, wistra 1995, 206 (213); *Maurer/Waldhoff*, Allgemeines Verwaltungsrecht, 21. Aufl., 2024, S. 684 ff.

721 *Schurowski*, 2020, S. 90; *Ehlers*, in: Ehlers/Pünder (Hrsg.), 15. Aufl. 2016, S. 16 ff.

722 *Schurowski*, 2020, S. 90; *Wolff/Bachof/Stober/Kluth*, 2023, S. 660 ff.

Einstufung der GwG-Verpflichteten als Beliehene würde etwa dazu führen, dass die Meldung nach § 43 Abs. 1 GwG gegenüber den Betroffenen als Verwaltungsakt oder Realakt zu qualifizieren sein könnte.

Da zur Klassifizierung von Beliehenen keine bundesgesetzlichen Vorgaben bestehen und sich bis heute keine einheitliche Definition herausgebildet hat, herrscht bezüglich der Einordnung als Beliehener ein umfassender Theorienstreit.[723] Die heute herrschende Auffassung bezüglich der Einordnung von staatlichen Aufgabenübertragungen ist die sog. „Rechtsstellungstheorie".[724] Als konstituierendes Merkmal dieser Auffassung wird eine Beleihung dann angenommen, wenn die Übertragung hoheitlicher Befugnisse auf einen Privaten erfolgt.[725] Es genügt jedoch nach einem weiten Begriffsverständnis dieser Theorie zur Übertragung von Hoheitsbefugnissen, wenn hoheitliche Befugnisse ohne Rechtsfolgenfestsetzung übertragen werden – mithin ein schlichtes Verwaltungshandeln durch die beliehenen Privaten.[726] Zur Beurteilung erfolgt dazu eine Fokussierung auf die Aufgaben, die der Private gegenüber Dritten für den Staat wahrnimmt.[727] Im Rahmen der hiesigen Arbeit kommt es somit darauf an, ob und wie die Banken gegenüber ihren Kunden (insbesondere Kontoinhabern) sozusagen stellvertretend für den Staat handeln.

Dahm/Hamacher statuierten bereits 1995, dass sie bei einer Ausgestaltung des Geldwäscherechtes im heutigen Sinne[728] von einer Beleihung der Verpflichteten ausgehen.[729] Dies begründeten die Autoren damit, dass die Verdachtsmeldepflicht nicht der unternehmerischen Tätigkeit der Banken zugeordnet werden könne und den Kreditinstituten eine Art Ein-

---

723 Die sog. „Aufgabentheorie" betrachtet den Kern der Beleihung nach der Art der übertragenen Aufgabe, *Schurowski*, 2020, S. 89; *Wolff/Bachof/Stober/Kluth*, 2023, S. 660 ff.

724 *Dahm/Hamacher*, wistra 1995, 206 (213); *Steiner*, JuS 1969, 69 (70); *Heintzen*, in: Veröffentlichungen der Vereinigung der Deutschen Staatsrechtslehrer, 2003, S. 241 Fn. 99; *Schurowski*, 2020, S. 89 f.

725 *Schurowski*, 2020, 89 f.; *Wolff/Bachof/Stober/Kluth*, 2023, S. 659.

726 *Schurowski*, 2020, 99 m. w. N.; *Burgi*, in: Ehlers/Pünder (Hrsg.), 15. Aufl. 2016, S. 316.

727 *Schurowski*, 2020, S. 90.

728 Die Autoren wiesen bereits damals darauf hin, dass sie davon ausgehen, dass eine Ausweitung des geldwäscherechtlichen Meldewesens im heutigen Sinne zu einer Verpflichtung insbesondere der Finanzinstitute dahingehend führt, dass diese sämtliche „Merkwürdigkeiten" im Kundenverhalten, d. h. von dem Durchschnittsverhalten der Kunden abweichenden Verfahrensweisen, melden müssten, *Dahm/Hamacher*, wistra 1995, 206 (207).

729 *Dahm/Hamacher*, wistra 1995, 206 (214).

schätzungsprärogative wie einem Staatsanwalt bei der Beurteilung des Verdachtsfalles zukomme.[730] Dies ist nach der heutigen Ausgestaltung des Meldewesens nicht (mehr) überzeugend. Aufgrund der zahlreichen Bußgeldfälle nach § 56 GwG und insbesondere dem mit einem naming and shaming[731] verbundenen Reputationsverlust für die Banken liegen die Verdachtsmeldungen auch in deren unternehmerischen Interesse. Eine Beurteilungspflicht wie einem Staatsanwalt kommt dem Kreditinstitut nicht zu, dennoch ist den Autoren durchaus zuzustimmen, dass die Verdachtsmeldung bereits direkt in die Rechte der Betroffenen eingreift.[732] Diese Entscheidung erzeugt jedoch keine unmittelbare staatliche Wirkung gegenüber den Kunden.

Da der Staat das besondere Fachwissen und die Sachnähe der Verpflichteten zur Bekämpfung der Geldwäsche ausnutzen will, erfolgt durch die Einschaltung der Banken in dieses Verfahren die Begründung einer Art „Mittlerfunktion“ zwischen Staat und Kontoinhaber, ohne dass tatsächlich hoheitliche Befugnisse übertragen werden.[733] Die GwG-Verpflichteten sollen eben nicht ermitteln, sondern nach einer überschlägigen Bewertung der vorhandenen Informationen „im Zweifel“ eine Verdachtsmeldung abgeben.[734]

Die Verpflichteten nach dem GwG besitzen gegenüber ihren Kunden keine hoheitlichen Kompetenzen, sie sind vielmehr zu einer laufenden Überwachung ihrer Vertragsbeziehungen verpflichtet.[735] Da bereits nach der weiten Rechtsstellungstheorie keine überzeugende Einordnung der Verpflichteten als Beliehene erfolgen kann, wird an dieser Stelle auf eine ausufernde Darstellung des Theorienstreits verzichtet. Stattdessen wird weitergehend untersucht, ob die Pflichtenübertragung im GwG stattdessen als Verwaltungshilfe oder als Inpflichtnahme Privater qualifiziert werden kann.

---

730 Ebenda.

731 Siehe Kapitel II.B.II.2.d).

732 *Dahm/Hamacher*, wistra 1995, 206 (214).

733 Vgl. für das Steuerverfahren *Schurowski*, 2020, S. 92, 97.

734 BT-Drs. 17/6804, 17.08.2011, S. 25; vgl. auch *Schurowski*, 2020, S. 93 m. w. N.

735 *Wende*, 2024, S. 82.

2. Verwaltungshilfe

Der entscheidende Unterschied zwischen der Beleihung und der Verwaltungshilfe zeichnet sich dadurch aus, dass der Beliehene in eigener Zuständigkeit die ihm übertragenen hoheitlichen Aufgaben ausübt, während der Verwaltungshelfer lediglich in den Verwaltungsvollzug der Behörde tatsächlich eingeschaltet wird und rechtlich nicht nach außen auftritt.[736] Im Ergebnis nehmen die Verwaltungshelfer daher Hilfstätigkeiten im Auftrag und nach Weisung der Verwaltung wahr – häufig zeitlich begrenzt.[737] Die GwG-Verpflichteten müssen nach § 43 Abs. 1 Nr. 1 GwG beurteilen, ob Tatsachen darauf hindeuten, dass – verkürzt – ein Vermögensgegenstand im Zusammenhang mit Geldwäsche steht. Richtigerweise existieren zur Beurteilung dieser Tatsachen zum einen Anwendungs- und Auslegungshinweise, als auch zum anderen spezifische Geldwäsche-Typologien.[738] Der Meldeverpflichtung des GwG ist es jedoch immanent, dass die Verpflichteten dann eine Meldung erstatten sollen, wenn „*Grund zu der Annahme* [besteht], *dass es sich bei Vermögenswerten um Erträge krimineller Aktivitäten handelt oder die Vermögenswerte im Zusammenhang mit Terrorismusfinanzierung stehen. Diese Voraussetzungen sind immer dann erfüllt, wenn objektiv Tatsachen vorliegen, die auf einen solchen Sachverhalt hindeuten.*“[739] Dieses „Hindeuten auf einen Sachverhalt“ muss jedoch durch die Verpflichteten erst einmal festgestellt und beurteilt werden. Dies ist zwar gesetzlich angeordnet, im Rahmen dieser Aufgabe müssen sie jedoch eine eigene Analyse der bei ihnen vorhandenen Informationen vornehmen. Außerdem treten die Verpflichteten sehr wohl im Außenverhältnis zum Kunden auf und begründen in der Regel mit ihm ein eigenes Rechtsverhältnis. Die Einstufung der Verpflichteten als Verwaltungshelfer ist daher abzulehnen.

---

736 *Maurer/Waldhoff*, 2024, S. 686 f.; *Detterbeck*, 2024, S. 45.

737 *Dahm/Hamacher*, wistra 1995, 206 (213); *Schurowski*, 2020, S. 90; *Burgi*, Funktionale Privatisierung und Verwaltungshilfe, 1999, S. 100 ff.

738 Etwa *BaFin*, Auslegungs- und Anwendungshinweise zum Geldwäschegesetz, Stand: Oktober 2021, (abrufbar: https://perma.cc/R5M9-G3C4, zuletzt abgerufen: 31.08.2024); die Typologien der FIU sind nicht öffentlich verfügbar.

739 BT-Drs. 17/6804, 17.08.2011, S. 35.

3. Indienstnahme Privater

Die Indienstnahme Privater ist nach herrschender Auffassung ein Akt funktionaler Privatisierung für öffentliche Zwecke.[740] Die „Schöpfung" dieser Rechtsfigur geht ursprünglich auf *Ipsen* zurück, der damit die im Abgabe- und Sozialversicherungsrecht begründeten Pflichten der Arbeitgeber bezüglich der Abführung von Steuer- und Sozialversicherungsbeiträgen an den Staat rechtlich einzuhegen versuchte und dessen Gedanken sodann vielfach auf ähnliche Rechtsstellungen von Privaten zum Staat übertragen wurden.[741]

Die Umschreibung von *Ipsen* aus dem Jahre 1950 scheint bereits auf den ersten Blick gut auf die Prävention und Verfolgung von Geldwäsche zu passen, wenn er ausführt, dass *„der Staat in Ermangelung oder zur Schonung verwaltungseigener Mittel die persönlichen oder sächlichen Kräfte Privater kraft Gesetzes in Anspruch nimmt, um durch sie öffentliche Aufgaben erledigen zu lassen."*[742] Nach heutiger Definition ist eine Indienstnahme gegeben, wenn Privaten gegen ihren Willen im Rahmen deren grundrechtlich geschützter Freiheitsausübung die Erfüllung gemeinwohlbezogener Pflichten auferlegt wird, die nicht notwendiger Teil der Freiheitsausübung sind.[743]

Die öffentliche Aufgabe im vorliegenden Fall ist die Erfassung und Verfolgung von Geldwäsche als staatliche Aufgabe der Strafverfolgung. Die Inanspruchnahme Privater ist die gesetzliche Verpflichtung nach § 43 GwG der Finanzinstitute zur Meldung solcher potenziellen Fälle. Bei der Geldwäsche ist es im Schwerpunkt die Ermangelung staatlicher Mittel bzw. vor allem die staatliche Kenntnisnahme und Entdeckung potenzieller Taten, da die Geldwäsche als traditionelles „victimless crime" anders kaum je an die Oberfläche befördert würde.[744]

Auch bei näherer Prüfung bestätigt sich diese Argumentation: Die Verdachtsmeldepflicht ist im Schwerpunkt tatsachenbezogen, mit einer schwach ausgeprägten Plausibilitätsprüfung und Rechtsanwendung.[745] Die

740 *Dreher,* in: Körber/Schweitzer/Zimmer (Hrsg.), 6. Aufl. 2020, § 103 GWB Rn. 76 ff.

741 *Ipsen*, in: Jahrreiß/Jellinek/Laun/Smend, 1950, S. 141 ff.; *Burgi*, 1999, S. 82; *Wende*, 2024, S. 82.

742 *Ipsen*, in: Jahrreiß/Jellinek/Laun/Smend, 1950, S. 141.

743 *Ipsen*, in: Jahrreiß/Jellinek/Laun/Smend, 1950, S. 141; *Wende*, 2024, S. 82; *Schurowski*, 2020, S. 100 f.; BVerfG, Beschl. v. 16.03.1971,1 BvR 52, 665, 667, 754/66, BVerfGE 30, 292 (311 ff.).

744 Zur Einordnung der Geldwäsche als victimless crime oben: Kapitel IV.A.

745 *Hachmann*, 2024, S. 225; vgl. *Schurowski*, 2020, S. 104.

Verpflichteten sollen keine materiell-rechtliche Wertentscheidung treffen.[746] Vielmehr nehmen sie gegen ihren Willen mit ihren eigenen (finanziellen) Mitteln die gemeinwohlbezogene Unterstützung bei der staatlichen Geldwäschebekämpfung vor.[747]

4. Zwischenergebnis

Die Verpflichtung der Banken zur Geldwäscheverdachtsmeldung nach § 43 Abs. 1 Nr. 1 GwG ist als Inpflichtnahme Privater zu qualifizieren.[748] Diese Inpflichtnahme umfasst allerdings eine Auslagerung staatlicher Tätigkeit im Bereich der Strafverfolgung, die dem Strafprozess vorgelagert ist und die Verpflichteten zur systematischen Suche nach verdächtigen Transaktionen und bei Auffindung solcher zur Abgabe von Strafanzeigen nach § 158 Abs. 1 StPO heranzieht. Im Folgenden wird daher untersucht, ob das geldwäscherechtliche Verdachtswesen in seiner derzeitigen Ausgestaltung verfassungsrechtlich zulässig ist.

IV. Verfassungsrechtliche Grenzen der Indienstnahme Privater

Böse statuierte bereits im Jahr 2007, dass Anlass zu der Sorge bestünde, dass die verfassungsrechtlichen Grenzen für strafprozessuale Ermittlungseingriffe durch den Rückgriff auf das Verwaltungsrecht unterlaufen würden.[749] Dieser Gedanke gilt ebenfalls für die Übertragung staatlicher Aufgaben auf Private. Im Bereich des geldwäscherechtlichen Meldesystems besteht sogar Anlass zur Sorge, dass strafprozessuale und grundrechtliche Garantien durch eine Flucht ins Privatrecht unterlaufen werden. Bei der Auslagerung von staatlichen Pflichten auf die GwG-Verpflichteten handelt es sich nach hier vertretener Auffassung um eine Indienstnahme Privater im Bereich ausgelagerter Strafverfolgung. Die Verfassungsmäßigkeit einer solchen Indienstnahme muss einerseits in dem Verhältnis des Staates zu den Indienstgenommenen gegeben sein und andererseits in dem Verhältnis zwischen Staat und von der Indienstnahme betroffene Bürger.

---

746 Vgl. *Schurowski*, 2020, S. 104.

747 *Wende*, 2024, S. 83.

748 So ebenfalls *Brunhöber*, GA 2010, 571 (571); *Hachmann*, 2024, S. 297; *Wende*, 2024, S. 81 ff.; *Fülbier*, in: Fülbier/Aepfelbach/Langweg (Hrsg.), 2006, § 11 Rn. 132; *Degen*, 2009, S. 135 f.; *Raue/Roegele*, ZRP 2019, 196 (199).

749 *Böse*, ZStW 2007, 848 (848).

1. Verfassungsrechtliche Grenzen gegenüber den Verpflichteten

Für die Verpflichteten geht es bezüglich der oben getroffenen Einordnung, in welcher Eigenschaft sie hier eine staatliche Aufgabe wahrnehmen, vor allem um die Frage, ob ihnen gegebenenfalls öffentlich-rechtliche Kostenerstattungsansprüche gegen den Staat zustehen. Unabhängig von ihrer jeweiligen Zweckrichtung bürdet die Umsetzung der zahlreichen Pflichten aus dem GwG den Verpflichteten einen großen bürokratischen und kostenintensiven Aufwand auf. Die Auferlegung administrativer Lasten betrifft die Verpflichteten hauptsächlich in ihrem Grundrecht nach Art. 12 Abs. 1 GG.[750] Dem Staat ist es grundsätzlich möglich, sich in Ermangelung eigener Mittel oder eigenen Zugangs der Kräfte Privater zu bedienen.[751] Das BVerfG hat bereits in zahlreichen Fällen entschieden, welchen Grenzen eine zulässige Indienstnahme Privater unterliegt.[752] Eine tiefergehende Analyse der verfassungsrechtlichen Grenzen der Indienstnahme ist nicht Fokus dieser Arbeit. Die Indienstnahme ruft jedoch wegen des mit ihr verbundenen Kosten- und Zeitaufwandes für die Verpflichteten ebenfalls immer wieder Diskussionen hervor.[753]

2. Verfassungsrechtliche Grenzen gegenüber den betroffenen Bürgern

An dieser Stelle der Arbeit ist zu beurteilen, ob die festgestellte Inpflichtnahme Privater zur Erstellung von Verdachtsmeldungen nach § 43 Abs. 1 Nr. 1 GwG gegenüber den Betroffenen verfassungsrechtlich zulässig ist. Konkret bedeutet dies, ob die Verpflichtung der Kreditinstitute zur Mitwirkung an der Strafverfolgung zulässig ist.[754] Denn eine Pflicht Privater zur Strafverfolgung bzw. hier qualifiziert als Verpflichtung zur Abgabe von Strafanzeigen i. S. d. § 158 Abs. 1 StPO war dem deutschen Rechtssystem bis

---

750 *Schurowski*, 2020, S. 113.

751 *Ipsen*, in: Jahrreiß/Jellinek/Laun/Smend, 1950, S. 141; *Wende*, 2024, S. 81.

752 BVerfG, Urt. v. 02.03.2010, 1 BvR 256/08, 1 BvR 263/08, 1 BvR 586/08, BVerfGE 125, 260 ff.; BVerfG, Beschl. v. 16.03.1971,1 BvR 52, 665, 667, 754/66, BVerfGE 30, 292 (311 ff.); mit einer umfassenden Einordnung für das Steuerrecht: *Kirchhof*, DStR 2023, 1801 (1806).

753 *Schurowski*, 2020, S. 113.

754 *Wende*, 2024, S. 81; ausführlich zu dieser Einstufung Kapitel IV.C.

zur Einführung verschiedener Meldepflichten – als erste jene des GwG – weitgehend fremd.[755]

Beim Transaktionsmonitoring wird vollkommen selbstverständlich von „laufender Überwachung“[756] gesprochen. Dies erzeugt initial ein rechtliches Störgefühl, zumal die Überwachung der Kundenbeziehungen durch die Kreditinstitute, insbesondere die Sorgfaltspflichten, von Beginn der Kundenbeziehung an erfolgen muss, unabhängig davon, ob der Einzelne einen konkreten Anlass dazu gegeben hat. Besonders prekär ist, dass die Verpflichteten die betroffenen Kunden faktisch von der Kontonutzung ausschließen können, indem sie diese aufgrund einer Verdachtsmeldung beispielsweise sperren, § 46 Abs. 1 GwG. Ob und wie weit diese Berechtigung der Banken zur Sperrung einzelner Konten oder Transaktionen über die Frist des § 46 Abs. 1 Nr. 2 GwG hinaus reicht, war zuletzt Gegenstand zivilrechtlicher Verfahren.[757]

a) Prüfungsmaßstab

In Betracht kommt aufgrund der Verdachtsmeldepflicht insbesondere eine Verletzung des Rechts auf informationelle Selbstbestimmung nach Art. 2 Abs. 1 i. V. m. Art. 1 Abs. 1 GG. Das Recht auf informationelle Selbstbestimmung bildet in Deutschland eine eigenständige „Ausprägung“ des allgemeinen Persönlichkeitsrechts.[758] Es wurde durch das BVerfG in seinem berühmten Volkszählungsurteil aus diesem Grundrecht entwickelt.[759] Das europäische Pendant zum Recht auf informationelle Selbstbestimmung bildet Art. 8 GRCh.[760] Richtigerweise ist daher die Frage zu stellen, ob die Verfassungsmäßigkeit der Meldepflicht nach Art. 2 Abs. 1 i. V. m. Art. 1 Abs. 1 GG oder nach Art. 8 GRCh zu beurteilen ist.[761] Denn nach Art. 51

755 *Wende*, 2024, S. 81; *Böse*, 2005, S. 235 ff.; *Rudolph*, 2005, S. 175 ff.

756 Siehe *Schmuck*, ZRFC 2023, 55 (55).

757 Siehe etwa LG Frankfurt, Beschl. v. 22.01.2024, 2-01 T 26/23, BeckRS 2024, 803.

758 *Jarass*, in: Jarass/Kment (Hrsg.), 17. Aufl. 2022, Art. 2 Rn. 40.

759 Grundlegend: BVerfG, Urt. v. 15.12.1983, 1 BvR 209/83, 1 BvR 269/83, 1 BvR 362/83, 1 BvR 420/83, 1 BvR 440/83, 1 BvR 484/83, BVerfGE 65, 1 (1 ff.).

760 *Jarass*, in: Jarass/Kment (Hrsg.), 17. Aufl. 2022, Art. 2 Rn. 40;

761 Anhand des deutschen GG prüfen *Barreto da Rosa*, in: Herzog (Hrsg.), 5. Aufl. 2023, Vor Abschnitt 6 Rn. 5; *Bülte*, NZWiSt 2017, 276 (281 f.) und Fn. 41; *Raue/Roegele*, ZRP 2019, 196 (199); *Wende*, 2024, S. 253 ff. prüft beide Grundrechte zusammen. Mit Inkrafttreten der EU-Geldwäsche-Verordnung wird sich der Prüfungsmaßstab im Wesentlichen auf EU-Recht verlagern.

Abs. 1 GRCh haben die Mitgliedstaaten der EU die GRCh ausschließlich bei der Durchführung des Rechts der Union zu beachten. Gleichwohl behält sich das BVerfG in einem Art Kooperationsverhältnis mit dem EuGH die Gewährleistung des Grundrechtsschutzes in Deutschland vor.[762] Das BVerfG prüft insbesondere dann die innerstaatlichen Grundrechte, wenn die deutschen Umsetzungsakte beispielsweise von Richtlinien nach Art. 288 Abs. 3 AEUV den Mitgliedstaaten einen Entscheidungsspielraum überlassen.[763] Auch überprüft das BVerfG die Vereinbarkeit des nationalen Gesetzes (hier: § 43 GwG) mit dem GG, wenn zugleich Zweifel an der Vereinbarkeit des Gesetzes mit europäischem Sekundärrecht bestehen.[764]

Die aktuelle Fassung des § 43 GwG setzt insbesondere die vierte EU-Geldwäsche-Richtlinie, namentlich Art. 33 RL-EU 2015/849 um.[765] Die Vorgaben dieser Richtlinie lassen den Mitgliedstaaten allerdings einen Entscheidungsspielraum bezüglich der Meldeschwelle („...*Verdacht oder berechtigten Grund zu der Annahme...*“) und der Ausgestaltung des Meldewesens, welches in den jeweiligen Mitgliedstaaten durchaus unterschiedlich ausgestaltet ist.[766]

Es ist daher davon auszugehen, dass das BVerfG bei einer Entscheidung über eine Verfassungsbeschwerde gegen § 43 Abs. 1 Nr. 1 GwG ebenfalls eine Verletzung des Art. 2 Abs. 1 i. V. m. Art. 1 Abs. 1 GG prüfen würde – in unionsrechtskonformer Auslegung. Bei einer Vorlage deutscher Gerichte

762 BVerfG, Urt. v. 12.10.1993, 2 BvR 2134, 2159/92, BVerfGE 89, 155 (174 f.); BVerfG, Beschl. v. 07.06.2000, 2 BvL 1/97, BVerfGE 102, 147 (147 ff.); *Wende*, 2024, S. 254.

763 BVerfG, Urt. v. 02.03.2010, 1 BvR 256/08, 1 BvR 263/08, 1 BvR 586/08, BVerfGE 125, 260 (306 f.); *Wende*, 2024, S. 255 m. w. N.

764 BVerfG, Beschl. v. 21.03.2018, 1 BvF 1/13, NJW 2018, 2109 (2109 f.); *Wende*, 2024, S. 255.

765 Art. 33 Abs. 1 RL-EU 2015/849: „*Die Mitgliedstaaten schreiben den Verpflichteten und gegebenenfalls deren leitendem Personal und deren Angestellten vor, in vollem Umfang zusammenzuarbeiten, indem sie umgehend a) die zentrale Meldestelle von sich aus unter anderem mittels einer Meldung umgehend informieren, wenn der Verpflichtete Kenntnis davon erhält oder den Verdacht oder berechtigten Grund zu der Annahme hat, dass Gelder unabhängig vom betreffenden Betrag aus kriminellen Tätigkeiten stammen oder mit Terrorismusfinanzierung in Verbindung stehen, und etwaigen Aufforderungen der zentralen Meldestelle zur Übermittlung zusätzlicher Auskünfte umgehend Folge leisten, und b) der zentralen Meldestelle auf Verlangen unmittelbar oder mittelbar alle erforderlichen Auskünfte gemäß den im geltenden Recht festgelegten Verfahren zur Verfügung stellen. Alle verdächtigen Transaktionen einschließlich versuchter Transaktionen müssen gemeldet werden.*“; siehe auch BT-Drs. 18/11555, 17.03.2017, S. 156.

766 *Wende*, 2024, S. 256; vgl. auch *FATF*, Mutual Evaluation Report Germany, 2010, (abrufbar: https://perma.cc/N5H2-ET5G, zuletzt abgerufen: 31.08.2024), Rn. 716.

im Wege des Vorabentscheidungsverfahrens nach Art. 267 AEUV hingegen würde der EuGH die Umsetzung der Verdachtsmeldepflicht in deutsches Recht am Maßstab des Art. 8 GRCh prüfen. Bisher hat das BVerfG drei Entscheidungen zur Verfassungsmäßigkeit der Meldeverpflichtung wegen Unzulässigkeit der Verfassungsbeschwerde nicht zur Entscheidung angenommen.[767]

Aus Übersichtlichkeitsgründen und in Anwendung neuerer Rechtsprechung des BVerfG insbesondere mit Blick auf den Umsetzungsspielraum bezüglich der Meldepflicht erfolgt daher vorliegend eine Prüfung nach Art. 2 Abs. 1 i. V. m. Art. 1 Abs. 1 GG in der Annahme, dass beide Grundrechte mindestens einen gleich hohen Schutzstandard für Eingriffe in personenbezogene Daten garantieren.[768] Auf die Eingriffsrelevanz der Verdachtsmeldepflicht in Bezug auf das Recht auf informationelle Selbstbestimmung hat der Bundesdatenschutzbeauftragte bereits Anfang der 2000er hingewiesen.[769]

b) Schutzbereich

Der Schutzbereich des Rechts auf informationelle Selbstbestimmung umfasst personenbezogene Daten[770], also Daten zu den persönlichen oder sachlichen Verhältnissen einer bestimmten Person.[771] Ob es sich um sensible Daten handelt, ist unerheblich.[772] Die Bank- und Kundendaten, die durch die hier analysierte Verdachtsmeldepflicht an staatliche Stellen übermittelt werden, ermöglichen umfangreiche Rückschlüsse auf den jeweiligen

---

767 BVerfG, Beschl. v. 19.11.2018, 1 BvR 1335/18, NVwZ 2019, 302 (302 ff.); BVerfG, Beschl. v. 09.11.2022, 1 BvR 161/21, BeckRS 2022, 37820; BVerfG, Beschl. v. 07.07.2021, 2 BvR 2200/18, BeckRS 2021, 19335.

768 Grundlegend *Marsch*, Das europäische Datenschutzgrundrecht – Grundlagen – Dimensionen – Verflechtungen, 2018, S. 5, 276 m. w. N.

769 *Bundesdatenschutzbeauftragter*, Tätigkeitsbericht 2001 und 2002 des Bundesbeauftragten für den Datenschutz – 19. Tätigkeitsbericht, (abrufbar: https://perma.cc/3RWS-M2FE, zuletzt abgerufen: 31.08.2024), S. 19.

770 BVerfG, Urt. v. 15.12.1983, 1 BvR 209/83, 1 BvR 269/83, 1 BvR 362/83, 1 BvR 420/83, 1 BvR 440/83, 1 BvR 484/83, BVerfGE 65, 1 (43); BVerfG, Beschl. v. 13.06.2007, 1 BvR 1550/03, 1 BvR 2357/04, 1 BvR 603/05, BVerfGE 118, 168 (184); BVerfG, Beschl. v. 12.04.2005, 2 BvR 1027/02, BVerfGE 113, 29 (46); siehe zusätzlich m. w. N. *Wende*, 2024, S. 266.

771 BVerfG, Urt. v. 24.11.2010, 1 BvF 2/05, BVerfGE 128, 1 (43 f.).

772 BVerfG, Beschl. v. 13.06.2007, 1 BvR 1550/03, 1 BvR 2357/04, 1 BvR 603/05, BVerfGE 118, 168 (185).

Kontoinhaber. Sie sind solche personenbezogenen Daten und fallen daher in den Schutzbereich des Art. 2 Abs. 1 i. V. m. Art. 1 Abs. 1 GG.

c) Eingriff

Ein Eingriff in diesen Schutzbereich ist dann gegeben, wenn die personenbezogenen Daten verarbeitet werden.[773] Das BVerfG sieht regelmäßig in der Erhebung, der Speicherung und der Verarbeitung eigenständige Eingriffe, die jeweils einer Rechtfertigung bedürfen.[774] Hier wird die Verarbeitung und Weitergabe zum Zwecke der Erfüllung der Meldeverpflichtung betrachtet. Die Kreditinstitute werden durch die Verdachtsmeldepflicht nach § 43 Abs. 1 Nr. 1 GwG insbesondere zur Erhebung, Speicherung, Verarbeitung und gegebenenfalls zur Weitergabe empfindlicher Kundendaten an die FIU als staatliche Behörde verpflichtet.[775] Diese Daten lassen umfangreiche Rückschlüsse auf den Kontoinhaber und auf Personen aus dessen Umfeld zu, die bis hin zur Erstellung von Bewegungsbildern und Persönlichkeitsprofilen genutzt werden können.[776] Mit Verarbeitung ist nicht nur die hochtechnisierte Verarbeitung durch fortschrittliche KI-Systeme, sondern jede Art der Verarbeitung gemeint.[777] Die Verpflichtung zur Weitergabe dieser Daten an staatliche Behörden und die weitere Verarbeitung durch diese Behörden greift daher in dieses Grundrecht ein.[778] Ein solcher Eingriff ist insbesondere auch dann zu bejahen, wenn der Staat einen Dritten (hier: die GwG-Verpflichteten) zur Verarbeitung der personenbezogenen Daten heranzieht.[779]

---

773 BVerfG, Urt. v. 15.12.1983, 1 BvR 209/83, 1 BvR 269/83, 1 BvR 362/83, 1 BvR 420/83, 1 BvR 440/83, 1 BvR 484/83, BVerfGE 65, 1 (43).

774 BVerfG, Urt. v. 16.02.2023, 1 BvR 1547/19, 1 BvR 2634/20, NJW 2023, 1196 (1205); *Wörner*, ZStW 2024, 616 (627 ff.).

775 *Wende*, 2024, S. 265; *Höffler/Reisch*, in: Bliesener/Deyerling/Dreißigacker/Hennigsmeier/Neumann/Schemmel/Schröder/Treskow, 2013, S. 89 f.

776 *Barreto da Rosa*, in: Herzog (Hrsg.), 5. Aufl. 2023, Vor Abschnitt 6 Rn. 5; *Böse*, 2005, S. 241.

777 BVerfG, Beschl. v. 09.03.1988, 1 BvL 49/86, BVerfGE 78, 77 (84); *Wende*, 2024, S. 266 f.

778 *Barreto da Rosa*, in: Herzog (Hrsg.), 5. Aufl. 2023, Vor Abschnitt 6 Rn. 5; *Herzog*, WM 1996, 1753 (1757); *Herzog*, WM 1999, 1905 (1916 f.).

779 *Jarass*, in: Jarass/Kment (Hrsg.), 17. Aufl. 2022, Art. 2 Rn. 60; BVerwG, Urt. v. 22.10.2003, 6 C 23/02, BVerwGE 119, 123 (126); *Wende*, 2024, S. 267.

d) Rechtfertigung

Eingriffe in das Recht auf informationelle Selbstbestimmung müssen durch überwiegende Allgemeininteressen gerechtfertigt sein.[780] Sie bedürfen einer hinreichend bestimmten gesetzlichen Grundlage, aus der sich Voraussetzungen und Umfang der Beschränkung ergeben.[781] Neben der Einhaltung des Grundsatzes der Verhältnismäßigkeit müsse der Gesetzgeber insbesondere organisatorische und verfahrensrechtliche Vorgaben treffen, welche der Gefahr der Verletzung dieser Ausprägung des allgemeinen Persönlichkeitsrechtes entgegenwirken und Rechtsschutz gegenüber Informationseingriffen ermöglichen.[782] Diese Grundsätze müssen an dieser Stelle nach einer schematischen Rechtfertigungsprüfung eines Grundrechtseingriffes abgearbeitet werden. Die gesetzliche Grundlage, auf deren Basis das Recht der informationellen Selbstbestimmung der Bankkunden vorliegend eingeschränkt wird, ist § 43 Abs. 1 Nr. 1 GwG.

aa) Legitimer Zweck

Der Gesetzgeber muss mit der gesetzlichen Verankerung der Verdachtsmeldepflicht einen legitimen Zweck verfolgen. Der Zweck liegt in der Aufklärung schwerer Straftaten und der Aufdeckung von Geldwäsche (und Terrorismusfinanzierung).[783] Die Aufklärung von Straftaten ist ein wesentlicher Auftrag des Rechtsstaates und stellt daher ein im überwiegenden Allgemeininteresse liegendes Ziel dar.[784] Der Gesetzgeber verfolgt mit der Meldepflicht einen legitimen Zweck.

---

780 BVerfG, Beschl. v. 05.07.2010, 2 BvR 759/10, NJW 2010, 2717 (2717); *Golla*, NJW 2021, 667 (667); mit Blick auf die DSGVO *Heuser*, in: Chan/Ennuschat/Lee/Lin/Storr, 2022, S. 149 ff.

781 BVerfG, Beschl. v. 05.07.2010, 2 BvR 759/10, NJW 2010, 2717 (2717).

782 BVerfG, Urt. v. 20.4.2016, 1 BvR 966/09, 1 BvR 1140/09, NJW 2016, 1781 (1782).

783 Ausführlich zur Spezifizierung des verfolgten Zweckes: Kapitel IV.C.II.

784 *Barreto da Rosa*, in: Herzog (Hrsg.), 5. Aufl. 2023, Vor Abschnitt 6 Rn. 6; spezifisch für die Geldwäsche *Heuser*, in: Chan/Ennuschat/Lee/Lin/Storr, 2022, S. 149 ff.

bb) Geeignetheit

Das durch den Gesetzgeber gewählte Mittel (Verdachtsmeldepflicht für private Akteure zur staatlichen Erlangung von Verdachtsmomenten) muss zur Erreichung des legitimen Zweckes auch geeignet sein. Wie eingangs erläutert, besteht die Problematik der Bekämpfung von Geldwäsche vor allem in dem großen mit diesem Delikt verbundenen Dunkelfeld und der fehlenden Möglichkeiten der Kenntnisnahme der Strafverfolgungsbehörden der kriminellen Verschleierungsmethoden.[785] Durch die Nutzung des besonderen Erfahrungsschatzes und des direkten Kontaktes der Verpflichteten zu den potenziellen Straftätern will der Gesetzgeber mit der Verpflichtung zur Mitteilung dieses Wissens in Verdachtsfällen genau den oben beschriebenen Zweck erreichen: die Aufdeckung potenzieller Geldwäschefälle. Trotz der bereits beschriebenen Mängel des Verdachtsmeldewesens ist eine solche Verpflichtung Privater grundsätzlich geeignet, da ohne die Meldepflicht von einer noch geringeren Aufklärung von Geldwäschetaten auszugehen ist (vgl. Abb. 15: Entwicklung der Geldwäsche im Hellfeld). Das gewählte Mittel ist somit zumindest generell geeignet zur Erreichung des legitimen Zweckes.

cc) Erforderlichkeit

Die Verdachtsmeldung muss auch erforderlich sein, dies bedeutet, der verfolgte Zweck kann nicht auch mit einem milderen, gleich geeigneten Mittel erreicht werden.[786] Ein schwererer Eingriff wäre es beispielsweise, wenn die Banken als Verpflichtete des GwG zur Übermittlung sämtlicher Kunden- und Transaktionsdaten verpflichtet würden und die Verarbeitung der Daten zum Zwecke der Aufdeckung von Geldwäschetaten direkt durch den Staat selbst erfolgen würde. Dies war beispielsweise bei der Fluggastdaten-Richtlinie[787] der Fall, wonach sämtliche Daten von Fluggästen aller EU-Flüge und aller Beförderungen mit anderen Mitteln innerhalb der Union aus,

---

785 Siehe Kapitel I.B.

786 BVerfG, Urt. v. 20.04.2016, 1 BvR 966/09, 1 BvR 1140/09, NJW 2016, 1781 (1783).

787 Richtlinie (EU) 2016/681 des Europäischen Parlaments und des Rates vom 27.04.2016 über die Verwendung von Fluggastdatensätzen (PNR-Daten) zur Verhütung, Aufdeckung, Ermittlung und Verfolgung von terroristischen Straftaten und schwerer Kriminalität.

in oder durch den jeweiligen Mitgliedstaat zur Bekämpfung terroristischer Straftaten und schwerer Kriminalität von den Beförderungsunternehmen und den Reiseunternehmen an staatliche Stellen übermittelt sowie von den zuständigen Behörden verarbeitet wurden.[788] Diese Vorgehensweise hat der EuGH in Teilen für unionsrechtswidrig erachtet.[789] Ein milderer Eingriff wäre daher nur die Streichung der Meldeverpflichtung für die Adressaten der Pflichten des GwG. Dieser wäre jedoch nicht gleich effektiv, da die staatlichen Behörden aufgrund des Kontrolldelikt-Charakters der Geldwäsche voraussichtlich kaum mehr Kenntnis über diesen Kriminalitätsbereich erhalten würden.[790]

dd) Angemessenheit

Die Verdachtsmeldepflicht muss insbesondere auch angemessen sein, d. h. verhältnismäßig im engeren Sinne. Dieses Gebot verlangt, dass die Schwere des Eingriffs bei einer Gesamtabwägung nicht außer Verhältnis zu dem Gewicht der ihn rechtfertigenden Gründe stehen darf.[791] Der Gesetzgeber hat das Individualinteresse, das durch einen Grundrechtseingriff eingeschränkt wird, den Allgemeininteressen, denen der Eingriff dient, angemessen zuzuordnen.[792] Die Prüfung an diesem Maßstab kann dazu führen, dass ein an sich geeignetes und erforderliches Mittel zur Durchsetzung von Allgemeininteressen nicht angewandt werden darf, weil die davon ausgehenden Grundrechtsbeeinträchtigungen schwerer wiegen als die durchzusetzenden Interessen.[793]

Dabei ist im hiesigen Fall zusätzlich zu berücksichtigen, dass es sich um verdeckte Datenerhebungen handelt, was regelmäßig zur Erhöhung der

788 EuGH, Urt. v. 21.06.2022, C-817/19, ZD 2022, 553 (553).

789 EuGH, Urt. v. 21.06.2022, C-817/19, ZD 2022, 553 (553 ff.).

790 Zur Geldwäsche als Kontrolldelikt: Kapitel IV.A.

791 BVerfG, Beschl. v. 09.03.1994, 2 BvL 43, 51, 63, 64, 70, 80/92, 2 BvR 2031/92, BVerfGE 90, 145 (173); BVerfG, Beschl. v. 13.06.2007, 1 BvR 1550/03, 1 BvR 2357/04, 1 BvR 603/05, BVerfGE 118, 168 (195); BVerfG, Urt. v. 03.03.2004, 1 BvR 2378/98, 1084/99, BVerfGE 109, 279 (349 ff.).

792 BVerfG, Beschl. v. 13.06.2007, 1 BvR 1550/03, 1 BvR 2357/04, 1 BvR 603/05, BVerfGE 118, 168 (195).

793 BVerfG, Beschl. v. 04.04.2006, 1 BvR 518/02, BVerfGE 115, 320 (345 f.); BVerfG, Beschl. v. 13.06.2007, 1 BvR 1550/03, 1 BvR 2357/04, 1 BvR 603/05, BVerfGE 118, 168 (195).

Eingriffsintensität führt.[794] Die Kunden wissen standardmäßig nicht, dass ihre Daten auch zur Weitergabe an staatliche Behörden im Verdachtsfall erhoben werden und nicht nur zur Abwicklung des Kundenverhältnisses. Für die Verpflichteten besteht im Falle der Verdachtsmeldung zudem ein umfassendes Verbot der Informationsweitergabe nach § 47 Abs. 1 GwG. Außerdem handelt es sich bei den Transaktionsdaten der jeweiligen Kunden um besonders sensible Daten, die im Normalfall zusätzlich durch das Bankgeheimnis gesichert sind.[795] Solche heimlichen Überwachungsmaßnahmen sollen bei repressiven Maßnahmen auf erhebliche oder besonders schwere Straftaten beschränkt werden.[796] Das LG Frankfurt betonte kürzlich im Zusammenhang mit der Verdachtsmeldepflicht, dass es kaum vorstellbar sei, dass im weit vorgelagerten Bereich einer Strafverfolgung einer Bank als Privatrechtssubjekt nur zur Gefahrenabwehr derart weitreichende Befugnisse verfassungskonform überhaupt übertragen werden könnten.[797] Auch deshalb täte der Gesetzgeber gut daran, die Gegebenheiten des Verdachtsmeldewesens an die hier vertretene repressive Ausrichtung der Meldepflicht anzupassen.[798]

Darüber hinaus hat das BVerfG festgehalten, dass Informationserhebungen gegenüber Personen, die den Eingriff durch ihr Verhalten nicht verursacht haben, grundsätzlich von höherer Eingriffsintensität sind, als anlassbezogene.[799] Die Übermittlung der Daten durch die Verdachtsmeldung zielt zumindest insofern ab dem „Verdachtszeitpunkt" nicht auf Unbeteiligte ab, sondern auf Personen, die durch ihr Verhalten Anlass zur Abgabe der Verdachtsmeldung gegeben haben, weil Hinweise auf einen Zusammenhang mit Geldwäsche oder deren Vortaten bestehen – wenn auch die Schwelle hierfür sehr niedrig angesetzt ist.[800]

---

794 BVerfG, Beschl. v. 04.04.2006, 1 BvR 518/02, BVerfGE 115, 320 (353); BVerfG, Urt. v. 12.03.2003, 1 BvR 330/96, 348/99, BVerfGE 107, 299 (321).

795 *Barreto da Rosa,* in: Herzog (Hrsg.), 5. Aufl. 2023, Vor Abschnitt 6 Rn. 5; *Fandrich,* in: Westphalen/Pamp/Thüsing (Hrsg.), Werkstand: 50. EL März 2024, Teil „Klauselwerke", II., Rn. 10 f.

796 BVerfG, Urt. v. 20.04.2016, 1 BvR 966, 1140/09, BVerfGE 141, 220 (270); Grundsatz der Offenheit der Erhebung und Nutzung von personenbezogenen Daten, siehe detailliert *Rückert,* Digitale Daten als Beweismittel im Strafverfahren, 2023, S. 122 ff.

797 LG Frankfurt, Beschl. v. 22.01.2024, 2-01 T 26/23, BeckRS 2024, 803, Rn. 33.

798 Siehe ausführlich Kapitel IV.C.

799 BVerfG, Urt. v. 11.03.2008, 1 BvR 2074/05, 1 BvR 1254/07, NJW 2008, 1505 (1507).

800 Vgl. BVerfG, Urt. v. 03.03.2004, 1 BvR 2378/98, 1084/99, BVerfGE 109, 279 (353); BVerfG, Urt. v. 11.03.2008, 1 BvR 2074/05, 1254/07, BVerfGE 120, 378 (430 f.).

Das Grundrecht auf informationelle Selbstbestimmung gewährleistet außerdem den Schutz vor einem Einschüchterungseffekt, der entstehen und zu Beeinträchtigungen bei der Ausübung anderer Grundrechte führen kann, wenn für den Einzelnen nicht mehr erkennbar ist, wer was wann und bei welcher Gelegenheit über ihn weiß.[801] Die Abgabe von Verdachtsmeldungen erfolgt typischerweise durch Analyse neutraler Alltagshandlungen durch die Verpflichteten.[802] Es ist daher eine Ausweitung von Ermittlungen bezüglich der Vornahme jedweder unwirtschaftlichen Handlung zu befürchten, die akute Einschüchterungswirkungen auf Privatpersonen bei der Vornahme alltäglicher Handlungen haben kann.[803]

Diese Ansicht ist zu unterstützen, da die Maßnahme im Meldungsfall für die Betroffenen eine hohe belastende Wirkung entfalten kann. Im für den Bankkunden schlimmsten Fall wird gegen ihn ein Ermittlungsverfahren eingeleitet, ansonsten drohen zumindest Nachteile im Kundenverhältnis mit der Bank.

Vorliegend steht für die Abwägungsentscheidung auf der einen Seite das individuelle Schutzbedürfnis der Betroffenen am Schutz der Kontodaten als hochsensible Informationen, aus welchen auf die gesamten Lebensumstände und Gewohnheiten einer Person bis hin zur Erstellung eines Persönlichkeitsprofils Rückschlüsse gezogen werden können.[804] Aus den Verdachtsmeldungen können außerdem auch mittelbare Folgen für den Bankkunden resultieren – beispielsweise aufgrund der Stillhaltefrist nach § 46 GwG oder einer Kündigung der Kundenbeziehung.[805] Eine Verschärfung des Problems tritt zudem dadurch auf, dass durch die Abschaffung des Vortatenkatalogs des § 261 StGB gegenwärtig viele geringfügige (potenzielle) Straftaten von der Verdachtsmeldepflicht erfasst werden und aufgrund der niedrigen Meldeschwelle auch vielfach strafloses Verhalten.[806] An den Meldepflichten wird insofern kritisiert, dass die Verpflichteten das Sanktionierungsrisiko von Aufsichtsbehörden oder Staatsanwaltschaften mit dem

---

801 BVerfGE 118, 168 (184); BVerfG, Beschl. v. 12.04.2005, 2 BvR 1027/02, BVerfGE 113, 29 (46); *Sommerer*, 2020, S. 158; *Peters*, 2023, S. 269.

802 *Hachmann*, 2024, S. 304.

803 *Hachmann*, 2024, S. 304; *Nolde*, in: Taeger, 2012, S. 802; zu Einschüchterungseffekten bei der biometrischen Fernidentifizierung: *Hahn*, ZfDR 2023, 142 Fn. 39.

804 *Wende*, 2024, S. 269; *Barreto da Rosa*, in: Herzog (Hrsg.), 5. Aufl. 2023, Vor Abschnitt 6 Rn. 5.

805 *Gürkan*, 2019, S. 301 f.; *Wende*, 2024, S. 269 f.

806 M. w. N. *Bussmann*, 2018, S. 3; *Wende*, 2024, S. 270.

tatsächlichen Risiko der Geldwäsche verwechseln könnten und dadurch zu einer voreiligeren Abgabe einer Meldung tendieren.[807]

Dies führt teilweise auch dazu, dass die Verdachtsmeldung bei Weiterleitung über die FIU an die Strafverfolgungsbehörden zur Begründung eines Anfangsverdachtes nach § 152 Abs. 2 StPO gleichsam als Türöffner für andere Ermittlungsmaßnahmen nach der StPO genutzt wird.[808] Viele Ermittlungsverfahren wegen des Verdachts der Steuerhinterziehung werden durch Geldwäscheverdachtsmeldungen nach § 43 GwG ausgelöst.[809] Daher eröffnen die Verdachtsmeldungen häufig den Eingriffsbereich für weitergehende strafprozessuale Eingriffsermächtigungen.[810] Zumindest in der Theorie erlaubt jedoch die risikobasierte Anpassung der Verpflichteten auf ihr jeweiliges persönliches Risikoprofil nach § 3a GwG eine verhältnismäßige Begrenzung der Auswertung.[811]

Auf der anderen Seite der Abwägung steht das gesellschaftliche Schutzbedürfnis bezüglich der Aufklärung von Straftaten und das Allgemeininteresse an einer Entdeckung und Verfolgung von Geldwäschetaten. *Zypries* betonte jüngst, dass Geldwäsche und Korruption unsere Demokratie auf Dauer zerstören würden.[812]

Um die Angemessenheit der Verdachtsmeldepflicht daher final beurteilen zu können, ist zu überprüfen, ob der Gesetzgeber die durch das BVerfG geforderten organisatorischen und verfahrensrechtlichen Vorgaben getroffen hat, über die Betroffene Rechtsschutz gegen eine Verdachtsmeldung erlangen können und ob die Norm an sich hinreichend normenklar und bestimmt ist.

---

807 *Levi/Reuter*, in: Tonry, 2006, S. 303; *Hauler/Höffler/Reisch*, wistra 2023, 265 (269 f.).

808 *Bülte*, GWuR 2021, 8 (10).

809 *Reichling*, wistra 2023, 188 (188); *Böse*, 2005, S. 241.

810 *Bussmann/Veljovic*, NZWiSt 2020, 417 (421); zur Kritik hieran Kapitel IV.C.

811 *Spoerr*, in: Wolff/Brink/Ungern-Sternberg (Hrsg.), 47. Edition, Stand: 01.05.2022, Syst. J. Datenschutz im Finanzwesen, Rn. 146; *Europäischer Datenschutzbeauftragter*, Stellungnahme 5/2020 zum Aktionsplan der Europäischen Kommission für eine umfassende Politik der Union zur Verhinderung von Geldwäsche und Terrorismusfinanzierung, 23.07.2020, (abrufbar: https://perma.cc/54BJ-HYY5, zuletzt abgerufen: 31.08.2024), Rn. 19.

812 *Zypries*, ZRP 2024, 28 (28).

(1) Organisatorische und verfahrensrechtliche Vorgaben

Der Gesetzgeber ist nach dem BVerfG zur Schaffung von organisatorischen und verfahrensrechtlichen Vorgaben verpflichtet. Solche Schutzvorkehrungen stellen insbesondere Aufklärungs-, Auskunfts- und Löschungspflichten dar.[813] Diese Regelungen sollen durch eine Art vorgezogenen Rechtsschutz Transparenz gewährleisten.[814] Diesen Vorgaben des BVerfG kommt der Gesetzgeber im GwG zumindest teilweise nach.[815] § 8 Abs. 4 Satz 1, 2 GwG sieht eine Aufbewahrungspflicht für Aufzeichnungen und sonstige Belege der Verpflichteten von mindestens fünf bis maximal zehn Jahren vor. Diese Pflicht bezieht sich auch auf die Dokumentation und den Inhalt einer Verdachtsmeldung nach § 43 Abs. 1 Nr. 1 GwG.[816] Nach Ablauf dieser Frist sind diese Informationen durch die Verpflichteten nach spätestens zehn Jahren zu löschen. Problematisch ist, dass Rückmeldungen sowohl durch die FIU als auch durch die Staatsanwaltschaften gegenüber den Verpflichteten bezüglich der Relevanz der Verdachtsmeldungen regelmäßig – entgegen der gesetzlichen Verpflichtung nach § 42 Abs. 2 GwG – ausbleiben.[817] Dies führt dazu, dass mit der Meldung verbundene negative Folgen – etwa Kündigung der Kundenbeziehung, Kategorisierung des Kunden mit einem höheren Risiko oder Sperrung des Kontos – auch bei keiner Relevanz der Meldung im Ergebnis gegenüber den Kunden bestehen bleiben.[818]

Ein gestaffeltes Auskunftsrecht für Betroffene gegenüber der FIU ergibt sich aus § 49 GwG. Sofern die Analyse der Verdachtsmeldung durch die FIU noch nicht abgeschlossen ist, kann diese dem Betroffenen auf Anfrage Auskunft über die zu ihm vorliegenden Informationen geben, wenn dadurch der Analysezweck nicht beeinträchtigt wird, § 49 Abs. 1 Satz 1 GwG. Sofern die Analyse durch die FIU hingegen abgeschlossen ist und keine Übermittlung an die Strafverfolgungsbehörde erfolgt, kann die FIU

813 BVerfG, Urt. v. 15.12.1983, 1 BvR 209/83, 1 BvR 269/83, 1 BvR 362/83, 1 BvR 420/83, 1 BvR 440/83, 1 BvR 484/83, BVerfGE 65, 1 (46); *Jarass,* in: Jarass/Kment (Hrsg.), 17. Aufl. 2022, Art. 2 Rn. 75; *Wende*, 2024, S. 274.

814 Ebenda.

815 *Wende*, 2024, S. 274.

816 *Herzog,* in: Herzog (Hrsg.), 5. Aufl. 2023, § 8 Rn. 4, 18 f.; *Wende*, 2024, S. 274.

817 *Wende*, 2024, S. 275, 277; *Spoerr,* in: Wolff/Brink/Ungern-Sternberg (Hrsg.), 47. Edition, Stand: 01.05.2022, Syst. J. Datenschutz im Finanzwesen, Rn. 233; dieses Bild hat sich auch deutlich in den im Projekt MaLeFiz durch den Verbundpartner „Zentrum Technik und Gesellschaft“ durchgeführten Experteninterviews abgezeichnet.

818 *Wende*, 2024, S. 275.

ebenfalls auf Anfrage des Betroffenen über die zu ihm vorliegenden Informationen Auskunft geben, § 49 Abs. 2 Satz 1 GwG. Allerdings kann diese Auskunft aus den Gründen nach § 49 Abs. 2 Satz 2 GwG durch die FIU verweigert werden. Sofern die FIU die Analyse abgeschlossen hat und die Meldung an die Strafverfolgungsbehörden übermittelt hat, ist sie nicht mehr zur Auskunft berechtigt, § 49 Abs. 3 GwG. Rein praktisch stellt sich die Frage, in welchen Fällen die Betroffenen tatsächlich von diesem Auskunftsrecht profitieren können, da sie von der Verdachtsmeldung in der Regel nicht erfahren werden.[819]

(2) Rechtsschutz

Direkten Rechtsschutz gegen die (repressive Seite der) Verdachtsmeldung an sich nach § 43 Abs. 1 Nr. 1 GwG können die Betroffenen nicht erlangen.[820] Gegen die Kündigung des Kontos oder die Nichtdurchführung von Transaktionen können diese zivilrechtlich vorgehen. Falls ein entsprechendes strafprozessuales Ermittlungsverfahren gegen die Betroffenen aufgrund der Verdachtsmeldung durchgeführt wird, stehen diesen die regulären Beschuldigtenrechte zu. Dies gleicht jedoch allenfalls einem mittelbaren Rechtsschutz gegen die Verdachtsmeldung als Ausgangspunkt etwaiger Ermittlungen.

(3) Zwischenergebnis

Die organisatorischen und verfahrensrechtlichen Vorgaben bezüglich des Eingriffs in das Recht auf informationelle Selbstbestimmung sind zwar vorhanden, jedoch nicht besonders wirksam. Vorstellbar wäre etwa eine Kennzeichnungspflicht für die FIU entsprechend § 100 Abs. 3 Satz 1 StPO. Danach sind Daten, die aus besonderen strafprozessualen Ermittlungsmaßnahmen stammen, entsprechend ihrer Herkunft zu kennzeichnen. Solche Kennzeichnungspflichten sind ein verfahrensrechtlicher Ausdruck

---

819 Ebenda.

820 Zu den unzureichenden zivilrechtlichen Rechtsschutzmöglichkeiten und den möglichen insolvenzrechtlichen Auswirkungen der Verdachtsmeldung *Paul,* NJW 2022, 1769 (1769 ff.).

des Zweckbindungsgrundsatzes.[821] Dies erlaubt es Betroffenen, auch noch nachträglich Rechtsschutz gegen solche Maßnahmen zu erlangen.

Eine weitere Möglichkeit wurde dem deutschen Gesetzgeber durch den Unionsgesetzgeber sogar in der vierten EU-Geldwäsche-Richtlinie angetragen, jedoch nicht in nationales Recht übersetzt: da der europäische Gesetzgeber davon ausging, dass es zur Gewährleistung der Effektivität der Verdachtsmeldung nötig ist, den Zugang betroffener Personen zu beschränken, sah er ausdrücklich in Erwägungsgrund 46 RL-EU 2015/849 die Möglichkeit einer Beschwerde an den und Prüfung durch den Datenschutzbeauftragten vor.[822] Ein solches Recht auf Beschwerde ist inzwischen in Art. 77 Abs. 1 DSGVO geregelt, allerdings nur für Verstöße nach der DSGVO. Es steht nach § 49 Abs. 5 GwG nur Mitarbeitenden zu, die aufgrund der Abgabe einer Verdachtsmeldung durch ihren Arbeitgeber benachteiligt werden.

ee) Normenklarheit und Bestimmtheit

Das BVerfG sieht zudem vor, dass solche Eingriffe je einzeln am Grundsatz der Verhältnismäßigkeit und am Grundsatz der Normenklarheit und Bestimmtheit zu messen sind.[823] Diese Grundsätze dienen der Vorhersehbarkeit von Eingriffen für die Bürger, einer wirksamen Begrenzung der

---

821 Siehe *Rückert*, 2023, S. 119 ff.: dort werden zielführende Vorschläge gemacht, in welcher Art und Weise solche Kennzeichnungen von Daten erfolgen könnten (etwa exakte Bezeichnung der Datengewinnungsmaßnahme und ihrer Rechtsgrundlage, Datenquelle etc.).

822 EG 46 RL-EU 2015/849: *„Die Zugangsrechte der betroffenen Person gelten für personenbezogene Daten, die für die Zwecke dieser Richtlinie verarbeitet werden. Der Zugang der betroffenen Person zu Informationen im Zusammenhang mit Verdachtsmeldungen würde hingegen die Wirksamkeit der Bekämpfung von Geldwäsche und Terrorismusfinanzierung erheblich beeinträchtigen. Aus diesem Grund können Ausnahmen und Beschränkungen dieses Rechts* [...] *gerechtfertigt sein. Die betroffene Person hat das Recht zu verlangen, dass die Stelle nach Artikel 28 der Richtlinie 95/46/EG oder gegebenenfalls der Europäische Datenschutzbeauftragte die Rechtmäßigkeit der Verarbeitung überprüft, sowie das Recht, einen Rechtsbehelf gemäß Artikel 22 der Richtlinie 95/46/EG einzulegen. Die Kontrollstelle nach Artikel 28 der Richtlinie 95/46/EG kann auch von Amts wegen tätig werden. Unbeschadet der Einschränkungen des Zugangsrechts sollte die Kontrollstelle der betroffenen Person mitteilen können, dass alle erforderlichen Überprüfungen durch die Kontrollstelle erfolgt sind und zu welchen Ergebnissen sie hinsichtlich der Rechtmäßigkeit der betreffenden Verarbeitung gelangt ist.“*

823 BVerfG, Urt. v. 20.4.2016, 1 BvR 966/09, 1 BvR 1140/09, NJW 2016, 1781 (1782).

Verpflichtung sowie der Ermöglichung einer effektiven Kontrolle durch die Gerichte.[824] Der Anlass, der Zweck und die Grenzen des Eingriffs müssen in der Ermächtigung bereichsspezifisch, präzise und normenklar festgelegt werden.[825] Aus diesem Grundsatz ergibt sich insbesondere, dass durch den Gesetzgeber ausreichende Kriterien vorgegeben werden müssen, die bei der Prüfung, ob eine Verdachtsmeldung abzugeben ist, durch die Verpflichteten berücksichtigt werden müssen.[826] Es besteht daher die Gefahr, dass die Verdachtsmeldepflicht zu einer Rasterfahndung nach auffälligem Verhalten durch die Verpflichteten führt.[827] Es erscheint zusätzlich problematisch, dass trotz des extremen Anstiegs der Verdachtsmeldungen seit 2010 ein strafrechtlicher Erfolg bezüglich der Geldwäsche bisher nicht zu sehen ist.[828] Dies deutet darauf hin, dass entweder keine strafrechtsrelevanten Sachverhalte gemeldet werden oder eine unzureichende Bearbeitung der Meldungen bei der FIU erfolgt. Die generelle Umschreibung der Meldeverpflichtung, dass eine Meldung „im Zweifel, aber nicht ins Blaue hinein“ abzugeben sei, führt allerdings zu verbleibenden Unklarheiten bei den Verpflichteten.[829] Insbesondere der Bezugspunkt für die Verpflichteten ist nicht hinreichend beschrieben. Der Wortlaut von § 43 Abs. 1 Nr. 1 GwG verweist auf die Geldwäsche nach § 261 StGB, zugleich sollen die Verpflichteten nach Auffassung des Gesetzgebers jedoch nicht die Voraussetzungen des Straftatbestandes prüfen.[830] Insgesamt bestehen generell diverse Schwierigkeiten bei der Bestimmung der Tatbestandsmerkmale des § 43 Abs. 1 Nr. 1 GwG.[831] Letztlich hat auch das BVerfG in seinen Nichtannahmebeschlüssen zumin-

824 BVerfG, Urt. v. 27. 7. 2005, 1 BvR 668/04, NJW 2005, 2603 (2607); BVerfG, Urt. v. 20.4.2016, 1 BvR 966/09, 1 BvR 1140/09, NJW 2016, 1781 (1783).

825 BVerfG, Urt. v. 27. 7. 2005, 1 BvR 668/04, NJW 2005, 2603 (2607).

826 *Götz*, NZWiSt 2023, 127 (133); *Raue/Roegele*, ZRP 2019, 196 (198); *Wende*, 2024, S. 272; *Bergles/Eul*, BKR 2002, 556 (556 ff.).

827 Ausführlich bereits: *Bergles/Eul*, BKR 2002, 556 (556 ff.); *Raue/Roegele*, ZRP 2019, 196 (199).

828 *Bülte*, NZWiSt 2017, 276 (285 f.); *Wende*, 2024, S. 273; *Gazeas*, NJW 2021, 1041 (1046); *Brock*, in: Brock (Hrsg.), 1. Aufl. 2024, § 43 Rn. 4.

829 *Wende*, 2024, S. 272; so auch die *BaFin*, Auslegungs- und Anwendungshinweise zum Geldwäschegesetz, Stand: Oktober 2021, (abrufbar: https://perma.cc/R5M9-G3C4, zuletzt abgerufen: 31.08.2024), S. 73; BR-Drs. 182/17, 23.02.20217, S. 182.

830 *Wende*, 2024, S. 289; BT-Drs. 17/6804, 17.08.2011, S. 35.

831 Siehe ausführlich Kapitel IV.C.

dest auf eine drohende Problematik mit dem Bestimmtheitsgrundsatz hingewiesen.[832]

e) Zusammenfassung und Zwischenfazit

Nach der hiesigen Analyse schwebt über der Verdachtsmeldepflicht nach § 43 Abs. 1 Nr. 1 GwG das Damoklesschwert der Verfassungswidrigkeit – insbesondere aufgrund einer unzureichenden Normenbestimmtheit, mangelnden Rückmeldungen und einer zu niedrig und zu unbestimmt angesetzten Verdachtshöhe durch den Gesetzgeber. Hinzu tritt, dass durch allgegenwärtige staatliche Überwachungsbestrebungen zum Zwecke der inneren Sicherheit die staatlich „outgesourcten" Überwachungsverpflichtungen des Privatsektors treten. Mit Blick auf die angemahnte Überwachungsgesamtrechnung des BVerfG ist auf Normen zu bestehen, die hinreichend die Rechte des Einzelnen, die Pflichten und Interessen des Staates und die gesamtgesellschaftlichen Bedürfnisse miteinander in Abwägung bringen.[833]

---

832 BVerfG, Beschl. v. 09.11.2022, 1 BvR 161/21, BeckRS 2022, 37820: „*Die angegriffenen Regelungen über Meldepflichten nach § 43 Abs. 1 und* [...] *enthalten jedoch eine Vielzahl auslegungsbedürftiger Rechtsbegriffe. Von deren Auslegung hängt maßgeblich ab, ob und inwieweit die Beschwerdeführer durch die angegriffenen Regelungen beschwert sind.*"

833 Das BVerfG hat in seiner Entscheidung zur Vorratsdatenspeicherung festgehalten, dass „*...die Speicherung der Telekommunikationsverkehrsdaten nicht als Schritt hin zu einer Gesetzgebung verstanden werden* [*darf*], *die auf eine möglichst flächendeckende vorsorgliche Speicherung aller für die Strafverfolgung oder Gefahrenprävention nützlichen Daten* [*zielt*]. *Eine solche Gesetzgebung wäre, unabhängig von der Gestaltung der Verwendungsregelungen, von vornherein mit der Verfassung unvereinbar. Die verfassungsrechtliche Unbedenklichkeit einer vorsorglich anlasslosen Speicherung der Telekommunikationsverkehrsdaten setzt vielmehr voraus, dass diese eine Ausnahme bleibt. Sie darf auch nicht im Zusammenspiel mit anderen vorhandenen Dateien zur Rekonstruierbarkeit praktisch aller Aktivitäten der Bürger führen. Maßgeblich für die Rechtfertigungsfähigkeit einer solchen Speicherung ist deshalb insbesondere, dass sie nicht direkt durch staatliche Stellen erfolgt, dass sie nicht auch die Kommunikationsinhalte erfasst und dass auch die Speicherung der von ihren Kunden aufgerufenen Internetseiten durch kommerzielle Diensteanbieter grundsätzlich untersagt ist. Die Einführung der Telekommunikationsverkehrsdatenspeicherung kann damit nicht als Vorbild für die Schaffung weiterer vorsorglich anlassloser Datensammlungen dienen, sondern zwingt den Gesetzgeber bei der Erwägung neuer Speicherungspflichten oder -berechtigungen in Blick auf die Gesamtheit der verschiedenen schon vorhandenen Datensammlungen zu größerer Zurückhaltung. Dass die Freiheitswahrnehmung der Bürger nicht total erfasst und registriert werden darf, gehört zur verfassungsrechtlichen Identität der Bundesrepublik Deutschland...*", BVerfG, Urt. v. 02.03.2010, 1 BvR

Diese Marschroute des BVerfG verschärft sich zusätzlich, wenn privat ausgelagerte Überwachungspflichten mit Hilfe von *Automated Suspicion Algorithms* doppelt ausgelagert werden.[834] Dann liegt zwar keine neue Überwachung i. S. d. Überwachungsgesamtrechnung vor, jedoch eine Vertiefung und Verschärfung der bestehenden Überwachung mit Hilfe von KI. Dem Gesetzgeber ist daher dringend eine normenklare Bekennung zur repressiven Zweckrichtung der Verdachtsmeldung mit den damit verbundenen rechtlichen Konsequenzen und Umstrukturierungen zu raten.[835] Die Kommunikation, dass es sich bei den Meldeverpflichtungen um Strafanzeigen i. S. d. § 158 Abs. 1 StPO handelt, könnte zudem zu einer höheren Qualität der Verdachtsmeldungen beitragen, ohne an der aus rechtsstaatlichen Gründen bewusst niedrig gehaltenen Verdachtsschwelle viel ändern zu müssen.[836] Dies lässt sich auch mit europarechtlichen Vorgaben vereinen.[837] Aufgrund der Vorgabe des BVerfG, dass die Datenverarbeitung zu repressiven Zwecken nur zur Verhinderung schwerwiegender Straftaten erfolgen dürfe, ist dem Gesetzgeber außerdem eine Rückkehr zu einem enumerativen Vortatenkatalog in § 261 StGB zu raten.[838]

Daraus folgt, dass die bereits stattfindende Automatisierung der Meldepflichten erst recht in rechtlich ordnungsgemäße Bahnen zu lenken ist. Im folgenden Abschnitt ist deshalb zu analysieren, aus welchen rechtlichen Vorgaben sich Anforderungen an den KI-Einsatz durch die Verpflichteten ergeben und welche technischen und rechtlichen Mindestvorgaben an eine KI daraus abzuleiten sind.

256/08 u. a., NJW 2010, 833 (839). Diese Entscheidung gilt als Begründung der vom BVerfG statuierten Gesamtrechnung, die als Kerngehalt der Freiheitsrechte der Bundesrepublik Deutschland – insbesondere auch europarechtsfest – nicht überschritten werden darf, siehe exemplarisch *Roßnagel,* NJW 2010, 1238 (1238); *Poscher/Kilchling/Landerer,* GSZ 2021, 225 (226).

834 Insbesondere durch den Einsatz privater Softwarelösungen, siehe Kapitel III.E.I.

835 So jüngst auch das LG Frankfurt, Beschl. v. 22.01.2024, 2-01 T 26/23, BeckRS 2024, 803, Rn. 33; siehe den Ausgestaltungsvorschlag zur Aufhellung des Dunkelfelds der Geldwäsche und der Konkretisierung der Verdachtsmeldepflicht mit Hilfe von durch Anomalie-Detektion gewonnenen Typologien in Kapitel V.B.II.

836 *Hauler/Höffler/Reisch,* wistra 2023, 265 (270 f.); siehe Formulierungsvorschläge für eine geringfügig höher angesetzte Meldeverpflichtung: *Gehling/Lüneborg,* NZG 2020, 1164 (1170): „klare Erkenntnis"; *Häberle,* in: Häberle (Hrsg.), 249. Ergänzungslieferung Stand: September 2023, § 43 GwG Rn. 3: „kursorische rechtliche Prüfung".

837 Ähnlich *Hachmann,* 2024, S. 310 f.; siehe auch *Hauler/Höffler/Reisch,* wistra 2023, 265 (270 f.); siehe dazu die Ausführungen zur europarechtlichen Entwicklung der Verdachtsmeldepflicht: Kapitel IV.C.II.1.a).

838 So auch *Hauler/Höffler/Reisch,* wistra 2023, 265 (270).

D. Folgerungen für den Einsatz einer KI durch die GwG-Verpflichteten – Doppelte Auslagerung durch Automatisierung

> *„These banks have, in effect, developed 'in-house financial intelligence units', which process and analyze the significant amount of voluntarily disclosed information from their customer base and allow them to build intelligence hubs."*
>
> – E. Willebois/E. Halter/R. Harrison/ J. Park/J. Sharman[839]

In diesem Abschnitt der Arbeit werden Mindestanforderungen an den Einsatz von KI zur Detektion von Geldwäsche durch die Verpflichteten dargestellt (II.). Diese Anforderungen werden aus den Regularien abgeleitet (I.), die derzeit für die Verpflichteten gelten. Die Mindestanforderungen lassen sich auch auf andere Kriminalitätsbereiche übertragen. Solche Anforderungen, die bei einem Einsatz von KI durch Private aufgrund staatlicher Meldeverpflichtung gelten, müssen *mindestens* auch beim staatlichen Einsatz von KI zur Kriminalitätsbekämpfung gelten. *Rich* weist beispielsweise darauf hin, dass der Einsatz von KI innerhalb der Gefahrenprävention und der Strafverfolgung in einen Entscheidungsprozess eingreift, der bisher dem Menschen vorbehalten war.[840] Dabei geht er davon aus, dass es künftige Technologien möglich machen werden, mehr Daten zu diesen Zwecken zu analysieren, als ein Mensch jemals könnte und so bisher unbekannte (strafrechtlich relevante) Korrelationen aufzudecken.[841] *Rich* kommt zu dem Ergebnis, dass die Verwendung solcher Technologien nicht durch die Gerichte allein reguliert werden könne, sondern darüber hinaus außergerichtliche Maßnahmen notwendig seien, um einen korrekten und effizienten Einsatz sicherzustellen.[842] Übertragen auf den deutschen Kontext meint dies – wie gleich noch zu zeigen sein wird – insbesondere den Erlass einer entsprechenden Rechtsgrundlage für den Einsatz von *Automated Suspicion Algorithms.*

Ein Argument gegen solche technischen Mindestanforderungen ist, dass die Banken nur Tätigkeiten automatisieren, die sie ohnehin wahrnehmen

839 *van der Does de Willebois/Halter/Harrison/Park/Sharman*, The Puppet Masters – How the Corrupt Use Legal Structures to Hide Stolen Assets and What to Do About It, 2011, S. 100.

840 *Rich*, University of Pennsylvania Law Review 2016, 871 (871).

841 Ebenda, (873).

842 Ebenda, (879).

müssen. Im Kontext dieser Arbeit ist dies die Suche nach auffälligen Transaktionen, die auf Geldwäsche und deren Vortaten hindeuten. Dem muss man jedoch entgegenhalten, dass durch die Automatisierung dieser Pflichten eine doppelte Auslagerung erfolgt. Der privatwirtschaftliche Sektor ist in der Regel durch weniger Bürokratie ein besserer Innovationstreiber, sodass die Notwendigkeit solcher KI-Systeme für den Bankensektor früh erkannt wurde. Ein Auszug bereits eingesetzter Systeme wurde bereits in Kapitel III.E.I vorgestellt. Dies bedeutet, dass Banken – jedoch nicht in allen Fällen – die KI-Systeme selbst einsetzen, das System an sich jedoch bei externen Technikanbietern wie z. B. HawkAI oder IBM „einkaufen". Aus den beteiligten Akteuren Staat-Bank-Kunde wird mithin (verkürzt) die Konstellation Staat-Bank-KI-System-externes Softwareunternehmen-Kunde. Durch diese doppelte Auslagerung ist daher erst recht kritisch zu überprüfen, welche Anforderungen sich an die Programmierung, den Einsatz und die Kontrolle solcher Systeme ergeben.

I. Rechtliche Regularien

Sowohl in den Medien als auch intradisziplinär in der rechtlichen Fachliteratur ist immer wieder von den verschiedensten Anforderungen die Rede, die regulatorisch an KI zu stellen sind. Die besondere Schwierigkeit der Festlegung von Mindestanforderungen an ein künstlich intelligentes System sind die folgenden zwei Punkte: zum einen ergeben sich grundsätzliche rechtliche Anforderungen an solche technischen Systeme, die in den verschiedensten Gesetzen geregelt sind. Besonders im Rahmen der europäischen Gesetzgebung tritt erschwerend hinzu, dass insbesondere Verordnungen nach Art. 288 Abs. 2 AEUV in der Regel ihre Begrifflichkeiten spezifisch für ihren eigenen Anwendungsbereich festlegen, was jedoch dazu führt, dass für jedes KI-System im Prinzip gesondert geprüft werden muss, ob die jeweilige „Tätigkeit" der KI diesen spezifischen Anwendungsbereich erfüllt. Dies führt zur zweiten Schwierigkeit, dass zusätzlich zu den generellen rechtlichen Anforderungen an eine KI die jeweiligen bereichsspezifischen Gegebenheiten hinzutreten – wie hier im Bereich der Geldwäsche also Spezialregelungen, welche ebenfalls als Anforderungen für einen KI-Einsatz zur Detektion von Geldwäsche zu berücksichtigen sind.

Im Folgenden ist daher zu analysieren, aus welchem derzeitigen gesetzlichen Umfeld sich regulatorische Anforderungen an KI zur Detektion von Geldwäsche *innerhalb von Banken* ableiten lassen. Denn zumindest besteht Einigkeit darüber, dass KI in ein solches regulatorisches Umfeld einzukleiden ist. Untersucht werden zunächst das GG (1.), die Europäische Grundrechtecharta (2.), die Europäische Menschenrechtskonvention (3.), das Datenschutzrecht (4.), die EU-KI-Verordnung (5.) und abschließend das Gesetz zum Schutz von Geschäftsgeheimnissen (6.).

1. GG

Nach Art. 1 Abs. 3, Art. 20 Abs. 3 GG binden die Grundrechte Gesetzgebung, vollziehende Gewalt und Rechtsprechung als unmittelbar geltendes Recht. In ihrer klassischen Dimension dienen Grundrechte als Abwehrrechte gegen den Staat.[843] Banken sind als private Entitäten daher nicht direkt an die Grundrechte gebunden. Das gilt selbst dann, wenn man ihre Tätigkeit in der Geldwäsche-Detektion wie oben dargestellt als Teil der Strafverfolgung[844] versteht und ihre Einbindung als Indienstnahme Privater.[845] Denn die Kreditinstitute greifen von sich aus auf den Einsatz von KI zur Detektion von Geldwäsche zurück, um die Erfüllung der überbordenden Pflichten zur Geldwäschebekämpfung insbesondere des GwG zu vereinfachen. Es liegt damit derzeit kein staatlicher Eingriff beim KI-Einsatz durch die Verpflichteten vor, sondern nur ein privates Handeln.

Durch die stetig wachsende Marktmacht großer Unternehmen insbesondere durch deren umfassende Datenhoheit – man denke etwa nur an Meta und die regelmäßigen Regulierungsversuche im Bereich der Hasskriminalität – tauchen seit geraumer Zeit erste Ideen und Diskussionen bezüglich einer Grundrechtsbindung solcher Marktgrößen auf. Erstmals hat das BVerfG im Jahr 2020 diesbezüglich auch eine Art mittelbarer Drittwirkung der Unionsgrundrechte anklingen lassen.[846] Auch *Momsen* äußerte

843 *Klein*, NJW 1989, 1633 (1633); *Wahl/Schütz*, in: Schoch/Schneider (Hrsg.), Werkstand: 45. EL Januar 2024, § 42 VwGO Rn. 60; *Schliesky/Hoffmann/Luch/Schulz/Borchers*, Schutzpflichten und Drittwirkung im Internet – Das Grundgesetz im digitalen Zeitalter, 2014, S. 42.

844 Kapitel IV.C.II.1.

845 Kapitel IV.C.III.3.

846 Erstmals ansatzweise in Abwägung gebracht hat das BVerfG dies hier bei einem privatrechtlichen Streit eines Suchmaschinenbetreibers mit einer Privatperson, BVerfG, Beschl. v. 6.11.2019, 1 BvR 276/17, NJW 2020, 315 (322): *„Entsprechend der gleichberechtigten Freiheit, in der sich Datenverarbeiter und Betroffene privatrechtlich gegenüberstehen, bestimmt sich der Schutz der Grundrechte nach Maßgabe einer Abwägung“*.

sich bereits dahingehend, dass die Entwicklung der nächsten Jahr(zehnt)e durchaus hin zu einem umfassenden Regime zur Regulierung von solchen „privaten Mächten" gehen könnte, um der Schwächung fundamentaler Menschenrechte in diesem Bereich entgegenzuwirken.[847] Die Bejahung einer direkten Grundrechtsbindung der Verpflichteten bei der Geldwäschebekämpfung wäre derzeit (noch) fernab der rechtlichen Rahmenbedingungen – zumal eine Beleihung oder Verwaltungshilfe ausweislich der obigen Feststellungen nicht gegeben ist. Insbesondere die zitierte Entscheidung des BVerfG als auch neuere Entscheidungen des EuGH[848] zeichnen jedoch vor, wohin die Entwicklung zukünftig schreiten könnte.[849]

Aufgrund der stetig zunehmenden Gefährdung von Grundrechten durch private Akteure – wie hier durch die GwG-Verpflichteten gegenüber deren Kunden – erfolgt jedoch eine Verschiebung hin zu stärkeren Schutz- und Gewährleistungsfunktionen von Grundrechten durch den Staat in Gestalt von Schutzpflichten.[850] Die eine Seite der Grundrechte als Abwehrrechte gegen den Staat und die andere Seite der Schutzpflichten durch den Staat unterscheiden sich diametral.[851] Das Abwehrrecht verlangt etwas Bestimmtes, nämlich die staatliche Zurückhaltung.[852] Die Schutzpflicht verlangt etwas Unbestimmtes, dem Staat verbleibt zur Ausgestaltung von Schutzpflichten ein weiter Handlungsspielraum.[853] Aufgrund der Gefahr, dass die Konstruktion von Schutzpflichten als Begründung einer Zurechnung von privatem Verhalten zum Staat genutzt wird, werden diese äußerst eng ausgelegt.[854] Daher lassen sich nur ausnahmsweise konkrete Regelungspflichten aus den Grundrechten ableiten.[855] Zur Abbildung der an

---

847 *Momsen,* KriPoZ 2023, 8 (10).

848 BVerfG, Beschl. v. 6.11.2019, 1 BvR 276/17, NJW 2020, 315 (322); EuGH, Urt. v. 13.05.2014, C-131/12, NVwZ 2014, 857 (863); EuGH, Urt. v. 19.09.2019, C-527/18, EuZW 2019, 906 (911); *Marsch*, 2018, S. 252 ff.

849 Exemplarisch hat *Marsch* in seiner Monografie dargelegt, wieso im Moment allenfalls von einer mittelbaren Drittwirkung sowohl des Rechts auf informationelle Selbstbestimmung als auch des europäischen Datenschutzgrundrechts auszugehen ist: *Marsch*, 2018, S. 248 ff. m. w. N.

850 *Schliesky/Hoffmann/Luch/Schulz/Borchers*, 2014, S. 47; *Klein*, NJW 1989, 1633 (1633); *Wahl/Schütz,* in: Schoch/Schneider (Hrsg.), Werkstand: 45. EL Januar 2024, § 42 VwGO Rn. 60.

851 *Schliesky/Hoffmann/Luch/Schulz/Borchers*, 2014, S. 49.

852 *Marsch*, 2018, S. 256; *Schliesky/Hoffmann/Luch/Schulz/Borchers*, 2014, S. 49.

853 *Schliesky/Hoffmann/Luch/Schulz/Borchers*, 2014, S. 49.

854 Ebenda.

855 Ebenda, S. 50.

den Staat zu adressierenden Anforderungen aus der Schutzfunktion der Grundrechte hat das BVerfG das sog. Untermaßverbot entwickelt.[856] Eine Handlungspflicht des Staates ergibt sich daher erst bei einer Verletzung dieses Untermaßverbotes.[857] Eine solche wurde durch das BVerfG bisher äußerst selten festgestellt.[858] Das BVerfG sieht das Untermaßverbot dann als verletzt an, wenn die öffentliche Gewalt Schutzvorkehrungen überhaupt nicht getroffen hat oder die getroffenen Maßnahmen gänzlich ungeeignet oder völlig unzulänglich sind, das gebotene Schutzziel zu erreichen oder erheblich dahinter zurückbleiben.[859] Der Staat muss seine Pflichten mithin evident verfehlen.[860] Bei der Geldwäsche-Detektion mittels KI durch die Verpflichteten käme eine staatliche Schutzpflicht aus dem Recht auf informationelle Selbstbestimmung nach Art. 1 Abs. 1 i. V. m. Art. 2 Abs. 1 GG in Betracht.[861] Wie im Laufe dieses Abschnittes noch zu zeigen sein wird, ergeben sich an einen solchen KI-Einsatz allerdings durch die GwG-Verpflichteten zu beachtende Regularien insbesondere aus der EMRK, der DSGVO und der EU-KI-Verordnung. Mithin sind die Betroffenen gegenüber der privaten Datenverarbeitung nicht schutzlos gestellt. Vor allem die DSGVO wird als einfachgesetzliche Ausprägung bzw. als mittelbare Drittwirkung datenschutzrechtlicher Garantien angesehen.[862] Eine Verletzung des Untermaßverbotes und eine daraus abzuleitende staatliche Schutzpflichtverletzung ist somit nicht anzunehmen.

Diese Arbeit versucht die Entwicklung daher insbesondere durch eine grundrechtsspezifische Auslegung des einschlägigen Fachrechts mit Blick auf strafrechtliche und strafprozessuale Garantien Betroffener zu würdigen.

---

856 BVerfG, Urt. v. 28.05.1993, 2 BvF 2/90, 4, 5/92, BVerfGE 88, 203 (254 ff.); BVerfG, Beschl. v. 22.10.1997, 1 BvR 479/92, 1 BvR 307/94, BVerfGE 96, 409 (412).

857 *Schliesky/Hoffmann/Luch/Schulz/Borchers*, 2014, S. 51; *Klein*, JuS 2006, 960 (961).

858 Denn die Verletzung der Schutzpflicht muss offensichtlich sein (sog. Evidenzformel), *Klein*, JuS 2006, 960 (961); *Schliesky/Hoffmann/Luch/Schulz/Borchers*, 2014, S. 51.

859 BVerfG, Urt. v. 28.05.1993, 2 BvF 2/90, 4, 5/92, BVerfGE 88, 203 (263).

860 *Schliesky/Hoffmann/Luch/Schulz/Borchers*, 2014, S. 51 m. w. N.

861 *Hoffmann-Riem*, 2022, S. 105.

862 *Präsidentinnen und Präsidenten der Oberlandesgerichte*, Einsatz von KI und algorithmischen Systemen in der Justiz, 13.05.2022, (abrufbar: https://perma.cc/F5TB-8AL7, zuletzt abgerufen: 31.08.2024), S. 16; *Marsch*, 2018, S. 245 ff.

2. Europäische Grundrechte-Charta (GRCh)

Die europäische Regulierungswelle[863] im Bereich der Geldwäsche wird wohl noch lange ihresgleichen suchen.[864] Durch die starke europäische Prägung des Geldwäscherechtes ist in Fällen, in denen europäische Vorgaben in das deutsche Recht umgesetzt wurden, die Anwendbarkeit der GRCh zu prüfen.[865]

Nach Art. 51 Abs. 1 Satz 1 GRCh gilt diese für die Organe, Einrichtungen und sonstigen Stellen der Union unter Wahrung des Subsidiaritätsprinzips und für die Mitgliedstaaten ausschließlich bei der Durchführung des Rechts der Union. Vorliegend wird die KI nicht durch Organe, Einrichtungen oder sonstige Stellen der Union eingesetzt. Private sind keine Grundrechtsverpflichteten i. S. d. Art. 51 Abs. 1 Satz 1 GRCh.[866] Für den deutschen Gesetzgeber ergibt sich hingegen bei der Umsetzung – insbesondere der EU-Geldwäsche-Richtlinien – eine Verpflichtung zur Berücksichtigung der Garantien der GRCh. Diese staatliche Bindung betrifft jedoch erst einmal nicht die GwG-Verpflichteten. Datenverarbeitungen erfolgen heute im Schwerpunkt durch private Akteure – wie auch im Falle der Detektion von Geldwäsche.[867] In der Literatur wird daher bereits seit einigen Jahren auch die private Datenverarbeitung als rechtfertigungsbedürftiger Grundrechtseingriff diskutiert, der einer gesetzlichen Ermächtigung bedürfe und eine „staatsgleiche Grundrechtsbindung“ der privaten Datenverarbeiter erwogen.[868] Auch der EuGH ließ insbesondere in zwei Entscheidungen eine solche Drittwirkung von Unionsgrundrechten anklingen, wenn er dies auch im Schwerpunkt mit einer grundrechtskonformen Auslegung rechtlicher Verpflichtungen von Suchmaschinenbetreibern begründete.[869] Aus dieser Rechtsprechung des EuGH wird daher inzwischen eine grundrechtsgebundene Ausgestaltungspflicht des Staates zum Schutz auch vor privater Daten-

863 Kapitel II.B.II.

864 Darstellung der europäischen Vorgaben an das Geldwäscherecht: Kapitel II.B.II.2.

865 So etwa *Wende*, 2024, S. 253 f. bezüglich der Umsetzung der europäischen Vorgaben an die Verdachtsmeldung.

866 *Jarass*, ZEuP 2017, 310 (315); *Marsch*, 2018, S. 245 ff.

867 *Schneider*, in: Wolff/Brink/Ungern-Sternberg (Hrsg.), 47. Edition, Stand: 01.05.2022, Syst. B. Völker- und unionsverfassungsrechtliche Grundlagen, Rn. 38.

868 *Roßnagel*, NJW 2019, 1 (3); *Marsch*, 2018, S. 245 ff.

869 EuGH, Urt. v. 13.05.2014, C-131/12, NVwZ 2014, 857 (863); EuGH, Urt. v. 19.09.2019, C-527/18, EuZW 2019, 906 (911).

verarbeitung abgeleitet.[870] Dies bedeutet in erster Linie, dass auch private Datenverarbeitungen gesetzlich zu regeln und auszugestalten sind. In zweiter Linie sind die jeweiligen Regelungen an der GRCh zu messen, sofern sie auch zur Durchsetzung des Unionsrechts erfolgen.

3. EMRK

Den Konventionsvorgaben der EMRK hat der Gesetzgeber nach Art. 59 Abs. 2 GG zugestimmt und eine gesetzliche Vollzugsanordnung getroffen.[871] Die Vorgaben der EMRK haben daher in Deutschland den Rang eines innerstaatlichen (Bundes-)Gesetzes und sind unmittelbar anwendbar.[872] Zugleich haben die Gewährleistungen der EMRK nach dem BVerfG insofern verfassungsrechtliche Bedeutung, als sie die Auslegung der Grundrechte und rechtsstaatlichen Grundsätze des Grundgesetzes beeinflussen.[873] Die Bestimmungen der EMRK sind in erster Linie von Legislative, Exekutive und Judikative einzuhalten.[874] Der EGMR schlussfolgerte jedoch bereits im Jahr 2003, dass eine dem Staat zurechenbare Einschaltung von Privatpersonen in die Strafverfolgung Art. 8 EMRK verletze, es sei denn, die Einschaltung basiere auf einem Gesetz i. S. d. EMRK, verfolge ein nach Art. 8 Abs. 2 EMRK legitimes Ziel und sei diesbezüglich in einer demokratischen Gesellschaft notwendig.[875] Damit statuierte der EGMR eine Art Umgehungsverbot der Garantien der EMRK für ein Tätigwerden Privater nach staatlicher Veranlassung. Aufgrund dieser Rechtsprechung des EGMR

---

870 *Schneider*, in: Wolff/Brink/Ungern-Sternberg (Hrsg.), 47. Edition, Stand: 01.05.2022, Syst. B. Völker- und unionsverfassungsrechtliche Grundlagen, Rn. 40.

871 Gesetz über die Konvention zum Schutze der Menschenrechte und Grundfreiheiten vom 07.08.1952, BGBl II S. 685; *Nettesheim*, in: Meyer-Ladewig/Nettesheim/Raumer (Hrsg.), 5. Aufl. 2023, Einleitung Rn. 18.

872 BVerfG, Urt. v. 04.05.2011, 2 BvR 2365/09, 2 BvR 740/10, 2 BvR 2333/08, 2 BvR 1152/10, 2 BvR 571/10, BVerfGE 128, 326 (367); *Nettesheim*, in: Meyer-Ladewig/Nettesheim/Raumer (Hrsg.), 5. Aufl. 2023, Einleitung Rn. 18; m. w. N. auch *Hübenthal*, 2024, S. 38.

873 BVerfG, Urt. v. 04.05.2011, 2 BvR 2365/09, 2 BvR 740/10, 2 BvR 2333/08, 2 BvR 1152/10, 2 BvR 571/10, BVerfGE 128, 326 (367).

874 Dies ergibt sich aus Art. 1 EMRK; siehe *Nettesheim*, in: Meyer-Ladewig/Nettesheim/Raumer (Hrsg.), 5. Aufl. 2023, Einleitung Rn. 18; BVerfG, Beschl. v. 14.10.2004, 2 BvR 1481/04, BVerfGE 111, 307 (316).

875 EGMR, Urt. v. 08.04.2003, Nr. 39339/98, M.M. gegen Niederlande, StV 2004, 1 (1); so auch *Brunhöber*, GA 2010, 571 (576); ähnlich *Wende*, 2024, S. 278; *Hübenthal*, 2024, S. 264.

erscheint es vorliegend geboten, die Einschlägigkeit der Garantien der EMRK für das Tätigwerden der Verpflichteten nach dem GwG zu prüfen.

a) Umgehungsverbot – Einschaltung von Privaten in die Strafverfolgung

Der EGMR bezeichnete seine Prüfung als „Verbot der Umgehung der EMRK durch Einschaltung von Privatpersonen in die Strafverfolgung“.[876] Danach schließe der Umstand, dass Private eigenverantwortlich bei der Strafverfolgung mitwirken, eine Anwendung der Garantien nicht aus.[877] Im Normalfall scheidet eine unmittelbare Bindung Privater an die EMRK aus.[878] Staatliche Umsetzungsakte, die das Verhalten zurechenbar verursachen, können jedoch zu einer Bindung von Privatpersonen an die EMRK führen.[879] Im folgenden Abschnitt sollen die Voraussetzungen dieses Umgehungsverbotes in Bezug auf die Meldeverpflichtung des § 43 GwG und die Konsequenzen aus diesem Umgehungsverbot geprüft werden.

Eine Mitwirkung von Privaten zur Strafverfolgung ist nach dem EGMR dann gegeben, wenn die staatlichen Behörden einen maßgeblichen Beitrag zum Vorgehen der Privatpersonen leisten.[880] Der EGMR stellt hier maßgeblich darauf ab, dass das Verhalten der Privaten dem Staat zurechenbar ist und nicht in Eigeninitiative des Privatrechtssubjekts erfolgt.[881] Denn die Leitlinien der EMRK dürfen nicht durch die Zwischenschaltung von

876 EGMR, Urt. v. 08.04.2003, Nr. 39339/98, M.M. gegen Niederlande, StV 2004, 1 (1); in der englischen Originalfassung des Urteils führt der EGMR treffend aus: „...[*The*] *case is characterised by the police setting up a private individual to collect evidence in a criminal case, the Court is not persuaded by the Government's argument that it was ultimately Mrs S. who was in control of events. To accept such an argument would be tantamount to allowing investigating authorities to evade their responsibilities under the Convention by the use of private agents.*“

877 Ebenda.

878 *Jarass,* in: Jarass (Hrsg.), 4. Aufl. 2021, Art. 52 GRCh Rn. 70; *Meyer,* in: Wolter/Deiters (Hrsg.), 6. Aufl. 2024, Art. 1 EMRK 17 ff.; *Satzger,* in: Satzger/Schluckebier/Werner (Hrsg.), 6. Aufl. 2024, Art. 1 EMRK Rn. 15 f.

879 *Jarass,* in: Jarass (Hrsg.), 4. Aufl. 2021, Art. 52 GRCh Rn. 70 insbesondere Fn. 232; *Röben,* in: Dörr/Grote/Marauhn (Hrsg.), 3. Aufl. 2022, Kapitel 5: Grundrechtsberechtigte und -verpflichtete, Grundrechtsgeltung, Rn. 149 ff.; *Meye,* in: Wolter/Deiters (Hrsg.), 6. Aufl. 2024, Art. 8 EMRK Rn. 86.

880 EGMR, Urt. v. 08.04.2003, Nr. 39339/98, M.M. gegen Niederlande, StV 2004, 1 (1); ausführlich *Esser,* in: Becker/Erb/Esser/Graalmann-Scheerer/Hilger/Ignor (Hrsg.), 27. Aufl. 2024, Art. 6 EMRK Rn. 352 ff.

881 *Meye,* in: Wolter/Deiters (Hrsg.), 6. Aufl. 2024, Art. 8 EMRK Rn. 86.

Privatpersonen umgangen werden.[882] In dem gegenständlichen Verfahren M.M. gegen die Niederlande bestand eine solche Umgehung der EMRK-Garantien, weil staatliche Behörden Telefongespräche zwischen Privaten angeregt hatten, die zur Überführung eines potenziellen Täters durch eine Privatperson nach Anweisung aufgezeichnet wurden. Im Gegensatz zu den grundgesetzlichen Schutzpflichten statuiert der EGMR hier eine Art Zurechnungsnorm, die zu dem Umgehungsverbot führt.[883] Übertragen auf die hiesige Konstellation der Verdachtsmeldepflichten muss eine staatliche Veranlassung erst recht vorliegen, wenn sogar eine Verpflichtung der Privaten (hier der Banken bzw. Finanzinstitute nach § 2 GwG i. V. m. § 43 Abs. 1 Nr. 1 GwG) zur Teilnahme an der Geldwäschebekämpfung besteht. Da in den Ausführungen dieser Arbeit zur Verdachtsmeldepflicht[884] bereits festgestellt wurde, dass nach hier vertretener Auffassung ein repressiver Beitrag der Verpflichteten zur Strafverfolgung vorliegt, leisten die Verpflichteten mit den Verdachtsmeldepflichten einen staatlich veranlassten Beitrag zur Strafverfolgung.[885] Erst recht liegt ein Umgehungsverbot der Garantien der EMRK auch dann vor, wenn die Automatisierung staatlich veranlasster Pflichten zur Strafverfolgung durch die Privaten erfolgt. Eine andere Wertung würde dazu führen, dass der Staat seine aus der EMRK folgenden Verpflichtungen durch den Einsatz „privater Ermittler“ umgehen könnte.[886] Nachfolgend wird daher die Einschlägigkeit einzelner in Betracht kommender Garantien der EMRK und daraus folgende Regularien für den Einsatz von KI durch die GwG-Verpflichteten untersucht.

882 Dies spreche für eine funktional-weite Interpretation der Zurechnung, vgl. *Meye,* in: Wolter/Deiters (Hrsg.), 6. Aufl. 2024, Art. 8 EMRK Rn. 86.

883 Zu den Schutzpflichten nach dem GG: Kapitel IV.D.I.1; vgl. *Meye,* in: Wolter/Deiters (Hrsg.), 6. Aufl. 2024, Art. 8 EMRK Rn. 86.

884 Siehe Kapitel IV.C.II.1.

885 Siehe zur repressiven Einordnung Kapitel IV.C.II.3.

886 EGMR, Urt. v. 08.04.2003, Nr. 39339/98, M.M. gegen Niederlande, StV 2004, 1 (2); *Esser,* in: Becker/Erb/Esser/Graalmann-Scheerer/Hilger/Ignor (Hrsg.), 27. Aufl. 2024, Art. 6 EMRK Rn. 352 ff.

b) Art. 6 EMRK – Recht auf ein faires Verfahren

Die zentrale Konventionsnorm dient in erster Linie der Gewährleistung der Fairness gerichtlicher Verfahren.[887] Nach dem Wortlaut von Art. 6 Abs. 1 EMRK gilt dieser für die Gewährleistung eines fairen Verfahrens für Streitigkeiten über zivilrechtliche Ansprüche und Verpflichtungen sowie für strafrechtliche Anklagen.[888] Diese Begrifflichkeiten unterliegen allerdings der autonomen Auslegung durch den EGMR und sind von innerstaatlichen Zuordnungen losgelöst.[889]

Zunächst stellt sich daher die Frage, ob mit dem Zeitpunkt der Abgabe der Verdachtsmeldung nach § 43 Abs. 1 Nr. 1 GwG bereits eine strafrechtliche Anklage i. S. d. EMRK vorliegt, weshalb zur Verhinderung einer Umgehung der Garantien der EMRK auch die Verpflichteten ein faires Verfahren beim Einsatz von KI nach Art. 6 Abs. 1 EMRK gewährleisten müssten. Der Begriff der Anklage ist im Konventionsrecht nicht wörtlich zu verstehen, sondern autonom anhand der EMRK bzw. der Auslegung durch den EGMR zu bestimmen.[890] Der Begriff der strafrechtlichen Anklage ist in den letzten Jahren vor dem Hintergrund der Grenzverwischung zwischen verwaltungsrechtlichen, aufsichtsrechtlichen und strafprozessualen Ermittlungen bzw. sog. *internal investigations* in Bewegung geraten, bisher bleibt der EGMR jedoch seiner Rechtsprechungslinie treu.[891] Die Verfahrensgarantie des Art. 6 EMRK greift daher, sobald ein Beschuldigter durch die zuständige Behörde die Mitteilung erhält, dass gegen ihn wegen des Verdachts einer Straftat ermittelt wird und dadurch für ihn

---

887 *Lohse/Jakobs*, in: Barthe/Gericke (Hrsg.), 9. Aufl. 2023, Art. 6 EMRK Rn. 1; *Esser*, in: Becker/Erb/Esser/Graalmann-Scheerer/Hilger/Ignor (Hrsg.), 27. Aufl. 2024, Art. 6 EMRK Rn. 256 ff.

888 *Lohse/Jakobs*, in: Barthe/Gericke (Hrsg.), 9. Aufl. 2023, Art. 6 EMRK Rn. 7; *Esser*, in: Becker/Erb/Esser/Graalmann-Scheerer/Hilger/Ignor (Hrsg.), 27. Aufl. 2024, Art. 6 EMRK Rn. 256 ff.

889 *Meye*, in: Wolter/Deiters (Hrsg.), 6. Aufl. 2024, Art. 6 EMRK Rn. 30; *Lohse/Jakobs*, in: Barthe/Gericke (Hrsg.), 9. Aufl. 2023, Art. 6 EMRK Rn. 7; *Esser*, in: Becker/Erb/Esser/Graalmann-Scheerer/Hilger/Ignor (Hrsg.), 27. Aufl. 2024, EMRK Einf. Rn. 235.

890 *Lohse/Jakobs*, in: Barthe/Gericke (Hrsg.), 9. Aufl. 2023, Art. 6 EMRK Rn. 11; EGMR, Urt. v. 26.03.1982, Adolf gegen Österreich, EuGRZ 1982, 297 Rn. 30.

891 *Meye*, in: Wolter/Deiters (Hrsg.), 6. Aufl. 2024, Art. 6 EMRK Rn. 32 ff., 66; zur potenziellen Anwendbarkeit der EMRK bei internal investigations: *Hübenthal*, 2024, S. 306 ff.

negative Folgen in Gestalt von Ermittlungsmaßnahmen eintreten.[892] Diese Voraussetzung ist allerdings auch dann erfüllt, wenn sich aus Maßnahmen konkludent eine strafrechtliche Beschuldigung ergibt und diese einen für ihn vergleichbaren Effekt hervorrufen.[893] Regelmäßig sieht der EGMR das Ermittlungsverfahren als Beginn der strafrechtlichen Anklage an.[894] Einerseits kann man vorliegend die Auffassung vertreten, dass mit der Abgabe der Verdachtsmeldung für den Betroffenen bereits negative Folgen eintreten können – wie etwa die Kündigung der Kundenbeziehung oder das Anhalten der Transaktion. Gegen diese Konsequenzen kann der Betroffene sich jedoch auf zivilrechtlichem Wege gegenüber der Bank zur Wehr setzen.[895] Staatliche Eingriffe im Sinne einer strafrechtlichen Anklage erreichen den Betroffenen erst mit der Eröffnung eines Ermittlungsverfahrens wegen Geldwäsche oder der Vortaten, für welches Art. 6 Abs. 1 EMRK dann gilt. Für diese Auslegung spricht auch, dass der EGMR Konstellationen von heimlichen Maßnahmen, die der Beschuldigte nicht kennt, in erster Linie über Art. 8 EMRK löst.[896] Allerdings muss dem späteren Beschuldigten dann nachträglicher Rechtsschutz, der den Bedingungen des Art. 6 EMRK entspricht, gewährt werden.[897] Nach hier vertretener Auffassung liegt daher mit Abgabe der Verdachtsmeldung keine strafrechtliche Anklage i. S. d. EMRK vor, jedoch muss nachträglicher Rechtsschutz auch gegen die Verdachtsmeldung möglich sein. Ein derzeit fehlendes Beschwerderecht wurde auch bei der verfassungsrechtlichen Prüfung der Meldepflicht erörtert.[898]

---

892 *Lohse/Jakobs*, in: Barthe/Gericke (Hrsg.), 9. Aufl. 2023, Art. 6 EMRK Rn. 11; EGMR, Urt. v. 18.02.2010, Nr. 39660/02, Zaichenko gegen Russland, HRRS 2010, 228 Rn. 76; EGMR, Urt. v. 08.06.1976, Engel u. a. gegen Niederlande, EuGRZ 1976, 221 Rn. 80 ff.; *Esser,* in: Becker/Erb/Esser/Graalmann-Scheerer/Hilger/Ignor (Hrsg.), 27. Aufl. 2024, Art. 6 EMRK Rn. 80.

893 *Lohse/Jakobs*, in: Barthe/Gericke (Hrsg.), 9. Aufl. 2023, Art. 6 EMRK Rn. 11; EGMR, Urt. v. 15.07.1982, Eckle gegen Deutschland, EuGRZ 1983, 371 Rn. 73.

894 *Lohse/Jakobs*, in: Barthe/Gericke (Hrsg.), 9. Aufl. 2023, Art. 6 EMRK Rn. 11; EGMR, Urt. v. 27.11.2008, Nr. 36391/02, Salduz gegen Türkei, NJW 2009, 3707 (3708); *Meye,* in: Wolter/Deiters (Hrsg.), 6. Aufl. 2024, Art. 6 EMRK Rn. 69.

895 *Paul,* NJW 2022, 1769 (1769 ff.).

896 *Lohse/Jakobs*, in: Barthe/Gericke (Hrsg.), 9. Aufl. 2023, Art. 6 EMRK Rn. 10.

897 *Meye,* in: Wolter/Deiters (Hrsg.), 6. Aufl. 2024, Art. 6 EMRK Rn. 70; *Lohse/Jakobs,* in: Barthe/Gericke (Hrsg.), 9. Aufl. 2023, Art. 6 EMRK Rn. 10.

898 Siehe Kapitel IV.C.IV.2.d).

Aus denselben Gründen greift vorliegend auch die Unschuldsvermutung nach Art. 6 Abs. 2 EMRK nicht. Diese gilt in zeitlicher Hinsicht für alle Strafverfahren nach Art. 6 Abs. 1 EMRK.[899]

c) Art. 8 EMRK – Recht auf Achtung des Privat- und Familienlebens

Nach Art. 8 Abs. 1 EMRK hat jede Person das Recht auf Achtung ihres Privat- und Familienlebens, ihrer Wohnung und ihrer Korrespondenz. Wie eingangs beschrieben (a) hat der EuGH mindestens für diese Garantie ein Umgehungsverbot statuiert, wenn Privatpersonen zur Informationsgewinnung zu Strafverfolgungszwecken herangezogen werden. Die durch die GwG-Verpflichteten vorgenommene Datenverarbeitung mit KI könnte einen Eingriff in das Schutzgut der Korrespondenz darstellen. Der Schutz persönlicher Daten ist wesentlicher Bestandteil von Art. 8 EMRK.[900] Der Staat muss daher ausreichende Garantien gegen Datenmissbrauch sicherstellen.[901] Diese Pflicht trifft vorliegend sowohl den Gesetzgeber in Gestalt der Vorgabe von Regelungen als auch die Verpflichteten, die die Daten nur für ihren vorgesehenen Zweck verwenden dürfen. Zusätzlich hat der EGMR ein Recht auf Löschung nicht mehr benötigter Daten anerkannt.[902] Die Datenverarbeitung durch die Verpflichteten stellt einen Eingriff in Art. 8 Abs. 1 EMRK dar.

899 *Lohse/Jakobs*, in: Barthe/Gericke (Hrsg.), 9. Aufl. 2023, Art. 6 EMRK Rn. 70.

900 *Meye*, in: Wolter/Deiters (Hrsg.), 6. Aufl. 2024, Art. 8 EMRK Rn. 35 ff.; *Esser*, in: Becker/Erb/Esser/Graalmann-Scheerer/Hilger/Ignor (Hrsg.), 27. Aufl. 2024, Art. 8 EMRK Rn. 10; *Nettesheim*, in: Meyer-Ladewig/Nettesheim/Raumer (Hrsg.), 5. Aufl. 2023, Art. 8 Rn. 32.

901 *Nettesheim*, in: Meyer-Ladewig/Nettesheim/Raumer (Hrsg.), 5. Aufl. 2023, Art. 8 Rn. 32; *Meye*, in: Wolter/Deiters (Hrsg.), 6. Aufl. 2024, Art. 8 EMRK Rn. 35 ff.

902 *Nettesheim*, in: Meyer-Ladewig/Nettesheim/Raumer (Hrsg.), 5. Aufl. 2023, Art. 8 Rn. 32; EGMR, Urt. v. 13.2.2020, Nr. 45245/15, Gaughran gegen Vereinigtes Königreich, NJOZ 2022, 476 (480).

aa) GwG als Gesetz i. S. d. EMRK

Der Eingriff in Art. 8 Abs. 1 EMRK benötigt zwingend eine ausreichende gesetzliche Grundlage im staatlichen Recht.[903] Hier ist zu beachten, dass die Verdachtsmeldung an sich und der Einsatz von KI zur Unterstützung bzw. bei der Automatisierung dieser Verdachtsmeldung zwei eigenständige Eingriffe sind und daher nach hier vertretener Auffassung jeweils eine eigenständige gesetzliche Grundlage benötigen. Der Einsatz von KI durch die Verpflichteten ist nicht verboten. Aber er muss beim Einsatz Privater im ausgelagerten Bereich der Strafverfolgung eben explizit erlaubt sein. Ein Einsatz automatisierter Anwendungen zur Datenanalyse ist im GwG bisher nur nach § 29 Abs. 2a GwG für die FIU vorgesehen. Dieser spezifiziert auch näher, für welche Zwecke die Verarbeitung erfolgen darf und welche Arten personenbezogener Daten verarbeitet werden dürfen. Im GwG existiert bisher keine Rechtsgrundlage für den Einsatz automatisierter Datenverarbeitungssysteme für die Verpflichteten. In Betracht kommt als Rechtsgrundlage für die Banken allerdings § 25h Abs. 2 KWG. Danach haben Kreditinstitute unbeschadet des § 10 Abs. 1 Nr. 5 GwG Datenverarbeitungssysteme zu betreiben und zu aktualisieren, mittels derer sie in der Lage sind, Geschäftsbeziehungen und einzelne Transaktionen im Zahlungsverkehr zu erkennen, die auf Grund des öffentlich und im Kreditinstitut verfügbaren Erfahrungswissens über die Methoden der Geldwäsche, der Terrorismusfinanzierung und über die sonstigen strafbaren Handlungen im Sinne von § 25h Abs. 1 KWG im Verhältnis zu vergleichbaren Fällen besonders komplex oder groß sind, ungewöhnlich ablaufen oder ohne offensichtlichen wirtschaftlichen oder rechtmäßigen Zweck erfolgen. Die Kreditinstitute dürfen personenbezogene Daten verarbeiten, soweit dies zur Erfüllung dieser Pflicht erforderlich ist. Die BaFin kann Kriterien bestimmen, bei deren Vorliegen Kreditinstitute vom Einsatz von Systemen nach Satz 1 absehen können. Es ist insbesondere zweifelhaft, ob unter dem simplen Begriff des „Datenverarbeitungssystems" auch der Einsatz fortgeschrittener KI-Systeme zu verstehen ist. Initial waren damit wohl IT-Systeme gemeint.[904] Im Vergleich mit der Norm zur Ermächtigung der FIU zur automatisierten Datenanalyse nach § 29 Abs. 2a GwG sind hier erhebliche Zweifel angebracht. Dort spricht

---

903 *Satzger,* in: Satzger/Schluckebier/Werner (Hrsg.), 6. Aufl. 2024, Art. 8 EMRK Rn. 27; *Nettesheim,* in: Meyer-Ladewig/Nettesheim/Raumer (Hrsg.), 5. Aufl. 2023, Art. 8 Rn. 102.

904 *Achtelik,* in: Herzog (Hrsg.), 5. Aufl. 2023, § 25h KWG Rn. 11.

zum einen der Wortlaut von Automatisierung, es sind weitere Kriterien vorgegeben und der Gesetzgeber betonte im Gesetzgebungsverfahren ausdrücklich, dass damit eine Gesetzgebungsgrundlage zum Einsatz von KI geschaffen wurde.[905] Die BaFin hingegen scheint davon auszugehen, dass § 25h Abs. 2 KWG eine für den Einsatz von KI hinreichende Bestimmung darstellt.[906]

bb) Legitimes Ziel

Falls man § 25h Abs. 2 KWG als ausreichende Rechtsgrundlage ansieht, müsste der Eingriff in Gestalt des Einsatzes von KI durch die Verpflichteten zur Strafverfolgung für die nationale oder öffentliche Sicherheit, für das wirtschaftliche Wohl des Landes, zur Aufrechterhaltung der Ordnung, zur Verhütung von Straftaten, zum Schutz der Gesundheit oder der Moral oder zum Schutz der Rechte und Freiheiten anderer notwendig sein. Mit der Aufklärung und Bekämpfung von Geldwäsche verfolgt der Gesetzgeber ein solches notwendiges Ziel. Wie auch im deutschen Recht steht dem Gesetzgeber auch hier ein weiter Beurteilungsspielraum offen.[907]

cc) Notwendigkeit in einer demokratischen Gesellschaft

Die nach Art. 8 Abs. 2 EMRK geforderte Notwendigkeit des Eingriffs in einer demokratischen Gesellschaft umfasst eine Art speziellere Verhältnismäßigkeitsprüfung nach deutschem Recht. Die generelle Verhältnismäßigkeit der Verdachtsmeldepflicht war bereits Gegenstand dieser Arbeit.[908] Hier muss die Frage geklärt werden, ob dies auch für den Einsatz von KI durch die Verpflichteten gilt. Der Eingriff ist in einer demokratischen Gesellschaft notwendig, wenn er einem „dringenden sozialen Bedürfnis“ entspricht, um das berechtigte Ziel zu erreichen und die angewandten

---

905 BT-Drs. 20/8796, 12.10.2023, S. 5.

906 *BaFin*, Big Data trifft auf künstliche Intelligenz – Herausforderungen und Implikationen für Aufsicht und Regulierung von Finanzdienstleistungen, 15.06.2018, (abrufbar: https://perma.cc/QP2L-CZKN, zuletzt abgerufen: 31.08.2024), S. 54.

907 *Nettesheim*, in: Meyer-Ladewig/Nettesheim/Raumer (Hrsg.), 5. Aufl. 2023, Art. 8 Rn. 109; *Esser*, in: Becker/Erb/Esser/Graalmann-Scheerer/Hilger/Ignor (Hrsg.), 27. Aufl. 2024, Art. 8 EMRK Rn. 42 ff.

908 Siehe Kapitel IV.C.IV.2.d).

Mittel verhältnismäßig sind.[909] An dieser Stelle ist zu betonen, dass die Verpflichteten letztlich nur auf staatliche Veranlassung hin handeln, sodass es eine staatliche Aufgabe ist, die verhältnismäßigen und zweckmäßigen Rahmenbedingungen für den Einsatz von KI zur (ausgelagerten) Strafverfolgung vorzugeben. Es kann nicht Aufgabe der Verpflichteten sein, die Bedingungen für einen staatlichen Einsatz selbst zu entwickeln. Aufgrund bisher fehlender staatlicher Vorgaben hat die *Wolfsberg Group* zu solchen Rahmenbedingungen einen ersten Aufschlag präsentiert.[910] Aus einer drohenden Gesamtüberforderung der Verpflichteten heraus sind daher zusätzlich zu einer gesetzlichen Vorgabe genauere Anforderungen durch den Gesetzgeber auszugestalten. Sofern dies nicht geschieht, verstößt der Einsatz einer KI zur Detektion von Geldwäsche durch die Verpflichteten gegen die EMRK.

d) Art. 14 EMRK – Diskriminierungsverbot

Art. 14 EMRK enthält in erster Linie die negative Verpflichtung, Individuen nicht staatlicherseits zu diskriminieren.[911] Aus dieser Verpflichtung können jedoch zusätzlich einzelne positive Pflichten zum Schutz durch den Staat vor Diskriminierung durch Private entstehen.[912] Eine solche Schutzpflicht besteht, wenn im Regelungsbereich eines Freiheitsrechts das Interesse einer Person an Nichtdiskriminierung von privater Seite durch staatliches Unterlassen beeinträchtigt und dadurch Art. 14 EMRK verletzt wird.[913] Wie unter Punkt c) dargelegt, liegt ein Eingriff in Art. 8 EMRK sowohl durch den Einsatz der KI als auch staatlicherseits durch die Verpflichtung zur Abgabe dieser Meldungen vor. Der Staat ist daher zur Vorgabe von angemessenen Maßnahmen zum Schutz vor diskriminierenden Praktiken bei dem Einsatz von KI verpflichtet. Wie solche Maßnahmen gegen Diskriminierung tech-

909 *Nettesheim,* in: Meyer-Ladewig/Nettesheim/Raumer (Hrsg.), 5. Aufl. 2023, Art. 8 Rn. 109; *Esser,* in: Becker/Erb/Esser/Graalmann-Scheerer/Hilger/Ignor (Hrsg.), 27. Aufl. 2024, Art. 8 EMRK Rn. 42 ff.

910 *Wolfsberg Group*, Wolfsberg Principles for Using Artificial Intelligence and Machine Learning in Financial Crime Compliance, 2022, (abrufbar: https://perma.cc/9HF8-FYQX, zuletzt abgerufen: 31.08.2024).

911 EGMR, Urt. v. 28.06.2016, Nr. 63034/11, Halime Kiliç gegen Türkei, NJOZ 2018, 468 (471 f.); *Peters/Altwicker*, in: Dörr/Grote/Marauhn (Hrsg.), 3. Aufl. 2022, Kapitel 21: Das Diskriminierungsverbot, Rn. 100.

912 Ebenda.

913 Ebenda.

nisch umgesetzt werden könnten, erläutert der Abschnitt zu den Entwicklungs-, Einsatz- und Kontrollmodalitäten für KI (II.).

e) Art. 13 EMRK – Recht auf wirksame Beschwerde

Nach Art. 13 EMRK hat jede Person, die in ihren in der EMRK anerkannten Rechten oder Freiheiten verletzt worden ist, das Recht, bei einer innerstaatlichen Instanz eine wirksame Beschwerde zu erheben. Damit enthält Art. 13 EMRK eine verfahrensrechtliche Garantie, die nur zusammen mit der Behauptung der Verletzung von Konventionsvorschriften geltend gemacht werden kann.[914] Ein wirksamer Rechtsbehelf ist nach dem EGMR dann gegeben, wenn die Konventionsrechte ihrem Wesen nach durchgesetzt werden können, die Ausgestaltung des Rechtsbehelfs bleibt allerdings den Mitgliedstaaten überlassen.[915] Der Rechtsbehelf muss ermöglichen, dass eine inhaltliche Überprüfung der etwaigen Verletzung der Konventionsrechte erfolgt und einer solchen abgeholfen werden kann.[916] Es ist nicht erforderlich, dass ein Gericht über einen solchen Rechtsbehelf i. S. d. EMRK entscheidet.[917] Insbesondere hat der EGMR entschieden, dass das Recht auf wirksame Beschwerde bei geheim durchgeführten Maßnahmen (verfahrensgegenständlich war eine Telefonüberwachung) eingeschränkt sein kann.[918] Dennoch müsse die Beschwerdemöglichkeit so wirksam wie möglich sein.[919] Übertragen auf die Geldwäscheverdachtsmeldung bedeutet dies, dass auch bei der automatisierten Auswertung von Informationen

914 *Renger*, in: Meyer-Ladewig/Nettesheim/Raumer (Hrsg.), 5. Aufl. 2023, Art. 13 Rn. 1; *Weinzierl/Hruschka*, NVwZ 2009, 1540 (1541).

915 *Renger*, in: Meyer-Ladewig/Nettesheim/Raumer (Hrsg.), 5. Aufl. 2023, Art. 13 Rn. 3; EGMR, Urt. v. 13.02.2020, Nr. 8675/15, 8697/15 – N.D. u. N.T. v. Spanien, NVwZ 2020, 697 (704).

916 *Weinzierl/Hruschka*, NVwZ 2009, 1540 (1541); *Renger*, in: Meyer-Ladewig/Nettesheim/Raumer (Hrsg.), 5. Aufl. 2023, Art. 13 Rn. 3.

917 *Renger*, in: Meyer-Ladewig/Nettesheim/Raumer (Hrsg.), 5. Aufl. 2023, Art. 13 Rn. 13; EGMR, Urt. v. 10.07.2020, Nr. 310/15, Mugemangango v. Belgien, NLMR 2020, 289 (295): *„…ausreichend, dass der zuständige Spruchkörper ausreichende Garantien der Unparteilichkeit aufweist, sein Ermessen mit ausreichender Präzision von Bestimmungen des innerstaatlichen Rechts umschrieben wird und das Verfahren effektive Garantien für eine faire, objektive und ausreichend begründete Entscheidung bietet.“*

918 EGMR, Urt. v. 31.07.2012, Nr. 36662/04 – Drakšas v. Litauen, BeckRS 2012, 219963, Rn. 67.

919 *Renger*, in: Meyer-Ladewig/Nettesheim/Raumer (Hrsg.), 5. Aufl. 2023, Art. 13 Rn. 37.

für die Geldwäscheverdachtsmeldungen ein Recht der von der Meldung Betroffenen auf Beschwerde bei hinreichender Plausibilität einer Verletzung der hier geschilderten Garantien der EMRK (a)-d)) bestehen muss. Den Verpflichteten ist es nach § 47 Abs. 1 Nr. 1 GwG verboten, die Betroffenen über die Abgabe einer Verdachtsmeldung zu informieren. Daher liegt hier ein Fall der Heimlichkeit der Maßnahme vor. Richtigerweise kann die Effektivität der Maßnahmen zur Geldwäschebekämpfung nicht durch einen Rechtsbehelf des Betroffenen eingeschränkt werden. Es ist allerdings mindestens zu verlangen, dass die ohnehin bestehenden Rückmeldepflichten der FIU nach § 41 Abs. 2 GwG ordnungsgemäß ausgeübt werden. In Fällen eines false-positive Treffers[920] bereits auf Ebene der FIU ist daher die nachträgliche Benachrichtigung des Betroffenen zu erwägen. Das Vorhandensein eines solchen Rechtsbehelfs könnte mit vorhandenen datenschutzrechtlichen Ansprüchen korrespondieren, sodass dies im nächsten Abschnitt genauer zu analysieren ist.

f) Zusammenfassung EMRK

Abschließend lässt sich festhalten, dass ein Einsatz von KI zur Detektion von Geldwäsche durch die Verpflichteten nach der EMRK zwar grundsätzlich möglich ist, die dortigen Garantien nach aktueller Rechtslage jedoch nicht eingehalten werden. Die EMRK wird daher gegenwärtig durch den Einsatz von KI zur Detektion von Geldwäsche verletzt. Um einen rechtskonformen Einsatz sicherzustellen, muss der Gesetzgeber erst eine gesetzliche Grundlage schaffen und spezifische Vorgaben regeln.

4. Datenschutzrecht

Das Datenschutzrecht umfasst einfachgesetzliche Regelungen in Umsetzung datenschutzrechtlicher Grundrechte.[921] Allerdings sind auch diese sowohl als spezielle datenschutzrechtliche Regelungen in einzelnen Fachgesetzen verstreut als auch im Schwerpunkt in der DSGVO und im BDSG

---

920 Vgl. zum Begriff oben Kapitel I.D.VII.

921 *Präsidentinnen und Präsidenten der Oberlandesgerichte*, Einsatz von KI und algorithmischen Systemen in der Justiz, 13.05.2022, (abrufbar: https://perma.cc/F5TB-8AL7, zuletzt abgerufen: 31.08.2024), S. 16.

geregelt. Spezifisch untersucht werden hier die JI-Richtlinie (a) und die DSGVO (b).

a) JI-Richtlinie

Der europäische Gesetzgeber hat den Mitgliedstaaten mit der sog. „JI-Richtlinie“[922] im Gegensatz zu den bindenden Vorgaben der DSGVO bei der Verarbeitung personenbezogener Daten zum Zweck der Verhütung, Ermittlung, Aufdeckung oder Verfolgung von Straftaten einen Umsetzungsspielraum gelassen. Diesen hat der Gesetzgeber in den §§ 48 ff. BDSG umgesetzt. Ausweislich des Wortlautes von Art. 1 Abs. 1 JI-Richtlinie und des § 45 BDSG gelten diese speziellen datenschutzrechtlichen Vorgaben jedoch nur bei der Verarbeitung personenbezogener Daten durch die zuständigen öffentlichen Stellen. Solche Stellen sind nach § 2 Abs. 1, 2 BDSG insbesondere Bundes- und Landesbehörden, Organe der Rechtspflege und andere öffentlich-rechtliche organisierte Einrichtungen. Dies trifft auf die Banken als Privatrechtssubjekte nicht zu[923], sodass sich die durch sie einzuhaltenden datenschutzrechtlichen Vorgaben insbesondere aus der DSGVO direkt und aus spezialgesetzlichen datenschutzrechtlichen Regelungen ergeben.

b) DSGVO

Die DSGVO gilt im Bereich der Finanz- und Zahlungsdienstleistungen – mithin auch im Bereich der Geldwäschebekämpfung – unbeschränkt.[924] Das zukünftige Nebeneinander von Datenschutz und der EU-KI-Verordnung betont letztere in Erwägungsgrund 10 EU-KI-Verordnung.[925] Viele

922 Richtlinie (EU) 2016/680 des Europäischen Parlaments und des Rates vom 27.04.2016 zum Schutz natürlicher Personen bei der Verarbeitung personenbezogener Daten durch die Behörden zum Zwecke der Verhütung, Ermittlung, Aufdeckung oder Verfolgung von Straftaten oder der Strafvollstreckung sowie zum freien Datenverkehr und zur Aufhebung des Rahmenbeschlusses 2008/977/JI des Rates.

923 In welcher Funktion die Banken die Verdachtsmeldepflicht wahrnehmen: Kapitel IV.C.III.

924 *Spoerr*, in: Wolff/Brink/Ungern-Sternberg (Hrsg.), 47. Edition, Stand: 01.05.2022, Syst. J. Datenschutz im Finanzwesen, Rn. 32.

925 Siehe auch *Landesbeauftragte für Datenschutz und Informationsfreiheit NRW*, KI-Verordnung kommt, Datenschutz bleibt, 2024, (abrufbar: https://perma.cc/R3C7-5P2E, zuletzt abgerufen: 31.08.2024).

datenbezogene Vorgänge im Bereich der Geldwäschebekämpfung werden jedoch durch spezielle Rechtsvorgaben etwa im GwG und im KWG spezifiziert.[926] *Spoerr* führt dazu aus, dass das Datenschutzrecht durch diese sektorspezifischen Regelungen zu Datenerhebungen und -nutzungen in diesem Bereich seine Steuerungswirkung verliere.[927] Dies führe zu einer laufenden informationstechnischen Überwachung zur Erfüllung staatlicher Kontrollbedürfnisse.[928] Im Rahmen der datenschutzrechtlichen Erwägungen ist daher auch auf die datenverarbeitungsspezifischen Vorgaben des GwG und des KWG einzugehen.

Zu den durch die Banken und Kreditinstitute verarbeiteten Daten zählen insbesondere:

Kundendaten	– Name – Wohnsitz – Familienstrukturen – Eigentumsverhältnisse – Personalausweisdaten
Transaktionsdaten	– Datum, Uhrzeit und Betragshöhe von Transaktionen – Dienstleistungen, Zahlungsdaten – Konsum- und Lebensgewohnheiten – Daten des Zahlungsempfängers
Kontendaten	– Guthaben – Kontobewegungen – Schulden – Bürgschaften – Zahlungsverbindlichkeiten – Zahlungseingänge – Wiederkehrende Zahlungen
Wirtschaftliche Informationen	– Einkommensverhältnisse – Regelmäßige und einmalige Ausgaben – Sonstige Vermögensverhältnisse

Abb. 16: Bankenspezifische Daten[929]

926 Ebenda.

927 *Spoerr,* in: Wolff/Brink/Ungern-Sternberg (Hrsg.), 47. Edition, Stand: 01.05.2022, Syst. J. Datenschutz im Finanzwesen, Einführung.

928 Ebenda.

929 Abb. orientiert an: *Spoerr,* in: Wolff/Brink/Ungern-Sternberg (Hrsg.), 47. Edition, Stand: 01.05.2022, Syst. J. Datenschutz im Finanzwesen, Rn. 9.

Personenbezogene Daten werden in der DSGVO in Art. 4 Nr. 1 DSGVO als alle Informationen, die sich auf eine identifizierte oder identifizierbare natürliche Person beziehen, legaldefiniert. Ausweislich der Darstellung weisen die durch die Banken zu verarbeitenden Daten (Kundendaten, Transaktionsdaten, Kontodaten und sonstige wirtschaftliche Informationen) in der Regel immer einen Personenbezug auf, da durch diese Daten auf die persönlichen Verhältnisse des Kunden Rückschlüsse gezogen werden können. Durch die Finanzdaten einer Person kann nahezu ein gänzliches Bewegungsmuster und Persönlichkeitsprofil erstellt werden. Bei der Verarbeitung dieser personenbezogenen Daten sind die Banken datenschutzrechtlich Verantwortliche nach Art. 4 Nr. 7 DSGVO.[930] Dies sind nach der dortigen Definition die Personen oder Stellen, die allein oder gemeinsam mit anderen über die Zwecke und Mittel der Verarbeitung von personenbezogenen Daten entscheiden. Nach Art. 5 Abs. 2 DSGVO ist der Verantwortliche für die Einhaltung des Datenschutzrechts verantwortlich und muss dessen Einhaltung nachweisen können.[931] Die dazu bestehenden Pflichten des Verantwortlichen sind insbesondere in Art. 24 bis 31 DSGVO geregelt. Der folgende Abschnitt widmet sich den Grundsätzen der Datenverarbeitung nach Art. 5 DSGVO (aa) und der automatisierten Entscheidung nach Art. 22 DSGVO (bb).

aa) Grundsätze nach Art. 5 DSGVO: Verarbeitung personenbezogener Daten

Die Grundsätze für die Verarbeitung personenbezogener Daten regelt Art. 5 DSGVO. Den Verantwortlichen trifft nach Art. 5 Abs. 2 DSGVO eine Rechenschaftspflicht für die Einhaltung der Bestimmungen nach Art. 5 Abs. 1 DSGVO. Die Norm ist Ausdruck der wesentlichen Schutzzwecke der DSGVO.[932]

(1) Art. 5 Abs. 1 lit. a DSGVO (Rechtmäßigkeit der Verarbeitung)

Die personenbezogenen Daten müssen nach Art. 5 Abs. 1 lit. a DSGVO auf rechtmäßige Weise, nach Treu und Glauben und in einer für die betroffene

---

930 *Spoerr,* in: Wolff/Brink/Ungern-Sternberg (Hrsg.), 47. Edition, Stand: 01.05.2022, Syst. J. Datenschutz im Finanzwesen, Rn. 33; *Weichert,* BB 2018, 1161 (1162).

931 *Weichert,* BB 2018, 1161 (1162).

932 *Roßnagel,* in: Sydow/Marsch (Hrsg.), 3. Aufl. 2022, Art. 5 Rn. 20.

Person nachvollziehbaren Weise verarbeitet werden. Wann eine Datenverarbeitung nach der DSGVO rechtmäßig ist, regelt dann näher Art. 6 Abs. 1 DSGVO. Danach ist die Datenverarbeitung nur zulässig, wenn einer der dort genannten Erlaubnistatbestände gegeben ist, ansonsten ist sie nicht gestattet.

Im Falle der Abgabe einer Verdachtsmeldung nach § 43 Abs. 1 Nr. 1 GwG findet die Verarbeitung grundsätzlich rechtmäßig nach Art. 6 Abs. 1 lit. c DSGVO statt. Danach ist die Verarbeitung rechtmäßig, wenn sie zur Erfüllung einer rechtlichen Verpflichtung erforderlich ist, welcher der Verantwortliche (Verpflichtete) unterliegt. Die Abgabe der Verdachtsmeldung dient der Erfüllung der rechtlichen Verpflichtung aus § 43 Abs. 1 Nr. 1 GwG.[933] Problematisch ist allerdings, dass die Verdachtsmeldepflicht nicht den Einsatz von KI vorschreibt. Daher kann nur die generelle Datenverarbeitung für die Abgabe der Verdachtsmeldung auf Art. 6 Abs. 1 lit. c DSGVO gestützt werden, jedoch nicht die automatisierte.

§ 25h Abs. 2 KWG enthält einen datenschutzrechtlichen Blankoscheck für den Betrieb von Datenverarbeitungssystemen durch die Verpflichteten.[934] Die Norm schreibt bei der Registrierung ungewöhnlicher oder zweifelhafter Transaktionen durch die Kreditinstitute sogar direkt die Abgabe einer Strafanzeige nach § 25h Abs. 3 KWG vor.[935] Unabhängig von der zweifelhaften Bestimmtheit der Norm erscheint es einmal mehr fragwürdig, wieso die Verdachtsmeldungen nach § 43 Abs. 1 Nr. 1 GwG keine Strafanzeige darstellen sollen, jene nach § 25h Abs. 3 KWG jedoch schon.[936] Im Rahmen der Prüfung der EMRK wurde bereits festgehalten, dass die Vorschrift daher zur Rechtfertigung des Einsatzes eines KI-Systems nicht für ausreichend erachtet wird.[937] Grundsätzlich wird die algorithmische Überwachung von Geschäftsvorfällen im GwG derzeit nicht vorgeschrieben bzw. den Verpflichteten gestattet.[938] § 25h Abs. 2 KWG wird hier daher ebenfalls nicht als ausreichende Rechtsgrundlage zum Einsatz von KI zur Detektion von Geldwäsche erachtet.

---

933 *Spoerr,* in: Wolff/Brink/Ungern-Sternberg (Hrsg.), 47. Edition, Stand: 01.05.2022, Syst. J. Datenschutz im Finanzwesen, Rn. 61, 234.

934 *Spoerr,* in: Wolff/Brink/Ungern-Sternberg (Hrsg.), 47. Edition, Stand: 01.05.2022, Syst. J. Datenschutz im Finanzwesen, Rn. 158.

935 *Achtelik,* in: Herzog (Hrsg.), 5. Aufl. 2023, § 25h KWG Rn. 20.

936 Ausführlich Kapitel IV.C.

937 Siehe Kapitel IV.D.I.3.c).

938 Im Umkehrschluss aus § 6 Abs. 4 GwG: *Spoerr,* in: Wolff/Brink/Ungern-Sternberg (Hrsg.), 47. Edition, Stand: 01.05.2022, Syst. J. Datenschutz im Finanzwesen, Rn. 220.

Zuletzt kommt eine Verarbeitungserlaubnis nach Art. 6 Abs. 1 lit. e DSGVO in Betracht. Danach ist die Verarbeitung dann gestattet, wenn der Verarbeiter (Verpflichteter) eine Aufgabe im öffentlichen Interesse oder die Ausübung hoheitlicher Gewalt vornimmt. Die Wahrnehmung der Verdachtsmeldepflicht wurde als Inpflichtnahme Privater qualifiziert, folglich liegt zumindest keine Übertragung hoheitlicher Befugnisse vor.[939] Grundsätzlich ist dieser Verarbeitungstatbestand einschlägig, wenn die jeweilige Vorgabe dem Verantwortlichen den informationellen Eingriff in klar bestimmter Weise auferlegt und dieser sodann unmittelbar öffentliche Interessen wahrnimmt.[940] Die Verpflichteten nehmen mit der Abgabe der Verdachtsmeldung auch öffentliche Interessen wahr, jedoch ist der Einsatz von KI nicht vorgegeben. Zudem ist dies neben der Abgabe der Meldung ein zusätzlicher Verarbeitungstatbestand. Auch hier ist daher davon auszugehen, dass dies keine ausreichende Bestimmung für den Einsatz von KI darstellt.

Nach der derzeitigen Rechtslage fehlt es somit mangels einer Rechtsgrundlage für den spezifischen Einsatz von KI zur Detektion von Geldwäsche an der Rechtmäßigkeit der Verarbeitung nach Art. 5 Abs. 1 lit. a DSGVO. Dieses Ergebnis deckt sich mit den zuvor untersuchten Mängeln nach der EMRK.

(2) Art. 5 Abs. 1 lit. b DSGVO (Zweckbindung)

Art. 5 Abs. 1 lit. b DSGVO bestimmt den Grundsatz der Zweckbindung. Personenbezogene Daten dürfen deshalb nur für festgelegte, eindeutige und legitime Zwecke erhoben werden und dürfen nicht in einer mit diesen Zwecken nicht zu vereinbarenden Weise weiterverarbeitet werden. Der Zweck der Datenverarbeitung muss daher schon zum Zeitpunkt der Datenerhebung festgelegt sein und die betroffene Person über diese Verarbeitung informiert werden, Art. 13 Abs. 1 lit. c DSGVO.[941] Durch § 11a Abs. 2

939 Siehe Kapitel IV.C.III.3.

940 *Spoerr,* in: Wolff/Brink/Ungern-Sternberg (Hrsg.), 47. Edition, Stand: 01.05.2022, Syst. J. Datenschutz im Finanzwesen, Rn. 68.

941 Es ist davon auszugehen, dass die Kreditinstitute regelmäßig die Daten bei der betroffenen Person selbst erheben; *Spoerr,* in: Wolff/Brink/Ungern-Sternberg (Hrsg.), 47. Edition, Stand: 01.05.2022, Syst. J. Datenschutz im Finanzwesen, Rn. 33; *Europäischer Datenschutzbeauftragter*, Stellungnahme 5/2020 zum Aktionsplan der Europäischen Kommission für eine umfassende Politik der Union zur Verhinderung

GwG wird diese Informationspflicht jedoch umfassend eingeschränkt. Es erscheint unverhältnismäßig, dass die Betroffenen nicht einmal im Falle eines false-positive Treffers im Nachhinein über die Datenverarbeitung informiert werden. Für die weitergehende (automatisierte) Datenverarbeitung durch die Kreditinstitute für die Verdachtsmeldung wird eine solche Zweckbindung im Zeitpunkt der Erhebung der Kundendaten regelmäßig nicht vorliegen. Eine solche zweckändernde Weiterverarbeitung ist jedoch rechtfertigungsbedürftig.[942] Eine Einwilligung in die Datenverarbeitung scheidet schon wegen der Heimlichkeit der Maßnahme aus, regelmäßig wird jedoch eine Rechtfertigung nach Art. 6 Abs. 4 DSGVO in Betracht kommen – zweckändernde Verarbeitung aufgrund Rechtsvorschrift. Nach hier vertretener Auffassung bedürfen jedoch die Abgabe der Verdachtsmeldung und der Einsatz von KI für die Verdachtsmeldung jeweils einer eigenen Rechtsgrundlage. Vor dem Hintergrund des Zweckbindungsgrundsatzes ist es außerdem problematisch, dass die Verdachtsmeldungen regelmäßig auch zur Verfolgung anderer Straftaten – wie beispielsweise der Steuerhinterziehung – genutzt werden.[943]

(3) Art. 5 Abs. 1 lit. c DSGVO (Datenminimierung)

Der Grundsatz der Datenminimierung wird in Art. 5 Abs. 1 lit. c normiert. Die Norm gibt vor, dass die Datenverarbeitung ihrem Zweck nach angemessen und erheblich sowie auf das für die Zwecke der Verarbeitung notwendige Maß beschränkt sein muss. Diese Vorgabe steht in einem besonderen Spannungsverhältnis zu den KYC-Pflichten[944] des GwG. Denn nach dem datenschutzrechtlichen Grundsatz muss die Datenverarbeitung auf das notwendige Maß beschränkt und durch entsprechende Schutzmaßnahmen

von Geldwäsche und Terrorismusfinanzierung, 23.07.2020, (abrufbar: https://perma.cc/54BJ-HYY5, zuletzt abgerufen: 31.08.2024), Rn. 121.

942 *Albers/Veit,* in: Wolff/Brink/Ungern-Sternberg (Hrsg.), 47. Edition, Stand: 01.05.2022, Art. 6 DSGVO, Rn. 98 ff.; *Spoerr,* in: Wolff/Brink/Ungern-Sternberg (Hrsg.), 47. Edition, Stand: 01.05.2022, Syst. J. Datenschutz im Finanzwesen, Rn. 35.

943 *Europäischer Datenschutzbeauftragter,* Stellungnahme 5/2020 zum Aktionsplan der Europäischen Kommission für eine umfassende Politik der Union zur Verhinderung von Geldwäsche und Terrorismusfinanzierung, 23.07.2020, (abrufbar: https://perma.cc/54BJ-HYY5, zuletzt abgerufen: 31.08.2024), Rn. 10; *Reichling,* wistra 2023, 188 (188); *Böse,* 2005, S. 241.

944 Kapitel II.B.III.1.

abgesichert sein.[945] Grundsätzlich wäre eine umfassende datenschutzrechtliche Regelung der Datenerhebungsgrundsätze für die Geldwäsche-Detektion wünschenswert.[946]

Zentrales Konzept für die Aufgaben der Verpflichteten nach dem GwG ist der risikobasierte Ansatz nach § 3a GwG. Dieser Grundsatz soll im Prinzip sowohl die Aufgaben jener als auch die dazu erforderlichen Datenverarbeitungen verhältnismäßig begrenzen.[947] Die Banken müssen die Erfüllung ihrer Pflichten sowohl an ihrem eigenen bankspezifischen Risiko als auch zugleich an den risikoreicheren Transaktionen ausrichten.[948] Vor allem mit Blick auf die Tendenzen hin zu einer Vorratsdatenspeicherung und einer damit verbundenen möglichen privaten Rasterfahndung scheint der Grundsatz der Datenminimierung derzeit keine ausreichende Berücksichtigung im Geldwäscherecht zu finden.[949] Nach hier vertretener Auffassung ist dieses Spannungsverhältnis beim Einsatz von KI durch die GwG-Verpflichteten näher durch den Gesetzgeber auszufüllen, vor allem mit Blick auf die Einhaltung der Grundsätze der DSGVO.

(4) Art. 5 Abs. 1 lit. d DSGVO (Datenrichtigkeit)

Auch Art. 5 Abs. 1 lit. d DSGVO steht im Spannungsverhältnis zur Verdachtsmeldepflicht nach § 43 Abs. 1 Nr. 1 GwG. Danach müssen die verarbeiteten personenbezogenen Daten sachlich richtig und erforderlichenfalls auf dem neuesten Stand sein. Es sind nach der Norm insbesondere alle

945 *Spoerr,* in: Wolff/Brink/Ungern-Sternberg (Hrsg.), 47. Edition, Stand: 01.05.2022, Syst. J. Datenschutz im Finanzwesen, Rn. 36; *Pötters,* in: Gola/Heckmann (Hrsg.), 3. Aufl. 2022, Art. 5 Rn. 23.

946 *Spoerr,* in: Wolff/Brink/Ungern-Sternberg (Hrsg.), 47. Edition, Stand: 01.05.2022, Syst. J. Datenschutz im Finanzwesen, Rn. 155.

947 *Europäischer Datenschutzbeauftragter*, Stellungnahme 5/2020 zum Aktionsplan der Europäischen Kommission für eine umfassende Politik der Union zur Verhinderung von Geldwäsche und Terrorismusfinanzierung, 23.07.2020, (abrufbar: https://perma.cc/54BJ-HYY5, zuletzt abgerufen: 31.08.2024), Rn. 19; *Spoerr,* in: Wolff/Brink/Ungern-Sternberg (Hrsg.), 47. Edition, Stand: 01.05.2022, Syst. J. Datenschutz im Finanzwesen, Rn. 147.

948 *Achtelik,* in: Herzog (Hrsg.), 5. Aufl. 2023, § 3a Rn. 3 ff.; *Spoerr,* in: Wolff/Brink/Ungern-Sternberg (Hrsg.), 47. Edition, Stand: 01.05.2022, Syst. J. Datenschutz im Finanzwesen, Rn. 36; überraschend hat der EuGH 2016 eine Gelegenheit zur Stellungnahme zu diesem Spannungsverhältnis aus europäischer Sicht ausgelassen: EuGH, Urt. v. 10.03.2016, C-235/14, BeckRS 2016, 80464, Rn. 112 ff.

949 Siehe Kapitel IV.C.IV.2.

angemessenen Maßnahmen zu treffen, damit personenbezogene Daten, die im Hinblick auf die Zwecke ihrer Verarbeitung unrichtig sind, unverzüglich gelöscht oder berichtigt werden. Dieser Richtigkeitsgrundsatz ist mit Blick auf die durch die Verpflichteten abzugebende Verdachtsmeldung problematisch, da eben nicht sicher ist, ob der geäußerte Verdacht auch tatsächlich besteht.[950] Die Rückmeldungspflichten nach dem GwG müssten daher bei strenger Auslegung dazu führen, dass Verdachtsmeldungen, die sich als strafrechtlich irrelevant herausgestellt haben, durch die Verpflichteten umgehend zu löschen sind. Bisher ist im GwG nicht vorgesehen, dass die Rückmeldung durch die FIU an die Verpflichteten nach § 41 Abs. 2 GwG im Falle eines false-positive Treffers zur Löschung jener der Verdachtsmeldung zugrunde liegenden Dokumentationen führt.

(5) Art. 5 Abs. 1 lit. e DSGVO (Speicherbegrenzung)

Nach Art. 5 Abs. 1 lit. e DSGVO erfolgt eine Konkretisierung der Grundsätze der Zweckmäßigkeit und der Verhältnismäßigkeit durch die Vorgabe der Speicherbegrenzung.[951] Danach dürfen die personenbezogenen Daten lediglich so lange gespeichert werden, wie es für die Zwecke, für die sie verarbeitet werden, erforderlich ist. § 8 Abs. 4 Satz 1, 2 GwG sieht eine Aufbewahrungspflicht für Aufzeichnungen und sonstige Belege der Verpflichteten von mindestens fünf bis maximal zehn Jahren vor. Diese Pflicht bezieht sich auch auf die Dokumentation und den Inhalt einer Verdachtsmeldung nach § 43 Abs. 1 Nr. 1 GwG.[952] Nach Ablauf dieser Frist sind diese Informationen durch die Verpflichteten nach spätestens zehn Jahren zu löschen.

(6) Art. 5 Abs. 1 lit. f DSGVO (Integrität und Vertraulichkeit)

Nach Art. 5 Abs. 1 lit. f DSGVO müssen personenbezogene Daten in einer Weise verarbeitet werden, die eine angemessene Sicherheit der personenbezogenen Daten gewährleistet, einschließlich Schutz vor unbefugter oder unrechtmäßiger Verarbeitung und vor unbeabsichtigtem Verlust, unbeabsichtigter Zerstörung oder unbeabsichtigter Schädigung durch geeignete

950 *Spoerr*, in: Wolff/Brink/Ungern-Sternberg (Hrsg.), 47. Edition, Stand: 01.05.2022, Syst. J. Datenschutz im Finanzwesen, Rn. 37.
951 *Pötters*, in: Gola/Heckmann (Hrsg.), 3. Aufl. 2022, Art. 5 Rn. 26.
952 *Herzog*, in: Herzog (Hrsg.), 5. Aufl. 2023, § 8 Rn. 4, 18 f.; *Wende*, 2024, S. 274.

technische und organisatorische Maßnahmen. Diese Ausprägung bezieht sich auf formelle Vorgaben hinsichtlich der Datensicherheit.[953]

(7) Zwischenergebnis Art. 5 DSGVO

Die Einhaltung der Grundsätze der Verarbeitung personenbezogener Daten wird derzeit durch die Zwitterstellung der Kreditinstitute als Akteur des Privatrechts (DSGVO) und zugleich repressiver Verpflichtung zur Abgabe von Verdachtsmeldungen (GwG) erschwert. Bei der Automatisierung der Abgabe von Verdachtsmeldungen zur Geldwäsche-Detektion mit Hilfe von KI kommt es daher in Teilen zu einer Verletzung dieser Grundsätze. Der Gesetzgeber ist hier dringend zu gesetzlichen Nachschärfungen aufgerufen, um dieses Spannungsverhältnis für die GwG-Verpflichteten und die Betroffenen aufzulösen.

bb) Verbot automatisierter Entscheidungen, Art. 22 DSGVO

Art. 22 DSGVO normiert ein grundsätzliches Verbot automatisierter Entscheidungen, die gegenüber dem Betroffenen rechtliche Wirkungen entfalten oder sie sonst erheblich beeinträchtigen.[954] Ende 2023 fällte der EuGH bezüglich des Scorings der Schufa ein Grundsatzurteil zu Art. 22 DSGVO.[955] Die Auslegung der einzelnen Voraussetzungen nach Art. 22 DSGVO war zuvor nicht in dieser Konkretheit durch den EuGH entschieden worden.

Im Schwerpunkt war die Frage zu klären, ob es datenschutzrechtlich zulässig ist, dass Auskunfteien wie die Schufa einen Scorewert automatisiert berechnen und Banken auf dessen alleiniger Grundlage später Entscheidungen treffen.[956]

Der EuGH betonte, dass die Anwendung von Art. 22 DSGVO von drei kumulativen Voraussetzungen abhänge: erstens müsse eine Entscheidung vorliegen, zweitens dürfe diese Entscheidung ausschließlich auf einer automatisierten Verarbeitung beruhen und drittens müsse sie gegenüber dem

953 *Pötters*, in: Gola/Heckmann (Hrsg.), 3. Aufl. 2022, Art. 5 Rn. 29.
954 *Söbbing/Schwarz/Schild*, ZD 2024, 157 (161).
955 EuGH, Urt. v. 07.12.2023, C-634/21, ZD 2024, 157 (157 ff.).
956 *Söbbing/Schwarz/Schild*, ZD 2024, 157 (161).

Betroffenen rechtliche Wirkung entfalten oder ihn in ähnlicher Weise erheblich beeinträchtigen.[957]

Folglich ist zu prüfen, ob die Erstellung einer Verdachtsmeldung durch Kreditinstitute auf Basis eines KI-Alerts unter das Verbot nach Art. 22 DSGVO fällt. Zunächst muss die Verdachtsmeldung eine Entscheidung i. S. d. Vorschrift darstellen.

Der Begriff der Entscheidung wird durch den EuGH weit definiert. Es besteht die Möglichkeit, dass auf Basis der Verdachtsmeldung ein Ermittlungsverfahren gegen die betroffene Person eingeleitet wird. Ein Strafverfahren stellt eine erhebliche Beeinträchtigung der betroffenen Person dar. Deshalb ist die Verdachtsmeldung als Entscheidung nach Art. 22 DSGVO zu qualifizieren.

Diese Entscheidung darf nicht ausschließlich auf einer automatisierten Verarbeitung beruhen. Damit die Abgabe der Verdachtsmeldung nicht als ausschließlich automatisiert gilt, kommt grundsätzlich keine Vollautomatisierung in Betracht. Dies wäre der Fall, wenn ein KI-Alert automatisch zur Abgabe der Verdachtsmeldung führen würde. Weiterhin ist daraus abzuleiten, dass die menschliche Begutachtung des KI-Alerts und die Begründung der Verdachtsmeldung keine bloße „Formsache" darstellen darf. Vielmehr ist auf eine menschliche Letztverantwortung der Abgabe der Meldung zu achten.

Im Ergebnis ist festzuhalten, dass auch für die Abgabe von Verdachtsmeldungen keine Vollautomatisierung erfolgen darf. Dies bedeutet, dass ohne eine zwischengeschaltete menschliche Bewertung keine Meldung von den Verpflichteten an die FIU erstattet werden darf.[958]

c) Zwischenergebnis: Datenschutzrechtliche Anforderungen

Die rechtliche Analyse des Datenschutzrechtes hat gezeigt, dass die Grundätze der Rechtmäßigkeit der Datenverarbeitung, der Zweckbindung, der Datenminimierung, der Datenrichtigkeit, der Speicherbegrenzung und der Integrität und Vertraulichkeit der Verarbeitung beim Einsatz von KI durch die Verpflichteten zu beachten sind. Die Regelungen aus GwG und DSGVO stehen sich hier jedoch teilweise diametral gegenüber. Dies ist durch den Gesetzgeber aufzulösen. Außerdem besteht ein Verbot vollautomatisierter

---

957 *Söbbing/Schwarz/Schild*, ZD 2024, 157 (162).

958 Zu den Anforderungen an eine solche menschliche Bewertung: Kapitel IV.D.II.2.

Entscheidungen nach Art. 22 DSGVO. Diese Anforderungen treten neben jene bereits erörterte aus der EMRK resultierende Vorgaben.[959] Nun werden die neuen Regularien aus der EU-KI-Verordnung untersucht.

5. EU-KI-Verordnung[960]

Die EU-KI-Verordnung wurde am 14.03.2024 verabschiedet. Sie tritt 20 Tage nach Veröffentlichung im Amtsblatt der EU in Kraft (01.08.2024) und findet 24 Monate später Anwendung. Die Verordnung enthält insbesondere harmonisierte Vorschriften für das Inverkehrbringen, die Inbetriebnahme und die Verwendung von KI-Systemen in der Union, Art. 1 Abs. 2 lit. a EU-KI-Verordnung. Im Folgenden werden anhand des Verordnungstextes die möglichen Anforderungen an eine KI zur Detektion von Geldwäsche, die durch die Verpflichteten des GwG eingesetzt wird, abgeleitet.

a) Anwendungsbereich

Der Anwendungsbereich der Verordnung ist in Art. 2 EU-KI-Verordnung geregelt. Hier wird weitgehend der persönliche, der sachliche und der örtliche Anwendungsbereich festgelegt.

aa) Sachlicher Anwendungsbereich

In sachlicher Hinsicht gilt die Verordnung nach Art. 2 Abs. 1 EU-KI-Verordnung für bestimmte KI-Systeme. Solche KI-Systeme sind nach Art. 3 Abs. 1 EU-KI-Verordnung maschinengestützte Systeme, die für einen in wechselndem Maße autonomen Betrieb ausgelegt sind, die nach ihrer Einführung anpassungsfähig sein können und die aus den erhaltenen Eingaben für explizite oder implizite Ziele ableiten, wie Ergebnisse wie etwa

959 Kapitel IV.D.I.3.
960 Verordnung (EU) 2024/1689 des Europäischen Parlaments und des Rates vom 13. Juni 2024 zur Festlegung harmonisierter Vorschriften für künstliche Intelligenz und zur Änderung der Verordnungen (EG) Nr. 300/2008, (EU) Nr. 167/2013, (EU) Nr. 168/2013, (EU) 2018/858, (EU) 2018/1139 und (EU) 2019/2144 sowie der Richtlinien 2014/90/EU, (EU) 2016/797 und (EU) 2020/1828 (Verordnung über künstliche Intelligenz).

Vorhersagen, Inhalte, Empfehlungen oder Entscheidungen hervorgebracht werden, die physische oder virtuelle Umgebungen beeinflussen können. Der EU-Gesetzgeber hat sich damit der sehr weiten Begriffsbestimmung der OECD angeschlossen.[961] Dies ist zu begrüßen, da es zumindest hinsichtlich der Definition für eine größere internationale Vereinheitlichung sorgt. Zugleich führt dies allerdings auch dazu, dass fast jedes technische System, welches automatisiert zu vollziehende Komponenten enthält, den Begriff des KI-Systems nach der Verordnung erfüllt – beispielsweise auch regelbasierte Systeme. Der Einsatz des hier betrachteten technischen Systems zur automatisierten Detektion von Geldwäsche(verdachtsfällen) fällt daher ebenfalls unter den KI-Begriff der Verordnung.[962]

bb) Persönlicher Anwendungsbereich

Der persönliche Anwendungsbereich der EU-KI-Verordnung regelt im Schwerpunkt unterschiedliche Pflichten für Anbieter und Betreiber von KI-Systemen und KI-Modellen. Anbieter ist nach Art. 3 Nr. 3 EU-KI-Verordnung eine natürliche oder juristische Person, Behörde, Einrichtung oder sonstige Stelle, die ein KI-System oder ein KI-Modell mit allgemeinem Verwendungszweck entwickelt oder entwickeln lässt und es unter ihrem eigenen Namen oder ihrer Handelsmarke in Verkehr bringt oder das KI-System unter ihrem eigenen Namen oder ihrer Handelsmarke in Betrieb nimmt, sei es entgeltlich oder unentgeltlich. Kreditinstitute können daher insbesondere Anbieter eines solchen KI-Systems sein, wenn sie ein solches für sich entwickeln lassen und in ihrem eigenen Namen verwenden.

Der weitere persönliche Anwendungsbereich von besonderem Interesse betrifft den Betreiber eines KI-Systems. Betreiber ist nach Art. 3 Nr. 4 EU-KI-Verordnung eine natürliche oder juristische Person, Behörde, Einrichtung oder sonstige Stelle, die ein KI-System in eigener Verantwortung verwendet, es sei denn, das KI-System wird im Rahmen einer persönlichen und nicht beruflichen Tätigkeit verwendet. Auch diesen Anwendungsbereich können die Banken erfüllen, wenn sie das KI-System in eigener Verantwortung verwenden. Zu beachten ist, dass die Verantwortung für die Erfüllung der Pflichten nach dem GwG auch bei Auslagerung an Externe nach § 6 Abs. 7 GwG bei den Verpflichteten verbleibt.

---

961 *OECD*, OECD AI Principles overview, (abrufbar: https://perma.cc/J8HA-MNWR, zuletzt abgerufen: 31.08.2024).

962 Ausführlich oben Kapitel III.C.

cc) Örtlicher Anwendungsbereich

Aus Art. 2 Abs. 1 EU-KI-Verordnung ergibt sich, dass die Verordnung unabhängig von der Niederlassung für das in Verkehr bringen oder in Betrieb nehmen von KI-Systemen oder KI-Modellen mit allgemeinem Verwendungszweck in der EU gilt, Art. 2 Abs. 1 lit. a EU-KI-Verordnung. Zusätzlich nach Art. 2 Abs. 1 lit. b EU-KI-Verordnung für Betreiber von KI-Systemen, die ihren Sitz in der Union haben oder sich in der Union befinden. Und zuletzt für Anbieter und Betreiber von KI-Systemen, die ihren Sitz zwar nicht in der Union haben, aber ein KI-Ergebnis „produzieren", welches in der Union verwendet wird, Art. 2 Abs. 1 lit. c EU-KI-Verordnung. In dem hier betrachteten Fall wird der örtliche Anwendungsbereich in jedem Fall nach einer der drei Varianten erfüllt sein, da eine Detektion von Geldwäscheverdachtsfällen in Deutschland erfolgen soll.

dd) Zusammenfassung

Sofern der Anwendungsbereich der EU-KI-Verordnung generell eröffnet ist, unterscheidet diese zwischen den verschiedenen Arten von KI-Systemen und KI-Modellen in der folgenden Abb. 17. Der Unterschied besteht dabei vorwiegend zwischen generell verbotenen KI-Praktiken, Hochrisiko-KI-Systemen und KI-Modellen mit allgemeinem Verwendungszweck (mit systemischem Risiko). Auf den ersten Blick ist insbesondere nicht ersichtlich, welcher Unterschied zwischen KI-Modellen und KI-Systemen besteht. Die einzelnen Unterarten werden im folgenden Abschnitt entwirrt und es erfolgt eine Einordnung, ob und unter welche Unterart eine KI zur Detektion von Geldwäsche fällt, die durch die Verpflichteten eingesetzt wird.

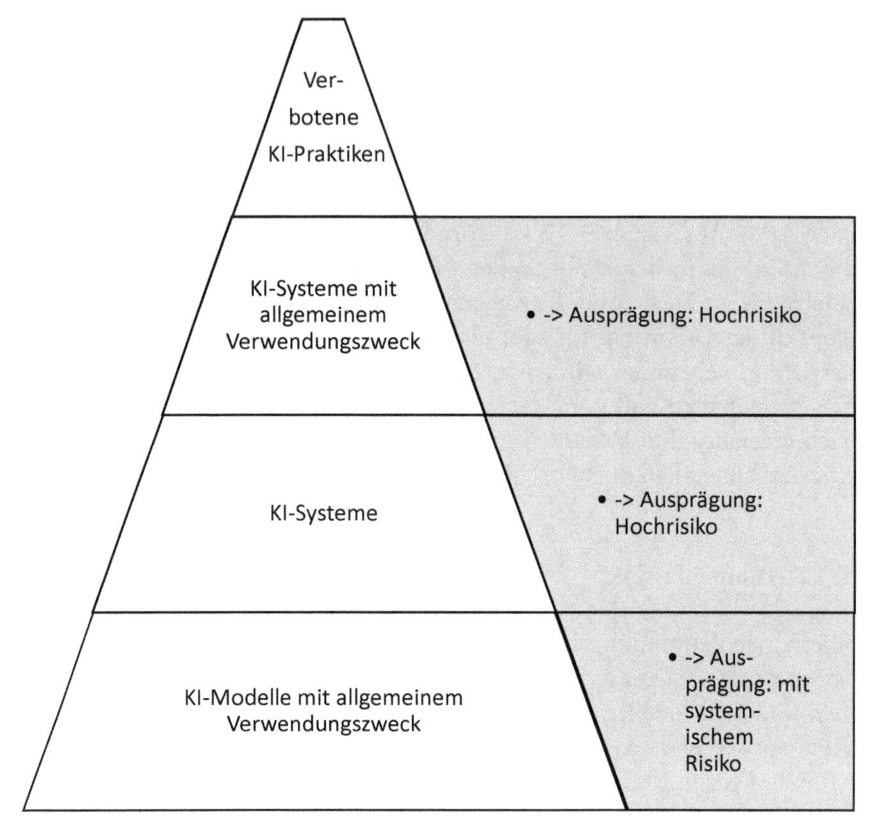

Abb. 17: Anforderungen an unterschiedliche KI-Varianten nach der EU-KI-Verordnung

b) Verbotene KI-Praktiken

Art. 5 EU-KI-Verordnung bestimmt KI-Praktiken, die im Geltungsbereich der Verordnung verboten sind. Hauptsächlich trifft die Vorschrift Aussagen dazu, unter welchen Voraussetzungen der Einsatz von biometrischen Echtzeit-Fernidentifizierungssystemen gestattet ist, Art. 5 Abs. 2-7 EU-KI-Verordnung. Eine KI zur Detektion von Geldwäsche zählt nach der dortigen Auflistung nicht zu den verbotenen KI-Praktiken.

c) Einstufung als Hochrisiko-KI-System

Die EU-KI-Verordnung stuft den Einsatz verschiedener KI-Systeme als Hochrisiko-KI-Systeme mit spezifisch zu erfüllenden Anforderungen ein. Zur Prüfung, ob das jeweils eingesetzte KI-System als Hochrisiko-System eingestuft wird, muss man innerhalb der Verordnung einem komplizierten Verweisungskonstrukt zwischen mehreren Artikeln, Anhängen und Ausnahmevorschriften folgen. An dieser Stelle der Arbeit wird geprüft, ob der Einsatz von KI zur Detektion von Geldwäsche durch die Verpflichteten des GwG als Hochrisiko-KI-System einzustufen ist. Zentrale Vorschrift zur rechtlichen Bewertung, ob eine solche Einstufung als Hochrisiko-KI-System gegeben ist, ist Art. 6 EU-KI-Verordnung.

aa) Art. 6 Abs. 1 EU-KI-Verordnung

Nach Art. 6 Abs. 1 EU-KI-Verordnung gilt ein KI-System – unabhängig von dem Zeitpunkt des Inverkehrbringens – als Hochrisiko-KI-System, wenn kumulativ die beiden Bedingungen nach Art. 6 Abs. 1 lit. a und b EU-KI-Verordnung erfüllt sind.

Zunächst muss das KI-System als Sicherheitskomponente eines unter die in Anhang I der EU-KI-Verordnung aufgeführten Harmonisierungsrechtsvorschriften der Union fallenden Produkts verwendet werden oder selbst ein solches Produkt darstellen, Art. 6 Abs. 1 lit. a EU-KI-Verordnung.

In Anhang I der EU-KI-Verordnung sind zahlreiche EU-Richtlinien und Verordnungen aufgelistet, die bezüglich des Einsatzes von KI durch die EU-KI-Verordnung sozusagen „mitharmonisiert“ werden sollen. Darunter fällt etwa der Einsatz von KI in Sicherheitsbauteilen für Aufzüge (Anhang I Nr. 4), in Medizinprodukten (Anhang I Nr. 11) oder in Eisenbahnsystemen (Anhang I Nr. 17). In Anhang I ist keine der EU-Geldwäsche-Richtlinien aufgeführt. Folglich sind die EU-Geldwäsche-Richtlinien nicht Teil der in Art. 6 Abs. 1 i. V. m. Anhang I EU-KI-Verordnung gemeinten Harmonisierungsrechtsvorschriften. Der Einsatz von KI zur Detektion von Geldwäsche ist somit nicht als Hochrisiko-KI-System nach Art. 6 Abs. 1 EU-KI-Verordnung einzustufen, da bereits die Voraussetzungen von Art. 6 Abs. 1 lit. a EU-KI-Verordnung nicht vorliegen.

bb) Art. 6 Abs. 2 EU-KI-Verordnung

Zusätzlich zu den in Art. 6 Abs. 1 EU-KI-Verordnung genannten Hochrisiko-KI-Systemen gelten nach Art. 6 Abs. 2 EU-KI-Verordnung die in Anhang III genannten KI-Systeme als hochriskant. Hier sollen diejenigen Ziffern näher erläutert werden, unter welche der KI-Einsatz zur Detektion von Geldwäsche durch die Verpflichteten zu subsumieren sein könnte.

(1) Anhang III Nr. 5 lit. b EU-KI-Verordnung

Anhang III Nr. 5 lit. b EU-KI-Verordnung betrifft die Zugänglichkeit und Inanspruchnahme grundlegender privater und grundlegender öffentlicher Dienste und Leistungen. Innerhalb solcher Dienste sollen solche KI-Systeme als hochriskant eingestuft werden, die bestimmungsgemäß für die Kreditwürdigkeitsprüfung und Kreditpunktebewertung natürlicher Personen verwendet werden sollen, mit Ausnahme von KI-Systemen, die zur Aufdeckung von Finanzbetrug verwendet werden. Ein KI-System zur Detektion von Geldwäsche dient nicht zur Kreditwürdigkeitsprognose, vielmehr werden durch die Geldwäsche-KI keine zukünftigen Umstände prognostiziert, sondern gegenwärtige Auffälligkeiten detektiert. Somit ist die in dieser Arbeit betrachtete KI nicht als hochriskant nach Anhang III Nr. 5 lit. b EU-KI-Verordnung einzustufen.

(2) Anhang III Nr. 6 EU-KI-Verordnung

Anhang III Nr. 6 EU-KI-Verordnung bezieht sich auf Strafverfolgung, soweit ihr Einsatz nach einschlägigem Unionsrecht oder nationalem Recht zugelassen ist. Sprachlich ist zunächst nicht direkt ersichtlich, worauf sich das „ihr" in der Fassung der Nr. 6 bezieht. Wenn man den Anfang von Anhang III und dessen Nr. 6 als Satz zusammenzieht, lautet die Fassung der Verordnung:

„Als Hochrisiko-KI-Systeme gemäß Artikel 6 Abs. 2 gelten die in folgenden Bereichen aufgeführten KI-Systeme: Strafverfolgung, soweit ihr Einsatz nach einschlägigem Unionsrecht oder nationalem Recht zugelassen ist". Sprachlich macht es wenig Sinn, dass das „ihr" sich auf die Strafverfolgung bezieht – zumal dies grammatikalisch falsch wäre. Der Satz ist wohl daher so zu verstehen, dass Anhang III Nr. 6 EU-KI-Verordnung sich auf den Einsatz von KI-Systemen zur Strafverfolgung bezieht, sofern nicht einschlägige EU-Gesetzgebung oder sogar der nationale Gesetzgeber für einen bestimmten Bereich der Strafverfolgung nicht davon abweichend den Einsatz von KI in diesem speziellen Strafverfolgungsbereich verbietet. Bei wörtlicher Auslegung ist dies wohl als Öffnungsklausel für eine strengere Regulierung zu lesen. Dies kann zu praktischen Herausforderungen führen, da es unter Umständen zu einer weiteren Beachtung von noch mehr Weiterverweisungen oder Ausnahmen führen kann. Aufgrund eingeschränkter strafrechtlicher Gesetzgebungskompetenzen des EU-Gesetzgebers – die er ohnehin gerne etwas ausdehnt – konnte wohl zumindest für die Mitgliedstaaten kein Verbot für eine strengere Regulierung von KI im Bereich der Strafverfolgung getroffen werden. Die Ausnahme für einschlägiges Unionsrecht ist allerdings kritisch zu sehen, da dies das ohnehin unübersichtliche Regelungsfeld noch unübersichtlicher macht.

Der Begriff der Strafverfolgung wird ebenfalls für die EU-KI-Verordnung legaldefiniert in Art. 3 Nr. 46 EU-KI-Verordnung. Danach versteht die Verordnung unter Strafverfolgung Tätigkeiten der Strafverfolgungsbehörden (Art. 3 Nr. 45 EU-KI-Verordnung) oder in deren Auftrag zur Verhütung, Ermittlung, Aufdeckung oder Verfolgung von Straftaten oder zur Strafvollstreckung, einschließlich des Schutzes vor und der Abwehr von Gefahren für die öffentliche Sicherheit.[963] Die Maßnahmen zur Geldwäschebekämpfung und -prävention gehören generell zur *Strafverfolgung*, da durch sie Geldwäsche und deren Vortaten ermittelt, aufgedeckt und verfolgt werden sollen. In den folgenden Punkten (a)-(e) stellt sich daher jeweils primär die Frage, ob der Einsatz von KI zur Detektion von Geldwäsche jeweils durch Strafverfolgungsbehörden nach Art. 3 Nr. 45 EU-KI-Verordnung erfolgt und zwar in einem von der EU-KI-Verordnung als hochriskant eingestuften Bereich.

(a) Anhang III Nr. 6 lit. a EU-KI-Verordnung

Nach Anhang III Nr. 6 lit. a EU-KI-Verordnung gelten KI-Systeme, die bestimmungsgemäß von Strafverfolgungsbehörden oder in deren Namen oder von Organen, Einrichtungen und sonstigen Stellen der Union zur Unterstützung von Strafverfolgungsbehörden oder in deren Namen zur

963 An dieser Definition wird erneut sehr deutlich, dass das EU-Recht eine Trennung zwischen Strafverfolgung und Gefahrenabwehr, wie sie dem deutschen Recht immanent ist, nicht kennt.

Bewertung des Risikos einer natürlichen Person, zum Opfer von Straftaten zu werden, verwendet werden sollen, als hochriskante KI-Systeme.

An dieser Stelle ist daher zunächst zu überprüfen, ob die Verpflichteten nach dem GwG – betrachtet werden hier insbesondere die Kreditinstitute – nach Anhang III Nr. 6 lit. a Var. 1 EU-KI-Verordnung selbst als Strafverfolgungsbehörde einzustufen sind. Nach Art. 3 Nr. 45 EU-KI-Verordnung sind Strafverfolgungsbehörden zunächst nach lit. a solche Behörden, die für die Verhütung, Ermittlung, Aufdeckung oder Verfolgung von Straftaten oder die Strafvollstreckung, einschließlich des Schutzes vor und der Abwehr von Gefahren für die öffentliche Sicherheit, zuständig sind. Behörden sind Stellen, die Aufgaben der öffentlichen Verwaltung wahrnehmen.[964] Die Verpflichteten des GwG – insbesondere die hier betrachteten Kreditinstitute – sind jedoch weder nach europäischem noch nach nationalem Recht als Behörde zu qualifizieren. Insbesondere liegt im deutschen Recht eine Inpflichtnahme der Verpflichteten vor, bei der diese ihre Stellung als Privatrechtssubjekt behalten.[965]

Nach Art. 3 Nr. 45 lit. b EU-KI-Verordnung gelten jedoch auch andere Stellen oder Einrichtungen, denen durch nationales Recht die Ausübung öffentlicher Gewalt und hoheitlicher Befugnisse zur Verhütung, Ermittlung, Aufdeckung oder Verfolgung von Straftaten oder zur Strafvollstreckung, einschließlich des Schutzes vor und der Abwehr von Gefahren für die öffentliche Sicherheit, übertragen wurde, als Strafverfolgungsbehörde i. S. d. EU-KI-Verordnung. Fraglich ist, ob den Kreditinstituten mit der Verpflichtung zur Abgabe von Verdachtsmeldungen insbesondere nach § 43 Abs. 1 Nr. 1 GwG die Ausübung öffentlicher Gewalt und hoheitlicher Befugnisse zur Verhütung, Ermittlung, Aufdeckung oder Verfolgung von Straftaten oder zur Strafvollstreckung, einschließlich des Schutzes vor und der Abwehr von Gefahren für die öffentliche Sicherheit, übertragen wurde. Vorliegend wird erneut sehr deutlich, wie wichtig die Einordnung ist, in welcher Eigenschaft die Banken die Verpflichtungen nach dem GwG ausüben.[966]

---

964 Die Definition wurde vorliegend in Anlehnung an § 1 Abs. 4 VwVfG übernommen. Richtigerweise darf das nationale deutsche Recht keine Begriffe des Unionsrechts definieren, siehe etwa *Wichard,* in: Calliess/Ruffert (Hrsg.), 6. Aufl. 2022, Art. 342 AEUV Rn. 17 f. Da es bei der Qualifizierung als Behörde jedoch sowohl im Unionsrecht als auch im nationalen Recht auf die Wahrnehmung von hoheitlichen (öffentlichen) Verwaltungsaufgaben ankommt, wurde dennoch auf diese knappe und übersichtliche Definition zurückgegriffen.

965 Siehe Kapitel IV.C.IV.2.

966 Siehe Kapitel IV.C.IV.

Denn ausweislich des Wortlautes kommt es hier auf die Einordnung nach nationalem Recht an, nicht nach Unionsrecht.

Die Abgabe der Verdachtsmeldungen wurde in dieser Arbeit als Inpflichtnahme Privater zur (repressiven) Abgabe von Strafanzeigen kategorisiert.[967] Aus dieser Inpflichtnahme ergibt sich gerade keine Übertragung von hoheitlichen Befugnissen oder öffentlicher Gewalt, insbesondere werden die Verpflichteten nicht in den Verwaltungsapparat integriert und treffen keine für die betroffenen Kunden bindenden Entscheidungen in einem Subordinationsverhältnis.

.Somit sind die Kreditinstitute selbst nicht als Strafverfolgungsbehörden i. S. d. Anhang III Nr. 6 lit. a Var. 1 EU-KI-Verordnung einzustufen.

Allerdings könnte es sein, dass die Verpflichteten in deren Namen (der Strafverfolgungsbehörden) tätig werden, wenn sie eine KI zur Detektion von Geldwäsche einsetzen, Anhang III Nr. 6 lit. a Var. 2 EU-KI-Verordnung. Die EU-KI-Verordnung enthält keine konkrete Bestimmung, wann ein Tätigwerden „im Namen" von einer bestimmten Behörde erfolgt. Die Übersetzung der englischen Originalfassung der Verordnung (engl.: „on their behalf") in die deutsche Fassung ist insofern auch uneinheitlich. Teilweise wird der englische Wortlaut mit „in deren Namen" (z. B. Anhang III Nr. 6 lit. a Var. 2 EU-KI-Verordnung) und teilweise „in deren Auftrag" (z. B. Art. 3 Nr. 46 EU-KI-Verordnung) übersetzt. Diese unterschiedliche Übersetzung gibt jedoch zumindest Anhaltspunkte für eine Auslegung. Es scheint sich insofern um eine Mischung aus Beauftragung und Vertretung der Strafverfolgungsbehörde zu handeln. In unionsrechtskonformer Auslegung des Begriffes ist davon auszugehen, dass die Strafverfolgungsbehörde das Handeln der Verpflichteten mindestens veranlasst, eher beauftragt haben muss. Da die Verpflichteten nach dem GwG aufgrund ihrer rechtlichen Pflichten aus dem GwG von sich aus nach verdächtigen Transaktionen zu suchen haben, handeln sie nicht auf Veranlassung der Strafverfolgungsbehörden hin. Ein Handeln im Namen der Strafverfolgungsbehörden i. S. d. EU-KI-Verordnung liegt somit nicht vor.

Als weitere Variante nennt Anhang III Nr. 6 lit. a Var. 3 EU-KI-Verordnung ein Tätigwerden von Organen, Einrichtungen und sonstigen Stellen der Union zur Unterstützung von Strafverfolgungsbehörden. Die Verpflichteten nach dem GwG sind keine Organe, Einrichtungen oder sonstigen Stellen der Union, sondern Privatrechtssubjekte nach nationalem Recht.

967 Kapitel IV.C.

Etwas anderes könnte sich allerdings aus diesem Passus zukünftig beispielsweise für die AMLA als europäische Behörde zur Bekämpfung von Geldwäsche ergeben.[968]

Als letzte Variante sind nach Anhang III Nr. 6 lit. a Var. 4 EU-KI-Verordnung Tätigkeiten in deren Namen genannt, wobei sich das „in deren Namen" hier auf die in Var. 3 aufgezählten Organe, Einrichtungen und sonstigen Stellen der Union zur Unterstützung von Strafverfolgungsbehörden bezieht. Hier könnte sich insofern im Gegenteil zu Var. 2 etwas anderes ergeben, da Var. 4 nicht nur die Strafverfolgungsbehörden, sondern auch die Organe der EU[969] aufzählt. Durch die starke Europäisierung des Geldwäscherechtes, welches initial auch die Einführung der Meldepflichten vorgeschrieben hat, ist dem Gedanken nachzugehen, ob bei einem KI-Einsatz durch die Verpflichteten zur Sachverhaltsgenerierung für die Verdachtsmeldungen eine Vornahme im Namen von Organen der EU erfolgt. Dies ist jedoch zum einen abzulehnen, da das europäische Geldwäscherecht derzeit durch Geldwäsche-Richtlinien bestimmt wird und diese keine unmittelbare Geltung im nationalen Recht entfalten, Art. 288 Abs. 3 AEUV. Sie sind zunächst in nationales Recht umzusetzen. Zum anderen müsste auch hier wie in Var. 2 mindestens eine Art direkte Veranlassung erfolgen. Dies ist aufgrund der zahlreichen Rechtsakte, die „zwischen" den Verpflichteten und den EU-Organen liegen, ebenfalls abzulehnen.

Im Ergebnis liegen somit die Voraussetzungen nach Anhang III Nr. 6 lit. a EU-KI-Verordnung nicht vor, da bereits kein – in irgendeiner Weise – geartetes Tätigwerden der Verpflichteten als Strafverfolgungsbehörden gegeben ist.

(b) Anhang III Nr. 6 lit. b, c, d, e EU-KI-Verordnung

Anhang III Nr. 6 lit. b, c, d und e EU-KI-Verordnung listen unterschiedliche KI-Systeme auf, die bestimmungsgemäß von Strafverfolgungsbehörden oder in deren Namen eingesetzt werden könnten. Hier ergibt sich jeweils aus dem Passus in Zusammenhang mit den Strafverfolgungsbehörden dieselbe Problematik wie zu Anhang III Nr. 6 lit. a EU-KI-Verordnung. Somit

968 Zur AMLA Kapitel II.B.II.2.g)cc).

969 Nach Art. 13 Abs. 1 Satz 2 EUV: das Europäische Parlament, der Europäische Rat, der Rat, die Europäische Kommission, der Gerichtshof der Europäischen Union, die Europäische Zentralbank, der Rechnungshof.

geben auch Anhang III Nr. 6 lit. b, c, d und e EU-KI-Verordnung keine Einordnung als Hochrisiko-KI-System vor.

(3) Anhang III Nr. 8 lit. a EU-KI-Verordnung

Anhang III Nr. 8 EU-KI-Verordnung regelt den Einsatz von KI im Bereich der Rechtspflege und demokratischer Prozesse. Nach Anhang III Nr. 8 lit. a EU-KI-Verordnung sind KI-Systeme, die bestimmungsgemäß von einer oder im Namen einer Justizbehörde verwendet werden sollen, um eine Justizbehörde bei der Ermittlung und Auslegung von Sachverhalten und Rechtsvorschriften und bei der Anwendung des Rechts auf konkrete Sachverhalte zu unterstützen, oder die auf ähnliche Weise für die alternative Streitbeilegung genutzt werden sollen, als Hochrisiko-KI-Systeme einzustufen. Dieser Anwendungsfall wird künftig wohl überwiegend den Einsatz von KI-Systemen – auch als Unterstützung – in Gerichtsverfahren betreffen. Die EU-KI-Verordnung enthält keine Begriffsbestimmung der Justizbehörde. Da es sich bei den Verpflichteten generell nicht um Behörden handelt, sind diese jedoch auch keine Justizbehörde.[970] Wie auch bei den Strafverfolgungsbehörden ist das „im Namen" mindestens als eine Art Veranlassung oder Auftragsverhältnis zu qualifizieren.[971] Dies trifft auf die Verpflichteten nicht zu, sodass auch die Voraussetzungen von Anhang III Nr. 8 lit. a EU-KI-Verordnung nicht gegeben sind.

cc) Zusammenfassung Hochrisiko-KI-Systeme und Bewertung

Aufgrund der unübersichtlichen Verweisungslage stellt die folgende Abb. 18 als Abschluss der Erörterungen eine zusammenfassende Übersicht dar, wann ein KI-System als hochriskant nach der EU-KI-Verordnung einzustufen ist:

970 Siehe Kapitel IV.C.IV.
971 Siehe Kapitel IV.D.I.5.c)bb)(2).

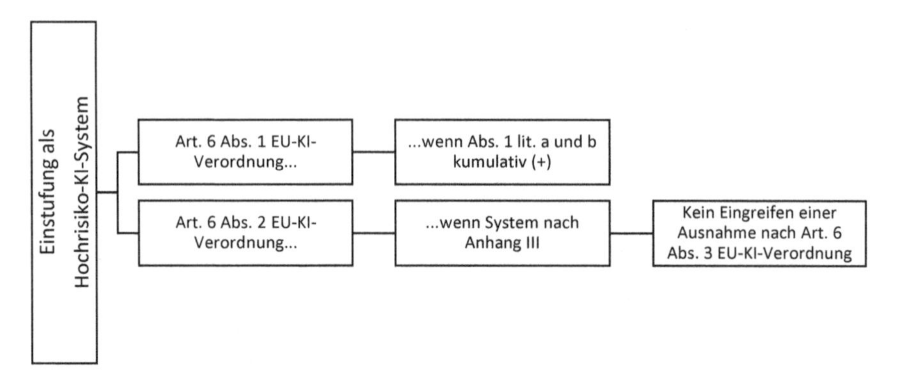

Abb. 18: Überblick zur Einstufung als Hochrisiko-KI-System nach EU-KI-Verordnung

Nach diesem verabschiedeten Stand der EU-KI-Verordnung ist derzeit davon auszugehen, dass eine durch die Verpflichteten eingesetzte KI zur Detektion von Geldwäsche nicht als Hochrisiko-KI-System einzustufen ist. Die Anforderungen an Hochrisiko-KI-Systeme nach Art. 8 bis 49 EU-KI-Verordnung müssen daher von einem KI-System zur Detektion von Geldwäsche, welches durch die Verpflichteten eingesetzt wird, nicht eingehalten werden.

Es sei zusätzlich darauf hingewiesen, dass die EU-Kommission nach Art. 6 Abs. 5 EU-KI-Verordnung in Abstimmung mit dem Europäischen Ausschuss für künstliche Intelligenz spätestens 18 Monate nach Inkrafttreten der Verordnung Leitlinien zur praktischen Umsetzung von Art. 6 EU-KI-Verordnung i. V. m. Art. 96 EU-KI-Verordnung veröffentlichen muss. Diese Leitlinien müssen ausweislich Art. 6 Abs. 5 EU-KI-Verordnung eine umfassende Liste praktischer Beispiele für Anwendungsfälle sowohl hochriskanter als auch nicht hochriskanter KI-Systeme enthalten. Sowohl Betreiber als auch Hersteller von KI-Systemen sind daher gut beraten, diese Leitlinien im Auge zu behalten. Außerdem kann die EU-Kommission nach Art. 7 EU-KI-Verordnung unter der Einhaltung weiterer Voraussetzungen eine Änderung von Anhang III erwirken, sodass auch die Möglichkeit einer nachträglichen Einstufung als Hochrisiko-KI-System grundsätzlich besteht.

Da die KI zur Detektion von Geldwäsche durch die Verpflichteten jedoch derzeit nicht als Hochrisiko-KI-System einzustufen ist, könnten sich allerdings weniger strenge Anforderungen aus den Art. 51 ff. der EU-KI-Verordnung ergeben.

Die EU-KI-Verordnung bestimmt umfassende Grundsätze für den Einsatz von KI-Systemen im Dunstkreis der Strafverfolgungsbehörden. Im Regelfall werden diese Systeme nach der Verordnung als hochriskante KI-Systeme eingestuft. Dies gilt nicht für die Geldwäsche-Detektion durch KI. Das ist kritisch zu sehen. Zudem existieren nur für die Bereiche der Geldwäsche (vgl. insbesondere Erwägungsgründe 58 f. EU-KI-Verordnung) und des Finanzbetruges Ausnahmen von weiteren strengen Regularien beim Einsatz durch die FIU.[972] KI-Systeme zur Aufdeckung dieser Kriminalitätsarten stellen jedoch dieselben Gefahren für Grundrechte und Garantien des Einzelnen dar, wie auch in anderen Bereichen. Dennoch ergeben sich Anforderungen an KI-Systeme zur Detektion von Geldwäsche aus dieser Verordnung und aus anderen nationalen und europäischen Regularien, auf die im nächsten Abschnitt einzugehen ist.

d) KI-System oder KI-Modell mit allgemeinem Verwendungszweck?

Als nächstes ist daher die Frage zu beantworten, ob es sich bei einer KI zur Detektion von Geldwäsche um eine andere der klassifizierten KI-Unterkategorien handelt. Weiter unterschieden wird nach einem KI-System mit allgemeinem Verwendungszweck und einem KI-Modell mit allgemeinem Verwendungszweck. Die Begriffswahl und die -unterscheidung sind äußerst unglücklich gewählt. Nur bei sehr gründlicher Analyse fällt auf, dass der Unionsgesetzgeber hier nochmal zwischen einem KI-*System* und einem KI-*Modell* mit allgemeinem Verwendungszweck unterscheidet und daran unterschiedliche Vorgaben knüpft (vgl. Abb. 17). Beide Begriffsbestimmungen werden in Art. 3 EU-KI-Verordnung legaldefiniert.

Das KI-System mit allgemeinem Verwendungszweck ist nach Art. 3 Nr. 66 EU-KI-Verordnung ein KI-System, das auf einem KI-Modell mit allgemeinem Verwendungszweck beruht und in der Lage ist, einer Vielzahl von Zwecken sowohl für die direkte Verwendung als auch für die Integration in andere KI-Systeme zu dienen. Das KI-System mit allgemeinem Verwendungszweck baut mithin auf dem KI-Modell mit allgemeinem Verwendungszweck auf. Das KI-Modell mit allgemeinem Verwendungszweck ist hingegen nach Art. 3 Nr. 63 EU-KI-Verordnung ein Modell – einschließlich der Fälle, in denen ein solches KI-Modell mit einer großen Datenmenge unter umfassender Selbstüberwachung trainiert wird –, welches eine erheb-

972 Siehe dazu Kapitel V.

liche allgemeine Verwendbarkeit aufweist und in der Lage ist, unabhängig von der Art und Weise seines Inverkehrbringens ein breites Spektrum unterschiedlicher Aufgaben kompetent zu erfüllen, und das in eine Vielzahl nachgelagerter Systeme oder Anwendungen integriert werden kann.

Der EU-Gesetzgeber macht es dem geneigten Leser nicht einfach, das Begriffswirrwarr der Verordnung zu „entdröseln". Denn die beiden Arten müssen für eine ordnungsgemäße Anwendung der Verordnung voneinander abgegrenzt werden.

Erwägungsgrund 97 EU-KI-Verordnung gibt zumindest eine Auslegungshilfe vor, indem klargestellt wird, dass der Begriff KI-Modell mit allgemeinem Verwendungszweck vom Begriff des KI-Systems (nicht mit allgemeinem Verwendungszweck!) abzugrenzen ist. Danach seien KI-Modelle wesentliche Komponenten von KI-Systemen, stellen jedoch für sich genommen keine KI-Systeme dar. Insbesondere müssten nach Erwägungsgrund 97 EU-KI-Verordnung solchen KI-Modellen Komponenten hinzugefügt werden – etwa eine Nutzerschnittstelle – um zu einem KI-System „heranzuwachsen". Dies bedeutet allerdings auch, dass ein KI-System auch in „einfacher" Ausführung ohne den Zusatz des „allgemeinen Verwendungszweckes" gegeben sein kann.

Schematisch lässt sich dies so darstellen:

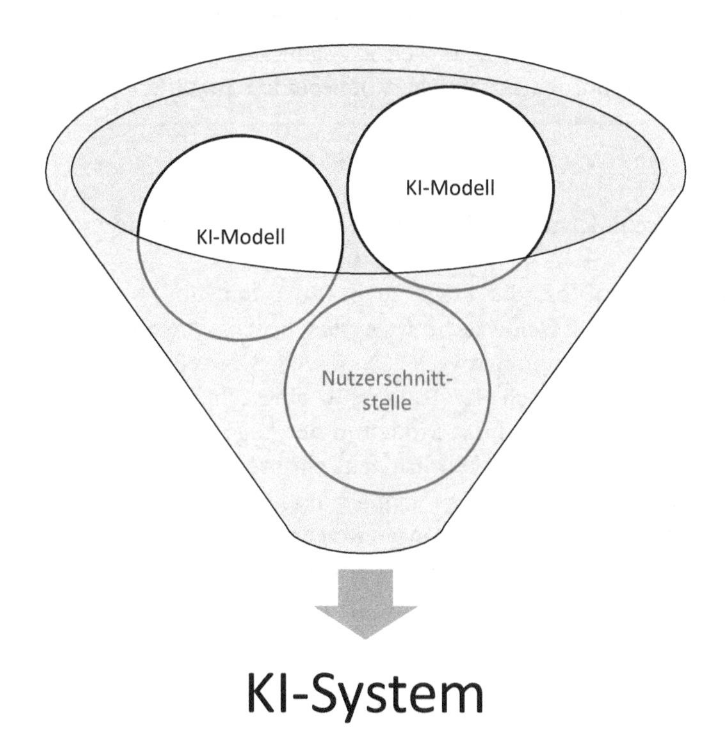

Abb. 19: Entstehung eines KI-Systems aus einzelnen KI-Modellen

Aus technischer Sicht macht dies Sinn, beruht ein ganzes KI-System in der Regel auf verschiedenen Modellen maschinellen Lernens, die miteinander kombiniert werden.[973] Dies führt dazu, dass ein KI-System, welches auf mehreren KI-Modellen mit allgemeinem Verwendungszweck beruht, seinerseits auch ein Hochrisiko-KI-System darstellen kann, Erwägungsgrund 161 EU-KI-Verordnung. Im Ergebnis bedeutet das, eine Kombination aus mehreren KI-Modellen kann ebenfalls zu einer Hochstufung als hochriskant führen – während KI-Modelle mit allgemeinem Verwendungszweck *allein* nur ein systemisches Risiko aufweisen können.

Dies macht die Gesamtbewertung schwierig, da die Erwägungsgründe einerseits eine klare Abgrenzung von KI-Systemen und KI-Modellen mit allgemeinem Verwendungszweck erfordern, anderseits aber KI-Systeme

973 Siehe zu den verschiedenen Arten maschinellen Lernens: Kapitel III.C.IV.

sich aus KI-Modellen mit allgemeinem Verwendungszweck zusammensetzen können. Da die Definition von KI-System nach Art. 3 Nr. 1 EU-KI-Verordnung ohnehin bereits sehr weit ist, stellt sich die Frage, wie hier eine Abgrenzungstrennschärfe zwischen den beiden Begriffen erzeugt werden soll.

aa) Geldwäsche-KI als KI-Modell mit allgemeinem Verwendungszweck?

Letztlich ist zunächst die Frage zu beantworten, ob es sich bei der KI zur Detektion von Geldwäsche im ersten Schritt um ein KI-Modell mit allgemeinem Verwendungszweck i. S. d. Art. 3 Nr. 63 EU-KI-Verordnung handelt. Dies ist danach der Fall, wenn eine erhebliche allgemeine Verwendbarkeit vorliegt und das Modell in der Lage ist, unabhängig von der Art und Weise seines Inverkehrbringens ein breites Spektrum unterschiedlicher Aufgaben kompetent zu erfüllen und das Modell in eine Vielzahl nachgelagerter Systeme oder Anwendungen integriert werden kann. Dies schließt Konstellationen ein, in denen es mit einer großen Datenmenge unter umfassender Selbstüberwachung trainiert wird.

(1) Erhebliche allgemeine Verwendbarkeit

Ausweislich Erwägungsgrund 97 EU-KI-Verordnung werden KI-Modelle mit erheblicher allgemeiner Verwendbarkeit in der Regel mit großen Datenmengen durch verschiedene Methoden, etwa überwachtes, unüberwachtes und bestärkendes Lernen[974], trainiert. Erwägungsgrund 98 EU-KI-Verordnung spezifiziert diese Datenmenge dahingehend, dass die allgemeine Verwendbarkeit eines Modells zwar neben anderen Kriterien auch durch eine bestimmte Anzahl von Parametern bestimmt werden könne, doch sollten Modelle mit mindestens einer Milliarde Parametern, die mit einer großen Datenmenge unter umfassender Selbstüberwachung trainiert werden, als Modelle gelten, die eine erhebliche allgemeine Verwendbarkeit aufweisen und ein breites Spektrum unterschiedlicher Aufgaben kompetent erfüllen. Bei mehreren von dem Unternehmen IBM untersuchten Systemen zur Erkennung von Geldwäsche wurde das Modell mit der größten Datenmenge mit einer Trainingsmenge von ca. 180 Millionen Transaktionen

974 Kapitel III.C.IV.

trainiert.[975] Daraus lässt sich schlussfolgern, dass die Verordnung zwischen den gewählten Parametern und der Datenmenge, mit der das System trainiert wurde, unterscheidet. Als typisches Beispiel nennt die Verordnung in Erwägungsgrund 99 EU-KI-Verordnung große generative KI-Modelle, da sie eine flexible Erzeugung von Inhalten ermöglichen, etwa in Form von Text- Audio-, Bild- oder Videoinhalten, die leicht ein breites Spektrum unterschiedlicher Aufgaben umfassen können. Die Erwägungsgründe 97-99 EU-KI-Verordnung verdeutlichen, wie stark sich der EU-Gesetzgeber bei der Ausgestaltung der Verordnung an dem bisher bekanntesten Modell generativer KI orientiert hat: ChatGPT.[976] Dies ist sehr kritisch zu sehen. Da ChatGPT in seinem klassischen Anwendungsfall riesige Textdateien verarbeitet, muss es naturgemäß auf enormen Mengen an Textdatenbeständen trainiert werden. Daraus ergibt sich aber nicht zwingend eine kleinere oder größere Gefährlichkeit beim Einsatz im Vergleich zu der hier betrachteten Geldwäsche-Detektions-KI. Richtigerweise ist es so, dass mit KI-Modellen wie ChatGPT eine viel größere Bevölkerungsmasse praktisch etwas anfangen kann, da es eben um Text geht. Zwingend verfügt der Durchschnittsbürger nicht über die Masse an Transaktionsdaten, die für das Betreiben einer KI für Geldwäsche-Detektion notwendig ist. Dies trifft jedoch keine Aussage darüber, inwiefern der Eingriff in die Rechte des Einzelnen durch die massenhafte Verarbeitung von Transaktionsdaten nicht vielleicht sogar höher ist. Es ist schade, dass die KI-Verordnung es an dieser Stelle verpasst hat, mehr nach der Art der zu verarbeitenden Daten und den damit einhergehenden Rechtsgefährdungen zu differenzieren, statt nur auf die Größe der verarbeiteten Datenbestände und die verwendeten Parameter abzustellen.

(2) Zwischenergebnis

Bei einer KI zu Detektion von Geldwäsche handelt es sich nach dem bisher zu erwartenden Umfang an Trainingsdaten nicht um ein KI-Modell mit erheblicher allgemeiner Verwendbarkeit. Es ist zweifelhaft, ob die allgemeine Verwendbarkeit eines KI-Modells Rückschlüsse allein auf einen höheren Regulierungsbedarf erlaubt. Auch Modelle, die beispielsweise nur von einer kleinen Bevölkerungsgruppe verwendet werden oder mit einem geringeren

975 *Altman/Blanusa/Niederhäusern/Egressy/Anghel/Atasu,* NeurIPS 2023, 29851.

976 *Kafsack*, Strikte EU-Auflagen für ChatGPT-Basismodell, FAZ, 08.12.2023, (abrufbar: https://perma.cc/64T9-MVVC, zuletzt abgerufen: 31.08.2024).

Datenumfang trainiert wurden, können je nach Einsatzart ein erhebliches Risiko bergen.

e) KI-Modelle mit allgemeinem Verwendungszweck, die systemische Risiken bergen

Im Gegensatz zu KI-Systemen können KI-Modelle mit allgemeinem Verwendungszweck nicht als hochriskant eingestuft werden, allerdings in speziellen Fällen ein systemisches Risiko aufweisen. Dies wird näher in Art. 51 Abs. 1 EU-KI-Verordnung kategorisiert. Da die Geldwäsche-Detektions-KI bereits nach der Definition von allgemeinem Verwendungszweck nicht als KI-Modell mit allgemeinem Verwendungszweck nach dieser Verordnung kategorisiert werden konnte, erübrigt sich an dieser Stelle die weitere Prüfung. Aus diesem Grund kann es sich bei der hier betrachteten KI auch nicht um ein KI-System mit allgemeinem Verwendungszweck als Spezialform des KI-Systems handeln, da der allgemeine Verwendungszweck der hiesigen KI zur Detektion von Geldwäsche nicht gegeben ist.

f) Anforderungen an ein „einfaches" KI-System

Es ist festzuhalten, dass eine KI zur Detektion von Geldwäsche – überraschend – nur als „einfaches" KI-System einzustufen ist. An diese Systeme stellt die Verordnung – ebenfalls überraschend – keinen eigenen allgemeinen Anforderungskatalog, wie dies beispielsweise die DSGVO generell für die Verarbeitung personenbezogener Daten tut. Leitlinien für den generellen Einsatz ergeben sich aus Erwägungsgrund 27 EU-KI-Verordnung. Außerdem ist zu prüfen, ob sich weitere allgemeine Anforderungen ergeben.

aa) Erwägungsgrund 27 EU-KI-Verordnung

Es ist verwunderlich, dass im Schwerpunkt der Erwägungsgrund 27 EU-KI-Verordnung allgemeine Anforderungen an alle KI-Systeme bestimmt, während sich ansonsten kaum Pflichten für Systeme finden, die keiner der Risikoklassen nach Abb. 17 zugeordnet werden können. Die Bestimmung der allgemeinen Anforderungen erfolgt durch einen Verweis auf die Ethikleitlinien der Kommission des Jahres 2019 für vertrauenswürdige KI.[977] Diese enthalten unverbindliche Grundsätze. Auch durch die Bezugnahme auf diese Leitlinien in den Erwägungsgründen wird keine Rechtsverbindlichkeit i. S. d. Art. 288 AEUV erreicht.[978] Die Erwägungsgründe sind vielmehr Ausdruck des historischen Willens des Gesetzgebers.[979] Die Tatsache, dass es solche wichtigen allgemeinen Grundsätze nicht in den eigentlichen Verordnungstext „geschafft haben", ist als verpasste Chance anzusehen.

Der EU-Gesetzgeber beruft sich ausweislich des Wortlautes des Erwägungsgrundes darauf, dass die Leitlinien zur Gestaltung einer kohärenten, vertrauenswürdigen und menschenzentrierten KI im Einklang mit der Charta und den Werten, auf die sich die Union gründet, beitragen solle.

Der erste Grundsatz der Leitlinien bezieht sich auf menschliches Handeln und menschliche Aufsicht. Diese ist dann gegeben, wenn ein KI-System entwickelt und als Instrument verwendet wird, das den Menschen dient, die Menschenwürde und die persönliche Autonomie achtet und so funktioniert, dass es von Menschen angemessen kontrolliert und überwacht werden kann.

Der zweite Grundsatz der technischen Robustheit und Sicherheit bezieht sich auf die Widerstandsfähigkeit gegen Missbrauchsversuche und unrechtmäßige Verwendung durch Dritte. Im Missbrauchsfalle besteht zudem eine Schadensminimierungspflicht.

Der dritte Grundsatz der Privatsphäre und Daten-Governance bedeutet, dass KI-Systeme im Einklang mit den geltenden Vorschriften zum Schutz der Privatsphäre und zum Datenschutz entwickelt und verwendet werden und dabei Daten verarbeiten, die hohen Qualitäts- und Integritätsstandards genügen.

Transparenz als vierter Grundsatz bedeutet, dass KI-Systeme so entwickelt und verwendet werden, dass sie angemessen nachvollziehbar und erklärbar sind, wobei den Menschen bewusst gemacht werden muss, dass sie mit einem KI-System kommunizieren oder interagieren, und dass die Betreiber ordnungsgemäß über die Fähigkeiten und Grenzen des KI-Systems informieren und die betroffenen Personen über ihre Rechte in Kenntnis setzen müssen.

---

977 *Europäische Kommission*, COM(2019) 168 final – Schaffung von Vertrauen in eine auf den Menschen ausgerichtete künstliche Intelligenz, 08.04.2019, (abrufbar: https://perma.cc/32VC-ZGZX, zuletzt abgerufen: 31.08.2023).

978 *Körber*, in: Körber/Schweitzer/Zimmer (Hrsg.), 6. Aufl. 2020, Einleitung Rn. 78.

979 Ebenda.

Der fünfte Grundsatz umfasst Vielfalt, Nichtdiskriminierung und Fairness. Danach müssen KI-Systeme in einer Weise entwickelt und verwendet werden, die unterschiedliche Akteure einbezieht und den gleichberechtigten Zugang, die Geschlechtergleichstellung und die kulturelle Vielfalt fördert, wobei diskriminierende Auswirkungen und unfaire Verzerrungen, die nach Unionsrecht oder nationalem Recht verboten sind, verhindert werden.

Der sechste Grundsatz bezieht sich auf das soziale und ökologische Wohlergehen. Dieser bedeutet, dass KI-Systeme in nachhaltiger und umweltfreundlicher Weise und zum Nutzen aller Menschen entwickelt und verwendet werden, wobei die langfristigen Auswirkungen auf den Einzelnen, die Gesellschaft und die Demokratie überwacht und bewertet werden müssen.

Der siebte Grundsatz der Leitlinien der EU-Kommission ist die Rechenschaftspflicht.[980] Dieser ist nicht in den Verordnungstext des Erwägungsgrundes 27 EU-KI-Verordnung integriert. Da der Erwägungsgrund jedoch eingangs ausdrücklich auf die sieben Leitlinien referiert, ist eher davon auszugehen, dass es sich dabei um ein Redaktionsversehen handelt. Die Rechenschaftspflicht gibt eine Verantwortungsstruktur vor, die vor, nach und während des Einsatzes von KI geregelt werden muss.

bb) Art. 4 EU-KI-Verordnung

Außer Art. 50 EU-KI-Verordnung[981] ist Art. 4 EU-KI-Verordnung die einzige Norm der Verordnung, die losgelöst von der speziellen Klassifizierung (Abb. 17) des KI-Systems oder KI-Modells für alle KI-Systeme gilt. Danach muss eine ausreichende KI-Kompetenz desjenigen Personals sichergestellt werden, welches mit dem Betrieb und der Nutzung von KI-Systemen befasst ist. Dabei sind durch die Betreiber und die Anbieter die jeweiligen technischen Kenntnisse, die Erfahrung, die Ausbildung, Schulung und der Kontext, in dem die KI-Systeme eingesetzt werden sollen, zu berücksichtigen. Außerdem ist abzuwägen, bei welchen Personen oder Personengruppen der Einsatz erfolgen soll.

---

980 *Europäische Kommission*, COM(2019) 168 final – Schaffung von Vertrauen in eine auf den Menschen ausgerichtete künstliche Intelligenz, 08.04.2019, (abrufbar: https://perma.cc/32VC-ZGZX, zuletzt abgerufen: 31.08.2023).

981 Art. 50 EU-KI-Verordnung gilt nach Abs. 1 nur für KI-Systeme, die für eine direkte Interaktion mit natürlichen Personen bestimmt sind.

g) Anforderungen EU-KI-Verordnung

Insgesamt ergeben sich überraschend wenige konkrete Anforderungen aus der EU-KI-Verordnung an eine KI zur Detektion von Geldwäsche. Diese Ausgestaltung ist kritisch zu sehen, da es sich um einen hochsensiblen Einsatzbereich handelt, welcher ohnehin sehr stark durch den Unionsgesetzgeber geprägt ist.[982] An den spezifischen Ausnahmeregelungen für Geldwäsche in Erwägungsgrund 59 EU-KI-Verordnung bei dem KI-Einsatz durch die FIU ist sehr gut zu erkennen, welche hohe Stellung die Bekämpfung von Geldwäsche für die EU einnimmt. Dabei sollte jedoch nicht leichtfertig auf Regularien verzichtet werden.

6. Gesetz zum Schutz von Geschäftsgeheimnissen

Das Gesetz zum Schutz von Geschäftsgeheimnissen (GeschGehG) erging 2019 in Umsetzung der EU-Richtlinie 2016/943 (RL Geschäftsgeheimnis).[983] Das Gesetz dient ausweislich § 1 Abs. 1 GeschGehG dem Schutz von Geschäftsgeheimnissen vor unerlaubter Erlangung, Nutzung und Offenlegung. Diesem Ansatz stringent folgend sind diese Handlungen in Bezug auf Geschäftsgeheimnisse mit weiteren Spezifizierungen sogar nach § 23 GeschGehG umfassend strafbewehrt. Nach § 2 Nr. 1 GeschGehG ist ein Geschäftsgeheimnis eine Information, die weder insgesamt noch in der genauen Anordnung und Zusammensetzung ihrer Bestandteile den Personen in den Kreisen, die üblicherweise mit dieser Art von Informationen umgehen, allgemein bekannt oder ohne Weiteres zugänglich ist und daher von wirtschaftlichem Wert ist und die Gegenstand von den Umständen nach angemessenen Geheimhaltungsmaßnahmen durch ihren rechtmäßigen Inhaber ist und bei der ein berechtigtes Interesse an der Geheimhaltung besteht. Ein KI-System, welches beispielsweise gewerblich vertrieben wird, stellt regelmäßig ein solches Geschäftsgeheimnis dar.

Die Problematik solcher Geschäftsgeheimnisse besteht im Bereich des Einsatzes von KI zur Detektion von potenziellen Geldwäschefällen im Schwerpunkt aus zwei Problemkreisen.

982 Kapitel II.B.II.2.

983 Richtlinie (EU) 2016/943 des Europäischen Parlaments und des Rates vom 08.06.2016 über den Schutz vertraulichen Know-hows und vertraulicher Geschäftsinformationen (Geschäftsgeheimnisse) vor rechtswidrigem Erwerb sowie rechtswidriger Nutzung und Offenlegung.

Der erste Problemkreis dreht sich um die verwendeten mathematischen Grundlagen. Hier kann es insbesondere vorkommen, dass eine gezielte Berufung auf das Geschäftsgeheimnis zur Verdeckung von Schwächen in dem für die Verpflichteten vermarkteten System genutzt wird und die Fehlerrate des Systems ungerne durch den Hersteller preisgegeben wird.[984] Nach *Sommerer* existieren drei Schichten algorithmischer Intransparenz (Intransparenz aufgrund von Geheimhaltung, Intransparenz aufgrund fehlenden Fachwissens und Intransparenz aufgrund systemimmanenter Komplexität).[985] Die Intransparenz eines Algorithmus aufgrund von Geheimhaltung betrifft dabei die erste (äußerste) Schicht der Intransparenz, da diese künstlich durch den Menschen geschaffen wird, indem der Zugang zu vorhandenen Informationen verhindert wird oder die Informationen von vorneherein im Programmierungsprozess nicht aufgezeichnet werden.[986] Da zumindest diese Schicht der Intransparenz gezielt durch den Menschen verursacht wird, kann ihr durch entsprechende Offenlegungspflichten gezielt entgegen gewirkt werden.[987]

Der zweite Problemkreis betrifft die von (zumindest teilweise) automatisierten Entscheidungen Betroffenen. Sie können durch die Berufung auf das an dem KI-System bestehende Geschäftsgeheimnis unter Umständen in der Überprüfung der sie betreffenden Entscheidung eingeschränkt werden.

Zu erwägen sind daher Offenlegungspflichten bezüglich der technischen Grundlagen des KI-Systems. Derzeit regelt § 54 Abs. 1 GwG lediglich eine Verschwiegenheitspflicht für Beschäftigte der Aufsichtsbehörden, denen im Rahmen ihrer Tätigkeit Geschäfts- und Betriebsgeheimnisse zur Kenntnis gelangen. Dies regelt jedoch nicht den Fall, dass Verpflichtete von ihnen betriebene KI-Systeme oder Dritte, die solche Systeme gewerblich zur Verfügung stellen, die dort beinhalteten Geschäftsgeheimnisse ggf. offenlegen sollen. Auch das KWG enthält keine Regelungen zur Offenlegung von Geschäftsgeheimnissen.

Eine Ausnahmeregelung wäre insbesondere auch nicht europarechtswidrig. Art. 1 Abs. 2 lit. b RL Geschäftsgeheimnis gestattet ausdrücklich Vorschriften der Mitgliedstaaten, nach denen die Inhaber von Geschäftsgeheimnissen verpflichtet sind, aus Gründen des öffentlichen Interesses Informationen, auch Geschäftsgeheimnisse, gegenüber der Öffentlichkeit

984 Vgl. *Sommerer*, 2020, S. 61, 226 ff. m. w. N.

985 *Sommerer*, 2020, S. 200.

986 Ebenda.

987 Zu den Mindestanforderungen an ein KI-System zur Herstellung von Transparenz siehe sogleich unter III.

oder den Verwaltungsbehörden oder den Gerichten offenzulegen, damit diese ihre Aufgaben wahrnehmen können. Die Möglichkeit einer gesetzlichen Ausnahme ist in Art. 3 Abs. 2 RL Geschäftsgeheimnis umgesetzt worden.

Praktisch denkbar wäre beispielsweise die Einrichtung eines Kontrollgremiums – etwa bei der BaFin – welchem gegenüber die mit dem Algorithmus oder einem KI-System verbundenen Geschäftsgeheimnisse offenzulegen sind, um die Erfüllung der rechtlichen Mindestanforderungen an ein solches System von einem interdisziplinären Kontrollgremium überprüfen zu lassen.

7. Zusammenfassung

Die rechtliche Analyse dieses Abschnittes hat gezeigt, dass sich aus der EMRK insbesondere der Auftrag an den Gesetzgeber ergibt, den KI-Einsatz durch die Verpflichteten zu regeln und die Anforderungen gesetzlich festzuschreiben. Aus der DSGVO ergeben sich Spezifika bezüglich der Datenverarbeitung und das Verbot vollautomatisierter Entscheidungen. Für den hier analysierten Fall der Geldwäsche-Detektion durch KI ergeben sich aus der EU-KI-Verordnung erstaunlich wenige Anforderungen. Letztlich erschöpfen sich diese in einer Vorgabe zur KI-Kompetenz und den allgemeinen Ethikleitlinien der Europäischen Kommission. Das GeschGehG kann unter Umständen zu einer Vertiefung von Intransparenz in KI-Systemen führen. Sowohl der Unionsgesetzgeber als auch der nationale Gesetzgeber haben es daher weitgehend verpasst, den auf private Verpflichtete ausgelagerten intensiven Grundrechtseingriff durch *Automated Suspicion Algorithms* angemessen zu regulieren.

II. Entwicklungs-, Einsatz- und Kontrollmodalitäten für den KI-Einsatz durch Verpflichtete

Für den Bereich der Plattformregulierung – beispielsweise von Social Media Plattformen – spricht *Hoffmann-Riem* überzeugend von einer Entstaatlichung der Regelungsverantwortung.[988] Damit ist gemeint, dass digitale Machtbereiche heute in den meisten Fällen durch die Abwesenheit oder

988 *Hoffmann-Riem*, 2022, S. 113, 286.

schwere Zugänglichkeit für eine hoheitliche Regulierung gekennzeichnet sind.[989] Ebenso kann man eine solche Gefährdung aufgrund der weiten Verstreuung von Regularien für den Einsatz von KI – wie oben gezeigt[990] – annehmen. Entstaatlichung sollte bei der Regulierung von KI unbedingt vermieden werden, vor allem für hochsensible Bereiche wie die Detektion von Geldwäsche. Aus dem zuvor dargestellten rechtlichen Umfeld sollen daher im Folgenden Mindestanforderungen an den Einsatz, die Entwicklung und die Kontrolle von KI abgeleitet werden. Einige Mindestanforderungen ergeben sich dabei überlappend aus mehreren Gesetzen – etwa die Rechtsgrundlage aus der EMRK, der DSGVO und der EU-KI-Verordnung. Anliegen dieser Ausführungen ist es, die ausfüllungsbedürftigen Mindestanforderungen – eher losgelöst von der konkreten Vorschrift im Gegensatz zum vorherigen Abschnitt – zu umreißen. Sofern sich Vorgaben bereits ohne nähere Auslegungsbedürftigkeit direkt aus den Regularien[991] ergeben, werden diese lediglich im Rahmen der passenden Modalität in der Checkliste der Mindestanforderungen (III.) aufgeführt.

1. Entwicklungsmodalitäten

Die entscheidenden Weichenstellungen für das KI-System finden bereits in der Entwicklungsphase statt. Datenauswahl, Auswahl der Art des maschinellen Lernens,[992] KI-Modellwahl oder auch die Auswahl und Gewichtung der jeweiligen Inputvariablen (inklusive Feature Engineering[993]) haben einen so entscheidenden Einfluss auf das spätere KI-System, dass diese Weichenstellungen im Anschluss an die Entwicklung nicht mehr zu beheben sind.[994] Deswegen sind bereits Anforderungen an die Entwicklungsphase des KI-Systems in Gestalt von Entwicklungsmodalitäten zu stellen. Da die KI-Systeme mithilfe von Trainingsdaten lernen, entscheidet die

---

989 Ebenda, S. 113.

990 Siehe Kapitel IV.D.I.

991 Kapitel IV.D.I.

992 Siehe Kapitel III.C.IV.

993 Als Feature Engineering bezeichnet man den Prozess, in dem Rohdaten in passende Eigenschaften bzw. Variablen überführt werden. Das Ziel ist dabei die Auswahl solcher Eigenschaften bzw. Variablen, die einerseits zu möglichst akkuraten und robusten KI-Modellen führen und andererseits möglichst gut interpretierbar sind, *Haim*, Computational Communication Science – Eine Einführung, 2023, S. 230 f.

994 *Sommerer*, 2020, S. 344; *Rückert*, GA 2023, 361 (375).

Menge und Qualität der dazu verfügbaren Daten entscheidend über die Qualität der späteren Anwendung.[995] Inzwischen existieren zahlreiche technische Verfahren, die Datenvollständigkeit und Datenqualität sicherstellen sollen.[996] Bezüglich der Informationsqualität der Daten werden Prozesse des sog. Data Cleansing immer bedeutender.[997] Diese Datenbereinigung umfasst das einmalige oder wiederholte Wiederherstellen einer korrekten Datenbasis.[998] Dazu werden beispielsweise Duplikate entfernt.[999] Zusätzlich sollte insbesondere bei personenbezogenen Daten aus Schutzgründen immer erwogen werden, ob eine Anonymisierung oder Pseudonymisierung oder gar die Verwendung synthetischer Daten[1000] möglich ist. Denn die im Training der KI vorgefundenen direkten Personenbezüge bzw. betroffenen Personen haben in der Regel nichts mit der Geldwäschemethode oder späteren Verdachtsgewinnung zu tun. Sofern eine Anonymisierung nicht möglich ist, sollten Trainingsdaten zumindest hinsichtlich des Personenbezuges deutlich markiert werden. Daher ist insbesondere bei der Geldwäsche-Detektion auf die programmierte Verdachtshöhe für einen KI-Alert zu achten.[1001] Es sollte etwa keine Rasterung allein nach wirtschaftlich „unsinnigem" Verhalten erfolgen.

Die Grundlage für die Transparenz eines KI-Alerts stellen zum Beispiel Informationen zum Entwicklungsprozess, der Herkunft der Datenquellen, der zum Training verwendeten Geldwäschetypologien oder der Fehlerrate des KI-Systems dar. Diese Informationen sind umfassend zu protokollieren. Aus Transparenzgründen ist insbesondere die Darstellung des KI-Alerts in menschlicher Sprache sicherzustellen. Ein gutes Beispiel für Transparenz des Unternehmens Hawk AI[1002] stellt etwa *Schmuck* dar.[1003] Aus dem Diskriminierungsverbot (für Finanzinstitute zumindest über § 2 Abs. 1 Nr. 8

---

995 *Rostalski*, in: Bundesministerium für Umwelt/Rostalski, S. 252

996 Mit einer Darstellung der ISO-Verfahren zur Beurteilung der Datenqualität: *Feldkamp/Kappler/Poretschkin/Schmitz/Weiss*, ZfDR 2024, 60 (94 f.).

997 *Zwirner*, in: Hildebrand/Gebauer/Mielke, 2021, S. 102.

998 Ebenda.

999 Ebenda.

1000 Bei der Synthetisierung von Daten werden Originaldaten mit Personenbezug in eine künstliche Repräsentation transformiert, bis eine De-Identifizierung nicht mehr möglich ist, *Raji*, DuD 2021, 303 (305).

1001 Kapitel IV.C.II.

1002 Siehe Kapitel III.E.I.1.

1003 *Schmuck*, ZRFC 2023, 55 (58 f.): das Beispiel zeigt auf, aus welchen Informationen das System einen KI-Alert generiert hat (Herkunftsland, Geburtsland, Geschäftstyp, Namenszusammenhang zwischen Empfänger und Sender).

AGG i. V. m. Art. 3 Abs. 3 Satz 1 GG) ergibt sich das Erfordernis, Non-Discrimination by Design Verfahren[1004] zu verwenden. Trotz der Transaktionsbezogenheit der KI kann nie ausgeschlossen werden, dass unerwartete Ungleichbehandlungen auftreten (engl.: „unexpected bias"). Denn die Notwendigkeit, als Betroffener eine algorithmische Diskriminierung zu widerlegen, kann faktisch zu einer Argumentations- und Beweislastumkehr führen.[1005] Die Fehlerrate des KI-Systems darf zusätzlich nicht außer Verhältnis zu dem Einsatzzweck stehen, woraus sich insgesamt das Erfordernis eines verhältnismäßigen und risikoorientierten KI-Einsatzes ergibt. Auch zur Überprüfung der Performance und der Fehlerrate eines KI-Systems existieren mittlerweile zahlreiche technische Validierungsverfahren, die etwa den Output eines Modells testen (Output-Testing[1006]) oder mit Hilfe einer anderen KI vor dem Praxiseinsatz die Wirksamkeit evaluieren (Pre-Model-Validation[1007]). Mit den Rückmeldungen nach § 41 Abs. 2 Satz 1, 2 GwG durch die FIU und die Staatsanwaltschaften könnten zudem regelmäßige Anpassungsrunden des KI-Systems bezüglich der trainierten bzw. erkannten Geldwäschemuster vorgenommen werden (Back-Testing).[1008]

Abschließend ist das KI-System insgesamt gegen Missbrauch abzusichern und entsprechende Maßnahmen zur Cybersicherheit zu ergreifen (etwa Manipulationsschutz, Schutz vor Datenmissbrauch, technische Zugriffsbeschränkungen).[1009]

1004 Darunter versteht man alle konkreten technischen Maßnahmen, die man bereits bei der Entwicklung eines KI-Systems zur Vermeidung von Diskriminierung anwenden kann. Dies ist in der Regel im Nachhinein nicht mehr möglich, *Rebstadt/Kortum/Gravemeier/Eberhardt/Thomas,* HMD 2022, 495 (500 f.), mit einer Tabelle mit möglichen technischen Verfahren.

1005 *Sommerer*, 2020, S. 193, dies liegt an der fehlenden Zugänglichkeit als Betroffener zu den Entwicklungsdaten.

1006 *Lehr/Ohm*, U.C. Davis Law Review 2017, 653 (684 ff.).

1007 *Wolfsberg Group*, Wolfsberg Principles for Using Artificial Intelligence and Machine Learning in Financial Crime Compliance, 2022, (abrufbar: https://perma.cc/9HF8-FYQX, zuletzt abgerufen: 31.08.2024); es besteht die Möglichkeit, ein KI-Modell mit einer Art des maschinellen Lernens (z. B. unüberwachtes Lernen) vorzutrainieren und dann das so entstehende Pre-Model mit bestärkendem Lernen zu verfeinern.

1008 Siehe dazu: Abb. 22: Ausgestaltungsvorschlag zweigleisiges KI-System Banken

1009 Siehe dazu den KI-Leitfaden der Sicherheitsbehörden wie BSI: *UK National Cyber Security Centre/US Cybersecurity and Infrastructure Security Agency*, Guidelines for secure AI system development, 2022, (abrufbar: https://perma.cc/H4U9-CCGW, zuletzt abgerufen: 31.08.2024).

2. Einsatzmodalitäten

Die Einsatzmodalitäten beziehen sich auf die laufende Verwendung des Systems inklusive einer strikten Zweckbindung. Es geht darum, möglichst missbrauchsfeste Systeme zu etablieren, deren Einsatz laufend überwacht und aktualisiert wird. Hierzu gehört eine angemessene und verständliche Kommunikation der durch das KI-System erkannten geldwäscherelevanten Risikofaktoren. Nach der BaFin liegt es in der Verantwortung des beaufsichtigten Unternehmens (Verpflichteter), die Erklärbarkeit[1010] und Transparenz[1011] von KI-basierten Entscheidungen für sachkundige Dritte zu gewährleisten.[1012]

Eine große Gefahr besteht beim Einsatz von KI – auch zur Unterstützung – in einer *blinden automatisierten Navigation.*[1013] Dazu stelle man sich folgenden Sachverhalt vor: eine Person ist mit dem Auto auf einer Strecke mit Navigationssystem unterwegs, die sie schon wenige Male gefahren ist. Da sie sich nicht sicher bezüglich des Weges ist, setzt sie das Navigationssystem zur Unterstützung ein. An der nächsten Kreuzung die bekannte Anweisung: „bitte rechts abbiegen". Die Person meint, sich erinnern zu können, dass an dieser Stelle aber links abzubiegen war. Der typische Gedanke: „das Navigationssystem wird es schon wissen". Die Person biegt rechts ab, der richtige Weg wäre jedoch links gewesen. Diese Metapher der *blinden automatisierten Navigation* steht für die Gefahren des Übernahmeautomatismus oder auch „Automation Bias" genannt.[1014] Denn die Gefahr besteht wie im Beispiel auch bei der bloßen Entscheidungsunterstützung.[1015] Bei einem KI-Alert wird ein Mitarbeitender im Zweifel davon ausgehen, dass der KI-Alert seine Richtigkeit haben wird und eine Verdachtsmeldung erstellen. Es ist daher zu fordern, dass der Mitarbeitende eines nach § 2 GwG Verpflichteten bei einem KI-Alert erst einmal nur die Daten sehen darf,

1010 Unter Erklärbarkeit fasst man den Umstand, ob für das Zustandekommen eines spezifischen KI-Alerts eine Erklärung geliefert werden kann, *Fraunhofer IAIS*, Leitfaden zur Gestaltung vertrauenswürdiger Künstlicher Intelligenz – KI-Prüfkatalog, 2021, (abrufbar: https://perma.cc/FJJ3-58MA, zuletzt abgerufen: 31.08.2024).

1011 Siehe Kapitel IV.D.II.1.

1012 *BaFin*, Big Data trifft auf künstliche Intelligenz – Herausforderungen und Implikationen für Aufsicht und Regulierung von Finanzdienstleistungen, 15.06.2018, (abrufbar: https://perma.cc/QP2L-CZKN, zuletzt abgerufen: 31.08.2024), S. 13.

1013 Neu eingeführte Terminologie der Autorin.

1014 *Sommerer*, 2020, S. 71 ff., 224.

1015 Siehe Kapitel II.B.III.1.

die den Alarm ausgelöst haben, ohne die Begründung des Systems dafür einsehen zu dürfen. Zusätzlich sollten auch Blindalarme in das System integriert werden, die gesichert unverdächtige Umstände umfassen, um das menschliche Begründungserfordernis zu erhalten. Andernfalls droht eine zwanghafte Suche nach Verdachtsmomenten, da der Mitarbeitende davon ausgehen muss, dass das KI-System einen begründeten Alert generiert hat. Erst wenn er selbst Auffälligkeiten begründen konnte, darf das Systemergebnis eingesehen werden. Diese Vorgabe wird hier als *blindes Begründungserfordernis* bezeichnet und wurde von der Autorin zur Verringerung von Beeinflussungen im menschlichen Entscheidungsprozess durch KI-Alerts entwickelt. Sofern der Mensch selbst keine Auffälligkeiten feststellen kann, ist eine gesonderte Betrachtungsweise erforderlich. Potenzielle neue Muster können über den von der Autorin entwickelten anonymen Meldeweg des zweigleisigen KI-Systems gemeldet werden.[1016] Andernfalls droht eine Entmenschlichung und Verantwortungsentledigung des Verfahrens, da das beschriebene Entscheidungsunterstützungssystem dennoch als „moralischer Stoßdämpfer“ zur Rechtfertigung der Abgabe von Verdachtsmeldungen fungieren kann.[1017]

3. Kontrollmodalitäten

Die Kontrollmodalitäten betreffen die dauerhafte Überwachung und Kontrolle von KI-Systemen und die nachträgliche Überprüfbarkeit von Entscheidungen, die mit Hilfe von KI getroffen wurden. Da KI-Systeme zur Detektion von Geldwäsche nach derzeitigem Status quo nicht als Hochrisiko-KI-System einzustufen sind,[1018] ist aufgrund der empfindlichen und umfassenden Datenverarbeitung dennoch ein besonderes Augenmerk auf andere Kontrollmechanismen zu legen. Zur Kontrolle des KI-Systems sind insbesondere Freigabe- und Kontrollbefugnisse etwa der BaFin zu schaffen. Bereits vorgeschlagen wurde die dortige Einrichtung einer Kontrollstelle, welche u. a. auch die Transparenz und Erklärbarkeit des Systems prüfen sollte.[1019] Die Kontrollstelle sollte interdisziplinär besetzt sein. Insbesondere fehlen derzeit angemessene Beschwerderechte und eine Beschwerdestelle

1016 Abb. 22: Ausgestaltungsvorschlag zweigleisiges KI-System Banken.
1017 M. w. N. *Sommerer*, 2020, S. 328 ff.
1018 Kapitel IV.D.I.5.
1019 Kapitel IV.D.I.6.

für die Betroffenen.[1020] In Frankreich existiert etwa die sog. „France's Commission for the Supervision of Intelligence Gathering Techniques (CNCTR)".[1021] Die französische Behörde überwacht unabhängig die rechtmäßige Implementierung nachrichtendienstlicher Techniken. Eine ähnliche Kontrollfunktion könnte bezüglich des Einsatzes von Systemen zur Detektion von Geldwäsche geschaffen werden. Zu beachten ist, dass es ebenfalls aufgrund Art. 70 EU-KI-Verordnung jeweils nationale Behörden zur Überwachung von KI-Systemen geben wird. Eine Registrierungspflicht gegenüber dieser Behörde trifft derzeit jedoch nur die Anbieter und Betreiber von Hochrisiko-KI-Systemen, Art. 49 Abs. 1 EU-KI-Verordnung. In besonders sensiblen Bereichen wie dem laufenden Transaktionsmonitoring mit Hilfe von KI erscheint der Schutz so nicht ausreichend, weshalb hier die zusätzliche Ansiedlung einer Kontrollstelle bei der BaFin präferiert wurde. Diese könnte auch entsprechende KI-Standards für den beschriebenen Einsatzzweck erlassen. Gegenüber einer Kontrollbehörde sind Offenlegungspflichten für die Betreiber und Anbieter solcher KI-Systeme zu etablieren.

III. Checkliste von Mindestanforderungen

Aus den rechtlichen Regularien und den daraus erarbeiteten Mindestanforderungen lässt sich folgende Checkliste generieren:

Oberbegriff	**Entwicklungsmodalitäten**
Anforderungen an die Trainingsdaten	– Auswahl Inputvariablen (risikoerhöhende Variablen, risikosenkende Variablen) – Gewichtung der Inputdaten – Bevorzugung synthetischer Daten zum Training – Vorgabe der Verdachtshöhe im Training der KI – Datenqualität, insb. Data Cleansing – Bewertung, welche verwendeten Trainingsdaten Personenbezug aufweisen und welche nicht – Feature Engineering[1022]

1020 Siehe Abb. 22: Ausgestaltungsvorschlag zweigleisiges KI-System Banken.

1021 *Bertrand/Maxwell/Vamparys*, International Data Privacy Law 2021, 276 (278).

1022 Als Feature Engineering bezeichnet man den Prozess, in dem Rohdaten in passende Eigenschaften bzw. Variablen überführt werden. Das Ziel ist dabei die Auswahl solcher Eigenschaften bzw. Variablen, die einerseits zu möglichst akkuraten und robusten KI-Modellen führen und andererseits möglichst gut interpretierbar sind, *Haim*, 2023, S. 230 f.

Protokollierung KI-Training	– Protokollierung der Entscheidungen des Entwicklungsprozesses – Protokollierung der Herkunft der Datenquellen – Protokollierung der zum Training verwendeten Geldwäschetypologien – Protokollierung der Fehlerrate (Anzahl an false-positive Treffern) – Dokumentation der Entscheidung für die verwendeten maschinellen Lernverfahren – Cut-off Point (festgelegte Verdachtshöhe)[1023] – Asymmetric Cost Ratio (abhängige Fehlerraten)[1024]
Diskriminierungsverbot	– Non-Discrimination by Design – Sensibilisierung für Unexpected Bias – Beachtung der unterschiedlichen Ebenen, in denen Diskriminierung vorkommen kann (Trainingsdaten, Modell, Testdaten, Validierungsmethoden)
Cybersicherheit	– Manipulationsschutz – Schutz vor Datenmissbrauch – Technische Zugriffsbeschränkungen
Verhältnismäßigkeit	– Verhältnismäßiger und risikobasierter Einsatz von KI – Fehlerrate darf nicht außer Verhältnis zum Einsatzzweck stehen
Validierung	– Pre-Model zur Validierung – Back Testing mit Rückmeldepflichten – Regelmäßige Anpassungsrunden
	Einsatzmodalitäten
Rechtsgrundlage	– Rechtsgrundlage für KI-Einsatz[1025] – Einheitliches technisches Abgabeformat für Verdachtsmeldungen (Interoperabilität)
Einsatzpersonal	– Einsatzschulung (KI-Kompetenz, Art. 4 EU-KI-Verordnung)[1026] – Zugriffsrechte (Rollen- und Rechte-Konzept) – Kommunikation von Fehlerraten – Entscheidungsunterstützung statt Entscheidungsersetzung

1023 Nach Erkenntnissen des MaLeFiz Forschungsprojektes kann bei jeder Überweisung eine technische „Grundverdächtigkeit" von 20 % bestehen. Ein Bewusstsein dafür und die Dokumentation der Verdachtshöhe sind daher sehr bedeutend.

1024 Siehe Kapitel I.D.VII.

1025 Derzeit existiert für den KI-Einsatz zur Geldwäsche-Detektion bei den Verpflichteten keine ausreichende Rechtsgrundlage, vgl. Kapitel IV.D.I.

1026 Kapitel IV.D.I.5.g).

Begründungserfordernis	- Blindes Begründungserfordernis - Nachträgliche Identifikationsmöglichkeit der ausschlaggebenden Risikofaktoren
Risikokommunikation	- Risikokommunikation in menschlicher Sprache - Ergebnisorientiertes Design
Erklärbarkeit	- Visualisierung der entscheidungserheblichen Risikofaktoren - Erklärbarkeit des einzelnen KI-Alerts - Erklärbarkeit des gesamten KI-Modells - Ausschlaggebende Faktoren für den KI-Alert nachträglich identifizierbar - Abwägung zwischen KI-basierten Erklärungen und menschlichen Erklärungen
Letztverantwortung	- Menschliche Letztverantwortung für Abgabe der Meldung - Verbot vollautomatisierter Entscheidungen[1027]
Zweckbindung	- Einsatz der KI-Systeme nur zur Detektion von Geldwäsche - Eigene Risikoanalyse pro Kreditinstitut, vgl. § 5 GwG
Datenminimierung	- Speicherfristen - Einsatz technischer Verfahren wie Filter[1028] zur Datenminimierung im Betrieb (analog zum Data Cleansing bei den Entwicklungsmodalitäten)
Risikobewertung	- Risikobewertung der Bank, vgl. § 5 GwG - Risikoorientierung des KI-Einsatzes (Verhältnismäßigkeit)
Technische und organisatorische Maßnahmen	- Datenverarbeitungsverträge bei Einsatz von KI durch Drittpartei - Ggf. Verschlüsselung und/oder Pseudonymisierung personenbezogener Daten - Vertraulichkeit, Integrität, Verfügbarkeit und Belastbarkeit der KI-Systeme - Zugriffsberechtigungen - Wirksamkeitsüberprüfungen der technischen und organisatorischen Maßnahmen

1027 Kapitel IV.D.I.4.b)bb).
1028 Kapitel IV.D.I.4.b)aa)(3).

	Kontrollmodalitäten
Kontrollstrukturen	– Registrierungspflicht – Staatliche Kontrollinstitution für KI-Systeme – Validierung des KI-Systems – Registrierung im Verarbeitungsverzeichnis nach Art. 30 DSGVO
Aufsicht	– Kontrolle der KI-Systeme – Freigabe der KI-Systeme – Offenlegung der Protokollierung aus den Entwicklungsmodalitäten – Schaffung einer gesetzlichen Ausnahme vom GeschGehG
Rückmeldepflichten	– Rückmeldepflichten einhalten – Implementierung der Rückmeldungen in das KI-System – Feedback-Schleifen statt Feedback-Loop
KI-Standards	– Standardsetzung für KI-Systeme, etwa durch BaFin – Vorhersagegenauigkeit – Fehlerrate
Betroffenenrechte	– Interdisziplinäre Kontroll- und Beschwerdestelle – Auskunftsrecht, Art. 15 DSGVO[1029] – Recht auf Löschung, Art. 8 EMRK[1030] – Nachträgliche Information über Abgabe der Verdachtsmeldung auch bei false-positive Treffer – Löschung bei false-positive (Datenrichtigkeit)
Rechtsschutz	– Nachträglicher Rechtsschutz auch gegen Verdachtsmeldung, Art. 6 Abs. 1 EMRK bei Eröffnung des Ermittlungsverfahrens

Abb. 20: Checkliste von Mindestanforderungen[1031]

IV. Zusammenfassung Kapitel IV.

Die Ergebnisse der ersten Verdachtsstufe lassen sich wie folgt zusammenfassen: Die Meldepflicht nach § 43 Abs. 1 Nr. 1 GwG ist als Inpflichtnahme Privater zur Abgabe von Strafanzeigen nach § 158 Abs. 1 StPO zu qualifizieren. Diese Verpflichtung ist repressiv und der Strafverfolgung

1029 Kapitel IV.D.I.4.b).

1030 Kapitel IV.D.I.3.c).

1031 Eine Checkliste zum personenbezogenen Predictive Policing findet sich etwa bei *Sommerer*, 2020, S. 350; exemplarisch zu Eingriffstiefen unterschiedlicher Datenverarbeitungen *Rückert*, 2023, S. 323 ff.

zuzuordnen, ohne Teil des Strafverfahrens zu sein. Bei weiterhin fehlender Konkretisierung droht diesen Meldepflichten insbesondere aufgrund ihrer Unbestimmtheit die Verfassungswidrigkeit, sofern das BVerfG hier entscheidet. Da die Banken als GwG-Verpflichtete bereits KI im Bereich der Geldwäschebekämpfung einsetzen, wurden dennoch die rechtlichen Anforderungen an den Einsatz solcher *Automated Suspicion Algorithms* untersucht. Nach der Untersuchung der einschlägigen Vorgaben der EMRK, der DSGVO, der EU-KI-Verordnung und dem GeschGehG wurde aus diesen eine Checkliste mit zu beachtenden Mindestanforderungen für die Entwicklung, den Einsatz und die Kontrolle von KI durch die Verpflichteten abgeleitet. In den folgenden beiden Kapiteln werden die Folgen der bisherigen Feststellungen für die FIU und die Staatsanwaltschaften skizziert und ein Lösungsvorschlag unterbreitet, mit dem die drohende Verfassungswidrigkeit bzw. (zukünftig) Europarechtswidrigkeit der Verdachtsmeldepflicht bei entsprechender gesetzgeberischer Ausgestaltung *durch* den Einsatz von *Automated Suspicion Algorithms* abgewendet werden könnte.

Kapitel V. Rechtliche Konsequenzen für die FIU und Einsatz von KI zur Strafverfolgung – Zweite Verdachtsstufe

„Womöglich muss dem sukzessiven Ausbau der Institution FIU ein Ende gesetzt werden, um nicht unauflösbar komplexe und rechtsstaatlich immanent defizitäre Strukturen zu produzieren. Eine kritische, grenzübergreifende Gesamtbetrachtung erscheint angezeigt, um die festgestellten Grundprobleme und Lösungsansätze umfassend zu diskutieren, anstatt dem statisch wackeligen Gesamtgefüge ohne tragfähigen Konstruktionsplan weitere Bauteile hinzuzufügen."[1032]

– F. Meyer/N. Hachmann

Nach § 27 Abs. 1 GwG ist die FIU die zentrale Meldestelle zur Verhinderung, Aufdeckung und Unterstützung bei der Bekämpfung von Geldwäsche und Terrorismusfinanzierung. Ihre Aufgaben sind in § 28 Abs. 1 GwG geregelt. Dazu gehören insbesondere die Entgegennahme und Auswertung von Verdachtsmeldungen (Nr. 1), die operative Analyse (Nr. 2) und die strategische Analyse (Nr. 8). Die FIU befindet sich in einer unklaren und rechtsstaatlich zweifelhaften Rolle zwischen Vorfeldbeobachtung, Strafverfolgung und Prävention.[1033] Im Ergebnis weist sie Elemente einer Strafverfolgungsbehörde mit nachrichtendienstlichen Elementen auf.[1034] Das Problem besteht jedoch nicht darin, dass dies die faktische Ausrichtung ist, sondern in der Weigerung des Gesetzgebers, diesen Zustand anzuerkennen und rechtsstaatlich ordnungsgemäß gesetzlich umzusetzen.

Nach hier vertretener Ansicht hängt der Erfolg der Geldwäschebekämpfung maßgeblich von einer Neuausrichtung der Arbeitsweise der FIU ab. Statt weitere kosmetische Änderungen an deren Analysetätigkeiten vorzunehmen, sollen die folgenden Punkte Denkanstöße einer Reform sein, die auf den Ergebnissen des vierten Kapitels dieser Arbeit beruhen. Dies ist auch der Grund, warum der Schwerpunkt der Ausführungen sich auf den

1032 *Meyer/Hachmann*, ZStW 2022, 391 (454).

1033 *Spoerr*, in: Wolff/Brink/Ungern-Sternberg (Hrsg.), 47. Edition, Stand: 01.05.2022, Syst. J. Datenschutz im Finanzwesen, Rn. 229; *Meyer*, in: Engelhart/Kudlich/Vogel, 2022, S. 1208.

1034 Ebenda.

KI-Einsatz durch die Verpflichteten beschränkt und Mindestanforderungen für den dortigen Einsatz dieser Technologie vorgibt. Die Konzeption der FIU ist erst einmal grundsätzlich auf eine rechtssichere und rechtsstaatliche Basis zu hieven, bevor die Prozesse durch den Einsatz von KI noch unübersichtlicher und rechtsstaatlich zweifelhafter werden.

A. Zweite Verdachtsstufe

Die FIU bildet die zweite Verdachtsstufe der Geldwäschebekämpfung im Ablauf des Verdachtsmeldeprozesses.[1035] Neben ihrer Rolle als Empfangsstelle für Geldwäscheverdachtsmeldungen dient die FIU heute[1036] als Bindeglied zwischen der Wirtschaftswelt und dem Strafverfolgungsapparat.[1037] Nach der hier vertretenen und in Kapitel IV. ausführlich dargelegten Auffassung erreichen die Verdachtsmeldungen die FIU in Gestalt einer Strafanzeige nach § 158 Abs. 1 StPO.[1038]

I. Behördliche Ausrichtung der FIU

1. Status quo

Die FIU ist derzeit rein administrativ ausgerichtet und verfügt weder über Aufsichts- noch über Strafverfolgungskompetenzen.[1039] An der Ausgestaltung dieses Status quo äußerte der Bundesrat bereits bei der Verlagerung der FIU vom BKA in das Ressort des BMF gewichtige Bedenken.[1040] Zentrale Funktion soll die Filterung der Verdachtsmeldungen und deren Weitergabe an die Strafverfolgungsbehörden nach Anreicherung des Sachverhaltes und einer eigenen Analyse durch die FIU sein.[1041] Ihre Hauptaufgabe ist nach § 28 Abs. 1 Nr. 1 GwG die Entgegennahme, Sammlung und

---

1035 Siehe Kapitel II.B.III.2.

1036 Zur historischen Entwicklung siehe Abb. 6: Wichtigste Reformen des GwG und Ausblick.

1037 *Meyer/Hachmann*, ZStW 2022, 391 (392).

1038 Kapitel IV.C.II.2.

1039 *Barreto da Rosa*, in: Herzog (Hrsg.), 5. Aufl. 2023, Vor Abschnitt 5 Rn. 3; BT-Drs. 18/11555, 17.03.2017, S. 168.

1040 BT-Drs. 18/11928, 12.04.2017, S. 18 f.

1041 *Barreto da Rosa*, in: Herzog (Hrsg.), 5. Aufl. 2023, Vor Abschnitt 5 Rn. 25.

Speicherung der Verdachtsmeldungen. Diese Meldungen sind nach § 28 Abs. 1 Nr. 2 GwG einer operativen Analyse zu unterziehen. Jene Analyse soll der einzelfallbezogenen Betrachtung von Meldungen dienen.[1042] Die operative Analyse ist von der Aufgabe der strategischen Analyse nach § 28 Abs. 1 Nr. 8 GwG zu unterscheiden, die der Identifikation neuer Entwicklungstrends und Geldwäschemuster durch die FIU dient, welche in Gestalt von Typologien an die Verpflichteten und an die Strafverfolgungsbehörden weiterzuleiten sind.[1043]

Das Missverhältnis zwischen der Personalausstattung der FIU und dem erheblichen Meldeaufkommen führte schnell zu riesigen Bearbeitungsrückständen des Meldeaufkommens.[1044] Zwischenzeitlich war die Rede von bis zu 200.000 unbearbeiteten Verdachtsmeldungen.[1045] Da dieser Rückstand immer weiter anstieg, stellte die FIU ihre Arbeitsweise ähnlich wie die Verpflichteten nach § 3a GwG auf eine risikobasierte um. Dies bedeutet, dass nicht jede einzelne Verdachtsmeldung von der FIU untersucht wird, sondern nur mit besonderen Risikomerkmalen behaftete Meldungen.[1046] Entscheidungserhebliche Kriterien seien insbesondere die Entscheidungsreife und Komplexität von Sachverhalten.[1047] Gegenüber einem solchen von der FIU selbstgewählten risikobasierten Ansatz wurden von vielen Seiten ernstzunehmende Bedenken geäußert, insbesondere wegen der fehlenden gesetzlichen Grundlage.[1048] Der gewählte Ansatz könnte zu grobmaschig sein, sodass der FIU dadurch für die Weiterleitung an die Strafverfolgungsbehörden „einige dicke Fische durchs Netz gehen"[1049] und sie ihre operative Analyse pflichtwidrig verkürzt.[1050] Trotz der anhaltenden Kritik implemen-

---

1042 BT-Drs. 18/11555, 17.03.2017, S. 137; *Barreto da Rosa,* in: Herzog (Hrsg.), 5. Aufl. 2023, § 28 Rn. 5.

1043 *Barreto da Rosa,* in: Herzog (Hrsg.), 5. Aufl. 2023, § 28 Rn. 16 ff.

1044 *Barreto da Rosa,* in: Herzog (Hrsg.), 5. Aufl. 2023, Vor Abschnitt 5 Rn. 12.

1045 Ebenda, Vor Abschnitt 5 Rn. 14a.

1046 Siehe auch BT-Drs. 20/5125, 29.12.2022, S. 3 f.

1047 BT-Drs. 20/5125, 29.12.2022, S. 9; *Leffer/Sommerer*, 2024, in: Wörner/Wilhelmi/Glöckner/Breuer/Behrendt, S. 120.

1048 *El-Ghazi/Jansen*, NZWiSt 2022, 465 (470); siehe auch *Beres*, FIU-Ermittlung „Rechtlich äußerst fraglich", tagesschau.de, 2021, (abrufbar: https://perma.cc/6DPE-9786, zuletzt abgerufen: 31.08.2024); so nun auch die *Staatsanwaltschaft Osnabrück*, 31.05.2023, Pressemitteilung, (abrufbar: https://perma.cc/J422-U3AH, zuletzt abgerufen: 31.08.2024); *Leffer/Sommerer*, 2024, in: Wörner/Wilhelmi/Glöckner/Breuer/Behrendt, S. 120 f.

1049 *Lenk*, ZWH 2021, 353 (356); *Leffer/Sommerer*, 2024, in: Wörner/Wilhelmi/Glöckner/Breuer/Behrendt, S. 120 f.

1050 Ebenda, (357).

tierte der Gesetzgeber die risikobasierte Arbeitsweise auch für die FIU Ende 2023 im GwG.[1051] § 28 Abs. 1 Satz 2 GwG bestimmt nun, dass die FIU bei Wahrnehmung ihrer Aufgaben einer risikobasierten Arbeitsweise folgt. Gleichzeitig schreibt § 28 Abs. 1 Nr. 2 GwG allerdings immer noch die operative Analyse der Verdachtsmeldungen für die FIU vor. Damit hat der Gesetzgeber innerhalb derselben Norm einen Zielkonflikt implementiert. Denn die operative Analyse der FIU soll gerade der einzelfallbezogenen Betrachtung der Verdachtsmeldungen dienen.[1052] Darüber hinaus ist die Normierung der risikobasierten Arbeitsweise für die FIU ohnehin abzulehnen.[1053] Entgegen der Auffassung von *Bülte* gebietet auch nicht das Unionsrecht eine risikobasierte Arbeitsweise der FIU.[1054] Denn das Unionsrecht schreibt den Mitgliedstaaten lediglich eine effektive Ausgestaltung der Geldwäschebekämpfung vor. Ausweislich Erwägungsgrund 4, Art. 5 der vierten EU-Geldwäsche-Richtlinie müssen die Maßnahmen zur Geldwäschebekämpfung mindestens so streng sein, wie es das Unionsrecht vorschreibt. Es ist sogar davon auszugehen, dass die operative Analyse aller Verdachtsmeldungen ein Mehr im Vergleich zur risikobasierten Analyse einzelner Meldungen darstellt. *Bülte* geht davon aus, dass die FIU jedoch nicht organisatorisch zur Bearbeitung aller Verdachtsmeldungen in der Lage sei.[1055] Die mangelhafte organisatorische Ausstattung darf durch den Gesetzgeber nicht zur Umgehung von notwendigen rechtlichen Vorgaben genutzt werden. Vielmehr ist eine ordnungsgemäße Ausrichtung und Aufstellung der FIU sicherzustellen.[1056] Im Übrigen schreibt Art. 32 Abs. 8 der vierten EU-Geldwäsche-Richtlinie vor, dass die FIUs operative und strategische Analysen durchführen müssen. Eine risikobasierte Arbeitsweise erscheint daher sogar eine Verkürzung des unionsrechtlich vorgeschriebenen Maßstabes zu sein. Dies ergibt sich auch aus einem Umkehrschluss von Art. 48 Abs. 6 der vierten EU-Geldwäsche-Richtlinie. Dort werden als einzige Behörden, die nach einem risikobasierten Ansatz arbeiten, die Aufsichtsbehörden genannt. Zusammenfassend ist eine risikobasierte Arbeitsweise

1051 BGBl. 2023 I Nr. 311, 17.11.2023.

1052 BT-Drs. 18/11555, 17.03.2017, S. 137.

1053 So auch *El-Ghazi/Jansen*, NZWiSt 2022, 465 (469 ff.); in: Herzog (Hrsg.), 5. Aufl. 2023, § 3a Rn. 5.

1054 *Bülte*, NVwZ Extra 4b 2022, 1 (2 ff.).

1055 Ebenda, (19).

1056 *El-Ghazi/Jansen*, NZWiSt 2022, 465 (470) treffend, dass aus der Zustandsbeschreibung nicht folge, dass das EU-Recht einen risikobasierten Ansatz beim Umgang mit Verdachtsmeldungen durch die FIU zulasse oder verlange.

der FIU im Schwerpunkt aus drei Gründen abzulehnen. Erstens besteht die Gefahr, dass der FIU so wichtige Geldwäschefälle entgehen. Zweitens passt diese Arbeitsweise nicht zu der repressiven Ausrichtung der Verdachtsmeldung. Drittens liegt hier wohl sogar eine unzulässige Verkürzung von Unionsrecht vor.

2. Plädoyer für eine Neuausrichtung der FIU

Auch *Meyer/Hachmann* zeichnen das „düstere Bild" von riesigen Bearbeitungsrückständen, qualitativ mangelhaften Verdachtsmeldungen und Schwierigkeiten beim grenzüberschreitenden Informationsaustausch nach.[1057] Seit der Verlagerung der FIU zum Zoll sei zudem ein nicht unerheblicher negativer Einfluss auf das Meldeverhalten der Verpflichteten zu beobachten.[1058] In diesem Zusammenhang wurde auch immer wieder darauf hingewiesen, dass der FIU für eine ordnungsgemäße Erfüllung ihrer Aufgaben wesentliche Zugriffsrechte auf Datenbanken fehlen, wie etwa auf die Dateien der jeweiligen Landespolizei.[1059] Dadurch kann die FIU beispielsweise nicht einmal prüfen, ob gegen die von einer Verdachtsmeldung betroffene Person bereits ein Ermittlungsverfahren läuft.[1060] Richtigerweise ist die repressive Analyse der Verdachtsmeldungen jedoch nicht die einzige Aufgabe der FIU.[1061] Sowohl die FATF als auch die EU stellen es den Mitgliedstaaten frei, in welcher organisatorischen Ausgestaltung die FIU in das nationale Rechtssystem integriert wird.[1062] Nach der vierten EU-Geldwäsche-Richtlinie muss die FIU lediglich unabhängig und eigenständig agieren und mit gewissen Mindestbefugnissen ausgestattet sein.[1063] Aus der vorgenommen Qualifizierung der Verdachtsmeldung als Strafanzeige nach § 158 Abs. 1 StPO ist daher die einzig sinnvolle Ausgestaltung der FIU ein

1057 *Meyer/Hachmann*, ZStW 2022, 391 (391).

1058 *Barreto da Rosa*, in: Herzog (Hrsg.), 5. Aufl. 2023, Vor Abschnitt 6 Rn. 18.

1059 Siehe etwa *Barreto da Rosa*, in: Herzog (Hrsg.), 5. Aufl. 2023, Vor Abschnitt 5 Rn. 18; *Meyer/Hachmann*, ZStW 2022, 391 (435).

1060 Ebenda.

1061 *Meyer/Hachmann*, ZStW 2022, 391 (393).

1062 *Meyer/Hachmann*, ZStW 2022, 391 (395, 397); *El-Ghazi/Jansen*, NZWiSt 2022, 465 (469).

1063 Art. 32 RL-EU 2015/849; *Meyer/Hachmann*, ZStW 2022, 391 (397); *El-Ghazi/Jansen*, NZWiSt 2022, 465 (469).

Mischmodell.[1064] *Meyer/Hachmann* befürchten, dass dieses grundsätzlich kluge gestalterische Vorgehen zu Kooperationsausfällen und zu einer Erhöhung der Hemmschwelle gegenüber den Verpflichteten führen könnte, eine Verdachtsmeldung abzugeben.[1065] Dem ist jedoch zu entgegnen, dass eine geringfügige Steigerung der Meldeschwelle dem System sogar zuträglich sein könnte – durch eine Qualitätserhöhung der Verdachtsmeldungen – und diese organisatorische Ausgestaltung eher der Einhaltung von innerstaatlichen Standards dient. Im Außenverhältnis bleibt FIU sozusagen FIU. In ihrer rein faktischen Ausgestaltung bewegt sich die FIU auch heute schon zwischen Prävention und Strafverfolgung. Dies ist vor allem der Tatsache geschuldet, dass das europäische Recht nicht zwischen Prävention und Repression unterscheidet, diese Trennung jedoch verfassungsrechtlich im deutschen nationalen Recht angelegt ist. Solange wir nicht zu einer gänzlichen Neuordnung[1066] dieser strukturellen Grundausrichtung übergehen, muss man hier eine praktikable Umsetzung und Durchführung nationalen und europäischen Rechts ermöglichen. Dies sollte sich daher in der tatsächlichen Ausrichtung und gesetzlichen Einordnung der FIU auch niederschlagen.[1067]

3. Legalitätsprinzip

Das Legalitätsprinzip umschreibt die Pflicht, einem Verdacht bezüglich der Begehung einer Straftat nachzugehen und entsprechend ermittelnd tätig zu werden.[1068] Analysiert man den Wortlaut der Definition, scheint das Legalitätsprinzip bereits ganz natürlich zum Tätigwerden der FIU zu passen. Denn diese soll den nach der Verdachtsmeldung der Verpflichteten bestehenden Verdacht plausibilisieren oder ausräumen. Das Legalitätsprinzip ergibt sich aus der Rechtsstaatsgarantie.[1069] Nur die konsequente Durchführung dieses Grundsatzes garantiert die notwendige Gleichbehandlung der

---

1064 Mit einer instruktiven Darstellung der unterschiedlichen Ausgestaltungsmöglichkeiten der FIU, kategorisiert nach den Mitgliedstaaten der EU: *Meyer/Hachmann*, ZStW 2022, 391 (415 ff.).

1065 *Meyer/Hachmann*, ZStW 2022, 391 (415).

1066 Mit einem Plädoyer für eine solche Neuordnung *Brodowski*, 2016, passim.

1067 *Barreto da Rosa*, in: Herzog (Hrsg.), 5. Aufl. 2023, § 28 Rn. 1; *El-Ghazi/Jansen*, NZWiSt 2022, 465 (470 ff.).

1068 *Peters*, in: Schneider (Hrsg.), 2. Aufl. 2024, § 152 Rn. 26.

1069 *Diemer*, in: Barthe/Gericke (Hrsg.), 9. Aufl. 2023, § 152 Rn. 3.

Betroffenen und dadurch eine allgemeine strafrechtliche Gerechtigkeit.[1070] Die Ausführungen zur repressiven Rechtsnatur der Verdachtsmeldung und die Einordnung dieser als Strafanzeige nach § 158 Abs. 1 StPO haben gezeigt, dass die FIU im Vergleich mit dem regulären Ablauf des Strafverfahrens bei konsequenter Rechtsumsetzung zur Prüfung eines Anfangsverdachtes nach § 152 Abs. 2 StPO verpflichtet sein müsste.[1071] Auch *Barreto da Rosa* merkt entsprechend an, dass die Einstufung der administrativen Ausrichtung der FIU vor allem in einer leichteren Begründbarkeit des so nicht geltenden Legalitätsprinzips wurzelt.[1072] Die operative Analyse der Meldungen ist bereits dem Strafverfahren zuzuordnen.[1073] Die FIU ist wesentlich dazu bestimmt, Strafverfolgungsbehörden mit Analysen zu unterstützen und Ermittlungsverfahren anzustoßen.[1074] Es ist daher naheliegend, sie entsprechend mit Ermittlungsbefugnissen auszustatten. Die Umgehung der Einführung des Legalitätsprinzips für die FIU durch den Gesetzgeber, indem dieser die FIU als rein administrative Behörde und die Verdachtsmeldung als rein präventiv einstuft, grenzt an Rechtsmissbrauch. Zudem könnte in der entsprechenden Ausgestaltung eine große Chance zur Verbesserung der Geldwäschebekämpfung liegen. Die Einführung der Geltung des Legalitätsprinzips für die FIU durch den Gesetzgeber ist dringend umzusetzen.

4. Umgehung von Beschuldigtenrechten

Durch die derzeitige behördliche Ausgestaltung der FIU steht außerdem die Umgehung von Beschuldigtenrechten zu befürchten. Diese sind dem Beschuldigten mit Einleitung des Ermittlungsverfahrens, also nach der Bejahung eines Anfangsverdachtes nach § 152 Abs. 2 StPO zu gewähren.[1075] Durch die Charakterisierung der Verdachtsmeldungen als Strafanzeige

1070 Ebenda.

1071 Siehe Kapitel IV.C.II.2.

1072 *Barreto da Rosa*, in: Herzog (Hrsg.), 5. Aufl. 2023, § 43 Rn. 7.

1073 *Brodowski*, wistra 2021, 417, Rn. 85; *Barreto da Rosa*, in: Herzog (Hrsg.), 5. Aufl. 2023, § 30 Rn. 12.

1074 *Barreto da Rosa* stuft die Ermittlungen, die durch die FIU erfolgen, als nahezu identisch mit Ermittlungen ein, die auf ein Strafverfahren folgen. Nach hier vertretener Auffassung handelt es sich bei den Verdachtsmeldungen um Strafanzeigen und die FIU ist daher dem Legalitätsprinzip zu unterstellen, in: Herzog (Hrsg.), 5. Aufl. 2023, § 30 Rn. 12.

1075 *Diemer*, in: Barthe/Gericke (Hrsg.), 9. Aufl. 2023, Vor §§ 133 ff. Rn. 1.

nach § 158 Abs. 1 StPO müsste die FIU eigentlich zur Prüfung eines solchen Anfangsverdachtes und zur Analyse aller Meldungen verpflichtet sein.

Zentrale Beschuldigtenrechte sind unter anderem die Belehrungspflicht für Strafverfolgungsorgane nach § 136 Abs. 1 Satz 2, § 163a Abs. 3 Satz 2, Abs. 4 Satz 2 StPO vor der Vernehmung des Beschuldigten, damit verbundene Duldungspflichten, aber auch das Ausscheiden des Beschuldigten als Zeuge.[1076] Daneben stehen dem Beschuldigten aktive und passive Beteiligungsrechte zu, vor allem ein Anspruch auf rechtliches Gehör aus Art. 103 Abs. 1 GG.[1077] Da die FIU durch den Gesetzgeber derzeit nicht als Strafverfolgungsbehörde eingestuft wird, fehlen der FIU einerseits praktische Ermittlungskompetenzen, um ihre Arbeit wirklich effektiv durchführen zu können. Andererseits gehen ihre Befugnisse jedoch auch über jene einer reinen Verwaltungsbehörde hinaus, sodass dadurch die beschriebenen Beschuldigtenrechte verkürzt werden. Die Umgehung dieser Rechte durch die organisatorische Ausgestaltung der FIU kann insbesondere einen Verstoß gegen die Gewährleistung eines fairen Verfahrens nach Art. 6 EMRK darstellen.[1078]

II. Vergleich Steuerstrafverfahren

Auch das Steuerstrafverfahren ist ein gewöhnliches Strafverfahren.[1079] Das Ermittlungsverfahren im Steuerstrafverfahren wird jedoch durch einige Normen der Abgabenordnung (AO) modifiziert.[1080] Nach § 386 Abs. 2, §§ 399, 400 AO dürfen die Finanzbehörden in einigen Fällen geringfügigerer Kriminalität die Ermittlungen selbstständig führen und ggf. mit einer Einstellung des Verfahrens oder mit einem Antrag auf Erlass eines Strafbefehls abschließen.[1081] Der Beschuldigte in einem solchen Verfahren hat die üblichen Rechte der StPO.[1082] Sofern die behördliche Ausgestaltung der FIU angepasst wird, könnte dies einen guten Weg darstellen, die Staatsanwaltschaften wie von Bundesfinanzminister a. D. *Lindner* intendiert mit

1076 *Schmitt-Leonardy/Klarmann*, JuS 2022, 210 (214).
1077 Ebenda.
1078 Kapitel IV.D.I.3.b).
1079 *Randt*, in: Joecks/Jäger/Randt (Hrsg.), 9. Aufl. 2023, § 385 Rn. 31.
1080 Ebenda.
1081 *Randt*, in: Joecks/Jäger/Randt (Hrsg.), 9. Aufl. 2023, § 385 Rn. 31.
1082 Ebenda.

den „dicken Fischen“ zu befassen.[1083] Die FIU könnte Fälle mit geringerem Geldwäschevolumen oder fehlendem internationalen Bezug selbstständig abarbeiten und die schwerwiegenden Fälle entsprechend an die Staatsanwaltschaften abgeben. Das Steuerstrafverfahren könnte dann bezüglich der Normgebung als Vorbild für das GwG fungieren. Konkret würde dies bedeuten, dass das GwG für die FIU die selbstständige Führung von Ermittlungsverfahren für Fälle geringfügigerer Kriminalität vorsieht, im Ergebnis ein ausgelagertes *Geldwäschestrafverfahren* bei der FIU analog zum Steuerstrafverfahren bei den Finanzbehörden.

B. Ausgestaltungsvorschlag

Abschließend sollen die Ergebnisse der hiesigen Arbeit genutzt werden, um einen Ausgestaltungsvorschlag zu unterbreiten, wie man unter Wahrung der geschilderten Mindestanforderungen einen KI-Einsatz zwischen den Verpflichteten und der FIU verantworten könnte, der der Geldwäschebekämpfung nachhaltig zuträglich ist und zugleich die Bestimmtheit der Anforderungen an die Abgabe der Verdachtsmeldung signifikant erhöhen würde.

1083 *Sommer*, Behörde gegen Geldwäsche: Lindner will an "dicke Fische" ran, Zeit Online, 24.08.2022, (abrufbar: https://perma.cc/SU2H-7FSK, zuletzt abgerufen: 31.08.2024). Die Schaffung dieser Behörde ist mit den im November 2024 verkündeten vorgezogenen Neuwahlen wohl gescheitert.

I. Vom Dunkelfeld ins Hellfeld

Dieser Ausgestaltungsvorschlag beruht zunächst auf folgender Erkenntnis:

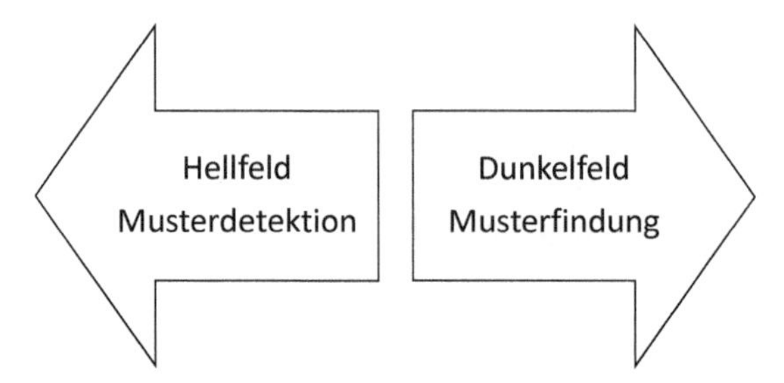

Abb. 21: Unterschiedliche Anforderungen im Hell- und im Dunkelfeld

Wie eingangs beschrieben, bestehen unterschiedliche Möglichkeiten, KI zur Detektion von Geldwäsche einzusetzen.[1084] Abb. 21 zeigt die dabei bestehenden Gegenpole: zum einen sollen Geldwäschefälle nach bereits bekannten Begehungsweisen detektiert werden. Dies kann entweder durch die Verfeinerung der KI-Alerts geschehen oder durch Aussortierung der großen Anzahl von Fehlalarmen von regelbasierten Systemen. Zum anderen sollen jedoch vor allem neue Begehungsweisen von Geldwäsche entdeckt werden (Anomalie-Detektion). Ganz erhebliche Probleme bereitet dabei die Beförderung von Geldwäschemustern aus dem unbekannten Dunkelfeld der Geldwäsche in das Hellfeld – beispielsweise in Gestalt einer Typologie. Solche Typologien fassen Indikatoren zusammen, die auf die Erfüllung des Geldwäschestraftatbestandes auf Basis von Geldwäschephänomenen hindeuten. Die Erstellung solcher Typologien wird zusätzlich durch die Erfindung immer neuer Begehungsweisen und Verschleierungstaktiken der Geldwäscher erschwert. Besonders geeignet zur Erkennung neuer Muster bzw. Anomalien sind neuronale Netze bzw. maschinelle Lerntechniken des unüberwachten Lernens.[1085] Denn häufig bildet erst das Zusammenspiel einer Vielzahl von unverdächtigen Verhaltensweisen hinreichend Indizien für einen KI-Alert. Der gleichzeitige Nachteil ist jedoch, dass solche Verfahren zur Anomalie-Detektion sehr intransparent sind und gleichzeitig eine sehr hohe Fehlerrate produzieren (bis zu 99 Prozent). Denn sie detek-

1084 Siehe Einsatzarten von KI zur Geldwäsche-Detektion Kapitel III.E.II.
1085 Siehe oben Kapitel III.C.IV.2; *Taulli*, 2022, S. 60, 167.

tieren in erster Linie bloße Verhaltensauffälligkeiten, erkennen jedoch in diesen Verhaltensweisen neue Muster. Dem Einsatz solcher Systeme stehen daher die erarbeiteten Mindestanforderungen[1086], insbesondere der Einhaltung der Grundsätze von Transparenz und Erklärbarkeit, entgegen.[1087]

Technisch transparenter und nachvollziehbarer ist es, bereits bekannte Geldwäschemuster mit einem System überwachten oder bestärkenden maschinellen Lernens abzubilden. Diese Modelle erkennen jedoch schlecht neue Geldwäschemuster in Gestalt von Anomalien. Dadurch droht ein Feedback-Loop. Geldwäsche wird nur auf Basis bereits bekannter Muster detektiert, neue Begehungsweisen bleiben jedoch unerkannt und das Dunkelfeld weiterhin groß. Der folgende von der Autorin erarbeitete Ausgestaltungsvorschlag zeigt daher, wie man gleichzeitig einen solchen Feedback-Loop vermeiden und auf transparente Weise auch das Dunkelfeld der Geldwäsche erhellen könnte. Denn technisch ist es grundsätzlich gut möglich, jedes „erarbeitete" Geldwäschemuster nachvollziehbar abzubilden, welches von Ebene zu Ebene fließt und dabei durch die Täter verschleiert werden soll. Dazu sind jedoch die jeweiligen Indikatoren notwendig.

II. Ausgestaltungsvorschlag: Zweigleisiges KI-System

Die Idee zu diesem Ausgestaltungsvorschlag wurde von den sog. „Intrusion Detection Systems" inspiriert. Solche Systeme sind Angriffserkennungssysteme.[1088] Durch deren Einsatz wird die aktive Überwachung von Computersystemen mit dem Ziel ermöglicht, neue technische Angriffe und Missbrauch zu erkennen.[1089] Erkannte Angriffsmuster werden gemeldet und in die Sicherheitsarchitektur des bestehenden Systems integriert.

Dieser Ansatz soll auf die Geldwäsche-Detektion dergestalt übertragen werden, dass der Einsatz von KI zweigleisig erfolgt. Zunächst zur Identifikation neuer Geldwäschemuster und erst nach einer entsprechenden Typologie-Findung zur Detektion dieser Muster in den Realdaten der Verpflichteten. In diesem Prozess ist zentral die FIU einzubinden, die mit ihrem Datenpool und ihrer Netzwerkanalyse hier den entscheidenden Stra-

1086 Abb. 20: Checkliste von Mindestanforderungen.

1087 Kapitel IV.D.II.

1088 *Bundesamt für Sicherheit in der Informationstechnik*, BSI-Leitfaden zur Einführung von Intrusion-Detection-Systemen, (abrufbar: https://perma.cc/P4M3-NFZH, zuletzt abgerufen: 31.08.2024).

1089 Ebenda.

tegievorteil leisten könnte. Die umzusetzenden vier Schritte werden in der Abb. 22 illustriert.

1. Erster Schritt: Anomalie-Detektion bei den Verpflichteten

In einem ersten Schritt ist ein KI-Modell bei den Verpflichteten einzusetzen, welches Anomalien in Gestalt neuer Verschleierungshandlungen zur Begehung von Geldwäsche detektiert. Aufgrund der besseren Leistungsfähigkeit werden dazu voraussichtlich intransparente neuronale Netze oder Clusteranalysen eingesetzt. Es ist zu erwarten, dass die Treffer dieses Systems eine überwiegende false-positive Rate von bis zu 99 Prozent haben.[1090] Die gefundenen Anomalien sind daher nach entsprechender Überprüfung durch die Verpflichteten anonymisiert an die FIU weiterzugeben. Insbesondere ist sicherzustellen, dass ein Zugriff der Strafverfolgungsbehörden auf diese Treffer aufgrund der Fehlerquote von bis zu 99 Prozent generell ausgeschlossen wird, da dies im Verhältnis zu den gefundenen right-positives[1091] unverhältnismäßig wäre.

2. Zweiter Schritt: Sammlung, Auswertung, Typologie

Die FIU sollte diese neuen Muster sammeln. Bei einem entsprechend gehäuftem Auftreten neuer Anomalien – also neuer Erscheinungsformen der Geldwäsche – muss die FIU eine Umsetzung mit entsprechenden Indikatoren in eine Typologie vornehmen, diese prüfen und abschließend für die Verpflichteten freigeben. Die Aufgabe zur Erstellung neuer Typologien hat die FIU bereits jetzt nach § 28 Abs. 1 Nr. 9 GwG inne. Zur Etablierung eines KI-Systems, welches zuverlässig bekannte Geldwäschemuster erkennt, ist Grundvoraussetzung ein gutes Verständnis für Geldwäschetypologien. Die staatliche Freigabe von Typologien durch die FIU würde zusätzlich den Bestimmtheitsgrad bezüglich der Verdachtshöhe für die Abgabe einer Verdachtsmeldung erhöhen. Diese Ausgestaltung setzt allerdings auch voraus, dass der gesamte Bankensektor KI zur Detektion von Geldwäsche nutzt. Anderenfalls würde der Faktor, dass einige Banken KI-Systeme einsetzen und einige nicht, erneute Ungleichheiten hervorrufen. Dies verdeutlicht

---

1090 Innerhalb von MaLeFiz wurde ein solches Modell mit einer solchen Fehlalarm-Quote getestet.

1091 Zum Begriff Kapitel I.D.VII.

wiederum, dass der Einsatz von KI durch die Banken bzw. durch die Verpflichteten ebenfalls durch den Gesetzgeber durch die Schaffung einer Rechtsgrundlage festzulegen ist, um ein einheitliches Geldwäsche-Bekämpfungssystem zu etablieren.

3. Dritter Schritt: Rückmeldung

In einem dritten Schritt würde die FIU dann die neuen Typologien an die Verpflichteten zurückmelden. Dieses Modell wird sich mit Sicherheit der Kritik ausgesetzt sehen, dass die Zeitverzögerung über die Typologie-Erstellung zu ineffektiv sei. Dem sind jedoch insbesondere zwei Argumente entgegenzuhalten. Erstens kann es nicht Aufgabe der Verpflichteten sein, für den Staat neue Begehungsweisen einer Straftat zu ermitteln. Es muss ausreichen, dass dieser durch die Verpflichteten eine entsprechende Hilfestellung erhält. Die notwendigen Ressourcen zur zügigen Erstellung der Typologien sind staatlicherseits vorzugeben. Zweitens sind die GwG-Verpflichteten auch dann zur Meldung verpflichtet, wenn erst im Nachhinein ein verdächtiger Vorgang erkannt wird.[1092] Sofern die Vorgaben in den Typologien spezifisch genug sind und ordnungsgemäß umgesetzt werden, können die ursprünglichen Anomalien nachträglich transparent und erklärbar detektiert werden. Dies stellt eine effektive Geldwäschebekämpfung unter staatlicher Einbindung und Umsetzung von Vorgaben sicher.

4. Vierter Schritt: Umsetzung durch die Verpflichteten

Im vierten und letzten Schritt müssen die Verpflichteten die Typologien in ein zweites KI-Modell implementieren, welches insbesondere den Mindestanforderungen für den Einsatz von KI zur Geldwäsche-Detektion entspricht. Durch diese Vorgabe in Kombination mit der Anomalie-Detektion wird der befürchtete Feedback-Loop vermieden. Die mit diesem Modell detektierten Fälle sind dann als Verdachtsmeldung nach § 43 Abs. 1 Nr. 1 GwG nach entsprechender menschlicher Überprüfung zu melden.

1092 *Lenk*, WM 2020, 115 (117).

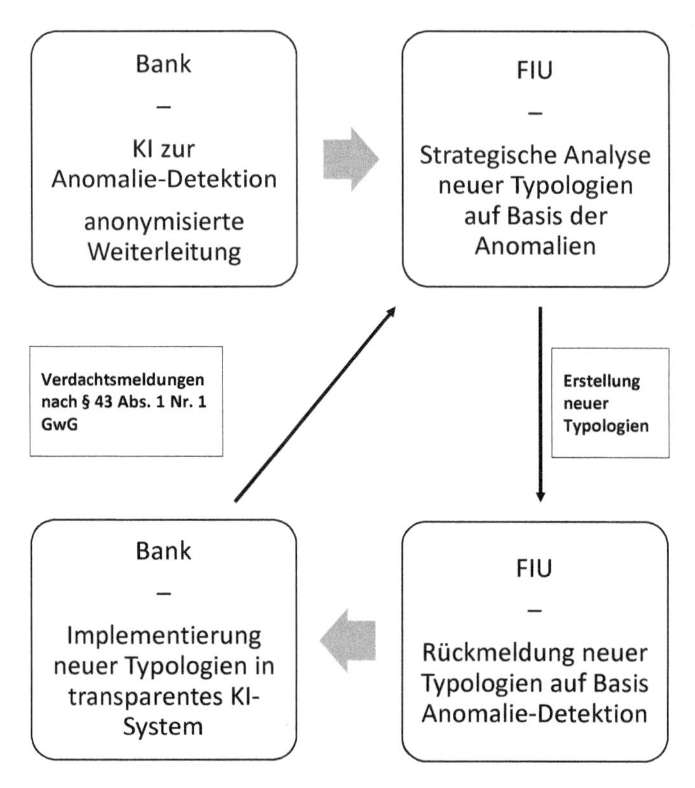

Abb. 22: Ausgestaltungsvorschlag zweigleisiges KI-System Banken

III. Finanzkriminalitätsbekämpfungsgesetz

Der Entwurf des Gesetzes zur Verbesserung der Bekämpfung von Finanzkriminalität (Finanzkriminalitätsbekämpfungsgesetz – FKBG) ist mit den im November 2024 angekündigten Neuwahlen voraussichtlich gescheitert.[1093] Es ist ein weiteres gesetzgeberisches Großprojekt, welches (erneut) auf die Kritik der FATF in deren Deutschlandbericht 2020/2021 reagiert.[1094] Die FATF hatte unter anderem die mangelnde Zusammenarbeit der Straf-

1093 BT-Drs. 20/9648, 06.12.2023, Entwurf eines Gesetzes zur Verbesserung der Bekämpfung von Finanzkriminalität (Finanzkriminalitätsbekämpfungsgesetz – FKBG).

1094 *Rhein,* ZWH 2023, 289 (289 f.); zur Kritik an der FATF siehe Kapitel IV.C.II.2.b)bb).

verfolgungsbehörden mit der FIU kritisiert.[1095] Nach hier vertretener Auffassung liegt dies zumindest auch an der generellen Fehlkonzeption der FIU.[1096]

Der Gesetzesentwurf sieht die Errichtung eines Bundesamtes zur Bekämpfung von Finanzkriminalität (BBF) als neue Bundesoberbehörde vor, welche einem ganzheitlichen Ansatz zur Analyse, zu straf- und verwaltungsrechtlichen Ermittlungen und zur Aufsicht folgen soll.[1097] Das BBF soll im Wesentlichen aus drei abgrenzbaren Einheiten bestehen: dem Ermittlungszentrum Geldwäsche, ab 2025 der FIU und der Zentralstelle für Geldwäscheaufsicht.[1098] Die FIU soll dazu in ihrer derzeitigen Ausgestaltung im Jahr 2025 zum BBF „verschoben" werden. Zentraler hingegen ist das geplante Ermittlungszentrum Geldwäsche, das in bedeutsamen Fällen der internationalen Geldwäsche mit Inlandsbezug strafrechtlich ermitteln soll.[1099] Dazu sollen dem Ermittlungszentrum Geldwäsche originäre Zuständigkeiten für die polizeilichen Aufgaben auf dem Gebiet der Strafverfolgung zukommen.[1100] Es wird deutlich, dass die nach hiesiger Auffassung erforderlichen Befugnisse für die FIU dem Ermittlungszentrum Geldwäsche zukommen sollen. Dadurch steht insbesondere eine Kompetenzüberschneidung und weitere Verkomplizierung von Zuständigkeitsfragen zu befürchten, zumal die Verdachtsmeldungen weiterhin an die FIU zu richten sind (siehe Abb. 23).[1101]

1095 BT-Drs. 20/9648, 06.12.2023, S. 1.
1096 Kapitel V.A.I.2.
1097 BT-Drs. 20/9648, 06.12.2023, S. 1.
1098 *Rhein*, ZWH 2023, 289 (290).
1099 BT-Drs. 20/9648, 06.12.2023, S. 2; *Rhein*, ZWH 2023, 289 (291).
1100 Ebenda.
1101 Ebenso *Rhein*, ZWH 2023, 289 (291 f.).

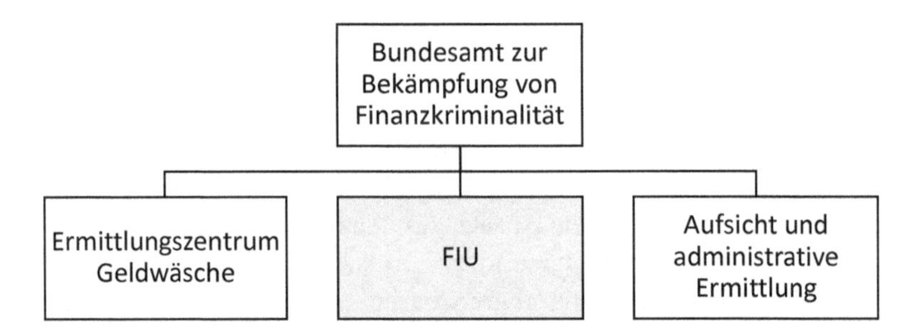

Abb. 23: Zukünftige Behördenstruktur nach Entwurf vom 06.12.2023 des FKBG

Im Ergebnis stellt sich daher die Frage, ob ein Bundesamt zur Bekämpfung von Finanzkriminalität den erwarteten Mehrwert bringen wird.[1102] Ein Ausbau der bestehenden Behördenstrukturen und eine Neukonzeption der FIU ohne deren erneute Verschiebung in ein anderes Behördenkonstrukt erscheint zielführender und kostengünstiger.[1103]

C. Zusammenfassung

Die schlechte Nachricht: die FIU ist nach wie vor eine der größten Baustellen der Geldwäschebekämpfung. Als zentrale Stelle zur Entgegennahme der ausufernden Verdachtsmeldungen und der damit verbundenen Filterfunktion hat sie auch freilich keine einfache Aufgabe. Begrüßenswert ist, dass durch das monistische System mittlerweile nur noch die FIU die Meldungen entgegennimmt,[1104] dies erspart zeitaufwendige Doppelungen. Die gute Nachricht: nach den Ergebnissen dieser Arbeit liegt das Problem vor allem in der konzeptionellen Fehlgestaltung. Zu empfehlen ist eine Umwandlung der FIU von einer administrativen Ausgestaltung zu einer Mischform. In

1102 Siehe auch *Rhein*, ZWH 2023, 289 (298).

1103 *Rhein*, ZWH 2023, 289 (298); *Bund Deutscher Kriminalbeamter*, Stellungnahme des Bund Deutscher Kriminalbeamter e.V. zum Entwurf eines Gesetzes zur Verbesserung der Bekämpfung von Finanzkriminalität (FKBG), 23.09.2023, (abrufbar: https://perma.cc/L3DW-X98K, zuletzt abgerufen: 31.08.2024), S. 2.

1104 In einer vorherigen Fassung des GwG waren die Verdachtsmeldungen zunächst nur an die Staatsanwaltschaft, dann an die Staatsanwaltschaft und die FIU und letztlich heute nur noch an die FIU zu erstatten, siehe Abb. 6: Wichtigste Reformen des GwG und Ausblick.

Kombination mit dem Ausgestaltungsvorschlag eines zweigleisigen KI-Systems könnten echte Erfolge in der Geldwäscheaufdeckung und -bekämpfung erzielt werden. Die Gefahr dieser Mischform liegt allerdings in der Umgehung rechtsstaatlicher Standards.[1105] Daher sind die diesbezüglichen Vorgaben bezüglich der Ausgestaltung des KI-Systems sehr streng zu fassen. Dieser Weg erscheint statt der mit dem FKBG verbundenen behördlichen Umgestaltung und Erweiterung auch vorzugswürdig, da er kostengünstiger ist und zu weniger Kompetenzkonflikten mit etwaigen neuen Behörden führt.[1106]

1105 Kapitel V.A.I.1.

1106 Abb. 23: Zukünftige Behördenstruktur nach Entwurf vom 06.12.2023 des FKBG.

Kapitel VI. Ausblick: Staatsanwaltschaften in der automatisierten Geldwäschebekämpfung – Dritte Verdachtsstufe

Eine strafrechtliche Arbeit, welche den Schwerpunkt der Verdachtsgewinnung der Geldwäschebekämpfung mit Hilfe von *Automated Suspicion Algorithms* bei den Privatrechtssubjekten bildet? Fast sämtliche (strafrechtliche) Analysen legen ihr Augenmerk auf die repressive Datenverarbeitung durch Strafverfolgungsbehörden und die damit verbundenen Anforderungen. Dabei wird jedoch folgende Problematik ausgeklammert: unsere Gesellschaft und unser Staat befinden sich in einer der wohl größten Umbruchzeiten seit der industriellen Revolution.[1107] Daten, Datenhoheit und Datenverfügbarkeit beherrschen inzwischen unsere Gesellschaft. Der Staat hat die Herrschaft über die Big Data Bestände unserer Zeit verloren, hatte sie vielleicht sogar nie inne. Zugleich kann es jedoch auch nicht erklärtes rechtliches Ziel sein, dem Staat die Datenmacht zwangsweise durch Verpflichtungen von Privatrechtssubjekten zu übereignen. Wir wünschen uns zum einen staatliche Kontrolle – in einem gewissen Maß – über diejenigen, die die Daten haben, aber keine Kontrolle des Staates über die Daten. *Momsen* oder auch *Roßnagel* kann daher nur zugestimmt werden, wenn sie die Notwendigkeit eines Paradigmenwechsels im Bereich der Datengrundrechte anklingen lassen – hin zu einer stärkeren Schutzpflicht des Staates, wenn er Datenverarbeitungen an Private auslagert und eventuell zu einer (mittelbaren) Grundrechtsbindung der Privatrechtssubjekte.[1108] Auch der EuGH und das BVerfG lassen zumindest erkennen, dass sie diese Frage beschäftigt.[1109] Überspitzt: welche Rolle verbleibt daher der Staatsanwaltschaft in einer automatisierten Geldwäsche-Detektion, vielleicht sogar in einer automatisierten Kriminalitätsbekämpfung? Der folgende Abschnitt will einen Ausblick wagen.

1107 *Wieland*, Industrielle Revolution und Umweltverschmutzung, planet wissen, 06.02.2020, (abrufbar: https://perma.cc/6NB3-UNWT, zuletzt abgerufen: 31.08.2024).

1108 *Momsen*, KriPoZ 2023, 8 (8 ff.); *Roßnagel*, NJW 2019, 1 (1 ff.).

1109 Siehe Kapitel IV.D.I.1.

Die Staatsanwaltschaften bilden in der Geldwäschebekämpfung erst die dritte Verdachtsstufe[1110] – sofern es um die in dieser Arbeit betrachteten Verfahren geht, die mit einer Verdachtsmeldung nach § 43 GwG starten. Die zur Prüfung der Einleitung des Ermittlungsverfahrens erforderlichen Daten werden an anderer Stelle gesammelt. So weit, so bekannt, betrachtet man § 158 StPO. Der Unterschied ist, dass sanktionierbares Verhalten aufgrund staatlicher Verpflichtung zuvor aktiv automatisiert gesucht wird.[1111] „Im Rauschen unverdächtiger Alltagshandlungen soll ein bedeutungsvoller Zusammenhang erkannt werden".[1112] Historisch waren die Meldungen der GwG-Verpflichteten erst direkt an die Staatsanwaltschaften zu erstatten.[1113] Dann wurde das Geldwäscheverdachtsverfahren zweigleisig: die Meldungen waren durch die Verpflichteten gleichzeitig an die FIU und an die Staatsanwaltschaften zu erstatten.[1114] Als auch diese Ausgestaltung nicht die erhofften Ergebnisse lieferte, gestaltete der Gesetzgeber das zweigleisige Verfahren in ein eingleisiges um. Verdachtsmeldungen sind nun nur noch an die FIU zu erstatten.[1115] Die immer weitere „Entfernung" der Staatsanwaltschaften von der Erstattung der Verdachtsanzeige hat nach hier vertretener Auffassung jedoch nichts an deren repressivem Charakter geändert.[1116]

Auch für den Bereich des Strafprozesses bzw. bereits für das Ermittlungsverfahren wird der Einsatz von KI diskutiert und teilweise schon erprobt.[1117] In der Geldwäschebekämpfung stehen die Staatsanwaltschaften allerdings erst am Ende der Verdachtsgewinnungskette. Es ist gerade das Ziel einer effizienteren Geldwäschebekämpfung, die von den GwG-Verpflichteten ausgehende Tatsachengewinnung durch die Verdachtsmeldung über die FIU bereits dergestalt anzureichern, dass die Staatsanwaltschaft konkrete Hinweise mindestens auf diejenigen Tatsachen hat, die auf Geldwäsche hindeuten. Im besten Fall soll durch die hier vorgeschlagene Anpassung der Rechtslage und die Ausgestaltung des KI-Einsatzes eine Entlastung der Staatsanwaltschaften erfolgen. Zu beachten ist, dass Privatpersonen keine

---

1110 Vgl. Abb. 7: Verdachtsstufen der Geldwäschebekämpfung in Deutschland.
1111 *Baur*, ZIS 2020, 275 (277).
1112 Ebenda, (278).
1113 § 11 a. F. 1993.
1114 § 11 a. F. 2008.
1115 Derzeitige Rechtslage nach § 43 GwG.
1116 Siehe Kapitel IV.C.II.1.
1117 *Rückert*, GA 2023, 361 passim.

eigene originäre Ermittlungsbefugnis zukommen darf.[1118] Sofern diese Beweise eigenständig erheben bzw. selektieren und auch würdigen, findet eine partielle Auslagerung von staatlichen Strafverfolgungsaufgaben auf Private statt.[1119] Zugleich ist jedoch zu beachten, dass nicht jede Ermittlungstätigkeit eine originäre ist, sodass eine Verpflichtung und Einbeziehung Privater grundsätzlich möglich ist.[1120]

Der deutsche Strafprozess und die Strafverfolgung sind geprägt durch das Offizialprinzip. Die Hoheit, Straftaten aufzuklären und zu verfolgen, muss grundsätzlich beim Staat verbleiben.[1121] Gleichzeitig ist aus Gründen der Effizienz der Strafverfolgung teilweise ein staatlicher Rückgriff auf private Hilfe erforderlich.[1122] Die Gewährleistung eines justizförmig ausgestalteten Strafverfolgungsapparats ist nach unserer Verfassung eine originäre Staatsaufgabe.[1123] Eine vom Offizialprinzip abweichende Privatisierung von Ermittlungsaufgaben müsste daher nach der Lehre vom Vorbehalt des Gesetzes im Wege der Beleihung erfolgen.[1124] Ein Beleihungstatbestand wurde mit der Etablierung der Geldwäscheverdachtsmeldung jedoch nicht geschaffen.[1125] Es handelt sich stattdessen um eine Inpflichtnahme Privater. Die bloße Übermittlung des Sachverhalts ist daher zugleich Gebot und Grenze, die Verpflichtung zur Strafanzeige nach § 158 Abs. 1 StPO der Mittelweg der zulässigen Ausgestaltung – wenn auch in der derzeitigen Ausgestaltung der Verdachtshöhe Zweifel an deren Bestimmtheit bestehen.[1126] Knapp gefasst: die Verpflichteten dürfen nur übermitteln, nicht ermitteln. Die Schaffung eines für die Auslagerung originärer Ermittlungstätigkeit notwendigen Beleihungstatbestandes für sämtliche Verpflichteten des GwG erscheint praktisch nicht umsetzbar – und rechtsstaatlich begründungsnotwendig. Daraus ergeben sich für die Staatsanwaltschaft folgende Konse-

---

1118 Vgl. *Wackernagel/Graßie,* NStZ 2021, 12 (16); diese Problematik wird insbesondere am Beispiel der Sachverständigen nach §§ 72 ff. StPO diskutiert.

1119 Vgl. *Momsen/Rackow/Schwarze,* NStZ 2018, 625 (625).

1120 Vgl. zum Steuerverfahren *Schurowski*, 2020, S. 91 f.

1121 *Momsen/Rackow/Schwarze*, NStZ 2018, 625 (627); vgl. *Wackernagel/Graßie*, NStZ 2021, 12 (16).

1122 *Momsen/Rackow/Schwarze*, NStZ 2018, 625 (627).

1123 Ebenda.

1124 *Momsen/Rackow/Schwarze*, NStZ 2018, 625 (627) m. w. N.; siehe auch *Böse*, 2005, S. 242.

1125 Siehe ausführlich Kapitel IV.C.III.1.

1126 Zur Einordnung als Strafanzeige siehe Kapitel IV.C.II.2.

quenzen: Die Staatsanwaltschaft ist „Herrin des Ermittlungsverfahrens" und für die Aufklärung des Sachverhaltes verantwortlich und zuständig.[1127]

Die Hoheit über die Sachverhaltsaufklärung muss daher im Ermittlungsverfahren zu jedem Zeitpunkt bei den Strafverfolgungsbehörden und damit letztlich bei der Staatsanwaltschaft als „Herrin" dieses Verfahrensabschnitts verbleiben.[1128] Diese Pflicht der Staatsanwaltschaft ist auch bei zunehmenden Technisierungs- und Outsourcing-Vorgängen ernst zu nehmen. Im Kern geht es dabei um die Vermeidung einer zunehmenden Auslagerung von Strafverfolgungsaspekten auf Private. Um dennoch die Staatsanwaltschaften zu entlasten wurde in der vorliegenden Arbeit der Vorschlag unterbreitet, analog des Steuerstrafverfahrens ein *Geldwäschestrafverfahren* für geringfügigere Kriminalität bei der FIU zu schaffen.[1129] Der Verlauf des prozessualen Strafverfahrens bleibt damit ab Kenntnis der Strafverfolgungsbehörden von einer möglichen Straftat nach § 160 Abs. 1 StPO gleich. Im Gegensatz zu anderen Kriminalitätsbereichen besteht bei der Geldwäsche durch die enorme Vorverlagerung der Informationsgewinnung nicht dasselbe Interesse am Einsatz von KI durch die Staatsanwaltschaft bzw. die Strafverfolgungsbehörden selbst. In einer wahrhaftig *automatisierten* Geldwäschebekämpfung könnten die Staatsanwaltschaften tatsächlich entlastet werden und sich bezüglich der Verfolgung auf die schweren Geldwäschestraftaten konzentrieren. Dieser Ansatz setzt aber zentral bei einer besseren Zusammenarbeit zwischen der FIU und den Verpflichteten und einer Umgestaltung der zentralen Meldestelle an.[1130] Wie diese Arbeit gezeigt hat, ist es bis dahin jedoch noch ein weiter Weg.

Mit der derzeitigen Ausgestaltung des Meldewesens wird das Verfahren der Geldwäschebekämpfung insbesondere durch fehlende Datenverarbeitungsbefugnisse und eine dem deutschen Rechtssystem unzuträgliche Ausgestaltung der FIU verzögert.[1131] Die Staatsanwaltschaft hat auch bei voranschreitender Digitalisierung und Automatisierung als Herrin des Ermittlungsverfahrens zu fungieren. Originäre Ermittlungsaufgaben dürfen nicht ausgelagert werden.

1127 *Wackernagel/Graßie*, NStZ 2021, 12 (14); BVerfG, Beschl. v. 18.12.2014, 2 BvR 209/14, 2 BvR 240/14, 2 BvR 262/14, NJW 2015, 1083 (1084); *Weingarten*, in: Barthe/Gericke (Hrsg.), 9. Aufl. 2023, § 163 Rn. 2.

1128 *Momsen/Rackow/Schwarze*, NStZ 2018, 625 (627).

1129 Kapitel V.A.II.

1130 Siehe Kapitel V.

1131 Siehe Kapitel V.

Kapitel VII. Epilog: Automated Suspicion Navigation

„The rules of navigation never navigated a ship.
The rules of architecture never built a house."
– T. Reid[1132]

Der Philosoph *Reid* war der Überzeugung, dass der „Common Sense" (dt.: „der gesunde Menschenverstand") das Fundament jeglicher philosophischen Untersuchungen ist oder zumindest sein sollte.[1133] Was möchte diese Arbeit zum Abschluss ihrer Untersuchungen damit hervorheben? Die Ausführungen offenbaren einmal mehr, was fast ausnahmslos jeder wissenschaftliche Beitrag zur Analyse des Stands der Geldwäschebekämpfung mehr oder weniger ausdrücklich zu Tage fördert: sowohl international als auch national befindet sich die Geldwäsche-Regulatorik – ob trotz oder wegen der Regulierungswelle[1134] – in Schieflage. Zuweilen kommt man sich bei dem Versuch, einen sinnvollen Forschungsbeitrag zu der Gesamtgemengelage zu leisten, fast so vor, als würde man versuchen, mit zwei Müllsäcken einen Beitrag zur Säuberung der Meere von Plastikmüll zu leisten. Mithin ein Tropfen auf den heißen Stein. Es drängt sich die Frage auf, warum dennoch der Schwerpunkt dieser Arbeit auf eine mögliche Automatisierung der Geldwäsche-Regeln durch KI und den Einsatz von *Automated Suspicion Algorithms* zur Verdachtsgewinnung bei den Verpflichteten gelegt wurde. Nun, erfahrungsgemäß warten technische Entwicklungen nicht, bis die dazu passenden rechtlichen Rahmenbedingungen vorgegeben werden. Dies wird an den jüngsten Entwicklungen im Bereich der KI-Forschung sehr deutlich.

Straftaten – auch und insbesondere die Geldwäsche – schaden der Gesellschaft, überbordendes Strafrecht dieser jedoch auch. Das Ziel einer automatisierten Detektion von Geldwäsche und anderen Straftaten ist vorwiegend die Steigerung des Entdeckungsrisikos dieser. Der Staat versucht sich an einer umgekehrten (algorithmischen) Waffengleichheit. Weil Täter zur Begehung von Straftaten auf KI zurückgreifen können, will der Staat die Entdeckung von Straftaten durch KI ermöglichen. Allerdings braucht

1132 *Reid*, Essays on the Powers of the Human Mind, 1819, S. 58.

1133 *Nichols/Yaffe*, Thomas Reid, Stanford Encyclopedia of Philosophy, 23.09.2014, (abrufbar: https://perma.cc/QJC6-CYJV, zuletzt abgerufen: 31.08.2024).

1134 Kapitel II.B.II.

ein Staat keine lückenlose Strafrechtsaufklärung, mit der er auf Kosten der Freiheit eine Überwachungsgesellschaft schafft. Aber zugleich muss er so viel Strafrechtsaufklärung und -vollzug leisten, wie es die Bevölkerung zum Erhalt des Vertrauens in den Rechtsstaat und zum Leben in einem akzeptablen Risikoumfeld benötigt. Es kommt, wie so oft, auf das gesunde Augenmaß an.

Es existiert keine absolute Freiheit, jedoch auch keine absolute Sicherheit. Das ist auch gut so. Unsere Gesellschaft lebt davon, dass Dinge ungewiss sind, dass sie diskutiert werden können und müssen und dieser Diskurs zu einem gesellschaftlich tragbaren Kompromiss führt.

Die *blinde automatisierte Navigation* – wie diese Arbeit es nennt – nach den Vorgaben eines KI-Alerts wird die ohnehin in Schieflage befindliche Geldwäschebekämpfung, nicht retten – und auch keinen anderen Kriminalitätsbereich. Dennoch wird insbesondere die Privatwirtschaft mit dem Einsatz hochentwickelter KI-Systeme nicht warten, bis der europäische und der nationale Gesetzgeber die Geldwäschebekämpfung auf festen Boden gestellt haben. Daher ist es dieser Arbeit ein Anliegen, frühzeitig Vorgaben für den Technologie-Einsatz zu etablieren, auch wenn zugleich in anderen Bereichen eklatante Mängel bestehen.

In Zeiten, in denen von allen Seiten an den Manifesten unseres Rechtsstaates und unserer Demokratie gerüttelt wird, müssen wir umso argwöhnischer auf die Einhaltung rechtsstaatlicher Mindestgebote achten und grundlegende Systemwandlungen kritisch begutachten. Im Nachhinein werden wir nie wissen, ob dieser Argwohn angebracht war, denn negative Auswüchse sind durch den gründlichen wissenschaftlichen und gesellschaftlichen Diskurs vielleicht verhindert worden. Deshalb: der Rechtstaat muss mit gutem Beispiel vorangehen. Wenn er nicht bemüht ist, die Grundrechte zu achten und zu verteidigen, wer dann? Und aus den Erfahrungen der Vergangenheit müssen wir zusätzlich etwas Wichtiges lernen. Auch das blinde Vertrauen in einen Staat ist irreführend. So wenig, wie wir uns von Algorithmen blind navigieren lassen dürfen, so wenig darf dies unser Staat. Denn das bloße Vertrauen darauf, der Einsatz von KI durch den Staat oder auf Veranlassung des Staates würde automatisch zur Einhaltung rechtlicher Standards führen, ist ebenfalls nicht angebracht.

Deswegen, um mit *Reid* einen letzten Blick auf den gesunden Menschenverstand zu werfen: alle Regeln, egal ob Gesetze oder in einen Algorithmus implementierte, vollziehen sich am Ende einer Kette (noch) nicht von selbst. Sie müssen letztverantwortlich menschlich ausgeführt werden und für diese Ausführung und Umsetzung tragen wir die Verantwortung.

Zuletzt sind die rechtsphilosophischen Meilensteine *Radbruchs* wieder aktueller denn je:

> *„Demokratie ist gewiss ein preisenswertes Gut,*
> *Rechtsstaat ist aber wie das tägliche Brot,*
> *wie Wasser zum Trinken und wie Luft zum Atmen,*
> *und das Beste an der Demokratie gerade dieses,*
> *dass nur sie geeignet ist,*
> *den Rechtsstaat zu sichern.“*
>
> – G. Radbruch[1135]

1135 *Radbruch,* Süddeutsche Juristenzeitung 1946, 105 (108).

Thesen

Zusammenfassend werden folgende Thesen zum Einsatz von *Automated Suspicion Algorithms* zur Bekämpfung von Geldwäsche festgehalten:

1. Verdachtsmeldungen nach § 43 Abs. 1 Nr. 1 GwG sind als repressive Auslagerung staatlicher Aufgaben der Strafverfolgung und ihrer Rechtsnatur nach als Strafanzeigen i. S. d. § 158 Abs. 1 StPO einzuordnen.[1136]
2. Dieses Outsourcing der Strafverfolgung erzeugt zumindest eine Bindung der GwG-Verpflichteten an die Garantien der EMRK aufgrund des bestehenden Umgehungsverbotes beim Einsatz von Privaten zur Strafverfolgung.[1137]
3. Ein Einsatz von KI zur Detektion von Geldwäscheverdachtsmomenten ist nicht untersagt, dieser sollte jedoch auch beim Einsatz durch Private staatlich näher vorzugebenden Mindestanforderungen unterliegen.[1138]
4. Die KI-Detektion von Geldwäsche ist bereits auf der Ebene der GwG-Verpflichteten eine staatlich angeordnete gezielte Suche nach auffälligem Verhalten. An diese Automatisierung sind mithin gesteigerte Anforderungen in Gestalt von Mindestanforderungen zu stellen und eine explizite Rechtsgrundlage zu schaffen.[1139]
5. Die Verpflichtung zur Abgabe von Verdachtsmeldungen ist als Indienstnahme Privater zu qualifizieren.[1140]
6. Private Datenverarbeitungen auf staatliche Veranlassung begründen staatliche Schutzpflichten, die sich auch in einer Etablierung rechtlicher und technischer Mindeststandards für diese Datenverarbeitungen äußern.[1141]

1136 Kapitel IV.C.II.1.
1137 Kapitel IV.D.I.3.
1138 Kapitel IV.D.I.3.
1139 Kapitel IV.D.III.
1140 Kapitel IV.C.III.
1141 Kapitel IV.D.I.3.

7. Für den Einsatz von KI durch Kreditinstitute und Banken besteht derzeit keine ausreichende Rechtsgrundlage.[1142]
8. Art. 8 EMRK statuiert nach dem EGMR ein Umgehungsverbot der EMRK-Garantien, wenn Private auf staatliche Veranlassung hin bei der Strafverfolgung tätig werden.[1143]
9. Eine KI zur Detektion von Geldwäsche ist nicht als Hochrisiko-KI-System nach der EU-KI-Verordnung einzustufen. Die rechtlichen Anforderungen an den hier betrachteten Fall aus dieser Verordnung sind äußerst gering.[1144]
10. Für die Überwachung von KI-Systemen zur Geldwäsche-Detektion ist ein interdisziplinäres Kontrollgremium bei der BaFin anzusiedeln.[1145]
11. Die Generierung von Verdachtsmomenten mit *Automated Suspicion Algorithms* birgt die Gefahr einer *blinden automatisierten Navigation.*[1146] Zum Erhalt einer Entscheidungsunterstützung für eine menschliche Kontrollinstanz statt einer vollständigen Entscheidungsersetzung schlägt diese Arbeit daher ein *blindes Begründungserfordernis*[1147] vor.
12. Die derzeitige Einordnung der FIU durch den Gesetzgeber als rein administrative Behörde entspricht nicht dem tatsächlich praktizierten Status quo. Es ist davon auszugehen, dass diese Ausgestaltung die Arbeit der FIU deutlich erschwert und zu keiner Steigerung der Effizienz der Geldwäschebekämpfung beiträgt.[1148]
13. Für die FIU ist dringend auf die gesetzliche Verankerung des Legalitätsprinzips zu Bestehen.[1149]
14. Analog zum Steuerstrafverfahren ist für die FIU die Einführung eines *Geldwäschestrafverfahrens* zur effizienteren Abwicklung geringfügiger Kriminalität und der Entlastung der Staatsanwaltschaften zu erwägen.[1150]
15. Ein zweigleisiges KI-System zur Mustererkennung und Musterdetektion kann den Bestimmtheitsgrad der Anforderungen an die Verdachts-

---

1142 Kapitel IV.C.IV.
1143 Kapitel IV.D.I.3.c).
1144 Kapitel IV.D.I.5.
1145 Kapitel IV.D.I.6.
1146 Kapitel IV.D.II.2.
1147 Kapitel IV.D.II.2.
1148 Kapitel V.A.I.
1149 Kapitel V.A.I.3.
1150 Kapitel V.A.II.

meldung erhöhen und zugleich zu einer effizienten Automatisierung der Geldwäschebekämpfung beitragen.[1151]

16. Eine risikobasierte Arbeitsweise durch die FIU ist äußerst kritisch zu sehen.[1152]

1151 Abb. 22: Ausgestaltungsvorschlag zweigleisiges KI-System Banken.

1152 Kapitel V.A.I.1.

Literaturverzeichnis

Für alle Internetquellen wurde ein dauerhaft verfügbarer Link (Permalink) erstellt.

Al-Behadili, Husam/Wöhler, Christian/Grumpe, Arne, Teilüberwachtes Lernen von emblematischen Gesten, Automatisierungstechnik 2014, 732–739.

Alexandre, Claudio Reginaldo/Balsa, João, Incorporating machine learning and a risk-based strategy in an anti-money laundering multiagent system, Expert Systems With Applications 2023, 1-11.

Altman, Erik/Blanusa, Jovan/Niederhäusern, Luc von/Egressy, Beni/Anghel, Andreea Simona/Atasu, Kubilay, Realistic Synthetic Financial Transactions for Anti-Money Laundering Models, NeurIPS 2023, 29851-29874.

Andrae, Silvio, Geldwäsche und Maschinelles Lernen – ein Strukturierungsrahmen, bank und markt 2019, 73-77.

Arzt, Gunther, Das missglückte Strafgesetz – am Beispiel der Geldwäschereigesetzgebung, in: Das missglückte Gesetz – 8. Symposium der Kommission „Die Funktion des Gesetzes in Geschichte und Gegenwart", Diederichsen, Uwe/Dreier, Ralf (Hrsg.), 1997, Göttingen.

Babucke, Lea/Kroner, Philip N., Künstliche Intelligenz und Strafrecht – Ermittlungsrisiken aufgrund KI-Washings, NZWiSt 2024, 174-180.

Baesens, Bart/Vlasselaer, Veronique van/Verbeke, Wouter, Fraud Analytics Using Descriptive, Predictive, and Social Network Techniques – A Guide to Data Science for Fraud Detection, 2015.

BaFin, Auslegungs- und Anwendungshinweise zum Geldwäschegesetz, Stand: Oktober 2021, (abrufbar: https://perma.cc/R5M9-G3C4, zuletzt abgerufen: 31.08.2024).

BaFin, Big Data trifft auf künstliche Intelligenz – Herausforderungen und Implikationen für Aufsicht und Regulierung von Finanzdienstleistungen, 15.06.2018, (abrufbar: https://perma.cc/QP2L-CZKN, zuletzt abgerufen: 31.08.2024).

BaFin, Big Data und künstliche Intelligenz: Prinzipien für den Einsatz von Algorithmen in Entscheidungsprozessen, 2021, (abrufbar: https://perma.cc/U6P4-NRTC, zuletzt abgerufen: 31.08.2024).

Barthe, Christoph/Gericke, Jan (Hrsg.), Karlsruher Kommentar Strafprozessordnung – GVG – EGGVG – EMRK, 9. Aufl. 2023, München.

Bauerfeind, Tobias/Hille, Cornelius, Die Zukunft der Geldwäscheaufsicht, GWR 2024, 33-36.

Baur, Alexander, Maschinen führen die Aufsicht – Offene Fragen der Kriminalprävention durch digitale Überwachungsagenten, ZIS 2020, 275-284.

Becker, Jörg-Peter/Erb, Volker/Esser, Robert/Graalmann-Scheerer, Kirsten /Hilger, Hans/ Ignor, Alexander (Hrsg.), Löwe-Rosenberg – Die Strafprozeßordnung und das Gerichtsverfassungsgesetz – Zwölfter Band – EMRK; IPBPR, 27. Aufl. 2024, Berlin, Boston.

Becker, Jörg-Peter/Erb, Volker/Esser, Robert/Graalmann-Scheerer, Kirsten/Hilger, Hans/ Ignor, Alexander (Hrsg.), Löwe-Rosenberg StPO Band 5/2 §§ 158-211, 27. Aufl. 2018, Berlin, Boston.

Beres, Eric, FIU-Ermittlung „Rechtlich äußerst fraglich", tagesschau.de, 2021, (abrufbar: https://perma.cc/6DPE-9786, zuletzt abgerufen: 31.08.2024).

Bergles, Siegfried/Eul, Harald, „Rasterfahndung" zur Geldwäschebekämpfung – ein Konflikt mit dem Datenschutz?, BKR 2002, 556-564.

Bergmann, Jan (Hrsg.), Handlexikon der Europäischen Union, 6. Aufl. 2022, Baden-Baden.

Berner, Wolfgang, Geldwäsche-Prävention: Cloud & Künstliche Intelligenz ist die einzige Chance, IT-Finanzmagazin.de, 2019, (abrufbar: https://perma.cc/5K4S-UVHM, zuletzt abgerufen: 31.08.2024).

Bertrand, Astrid/Maxwell, Winston/Vamparys, Xavier, Do AI-based anti-money laundering (AML) systems violate European fundamental rights?, International Data Privacy Law 2021, 276-293.

Biberacher, Simon, Kryptotoken und Geldwäsche – Die geldwäscherechtliche Verpflichtetenstellung von Kryptointermediären im europäischen sowie deutschen Recht, 2023, Baden-Baden.

Blaeschke, Joachim, Geldwäscheaufsicht über Notarinnen und Notare, DNotZ 2022, 827-854.

BMF, Deutschland bewirbt sich um Sitz neuer Anti-Geldwäschebehörde AMLA, (abrufbar: https://perma.cc/P8QK-BBPZ, zuletzt abgerufen: 31.08.2024).

BMF, Erfolg für den europäischen Finanzplatz Frankfurt am Main: Deutschland gewinnt das Rennen um den Sitz der zukünftigen EU-Behörde zur Geldwäschebekämpfung (AMLA), (abrufbar: https://perma.cc/N6VG-BZX8, zuletzt abgerufen: 31.08.2024).

BMF, Erste Nationale Risikoanalyse – Bekämpfung von Geldwäsche und Terrorismusfinanzierung, 2018/2019, (abrufbar: https://perma.cc/BNU6-DAQR, zuletzt abgerufen: 31.08.2024).

BMF, Voller Einsatz gegen Finanzkriminalität, 11.10.2023, (abrufbar: https://perma.cc/ELE6-67YG, zuletzt abgerufen: 31.08.2024).

BMI, Erläuterungen zur Geldwäsche, (abrufbar: https://perma.cc/F3AN-DC8M, zuletzt abgerufen: 31.08.2024).

Bock, Hauke/Höffler, Katrin, Künstliche Intelligenz und Kriminalität, KriPoZ 2022, 257-266.

Bockemühl, Jan/Heintschel-Heinegg, Bernd von (Hrsg.), KMR – Kommentar zur Strafprozessordnung, Aktualisierungslieferung Nr. 126, März 2024, Neuwied.

Boguslavska, Kateryna/Grossmann, Juhani, Corruption and money laundering are destroying the planet, (abrufbar: https://perma.cc/6Y5W-RWQX, zuletzt abgerufen: 31.08.2024).

Bomhard, David/Merkle, Marieke, Europäische KI-Verordnung – Der aktuelle Kommissionsentwurf und praktische Auswirkungen, RDi 2021, 276-283.

Borowiec, Steven, AlphaGo seals 4-1 victory over Go grandmaster Lee Sedol, The Guardian, 15.03.2016, (abrufbar: https://perma.cc/7TL6-PLZM, zuletzt abgerufen: 31.08.2024).

Böse, Martin, Aufsichtsrechtliche Vorermittlungen in der Grauzone zwischen Strafverfolgung und Gefahrenabwehr, ZStW 2007, 848-886.

Böse, Martin, Wirtschaftsaufsicht und Strafverfolgung – Die verfahrensübergreifende Verwendung von Informationen und die Grund- und Verfahrensrechte des Einzelnen, 2005, Tübingen.

Brian, Ilka/Pelz, Christian (Hrsg.), BeckOK GwG, 17. Edition, Stand: 01.03.2024, München.

Brock, Karl (Hrsg.), GwG – Geldwäschegesetz – Kommentar, 2024, Neuwied.

Brodowski, Dominik, Tue Böses und rede darüber – Geldwäscheverdachtsmeldungen und das Strafrecht, wistra 2021, 417-424.

Brodowski, Dominik, Verdeckte technische Überwachungsmaßnahmen im Polizei- und Strafverfahrensrecht, 2016, Tübingen.

Brühl, Volker, Big Data, Data Mining, Machine Learning und Predictive Analytics – ein konzeptioneller Überblick, CFS Working Paper Series, No. 617 2019, 1-9.

Brunhöber, Beatrice, Privatisierung des Ermittlungsverfahrens im Strafprozess, GA 2010, 571-588.

Brüning, Janique, Künstliche Intelligenz und strafrechtliche Haftung – Compliance-Anforderungen im digitalen Zeitalter mit Blick auf die Finanzwirtschaft, in: Criminal Compliance – Status quo und Status futurus, Rotsch, Thomas (Hrsg.), 2021, Baden-Baden.

Bülte, Jens, Die Risiken des Risikobasierten Ansatzes – Zu den Pflichten der FIU nach §§ 30, 32 GwG, NVwZ Extra 4b 2022, 1-23.

Bülte, Jens, Die Risiken des Risikobasierten Ansatzes – Zu den Pflichten der FIU nach §§ 30, 32 GwG, NVwZ 2022, 378-379.

Bülte, Jens, Reform des § 261 StGB: Vermeintlich effektive Abschöpfung statt Rechtsstaatlichkeit, GWuR 2021, 8-12.

Bülte, Jens, Zu den Gefahren der Geldwäschebekämpfung für Unternehmen, die Rechtsstaatlichkeit und die Effektivität der Strafverfolgung, NZWiSt 2017, 276-288.

Bund Deutscher Kriminalbeamter, Stellungnahme des Bund Deutscher Kriminalbeamter e. V. zum Entwurf eines Gesetzes zur Verbesserung der Bekämpfung von Finanzkriminalität (FKBG), 23.09.2023, (abrufbar: https://perma.cc/L3DW-X98K, zuletzt abgerufen: 31.08.2024).

Bundesamt für Sicherheit in der Informationstechnik, BSI-Leitfaden zur Einführung von Intrusion-Detection-Systemen, (abrufbar: https://perma.cc/P4M3-NFZH, zuletzt abgerufen: 31.08.2024).

Bundesdatenschutzbeauftragter, Tätigkeitsbericht 2001 und 2002 des Bundesbeauftragten für den Datenschutz – 19. Tätigkeitsbericht, (abrufbar: https://perma.cc/3RWS-M2FE, zuletzt abgerufen: 31.08.2024).

Burgi, Martin, Funktionale Privatisierung und Verwaltungshilfe, 1999, Tübingen.

Burkhardt, Lukas, Künstliche Intelligenz in der Strafverfolgung – Potenzial und Limitierung von Anwendungen des maschinellen Lernens zur Unterstützung von Ermittlern bei der Bewältigung von Massen-Mediendaten, Kriminalistik 2020, 336-340.

Bürkle, Jürgen (Hrsg.), Compliance in Versicherungsunternehmen – Rechtliche Anforderungen und praktische Umsetzung, 3. Aufl. 2020, München.

Bussmann, Kai-D., Geldwäsche-Prävention im Markt – Funktionen, Chancen und Defizite, 2018, Berlin.

Bussmann, Kai-D./Veljovic, Miguel, Die hybride strafrechtliche Verfolgung der Geldwäsche – Schlussfolgerungen aus den Ergebnissen einer bundesweiten Studie, NZWiSt 2020, 417-425.

Calliess, Christian/Ruffert, Matthias (Hrsg.), EUV/AEUV – Das Verfassungsrecht der Europäischen Union mit Europäischer Grundrechtecharta, 6. Aufl. 2022, München.

Carl, Dieter, Kampf gegen die Geldwäsche – Gesetzliche Maßnahmen der EG und der Bundesrepublik, wistra 1991, 288-293.

Chabert, Jean-Luc/Barbin, Évelyne/Borowczyk, Jacques/Guillemot, Michel/Michel-Pajus, Anne, A History of Algorithms – From the Pebble to the Microchip, 1999, Berlin.

Chen, Zhiyuan/Khoa, van le Dinh/Teoh, Ee Na/Nazir, Amril/Karuppiah, Ettikan Kandasamy/Lam, Kim Sim, Machine learning techniques for anti-money laundering (AML) solutions in suspicious transaction detection: a review, Knowledge and Information Systems 2016, 245-285.

Chibanguza, Kuuya J./Kuß, Christian/Steege, Hans (Hrsg.), Künstliche Intelligenz – Recht und Praxis automatisierter und autonomer Systeme, 2022, Baden-Baden.

Creemers, Niklas/Guagnin, Daniel, Datenbanken in der Polizeipraxis: Zur computergestützten Konstruktion von Verdacht, KrimJ 2014, 138-152.

D'Onofrio, Sara/Meier, Andreas (Hrsg.), Big Data Analytics – Grundlagen, Fallbeispiele und Nutzungspotenziale, 2021.

Dahm, Joachim/Hamacher, Rolf Josef, Geldwäschebekämpfung und strafrechtliche Verfahrensgarantien – Eine stille Verfassungsreform, wistra 1995, 206-217.

Danne, Marius, Doppelfunktionale Maßnahmen in der öffentlich-rechtlichen Klausur, JuS 2018, 434-438.

Danzer, Andreas, Synthetische Daten: Ein Schatz für die Finanzbranche, Der Standard, 18.05.2022, (abrufbar: https://perma.cc/2HPB-VPFX, zuletzt abgerufen: 31.08.2024).

Degen, Andreas, Gesetzliche Mitwirkungspflichten der Kreditwirtschaft bei der Geldwäsche- und Terrorismusbekämpfung – Eine verfassungsrechtliche Betrachtung aus Sicht der Bankkunden am Beispiel des Konten-Screenings und des Kontendatenabrufverfahrens, 2009, Frankfurt am Main, Berlin, Bern, Brüssel, New York, Oxford, Wien.

Detterbeck, Steffen, Allgemeines Verwaltungsrecht mit Verwaltungsprozessrecht, 22. Aufl. 2024, München.

Deutsche Börse, Deutsche Börse AG veräußert entory an Softlab – Transaktion soll im Herbst abgeschlossen sein, Gruppe Deutsche Börse, 05.07.2005, (abrufbar: https://perma.cc/XQ62-RGAB, zuletzt abgerufen: 31.08.2024).

Diehl, Jörg/Siemens, Ansgar, Ermittler gehen gegen Zoll-Spezialeinheit vor, Spiegel, 2020, (abrufbar: https://perma.cc/JE9R-V7EY, zuletzt abgerufen: 31.08.2024).

Diergarten, Achim/Barreto Da Rosa, Steffen, Praxiswissen Geldwäscheprävention – Aktuelle Anforderungen und Umsetzung in der Praxis, 2. Aufl. 2021, Berlin, Boston.

Dörr, Oliver/Grote, Rainer/Marauhn, Thilo (Hrsg.), EMRK/GG Konkordanzkommentar zum europäischen und deutschen Grundrechtsschutz, 3. Aufl. 2022, Tübingen.

Dpa/Cho/LTO-Redaktion, EU-Parlament gibt grünes Licht für weltweit erstes KI-Gesetz, LTO, 13.03.2024, (abrufbar: https://perma.cc/7P5W-JTKV, zuletzt abgerufen: 31.08.2024).

Dpa/Dta/Jab, Chat-GPT-Entwicklerfirma – Altman wird wieder Chef von Open AI, SZ, 22.11.2023, (abrufbar: https://perma.cc/R2PM-REEG, zuletzt abgerufen: 31.08.2024).

Dreisigacker, Charlotte/Hornung, Jonas/Ritter-Döring, Verena, Die BaFin-Prinzipien zum Einsatz von Algorithmen und KI in der Finanzwirtschaft – ein Überblick, RDi 2021, 580-587.

Dürr, Wolfram, Vorrang Handwerksrolleneintragung vor Gewerbeanzeige, § 16 Abs. 1 HwO – § 14, 15 GewO, GewArch 2006, 107-109.

Dziubany, Matthias/Schneider, Jens/Schmeink, Anke /Dartmann, Guido/Gollmer, Klaus-Uwe/Naumann, Stefan, Prognose von Wärmeverbräuchen, in: Workshops der Informatik 2018 – Architekturen, Prozesse, Sicherheit und Nachhaltigkeit, Czarnecki, Christian/Brockmann, Carsten/Sultanow, Eldar/Koschmider, Agnes/Selzer, Annika (Hrsg.), 2018, Berlin.

Ebers, Martin/Heinze, Christian /Krügel, Tina/Steinrötter, Björn (Hrsg.), Künstliche Intelligenz und Robotik – Rechtshandbuch 2020, München.

Ehlers, Dirk/Pünder, Hermann (Hrsg.), Allgemeines Verwaltungsrecht, 15. Aufl. 2016, Heidelberg.

Eiding, Lutz/Hofmann-Hoeppel, Jochen (Hrsg.), Verwaltungsrecht – Schriftsatzmuster und Erläuterungen – Materielles Recht – Verfahrensrecht, 3. Aufl. 2022, Baden-Baden.

El-Ghazi, Mohamad/Jansen, Scarlett, Anwendung des risikobasierten Ansatzes durch die FIU als Strafvereitelung?, NZWiSt 2022, 465-472.

Ellenberger, Jürgen/Bunte, Hermann-Josef (Hrsg.), Bankrechts-Handbuch – Band I, 6. Aufl. 2022, München.

Ennuschat, Jörg/Wank, Rolf/Winkler, Daniela (Hrsg.), Gewerbeordnung – Kommentar, 9. Aufl. 2020, München.

Erb, Volker/Schäfer, Jürgen (Hrsg.), Münchener Kommentar zum StGB, 4. Aufl. 2021, München.

Ernst, Christian, Algorithmische Entscheidungsfindung und personenbezogene Daten, JZ 2017, 1026-1036.

Esser, Robert/Rübenstahl, Markus/Saliger, Frank/Tsambikakis, Michael (Hrsg.), Wirtschaftsstrafrecht – Kommentar mit Steuerstrafrecht und Verfahrensrecht, 2017, Köln.

Europäische Kommission, COM(2019) 168 final – Schaffung von Vertrauen in eine auf den Menschen ausgerichtete künstliche Intelligenz, 08.04.2019, (abrufbar: https://perma.cc/32VC-ZGZX, zuletzt abgerufen: 31.08.2023).

Europäische Kommission, Kommission begrüßt politische Einigung über das Gesetz über künstliche Intelligenz, Pressemitteilung, 09.12.2023, (abrufbar: https://perma.cc/CVG3-SVSW, zuletzt abgerufen: 31.08.2024).

Europäischer Datenschutzbeauftragter, Stellungnahme 5/2020 zum Aktionsplan der Europäischen Kommission für eine umfassende Politik der Union zur Verhinderung von Geldwäsche und Terrorismusfinanzierung, 23.07.2020, (abrufbar: https://perma.cc/54BJ-HYY5, zuletzt abgerufen: 31.08.2024).

FATF, Anti-money laundering and counter-terrorist financing measures Germany – Mutual Evaluation Report, August 2022, (abrufbar: https://perma.cc/6QSV-R5AL, zuletzt abgerufen: 31.08.2024).

FATF, "Black and grey" lists, (abrufbar: https://perma.cc/4MQM-WNEE, zuletzt abgerufen: 31.08.2024).

FATF, FATF Report Professional Money Laundering, Juli 2018, (abrufbar: https://perma.cc/7PGC-DQRF zuletzt abgerufen: 31.08.2024).

FATF, History of the FATF, (abrufbar: https://perma.cc/W52R-32TB, zuletzt abgerufen: 31.08.2024).

FATF, International Standards on Combating Money Laundering and the Financing of Terrorism and Proliferation: The FATF Recommendations, Stand: November 2023, (abrufbar: https://perma.cc/4CA6-RGMY, zuletzt abgerufen: 31.08.2024).

FATF, Mutual Evaluation Report Germany, 2010, (abrufbar: https://perma.cc/N5H2-ET5G, zuletzt abgerufen: 31.08.2024).

Feldkamp, Jakob/Kappler, Quirin/Poretschkin, Maximilian/Schmitz, Anna/Weiss, Erik, Rechtliche Fairnessanforderungen an KI -Systeme und ihre technische Evaluation – Eine Analyse anhand ausgewählter Kreditscoring-Systeme unter besonderer Berücksichtigung der zukünftigen europäischen KI-Verordnung, ZfDR 2024, 60-117.

Findeisen, Michael, Der Präventionsgedanke im Geldwäschegesetz – Anforderungen der Bankenaufsicht an die internen Sicherungsmaßnahmen der Kreditinstiute gem. § 14 Abs. 2 GwG zur Bekämpfung der Geldwäsche wistra 1997, 121-128.

Fischer, Thomas, Strafgesetzbuch mit Nebengesetzen, 71. Aufl. 2024, München.

Fischer, Thomas/Maul, Heinrich, Tatprovozierendes Verhalten als polizeiliche Ermittlungsmaßnahme, NStZ 1992, 7-13.

Fraunhofer Gesellschaft, Maschinelles Lernen: Eine Analyse zu Kompetenzen, Forschung und Anwendung, (abrufbar: https://perma.cc/AE3E-PRZV, zuletzt abgerufen: 31.08.2024).

Fraunhofer IAIS, Leitfaden zur Gestaltung vertrauenswürdiger Künstlicher Intelligenz – KI-Prüfkatalog, 2021, (abrufbar: https://perma.cc/FJJ3-58MA, zuletzt abgerufen: 31.08.2024).

Frisch, Maximilian/Kohpeiß, Marcel, KI-Verordnung: Aktueller Stand und Vergleich der Änderungsvorschläge des Rates und des Parlaments, ZD-aktuell 2023, 01318.

Fülbier, Andreas/Aepfelbach, Rolf R. /Langweg, Peter (Hrsg.), GwG – Kommentar zur Geldwäschegesetz, 2006, Köln.

Gazeas, Nikolaos, Das neue Geldwäsche-Strafrecht: Weitreichende Folgen für die Praxis, NJW 2021, 1041-1046.

Gehling, Christian/Lüneborg, Cäcilie, Pflichten des Güterhändlers nach dem Geldwäschegesetz, NZG 2020, 1164-1173.

Geminn, Christian, Die Regulierung Künstlicher Intelligenz – Anmerkungen zum Entwurf eines Artificial Intelligence Act, ZD 2021, 354-359.

Geng, Bernd, Wirtschaftskriminalität – eine kriminologische Perspektive, in: Gedächtnisschrift für Wolfgang Joecks, Dünkel, Frieder/Fahl, Christian/Hardtke, Frank/Harrendorf, Stefan/Regge, Jürgen/Sowada, Christoph (Hrsg.), 2018, München.

Gercke, Björn/Jahn, Matthias/Paul, Theresa, Sorgenkind außer Kontrolle: Paradigmenwechsel der Geldwäsche-„Bekämpfung“ mit der Neufassung des § 261 StGB, StV 2021, 330-340.

Gercke, Björn/Temming, Dieter/Zöller, Mark A. (Hrsg.), Strafprozessordnung, 7. Aufl. 2023, Heidelberg.

Glaser, Christian, Künstliche Intelligenz im Bankenumfeld – Technologien und Unternehmenskultur für zukunftsfähige Geschäftsmodelle und Prozesse, 2024, Berlin.

Gless, Sabine/Wohlers, Wolfgang, Subsumtionsautomat 2.0 – Künstliche Intelligenz statt menschlicher Richter?, in: Festschrift für Urs Kindhäuser zum 70. Geburtstag, Böse, Martin/Schumann, Kay H. /Toepel, Friedrich (Hrsg.), 2019, Baden-Baden.

Gola, Peter/Heckmann, Dirk (Hrsg.), Datenschutz-Grundverordnung – Bundesdatenschutzgesetz, 3. Aufl. 2022, München.

Golla, Sebastian, Algorithmen, die nach Terroristen schürfen – „Data Mining“ zur Gefahrenabwehr und zur Strafverfolgung, NJW 2021, 667-672.

Götz, Andreas, Die Dauer der Verdachtsmeldepflichten im Geldwäscherecht und im Wertpapierhandelsrecht – ein Beitrag zur Verjährung der Ordnungswidrigkeiten gegen das Wirtschaftsstrafrecht, NZWiSt 2023, 127-134.

Götz, Christopher, Big Data und der Schutz von Datenbanken – Überblick und Grenzen, ZD 2014, 563-568.

Graf, Jürgen (Hrsg.), BeckOK StPO mit RiStBV und MiStra, 50. Edition, Stand: 01.07.2024, München.

Graulich, Kurt, Strafverfolgungsvorsorge – Gegenstand und rechtliche Verortung, NVwZ 2014, 685-691.

Grossenbacher, Timo /Zehr, Angelo, Polizei-Software verdächtigt zwei von drei Personen falsch, SRF, 05.04.2018, (abrufbar: https://perma.cc/7ZY8-6HCS, zuletzt abgerufen: 31.08.2024).

Grützner, Thomas/Jakob, Alexander, Compliance von A-Z, 2. Aufl. 2015, München.

Grzywotz, Johanna, Virtuelle Kryptowährungen und Geldwäsche, 2019, Berlin.

Gürkan, David, Der risikoorientierte Ansatz zur Geldwäscheprävention und seine Folgen – Geldwäschegesetz und Kreditwesengesetz im Lichte von Rechtsdogmatik und Rechtsökonomie, 2019, Berlin.

Güting, Ralf Hartmut/Dieker, Stefan, Datenstrukturen und Algorithmen, 4. Aufl. 2018, Berlin.

Häberle, Peter (Hrsg.), Strafrechtliche Nebengesetze, 249. Ergänzungslieferung, Stand: September 2023, München.

Hachmann, Nick, Verdachtsmeldepflichten im Strafprozess – Zu den Grenzen der Einbeziehung Privater in das Vorfeld strafprozessualer Ermittlungen, 2024, Baden-Baden.

Hahn, Johanna, Die Regulierung biometrischer Fernidentifizierung in der Strafverfolgung im KI- Verordnungsentwurf der EU-Kommission – Mit lückenhafter Regulierung gegen lückenlose Überwachung, ZfDR 2023, 142-163.

Haim, Mario, Computational Communication Science – Eine Einführung, 2023, Berlin.

Hassemer, Winfried, Vermögen im Strafrecht – Zu neuen Tendenzen der Kriminalpolitik, WM Sonderbeilage Nr. 3 1995, 1-31.

Hauler, Timo/Höffler, Katrin/Reisch, Katharina, „Im Zweifel", aber nicht „ins Blaue hinein" – Die strafrechtliche Dimension der geldwäscherechtlichen Verdachtsmeldepflicht, wistra 2023, 265-271.

Heintschel-Heinegg, Bernd von/Kudlich, Hans (Hrsg.), BeckOK StGB, 60. Edition, Stand: 01.11.2023, München.

Heintzen, Markus, Beteiligung Privater an der Wahrnehmung öffentlicher Aufgaben und staatliche Verantwortung – Bericht von Professor Dr. Markus Heintzen, Veröffentlichungen der Vereinigung der Deutschen Staatsrechtslehrer (Hrsg.), 2003, Berlin.

Herzog, Felix, Der Banker als Fahnder? Von der Verdachtsanzeige zur systematischen Verdachtsgewinnung – Entwicklungstendenzen der Geldwäschebekämpfung, WM 1996, 1753-1763.

Herzog, Felix, Geldwäschebekämpfung – quo vadis? Rechtsstaatliche Grenzen der Geldwäschebekämpfung durch Aufsichtshandlungen des Bundesaufsichtsamtes für das Kreditwesen, WM 1999, 1905-1919.

Herzog, Felix (Hrsg.), Geldwäschegesetz, 5. Aufl. 2023, München.

Herzog, Felix/Christmann, Rainer M., Geldwäsche und „Bekämpfungsgesetzgebung" – Ein Plädoyer für rechtsstaatliche Sensibilität, WM 2003, 6-14.

Herzog, Felix/Hoch, Temba, Politisch exponierte Personen unter Beobachtung – Konsequenzen aus der 3. EU-Geldwäscherichtlinie und damit verbundene Fragen des Datenschutzes, WM 2007, 1997-2003.

Herzog, Felix/Mülhausen, Dieter (Hrsg.), Geldwäschebekämpfung und Gewinnabschöpfung – Handbuch der straf- und wirtschaftsrechtlichen Regelungen, 2006, München.

Heuser, Jessica, Künstliche Intelligenz als Ressource im Kampf gegen Geldwäsche?, in: Künstliche Intelligenz und Öffentliches Wirtschaftsrecht, Chan, Chen-Jung/Ennuschat, Jörg/Lee, Chien-Liang/Lin, Yuh-May/Storr, Stefan (Hrsg.), 2022, Baden-Baden.

Höche, Thorsten/Rößler, Gernot, Das Gesetz zur Optimierung der Geldwäscheprävention und die Kreditwirtschaft, WM 2012, 1505-1512.

Höffler, Katrin/Reisch, Katharina, Die Auswirkungen von Künstlicher Intelligenz auf die Geldwäscheprävention, in: Kriminalität und Kriminologie im Zeitalter der Digitalisierung, Bliesener, Thomas/Deyerling, Lena/Dreißigacker, Arne/Hennigsmeier, Isabel/Neumann, Merten/Schemmel, Jonas/Schröder, Carl Philipp/Treskow, Laura (Hrsg.), 2023, Mönchengladbach.

Hoffmann-Riem, Wolfgang, Recht im Sog der digitalen Transformation, 2022, Tübingen.

Hoven, Elisa, Die Grenzen des Anfangsverdachts – Gedanken zum Fall Edathy, NStZ 2014, 361-367.

Hoyer, Petra/Klos, Joachim, Regelungen zur Bekämpfung der Geldwäsche und ihre Anwendung in der Praxis – Geldwäschegesetz, Gesetz zur Verbesserung der Bekämpfung der Organisierten Kriminalität, internationale Regelungen, 2. Aufl. 1998, Berlin.

Hübenthal, Nils, Selbstbelastungsfreiheit und Internal Investigations, 2024, Berlin.

Ipsen, Hans Peter, Gesetzliche Indienstnahme Privater für Verwaltungsaufgaben, in: Um Recht und Gerechtigkeit – Festgabe für Erich Kaufmann, Jahrreiß, Hermann/Jellinek, Walter/Laun, Rudolf/Smend, Rudolf (Hrsg.), 1950, Stuttgart.

Jahn, Matthias, Schriftliche Stellungnahme für die öffentliche Anhörung im Rechtsausschuss des Deutschen Bundestages zu dem Entwurf eines Gesetzes zur Verbesserung der strafrechtlichen Bekämpfung der Geldwäsche – BT-Drucks. 19/24180, 09.12.2022, (abrufbar: https://perma.cc/4HUX-DFXE, zuletzt abgerufen: 31.08.2024).

Jahn, Matthias/Ebner, Markus, Die Anschlussdelikte – Geldwäsche (§§ 261–262 StGB), JuS 2009, 597-603.

Jarass, Hans D. (Hrsg.), Charta der Grundrechte der Europäischen Union unter Einbeziehung der sonstigen Grundrechtsregelungen des Primärrechts und der EMRK, 4. Aufl. 2021, München.

Jarass, Hans D., Die Bedeutung der Unionsgrundrechte unter Privaten, ZEuP 2017, 310-333.

Jarass, Hans D./Kment, Martin (Hrsg.), Grundgesetz für die Bundesrepublik Deutschland Kommentar, 17. Aufl. 2022, München.

Joecks, Wolfgang/Jäger, Markus/Randt, Karsten (Hrsg.), Steuerstrafrecht – Kommentar, 9. Aufl. 2023, München.

Kafsack, Hendrik, Strikte EU-Auflagen für ChatGPT-Basismodell, FAZ, 08.12.2023, (abrufbar: https://perma.cc/64T9-MVVC, zuletzt abgerufen: 31.08.2024).

Kang, Byunggu/Wu, Sishi, False positives vs. false negatives: public opinion on the cost ratio in criminal justice risk assessment, Journal of Experimental Criminology 2023, 919-941.

Kanning, Tim, Kampf gegen Geldwäsche überfordert Banken, FAZ, 09.10.2019, (abrufbar: https://perma.cc/FGA7-7GGQ, zuletzt abgerufen: 31.08.2024).

Kastl, Graziana, Algorithmen – Fluch oder Segen? Eine Analyse der Autocomplete-Funktion der Google-Suchmaschine, GRUR 2015, 136-141.

Kindhäuser, Urs/Neumann, Ulfrid/Paeffgen, Hans-Ullrich/Salinger, Frank (Hrsg.) (Hrsg.), Strafgesetzbuch, 6. Aufl. 2023, Baden-Baden.

Kirchhof, Paul, Die Verwaltungslasten der Besteuerung, DStR 2023, 1801-1807.

Klaus, Julia /Strompen, Michael/Vieltorf, Frank, Das Geldwäsche-Desaster – Was läuft schief beim Kampf gegen Geldwäsche?, ZDF, 16.05.2023, (abrufbar: https://perma.cc/V9PB-UVAR, zuletzt abgerufen: 31.08.2024).

Klein, Eckart, Grundrechtliche Schutzpflicht des Staates, NJW 1989, 1633-1640.

Klein, Oliver, Das Untermaßverbot – Über die Justiziabilität grundrechtlicher Schutzpflichterfüllung, JuS 2006, 960-964.

Kniesel, Michael, Kriminalitätsbekämpfung durch Polizeirecht – Verhinderung und Verhütung von Straftaten, 2022, Berlin.

Knuth, Tobias, Lernende Entscheidungsbäume – Überholtes Verfahren oder vielseitige KI-Methode?, Informatik Spektrum 2021, 364-369.

Kochheim, Dieter, Cybercrime und Strafrecht in der Informations- und Kommunikationstechnik, 2018. München.

Koenen, Michael, Auswertung von Blockchain-Inhalten zu Strafverfolgungszwecken, 2023, Baden-Baden.

Kompetenzzentrum Öffentliche IT, Neuronale Netze, (abrufbar: https://perma.cc/9U5H-5RBS, zuletzt abgerufen: 31.08.2024).

Körber, Torsten/Schweitzer, Heike /Zimmer, Daniel (Hrsg.), Wettbewerbsrecht, 6. Aufl. 2020, München.

Koslowski, Ben, Harmonisierung der Geldwäschestrafbarkeit in der Europäischen Union – Entwicklung europäischer Vorgaben zur Strafbarkeit wegen Geldwäsche unter Berücksichtigung mitgliedstaatlicher Geldwäschetatbestände, 2016, Baden-Baden.

Krempl, Stefan, Autonome künstliche Intelligenzen: „Echte KI braucht Kreativität im Computer", heise online, 29.05.2019, (abrufbar: https://perma.cc/J43S-XJXN, zuletzt abgerufen: 31.08.2024).

Krey, Volker/Dierlamm, Alfred, Gewinnabschöpfung und Geldwäsche, JR 1992, 353-360.

Lackner, Karl/Kühl, Kristian/Heger, Martin (Hrsg.), Strafgesetzbuch: StGB, 30. Aufl. 2023, München.

Lamba, Hemank/Glazier, Thomas J./Cámara, Javier/Schmerl, Bradley/Garlan, David/Pfeffer, Jürgen, Model-based cluster analysis for identifying suspicious activity sequences in software, IWSPA '17: Proceedings of the 3rd ACM on International Workshop on Security And Privacy Analytics 2017, 17-22.

Landesbeauftragte für Datenschutz und Informationsfreiheit NRW, KI-Verordnung kommt, Datenschutz bleibt, 2024, (abrufbar: https://perma.cc/R3C7-5P2E, zuletzt abgerufen: 31.08.2024).

Lang, Sebastian, Methoden des bestärkenden Lernens für die Produktionsablaufplanung, 2023, Berlin.

Lanier, Jaron, Ten Arguments for Deleting Your Social Media Accounts Right Now, 2018, London.

Leffer, Lena/Leicht, Maximilian, Datenschutzrechtliche Herausforderungen beim Einsatz von Trainingsdaten für KI-Systeme, in: Recht Digital – 25 Jahre IRIS: Tagungsband des 25. Internationalen Rechtsinformatik Symposions IRIS 2022 – Proceedings of the 25th International Legal Informatics Symposium IRIS 2022, Schweighofer, Erich/Kummer, Franz/Saarenpää, Athi/Eder, Stefan/Hanke, Philip/Zanol, Jakob/Schmautzer, Felix (Hrsg.), 2022, Bern.

Leffer, Lena/Sommerer, Lucia, Zum Einsatz einer Geldwäschedetektions-KI zur Strafverfolgung – Automatisierte Verkettung von Verdachtsstufen, in: Digitalisierung des Rechts, Wörner, Liane/Wilhelmi, Rüdiger/Glöckner, Jochen/Breuer, Marten/Behrendt, Svenja (Hrsg.), 2024, Berlin, Boston.

Lehr, David/Ohm, Paul, Playing with the Data: What Legal Scholars Should Learn About Machine Learning, U.C. Davis Law Review 2017, 653-717.

Lenk, Maximilian, Die geldwäscherechtliche Meldepflicht gem. § 43 Abs. 1 Nr. 1 GwG – Ein Konkretisierungsversuch für nachträgliche Verdachtsfeststellungen, WM 2020, 115-119.

Lenk, Maximilian, Sanktionsbewehrte Melde- und Anzeigepflichten – Zu den materiell-rechtlichen Problemen einer privatisierten Kriminalitätsbekämpfung, JR 2020, 103-112.

Lenk, Maximilian, Zu den Ermittlungen gegen Verantwortliche der Financial Intelligence Unit (FIU) wegen des Verdachts der Strafvereitelung im Amt, ZWH 2021, 353-362.

Levi, Michael/Reuter, Peter, Money Laundering, in: Crime and Justice – A Review of Research, Tonry, Michael (Hrsg.), 2006, Chicago.

Lindemann, Michael, Staatlich organisierte Anonymität als Ermittlungsmethode bei Korruptions- und Wirtschaftsdelikten, ZRP 2006, 127-130.

Lüneborg, Cäcilie, Geldwäsche-Compliance bei Güterhändlern – überbordend?, NZG 2022, 825-825.

Magliveras, Konstantin D., Defeating the Money Launderer – The International and European Framework, Journal Business Law 1992, 161-177.

Marsch, Nikolaus, Das europäische Datenschutzgrundrecht – Grundlagen – Dimensionen – Verflechtungen, 2018, Tübingen.

Martin-Jung, Helmut, KI-Pionier Geoffrey Hinton warnt vor seiner eigenen Technologie, SZ, 02.05.2023, (abrufbar: https://perma.cc/E2KZ-LS49, zuletzt abgerufen: 31.08.2024).

Martini, Mario, Blackbox Algorithmus – Grundfragen einer Regulierung Künstlicher Intelligenz, 2019, Berlin.

Maurer, Hartmut/Waldhoff, Christian, Allgemeines Verwaltungsrecht, 21. Aufl. 2024, München.

May, Richard D., Fighting money launderers with artificial intelligence at HSBC, Google Cloud, 30.11.2023, (abrufbar: https://perma.cc/Q4LG-V54U, zuletzt abgerufen: 31.08.2024).

Meyer, Frank, Financial Intelligence Units – Epitome and Test Case of Transnational Security Law, in: Digitalisierung, Globalisierung und Risikoprävention – Festschrift für Ulrich Sieber zum 70. Geburtstag – Teilbände I und II, Engelhart, Marc/Kudlich, Hans/Vogel, Benjamin (Hrsg.), 2. Aufl. 2022, Berlin.

Meyer, Frank/Hachmann, Nick, Institutionelle Bedingungen effektiver Geldwäschebekämpfung – Zu den Funktionen und Potenzialen von Financial Intelligence Units, ZStW 2022, 391-455.

Meyer-Goßner, Lutz/Schmitt, Bertram (Hrsg.), Strafprozessordnung mit GVG und Nebengesetzen, 66. Aufl. 2023, München.

Meyer-Ladewig, Jens/Nettesheim, Martin/Raumer, Stefan von (Hrsg.), EMRK – Europäische Menschenrechtskonvention, 5. Aufl. 2023, Baden-Baden.

Mitsch, Wolfgang, Vorbeugende Strafbarkeit zur Abwehr terroristischer Gewalttaten, NJW 2015, 209-211.

Mitsilegas, Valsamis, Money Laundering Counter-Measures in the European Union – A New Paradigm of Security Governance Versus Fundamental Legal Principles, 2003, Berlin, Bosten.

Momsen, Carsten, Implications and Limitations of the Use of AI in Criminal Justice in Germany, KriPoZ 2023, 8-16.

Momsen, Carsten/Rackow, Peter/Schwarze, Mathis, Dolmetscher und Sprachsachverständige als Ermittlungshelfer? – Rechtsfragen des Einsatzes von Sprachsachverständigen beziehungsweise Dolmetschern – zugleich Anmerkung zu dem Urteil des LG Hamburg vom 9.5.2016 – 608 KLs 1/15, NStZ 2018, 625-630.

Momsen, Carsten/Rennert, Cäcilia, Big Data-Based Predictive Policing, KriPoZ 2020, 160-172.

MONEYVAL, Annual Report 2022, (abrufbar: https://perma.cc/G8VJ-6BB4, zuletzt abgerufen: 31.08.2024).

Möslein, Florian/Omlor, Sebastian (Hrsg.), FinTech-Handbuch – Digitalisierung, Recht, Finanzen, 2. Aufl. 2021, München.

Mysegades, Jan, Software als Beweiswerkzeug – Gerichtliche Sachverhaltsfeststellung mittels nicht nachvollziehbarer Software in Gegenwart und Zukunft, 2022, Trier.

Neuheuser, Stephan, Die Strafbarkeit des Geldwäschebeauftragten wegen Geldwäsche durch Unterlassen bei Nichtmelden eines Verdachtsfalles gemäß § 11 Abs. 1 GwG, NZWiSt 2015, 241-245.

Neumann, Laura Katharina Sophia, Das Sanktionenrecht der vorgeschlagenen EU-Agentur für die Bekämpfung von Geldwäsche und Terrorismusfinanzierung (AMLA), NZWiSt 2021, 449-458.

Nichols, Ryan/Yaffe, Gideon, Thomas Reid, Stanford Encyclopedia of Philosophy, 23.09.2014, (abrufbar: https://perma.cc/QJC6-CYJV, zuletzt abgerufen: 31.08.2024).

Nink, David, Justiz und Algorithmen – Über die Schwächen menschlicher Entscheidungsfindung und die Möglichkeit neuer Technologien in der Rechtsprechung, 2021, Berlin.

Nolde, Malaika, Die Privatwirtschaft als „Bundesbotnetz" der Strafverfolgungsvorsorge?, in: Tagungsband Herbstakademie 2012 – IT und Internet mit Recht gestalten, Taeger, Jürgen (Hrsg.), 2012, Edewecht.

Obermayer, Bastian/Obermaier, Frederik /Wormer, Vanessa/Jaschensky, Wolfgang, Das sind die Panama Papers, (abrufbar: https://perma.cc/7EWL-FXDT, zuletzt abgerufen: 31.08.2024).

OECD, OECD AI Principles overview, (abrufbar: https://perma.cc/J8HA-MNWR, zuletzt abgerufen: 31.08.2024).

Oswald, Katharina, Die Implementation gesetzlicher Maßnahmen zur Bekämpfung der Geldwäsche in der Bundesrepublik Deutschland, 1997, Freiburg.

Oyetunde, Blessing, „Digital identity passports for companies?“ Vespia's flaming RegTech revolution, e-Estonia, 22.06.2022, (abrufbar: https://perma.cc/AH9E-5KEL, zuletzt abgerufen: 31.08.2024).

Papathanasiou, Konstantina, Die „Panama Papers“ im Lichte des Besonderen Teils des StGB, JA 2017, 88-93.

Pasquinelli, Matteo, The Eye of the Master – A Social History of Artificial Intelligence, 2023, London, New York.

Paul, Wolfgang, Effektiver Rechtsschutz bei geldwäscherechtlicher Verdachtsmeldung, NJW 2022, 1769-1774.

Pavlidis, Georgios, Deploying artificial intelligence for anti-money laundering and asset recovery: the dawn of a new era, Journal of Money Laundering Control 2023, 155-166.

Peters, Amadeus, Smarte Verdachtsgewinnung – Eine strafprozessuale und verfassungsrechtliche Untersuchung der Verdachtsgewinnung mittels Künstlicher Intelligenz, 2023, Baden-Baden.

Pleyer, Marcus, Geldwäsche geht uns alle an – Digitalisierung ist im Kampf gegen Geldwäsche bedeutend, FAZ, 30.05.2021.

Poscher, Ralf/Kilchling, Michael/Landerer, Lukas, Ein Überwachungsbarometer für Deutschland – Entwicklung eines Konzeptes zur periodischen Erfassung staatlicher Überwachungsmaßnahmen, GSZ 2021, 225-232.

Präsidentinnen und Präsidenten der Oberlandesgerichte, des Kammergerichts, des Bayerischen Obersten Landesgerichts und des Bundesgerichtshofs, Einsatz von KI und algorithmischen Systemen in der Justiz, 13.05.2022, (abrufbar: https://perma.cc/F5TB-8AL7, zuletzt abgerufen: 31.08.2024).

Radbruch, Gustav, Gesetzliches Unrecht und übergesetzliches Recht, Süddeutsche Juristenzeitung 1946, 105-108.

Rademacher, Timo, Verdachtsgewinnung durch Algorithmen. Maßstäbe für den Einsatz von predictive policing und retrospective policing bei Gefahrenabwehr bzw. Strafverfolgung, in: Regulierung für Algorithmen und Künstliche Intelligenz, Zimmer, Daniel (Hrsg.), 2021, Baden-Baden.

Raji, Behrang, Rechtliche Bewertung synthetischer Daten für KI-Systeme, DuD 2021, 303-309. *Rat der EU*, Bekämpfung von Geldwäsche: Rat nimmt Paket von Vorschriften an, 30.05.2024, (abrufbar: https://perma.cc/6YW2-46MZ, zuletzt abgerufen: 31.08.2024).

Rat der EU, Bekämpfung von Geldwäsche: Rat und Parlament erzielen Einigung über strengere Vorschriften, Pressemitteilung, 18.01.2024, (abrufbar: https://perma.cc/QCA5-DG4Q, zuletzt abgerufen: 31.08.2024).

Rat der EU, Gesetz über künstliche Intelligenz: Rat und Parlament einigen sich über weltweit erste Regelung von KI, Pressemitteilung, 09.12.2023, (abrufbar: https://perma.cc/3SPM-AL63, zuletzt abgerufen: 31.08.2024).

Raue, Peter/Roegele, Peter, Kunstvolle Geldwäsche? – Neuregelungen zur Geldwäschebekämpfung im Kunstsektor, ZRP 2019, 196-200.

Rebstadt, Jonas/Kortum, Henrik/Gravemeier, Laura Sophie/Eberhardt, Birgid/Thomas, Oliver, Non-Discrimination-by-Design: Handlungsempfehlungen für die Entwicklung von vertrauenswürdigen KI-Services, HMD 2022, 495-511.

Reichling, Tilman, Geldwäsche und Steuerhinterziehung – Friktionen (auch) nach der Neufassung des § 261 StGB, wistra 2023, 188-194.

Reid, Thomas, Essays on the Powers of the Human Mind, 1819.

Rhein, Philipp, Der Entwurf eines Gesetzes zur Verbesserung der Bekämpfung von Finanzkriminalität – Ein kritischer Überblick, ZWH 2023, 289-298.

Rich, Michael L., Machine Learning, Automated Suspicion Algorithms, and the Fourth Amendment, University of Pennsylvania Law Review 2016, 871-929.

Rochemont, Tassilo du Mesnil de, Privatisierung und private Trägerschaft im Justiz- und Maßregelvollzug – Eine verfassungsrechtliche Überprüfung der Privatisierungsmodelle in Deutschland, 2024, Berlin.

Roßnagel, Alexander, Die „Überwachungs-Gesamtrechnung" – Das BVerfG und die Vorratsdatenspeicherung, NJW 2010, 1238-1242.

Roßnagel, Alexander, Kein „Verbotsprinzip" und kein „Verbot mit Erlaubnisvorbehalt" im Datenschutzrecht – Zur Dogmatik der Datenverarbeitung als Grundrechtseingriff, NJW 2019, 1-5.

Rostalski, Frauke, Vertrauenswürdige Verwendung von Künstlicher Intelligenz in Deutschland und Europa, in: Künstliche Intelligenz, Bundesministerium für Umwelt, Naturschutz, nukleare Sicherheit und Verbraucherschutz/Rostalski, Frauke (Hrsg.), 2022, Tübingen.

Rückert, Christian, Digitale Daten als Beweismittel im Strafverfahren, 2023, Tübingen.

Rückert, Christian, Ein Blick in die Blackbox – Künstliche Intelligenz und Machine Learning als Beweismittel im Strafverfahren, GA 2023, 361-377.

Rudolph, Bernd, Antizipierte Strafverfolgung, 2005, Halle.

Ruschemeier, Hannah, Algorithmenbasierte Allokation im Gesundheitswesen am Beispiel der COVID-19-Impfpriorisierung, NVwZ 2021, 750-755.

Russell, Stuart J./Norvig, Peter, Künstliche Intelligenz: ein moderner Ansatz 4. Aufl. 2023, London.

Santos, Victoria Guijarro, Nicht besser als nichts – Ein Kommentar zum KI-Verordnungsentwurf, ZfDR 2023, 23-42.

SAP, Maschinelles Lernen und KI: Wo liegt der Unterschied?, (abrufbar: https://perma.cc/L4N5-72ET, zuletzt abgerufen: 31.08.2024).

Satzger, Helmut, Internationales und Europäisches Strafrecht – Strafanwendungsrecht – Europäisches Straf- und Strafverfahrensrecht – Völkerstrafrecht, 9. Aufl. 2020, Baden-Baden.

Satzger, Helmut/Schluckebier, Wilhelm/Werner, Raik (Hrsg.), Strafprozessordnung – Mit GVG und EMRK Kommentar, 6. Aufl. 2024, Berlin, Boston.

Schenke, Rüdiger, Rechtsschutz gegen doppelfunktionale Maßnahmen der Polizei, NJW 2011, 2838-2844.

Schindler, Jonathan, Ist § 261 StGB noch zu retten? Anmerkungen zur Geldwäschebekämpfung im Lichte des Referentenentwurfs vom 11.8.2020, NZWiSt 2020, 457-469.

Schliesky, Utz/Hoffmann, Christian/Luch, Anika D./Schulz, Sönke E./Borchers, Kim Corinna, Schutzpflichten und Drittwirkung im Internet – Das Grundgesetz im digitalen Zeitalter, 2014, Baden-Baden.

Schmitt-Leonardy, Charlotte/Klarmann, Max, Examensrelevantes Strafverfahrensrecht – 13 strafprozessuale (Zusatz-)Fragen, JuS 2022, 210-216.

Schmoeller da Roza, Felippe, Machine Learning – Sicheres Reinforcement Learning, Magazin des Fraunhofer-Instituts für Kognitive Systeme, 12.09.2023, (abrufbar: https://perma.cc/H39Y-EYHW, zuletzt abgerufen: 31.08.2024).

Schmuck, Robert, Künstliche Intelligenz im Geldwäsche-Transaktionsmonitoring – Umsetzungsimplikationen für eine ethische künstliche Intelligenz (KI) in der Geldwäscheprävention, ZRFC 2023, 55-60.

Schmuck, Robert, Künstliche Intelligenz im Zentrum des risikobasierten Ansatzes – Der Einsatz von künstlicher Intelligenz ermöglicht eine verbesserte Umsetzung des risikobasierten Ansatzes in der Geldwäsche- Compliance, ZRFC 2023, 409-414.

Schneider, Hartmut (Hrsg.), Münchener Kommentar zur Strafprozessordnung: StPO, Band 2: §§ 151-332 StPO, 2. Aufl. 2024, München.

Schoch, Friedrich/Schneider, Jens-Peter (Hrsg.), Verwaltungsrecht, Werkstand: 45. EL Januar 2024, München.

Schönke, Adolf/Schröder, Horst (Hrsg.), Strafgesetzbuch, 30. Aufl. 2019, München.

Schröder, Christian/Blaue, Annabell, Die erste Richtlinie über die strafrechtliche Bekämpfung der Geldwäsche –Auswirkungen in Deutschland, NZWiSt 2019, 161-167.

Schubert, Klaus/Klein, Martina, Das Politiklexikon – Strafverfahren, Bundeszentrale für politische Bildung, 2020, (abrufbar: https://perma.cc/MQM8-ZEUP, zuletzt abgerufen: 31.08.2024).

Schurowski, Sophie, Der automatische Austausch von Finanzkonteninformationen in Steuersachen – Eine einfachgesetzliche, verfassungsrechtliche und europarechtliche Untersuchung, 2020, Berlin.

Schwarz, Dennis, Münchner Fintech Hawk AI sammelt weitere Millionen ein – und steigert die Bewertung um 120 Prozent, Handelsblatt, 26.01.2023, (abrufbar: https://perma.cc/WRZ7-SXUR, zuletzt abgerufen: 31.08.2024).

Seehafer, Bernadette, Digitalisierung für die Geldwäscheprävention nutzen – Combined Data Analytics im Transaktionsmonitoring (Teil 1), GWuR 2022, 74-80.

Seibt, Christoph H./Buck-Heeb, Petra/Harnos, Rafael (Hrsg.), BeckOK Wertpapierhandelsrecht, 11. Edition, Stand: 01.04.2024, München.

Simitis, Spiros, Daten- oder Tatenschutz – ein Streit ohne Ende?, NJW 1997, 1902-1903.

Söbbing, Thomas /Schwarz, Alexander/Schild, Hans-Hermann, Scorewert der SCHUFA als automatisierte Entscheidung nach Art. 22 DS-GVO, ZD 2024, 157-166.

Sommer, David, Das GwG 2017 aus notarieller Sicht – Teil 2: Sorgfaltspflichten und sonstige notarrelevante Neuerungen, MittBayNot 2019, 226-238.

Sommer, Fabian, Behörde gegen Geldwäsche: Lindner will an „dicke Fische“ ran, Zeit Online, 24.08.2022, (abrufbar: https://perma.cc/SU2H-7FSK, zuletzt abgerufen: 31.08.2024).

Sommerer, Lucia M., Personenbezogenes Predictive Policing – Kriminalwissenschaftliche Untersuchung über die Automatisierung der Kriminalprognose, 2020, Baden-Baden.

Sotiriadis, Georgius, Die Entwicklung der Gesetzgebung über Gewinnabschöpfung und Geldwäsche – Unter Berücksichtigung der jeweiligen kriminalpolitischen Tendenzen, 2010, Berlin.

Sotiriadis, Georgius/Heimerdinger, Dominik, Die Umsetzung der 3. EG-Geldwäscherichtlinie und ihre Bedeutung für die Finanzwirtschaft, BKR 2009, 234-241.

Springer Fachmedien Wiesbaden, Gabler Wirtschaftslexikon – K-O, 19. Aufl. 2019, Berlin.

Staatsanwaltschaft Osnabrück, 31.05.2023, Pressemitteilung, (abrufbar: https://perma.cc/J422-U3AH, zuletzt abgerufen: 31.08.2024).

Statistisches Bundesamt, Bruttoinlandsprodukt 2018 für Deutschland, 15. Januar 2019, (abrufbar: https://perma.cc/8BKN-6PB4, zuletzt abgerufen: 31.08.2024).

Statistisches Bundesamt, Volkswirtschaftliche Gesamtrechnungen, 2024, (abrufbar: https://perma.cc/FQ6N-TUJ7, zuletzt abgerufen: 31.08.2024).

Steiner, Udo, Der „beliehene Unternehmer“ – VG Münster, NJW 1967, 171, JuS 1969, 69-75.

Steuerberaterkammer Düsseldorf, Geldwäscheprävention – Erleichterte Abrufmöglichkeit der Typologiepapiere der FIU durch Verpflichtete, 12.07.2023, (abrufbar: https://perma.cc/9GKY-GQTU, zuletzt abgerufen: 31.08.2024).

Stober, Rolf, Privatisierung öffentlicher Aufgaben – Phantomdiskussion oder Gestaltungsoption in einer verantwortungsgeteilten, offenen Wirtschafts-, Sozial- und Sicherheitsverfassung?, NJW 2008, 2301-2308.

Stock, Imke, Datenanalyse-Unternehmen Palantir wirft ein Auge auf Gesundheitswesen in Europa, heise online, 12.05.2023, (abrufbar: https://perma.cc/ABW5-56JH, zuletzt abgerufen: 31.08.2024).

Stück, Volker, Datenschutz = Tatenschutz? Ausgewählte datenschutz- und arbeitsrechtliche Aspekte nach DSGVO sowie BDSG 2018 bei präventiver und repressiver Compliance, CCZ 2020, 77-83.

Sutton, Richard S. /Barto, Andrew G., Reinforcement Learning: An Introduction, 2. Aufl. 2018, Cambridge.

Sydow, Gernot/Marsch, Nikolaus (Hrsg.), Nomos Kommentar DS-GVO – BDSG, 3. Aufl. 2022, Baden-Baden.

Tannheimer, Felix, VR Payment setzt auf Hawk AI, um Finanzkriminalität mit KI zu bekämpfen, IT-Finanzmagazin.de, 15.03.2023, (abrufbar: https://perma.cc/LB7U-SX28, zuletzt abgerufen: 31.08.2024).

Taulli, Tom, Grundlagen der Künstlichen Intelligenz – Eine nichttechnische Einführung, 2022, New York.

Theile, Hans, Wahrheit, Konsens und § 257c StPO, NStZ 2012, 666-671.

Transparency International Deutschland e. V., Geldwäschebekämpfung in Deutschland – Probleme, Lösungsvorschläge und Beispielfälle, 2021, (abrufbar: https://perma.cc/MQ62-7SDE, zuletzt abgerufen: 31.08.2024).

Travers, Daniel, „Spur des Geldes" – die Zukunft der Geldwäschebekämpfung, StV 2022, Heft 11, I.

Travers, Daniel/Michaelis, Marcel, Der neue § 261 StGB – die deutsche Umsetzung der EU-Richtlinie über die strafrechtliche Bekämpfung der Geldwäsche, NZWiSt 2021, 125-132.

Tsakalis, Ioannis, Die Verflechtung zwischen Geldwäsche und Steuerhinterziehung – Zugleich eine Darstellung der historischen Entwicklung des strafrechtlichen Geldwäschebegriffs im internationalen und europäischen Raum, 2022, Baden-Baden.

UK National Cyber Security Centre/US Cybersecurity and Infrastructure Security Agency, Guidelines for secure AI system development, 2022, (abrufbar: https://perma.cc/H4U9-CCGW, zuletzt abgerufen: 31.08.2024).

UNODC, Financial havens, banking secrecy and money laundering, 1998, (abrufbar: https://perma.cc/6EUB-D6HM, zuletzt abgerufen: 31.08.2024).

van der Does de Willebois, Emile/Halter, Emily M./Harrison, Robert A/Park, Ji Won/Sharman, J.C., The Puppet Masters – How the Corrupt Use Legal Structures to Hide Stolen Assets and What to Do About It, 2011.

van Duyne, Petrus C., Geldwäscherei: Umfangschätzung in Nebelschwaden, in: Geldwäsche – Problemanalyse und Bekämpfungsstrategien – Dokumentation, Friedrich-Ebert-Stiftung (Hrsg.) (Hrsg.), 1993, Berlin.

van Duyne, Petrus C., Serving the integrity of the Mammon and the compulsive excessive regulatory disorder, Crime, Law and Social Change (52) 2008, 1-8.

Vigen, Tyler, Spurious correlations, tylervigen.com, (abrufbar: https://perma.cc/G9ZE-XB5A, zuletzt abgerufen: 31.08.2024).

Vogel, Benjamin, Strafbarkeit der Geldwäsche als Firewall der legalen Wirtschaft – Plädoyer für eine grundlegende Reform des § 261 StGB, ZRP 2020, 111-115.

Vogel, Benjamin/Lassalle, Maxime, Developing Public-Private Information Sharing to Strengthen the Fight against Money Laundering and Terrorism – Financing Recommendations of the ISF-Police-funded Research Project "Public-Private Partnerships on Terrorism Financing" (ParTFin), Eucrim 2023, 384-392.

Vorreiter, Paul, Europäische KI-Verordnung – Ein Gesetz mit Pioniercharakter, 14.06.2023, (abrufbar: https://perma.cc/V63Y-7LDR, zuletzt abgerufen: 31.08.2024).

Wackernagel, Udo/Graßie, Christian, Die Beauftragung von IT-Forensikern im Ermittlungsverfahren: Zulässige Sachverständigenbeauftragung oder unzulässiges Outsourcing originärer Ermittlungstätigkeit?, NStZ 2021, 12-18.

Wegner, Kilian, Der FATF-Deutschlandbericht im Überblick, GWuR 2022, 117-121.

Weichert, Thilo, Die Payment Service Directive 2 und der Datenschutz, BB 2018, 1161-1167.

Weinzierl, Ruth/Hruschka, Constantin, Effektiver Rechtsschutz im Lichte deutscher und Europäischer Grundrechte – Zur verfassungsgerichtlichen Überprüfung des Asylverfahrensgesetzes im Kontext der Anwendung der Dublin II-Verordnung, NVwZ 2009, 1540-1544.

Weißer, Bettina, Expertokratie? – Über Macht und Ohnmacht von Experten im Hinblick auf die Strafrechtsentwicklung, ZStW 2017, 961-994.

Weisser, Niclas-Frederic/Bliesener, Christian, „Geldwäsche im digitalen Zeitalter – Non-Fungible Token (NFT)", NZWiSt 2024, 41-47.

Wende, Jacob, Die Verdachtsmeldung als Mittel zur Bekämpfung der Geldwäsche am Beispiel der Kreditinstitute, 2024, Frankfurt am Main.

Wende, Jacob/Haffke, Lars/Heinrichs, Emilie, Aktuelle Entwicklungen im Geldwäscherecht (2021 – 2022), BKR 2023, 214-221.

Wenzel, Tobias, Schwarzhändler aufgepasst – Wieviel Prozent der Verkäufer bei eBay Schwarzgeld verdienen, Deutschlandfunk, 10.01.2004, (abrufbar: https://perma.cc/93CZ-NMZQ, zuletzt abgerufen: 31.08.2024).

Weßlau, Edda, Vorfeldermittlungen – Probleme der Legalisierung „vorbeugender Verbrechensbekämpfung" aus strafprozessrechtlicher Sicht, 1989, Berlin.

Westphalen, Friedrich Graf von/Pamp, Rüdiger/Thüsing, Gregor (Hrsg.), Vertragsrecht und AGB-Klauselwerke, Werkstand: 50. EL März 2024, München.

Weyland, Dag (Hrsg.), Bundesrechtsanwaltsordnung: BRAO, 11. Aufl. 2024, München.

Wieland, Melanie, Industrielle Revolution und Umweltverschmutzung, planet wissen, 06.02.2020, (abrufbar: https://perma.cc/6NB3-UNWT, zuletzt abgerufen: 31.08.2024).

Wigmore, Ivy, Definition AI Washing, (abrufbar: https://perma.cc/8D96-7FCS, zuletzt abgerufen: 31.08.2024).

Wischmeyer, Thomas, Regulierung intelligenter Systeme, AöR 2018, 1-66.

Wolfangel, Eva, Kritik an Google: „Sogenannte KI basiert von Natur aus auf einer Machtbeziehung", heise online, 06.09.2022, (abrufbar: https://perma.cc/VH3K-NZAN, zuletzt abgerufen: 31.08.2024).

Wolff, Hans J./Bachof, Otto/Stober, Rolf/Kluth, Winfried, Verwaltungsrecht II, 8. Aufl. 2023, München.

Wolff, Heinrich Amadeus/Brink, Stefan/Ungern-Sternberg, Antje von (Hrsg.), BeckOK Datenschutzrecht – Grundlagen und bereichsspezifischer Datenschutz, 47. Edition, Stand: 01.05.2022, München.

Wolfsberg Group, Wolfsberg Principles for Using Artificial Intelligence and Machine Learning in Financial Crime Compliance, 2022, (abrufbar: https://perma.cc/9HF8-FYQX, zuletzt abgerufen: 31.08.2024).

Wolter, Jürgen/Deiters, Mark (Hrsg.), Systematischer Kommentar zur Strafprozessordnung – Mit GVG und EMRK, 6. Aufl. 2024, Hürth.

Wormit, Maximilian, Einführung in das allgemeine Gewerberecht, JuS 2017, 641-646.

Wörner, Liane, Weg von den Hürden, hin zu den Möglichkeiten: KI in Polizei und Straftatverfolgung, ZStW 2024, 616-641.

Young, Mary Alice/Woodiwiss, Michael, A world fit for money laundering: the Atlantic alliance's undermining of organized crime control, Trends in Organized Crime 2021, 70-95.

Zentes, Uta/Glaab, Sebastian (Hrsg.) (Hrsg.), GwG – Geldwäschegesetz, Geldtransfer-Verordnung, relevante Vorgaben aus KWG, VAG, StGB und AO, 2018, Frankfurt am Main.

Zerbes, Ingeborg, Spitzeln, Spähen, Spionieren – Sprengung strafprozessualer Grenzen durch geheime Zugriffe auf Kommunikation, 2010, Wien, New York.

Ziegler, Peter-Michael, X-PIDER sucht im Netz weiter nach „steuerlich verdächtigen Personen", heise online, 08.02.2008, (abrufbar: https://perma.cc/U4JX-FMJ7, zuletzt abgerufen: 31.08.2024).

Zimmermann, Frank, Die Auslegung künftiger EU-Strafrechtskompetenzen nach dem Lissabon-Urteil des Bundesverfassungsgerichts, JURA 2009, 844-851.

Zöller, Mark A./Ihwas, Saleh R., Rechtliche Rahmenbedingungen des polizeilichen Flugdrohneneinsatzes, NVwZ 2014, 408-414.

Zuck, Rüdiger, Geldwäsche: Die verfassungswidrige Indienstnahme des Rechtsanwalts für die Zwecke der Strafverfolgung, NJW 2002, 1397-1398.

Zweig, Katharina A./Krafft, Tobias D., Fairness und Qualität algorithmischer Entscheidungen, in: (Un)berechenbar? Algorithmen und Automatisierung in Staat und Gesellschaft, Mohabbat Kar, Resa/Thapa, Basanta E.P./Parycek, Peter (Hrsg.), 2018, Berlin.

Zweig, Katharina/Wenzelburger, Georg/Krafft, Tobias D., On Chances and Risks of Security Related Algorithmic Decision Making Systems, Minds and Machines 2019, 555-578.

Zwirner, Marcus, Datenbereinigung zielgerichtet eingesetzt zur permanenten Datenqualitätssteigerung, in: Daten- und Informationsqualität – Die Grundlage der Digitalisierung, Hildebrand, Knut/Gebauer, Marcus/Mielke, Michael (Hrsg.), 5. Aufl., 2021, Berlin.

Zypries, Brigitte, Geldwäsche und Korruption gefährden die Demokratie, ZRP 2024, 28.